스마트스토어 사업자에게 필요한
핵심 마케팅 실전 노하우

나는
네이버 스토어
마케팅으로
돈 번다

EDUWAY
에듀웨이

나는
네이버스토어
마케팅으로
돈 번다

2021년 10월 01일 1판2쇄 인쇄
2021년 10월 15일 1판2쇄 발행

지 은 이 | 장종희

펴 낸 곳 | (주)에듀웨이
주   소 | 14542 경기도 부천시 원미구 송내대로 265번길 59, 6층 603호(상동, 한솔프라자)
대표전화 | 032) 329-8703
팩   스 | 032) 329-8704
등   록 | 제387-2013-000026호
홈페이지 | www.eduway.net

북디자인 | 앤미디어
인   쇄 | 상지사 P&B
제   본 | 상지사 제본

이 도서의 국립중앙도서관 출판예정도서목록(CIP)은 서지정보유통지원시스템 홈페이지(http://seoji.nl.go.kr)와
국가자료종합목록 구축시스템(http://kolis-net.nl.go.kr)에서 이용하실 수 있습니다.
(CIP제어번호 : CIP2020020116)

책값은 뒤표지에 있습니다.

ISBN   979-11-86179-46-8

스마트 스토어의 마케팅의 시작

우리들은 언제, 어디서든 긴밀하게 연결되어 있는 초연결 시대의 디지털 혁명 세상에서 살고 있습니다. 보이지 않는 도시의 경계를 허무는 연결시대가 되면서 사람과 사람, 기업과 기업, 기업과 사람은 손쉽게 상호간의 거래가 이루어지고 있습니다. 이 중심축 역할을 하는 것이 전 국민 하나씩 가지고 있는 스마트폰입니다. 우리 생활 전반에 들어와 삶의 질을 높이는데 큰 역할을 하고 있습니다. 2018년 포리서치 보고서에 따르면 우리나라에서 스마트폰을 보유한 성인 비율은 95%로 스마트폰 사용 비율이 최고라는 조사 결과가 나왔습니다. 그만큼 스마트폰을 기반으로 한 다양한 서비스를 사용하고 있으며 머리 좋은 비서처럼 없어서는 안 될 도구로 자리매김하고 있다 해도 과언이 아닙니다.

사용자 편의성을 극대화한 섬세한 애플리케이션부터 다대다 커뮤니케이션의 최적화된 기능을 갖춘 현대인 필수품으로 자리매김하고 있습니다. 현재 일상에 시너지를 더해주는 스마트폰은 '의식주'를 압도할만큼 의존도가 커져 생존에 유익한 도구로 생활 편의성을 높여주고 있는데, 대표적인 행위가 스마트폰을 활용해 상품을 구매하는 것입니다. 버튼 몇 번 누르면 내가 구매하고자 하는 상품을 배송 받을 수 있습니다. 세상이 스마트하게 발전하고 있다는 것을 새삼 알게 합니다.

거대한 온라인쇼핑몰 시장에서 네이버 스마트 스토어 오픈마켓은 쇼핑몰 시장에 중요한 위치를 선점하고 있습니다. 더 나아가 스마트한 시대에 스마트한 서비스로 온라인 창업의 기회를 확장시켜주는 역할을 해주고 있습니다. 스마트 스토어가 짧은 시간 안에 비약적으로 성장할 수 있었던 이유는 완전경쟁시장 상황에서 공급자와 수요자가 쉽게 진입할 수 있도록 진입장벽을 낮추었기 때문입니다. 상품 가격 정보가 폭 넓게 공유되고 진입이 자유로워서 일정 조건을 갖춘 사람이라면 누구나 상품을 팔 수 있습니다. 네이버의 거대한 플랫폼 속에서 상품 판매를 통해 수익창출을 하고자 하는 소상공인들에게 좋은 기회가 아닐 수 없습니다. 스마트 스토어 상점은 오프라인 매장처럼 인테리어와 월 임대료, 인건비를 고려할 필요가 없으며 판매에 대한 일정 수수료만 지불하면 됩니다.

2020년 2월 스마트 스토어 이용자 수는 1,000만 명으로 확대되었고, 3월에는 3만 7000개의 스마트 스토어가 신규 개설되면서 역대 최고치를 기록하였습니다. 비슷한 규모의 경쟁자가 증가한 만큼 틈새시장에서 경쟁력을 갖춘 특정 아이템으로 전문화하여 승부를 걸어야 합니다. 정교한 온라인 마케팅 전략으로 시장의 변화를 꿰뚫어보고 대응할 수 있는 면역력을 높이길 바랍니다. 현재 스마트 스토어를 운영하고 있는 사업자와 창업 예정자들에게 유용한 쇼핑몰 지침서가 되었으면 합니다.

장종희

Contents _목차

Part ❶
나도 할 수 있다,
스마트 스토어 창업

Contents _목차

Part ❹
시선을 끄는 상품
스토리텔링으로 재방문 만들기

Part ❺
소셜 미디어 마케팅으로
상품 홍보를 잘하는 방법

Contents _목차

Part ⑥
스마트 스토어
오픈에서부터 운영까지

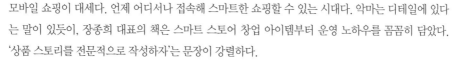

Recommendation _추천사

모바일 쇼핑이 대세다. 언제 어디서나 접속해 스마트한 쇼핑할 수 있는 시대다. 악마는 디테일에 있다는 말이 있듯이, 장종희 대표의 책은 스마트 스토어 창업 아이템부터 운영 노하우를 꼼꼼히 담았다. '상품 스토리를 전문적으로 작성하자'는 문장이 강렬하다.

박명기 아세안익스프레스 대표

실제 스마트 스토어를 운영하는 입장에서 이 책을 보면서 왜 이제야 이 책이 나왔는지 아쉽다. 현재 가장 핫한 플랫폼이 바로 스마트 스토어이고, 이것은 새로운 성장 가능성을 열어줄 것이다. 이 책은 새로운 삶과 가치를 발견해 비즈니스의 지평을 바꾸게 할 것이다.

윤코치연구소 윤영돈 소장

O2O 시대에 걸맞는 스마트 스토어는 더 이상 선택이 아니다. 이 책을 통해 스마트 스토어 마케팅을 익히면 매출 신장이 보장된다. 무엇보다 남에게 의존하지 않고 스스로 할 수 있다.

창직학교 맥아더스쿨 교장 정은상

이 책은 온라인 창업자와 사업자에게 효능감으로 보답할 것이다. VALS(Values and Lifestyles)분석에서부터 TPO(Time, Place, Occasion)까지 사업 전반의 체계를 친구처럼 친절하게 설명해주는 에세이집 같다. 부담 없이 읽을 수 있는 북유럽 스타일 '얀테법칙(Jante's Law)의 Design for All'처럼 다가올 것이다.

그룹지니어스 대표 주미정

이 책은 소상공인과 일반인 독자에게 희망을 주는 책이다. 스마트 스토어의 다양한 사례, 업종 분석, 상품 소싱 방법, 검색 상위 노출 마케팅 방법, 스마트 스토어 구성 방법 등은 온라인쇼핑몰 사업자들에게 실용적인 통찰과 혜안을 줄 것이다.

한베콘텐츠협회 전충헌 회장

스마트 스토어에 대한 관심도 함께 높아지고 있는 가운데 온라인 쇼핑몰 창업 과정에서부터 마케팅 방법까지 꼼꼼하고도 콤팩트하게 담아놓은 알토란 같은 책이 출간되었다. 스마트 스토어로 창업과 성공을 하고자 하는 분들에게 추천한다.

김종태 AVA엔젤클럽 회장/액셀러레이터 비스마트(주) 투자부문 대표

이 책은 스마트 스토어 사업자에게 신규 고객 발굴과 충성 고객 관리에 많은 도움을 줄 것이다. 초보 사업판매자들에게 명쾌한 해법과 특별한 비법을 제시하고 있는 지침서로 실전에 큰 도움이 될 것이다.

사)한국소셜네트워크협회 최낙조 협회장

N

Part 01

나도 할 수 있다,
스마트 스토어 창업

스마트 스토어 창업 준비하기

시대와 나이를 뛰어넘는 명작 생텍쥐페리의 어린왕자는 현재를 사는 우리들에게 감동을 주고 있습니다. 특히 어린왕자가 지구에서 마주친 장미꽃 5,000송이에 대한 내용과 여우의 촌철살인의 메시지는 쇼핑몰을 운영하는 사업자들에게 메시지를 제공해줍니다.

지구에서 마주친 장미꽃 5,000송이를 보며 어린 왕자는 다음과 같은 말을 합니다.

> "너희들은 내 장미꽃과 조금도 같지 않구나. 아직까지 너희들은 나에게는 그 무엇도 아니야. 나의 꽃이 되어준 그 장미꽃은 비록 한 송이지만, 나에게는 수백 송이의 너희보다 중요해.
>
> 왜냐하면 그 꽃은 내가 직접 물을 주고, 유리 덮개를 씌우고, 바람막이도 세워주고, 다치지 않게 벌레까지 잡아주었으니까.
>
> 그리고 투덜댄다거나 뽐낼 때 심지어 토라져서 아무 말조차 하지 않을 때도 나는 귀를 기울여주었어. 바로 내 장미꽃이었으니까."

장미꽃을 쇼핑몰로 생각해보면 어떨까요? 쇼핑몰을 장미꽃처럼 심혈을 기울여 관리하고 수요가 존재하는 시장과 실질 구매 가능 고객을 발굴하여 제품 구매율을 높이는 전략을 의미합니다.

차별적인 전략[1]을 세워 운영한다면 절반의 성공으로 다가올 것입니다.

1 수요가 존재하는 시장과 실질 구매 가능 고객을 발굴하여 제품 구매율을 높이는 전략을 의미합니다.

장미꽃에 대한 어린왕자의 사랑을 보고 여우는 다음과 같이 말합니다.

"네 장미꽃을 그렇게 소중하게 만든 것은 그 꽃을 위해 네가 소비한 시간이란다."

이 문장은 어린왕자에게 왜 장미꽃이 값지고 소중할 수 밖에 없는가를 알려줍니다. 장미꽃에 투여된 시간과 사랑이 소중한 존재로 만들어주었다는 것을 알 수 있습니다. 핵심 키워드를 뽑아보면 '장미꽃'과 '소비한 시간'으로 접근해 볼 수 있습니다. 쇼핑몰 관점에서 장미꽃은 '상품'으로 소비한 시간은 '쇼핑몰 운영', '광고 집행', '고객 관리', '상품 소싱', '상품 스토리텔링' 등으로 접근해 볼 수 있습니다.

장미꽃이 시장에서 팔리기 위해서는 시선을 사로잡는 아름다움과 화려함이 담겨있어야 합니다. 이 상업적 가치는 퇴비, 물, 햇빛 등의 기본적인 요소가 있어야 하지만, 플로리스트(화훼디자이너)의 관심과 사랑이 있어야 책정할 수 있습니다. 쇼핑몰 또한 긍정적인 기대 효과를 얻기 위해서는 사업자의 적극적인 자세와 노력 그리고 어느 정도의 '소비된 시간'이 필요합니다. 여기서 시간은 쇼핑몰 운영에 관련된 업무에서부터 사후 관리까지 폭넓게 프리즘을 잡아볼 수 있습니다. 쇼핑몰은 가치 생태계로 "어떻게 효율적으로 운영 관리하는가"에 따라 성공과 실패가 좌우됩니다. 스마트 스토어 사업자는 차별적이고 경쟁력 있는 상품 소싱으로 매출 확보에 신경을 써야 하며, 소비자가 상품 구매로 기대하는 풍성한 경험성과 만족도를 제공해야 합니다.

쇼핑몰 창업예정자와 사업자는 어린왕자가 장미꽃에게 '소비한 시간'처럼 적극적인 실행력과 보이지 않는 노력으로 지속가능한 성장의 기회를 창출하길 바랍니다.

1 | 쇼핑몰 현황 파악하기

▶ 10월 첫째 주 오전 10시, 캐쥬얼 크로스백에서 스마트폰을 꺼낸다.
▶ 액정 화면에서 그룹핑 되어 있는 애플리케이션(앱)을 클릭한다.
▶ 자주 사용하는 쇼핑몰 앱을 클릭하여 지난 달에 사고 싶은 남성 기능성 화장품을 검색한다.
▶ 그 다음으로 남성 미백 로션을 검색한다.
▶ 최종적으로 남성 중건성 로션 키워드를 검색창에 기입하고 검색 버튼을 누른다.
▶ 내가 구매하고자 하는 화장품을 장바구니로 이동시킨 후, VVIP 유지 등급으로 받은 쿠폰을 활용해 구매한다.

이 과정은 최근에 저자가 남성 로션을 구매한 과정입니다. 회사에서 업무를 보다가 잠시 휴식 시간을 활용해 내가 구매하고자 하는 상품을 쉽게 찾을 수 있습니다. 이것이 바로 스마트한 라이프라고 볼 수 있습니다.

모바일쇼핑의 확산으로 스마트한 쇼핑 서비스를 언제 어디에서나 접속하여 활용할 수 있는 시대가 되었고, 내가 원하는 최적의 상품을 구매할 수 있습니다. 앞으로 스마트한 쇼핑은 삶의 질이 더 한층 높여줄 것입니다. "국내에서 대표하는 온라인쇼핑몰이 있다면 어떤 브랜드가 있을까요?" 질문하면 어떤 답변이 나올까요? 개인의 취향과 욕구가 다르기 때문에 헤아릴 수 없는 쇼핑몰 브랜드가 나올 것입니다.

저자가 자주 방문하는 쇼핑몰을 뽑아보면 다음과 같습니다. 대표적인 E-commerce[2]로 오픈마켓에는 옥션, g마켓, 11번가 등이 있을 것이고 종합 쇼핑몰은 현대몰, 롯데닷컴, SSG몰 등이 떠오릅니다. 전문몰은 멋남, 아보키, 지니프, 클리프웨어, 텐바이텐 등이 있고 소셜 커머스에는 쿠팡, 티몬, 위메프 등이 있습니다. 추가적으로 해외 직구 쇼핑몰

[2] Electronic commerce의 약어로 온라인 네트워크에서 전자 시스템을 통해 재화나 서비스를 구매 또는 판매하는 상거래 행위를 의미합니다. 쉽게 설명하면, 실시간으로 인터넷 쇼핑몰에서 거래가 이루어지는 것을 말합니다. E-commerce 유형에는 B2B, B2C, C2C가 있습니다. B2B(Business To Business)는 기업 간의 거래로, 거래 규모는 크며 스마트 스토어 사업자가 도매상과의 거래라고 볼 수 있습니다. B2C(Business To Consumer)는 기업과 소비자 간 거래로 다양한 형태가 존재합니다. 스마트 스토어에서 고객이 상품을 구매하는 것을 구매하는 것을 의미합니다. C2C(customer to customer)는 개인 및 소비자 간 거래로 중간 유통단계가 생략되어 가격 조건이 유리하지만, 거래 신용은 약합니다. 대표적으로 중고거래 쇼핑몰이 있습니다.

온라인쇼핑동향

온라인쇼핑 (전년동월비)

온라인쇼핑 거래액

총 **9조 4,567**억원
(구성비)

여행 및 교통서비스	가전·전자·통신기기	의복	음·식료품	생활용품
1조 4,623억원 (15.5%)	1조 1,714억원 (12.4%)	8,962억원 (9.5%)	8,295억원 (8.8%)	7,624억원 (8.1%)

전년동월대비 증감

1조 7,490억원 증가
(증감률, 22.7%)

여행 및 교통서비스	가전·전자·통신기기	음식서비스
2,558억원 증가 (21.2%)	2,521억원 증가 (27.4%)	2,226억원 증가 (91.2%)

모바일쇼핑

모바일쇼핑 거래액

4조 4,349억원
2017년 7월
→ 33.5%
5조 9,201억원
2018년 7월

온라인쇼핑 중 모바일 비중

57.5%
2017년 7월
→ 5.1%p
62.6%
2018년 7월

▲ 출처 : 2018년 7월 온라인쇼핑 동향 KOSIS 국가통계포털(kosis.kr)

브랜드를 찾아보면 아마존, 이베이, 알리바바, 쿠텐 등이 있습니다.

소비자의 선택지가 점점 다양해지고 상품에 대한 기대 가치[3]가 꾸준히 높아지면서 쇼핑몰 또한 소비자의 욕구와 필요에 맞춰 세분화되고 전문화가 이루어지고 있습니다. 그럼 여기서 통계청 사이트의 온라인쇼핑 동향 자료를 살펴보도록 하겠습니다.

온라인쇼핑 동향을 살펴보면 '상품군별 온라인쇼핑의 거래액'과 '고객의 구매 성향'을 파악할 수 있어 스마트 스토어 사업자에게는 알토란 같은 정보입니다. 요즘 이슈가 되고 있는 상품의 히스토리를 한눈에 파악할 수 있고, 고객은 무엇을 선호하고 있는지 짧게나마 잘 이해할 수 있습니다.

2018년 7월을 기준으로 온라인쇼핑 거래액은 9조 4,5672억원으로 나타났습니다. 이 수치는 전년동월대비 22.7% 증가한 것으로 온라인쇼핑몰 거래액이 20% 이상 성장하고 있다는 것을 알 수 있습니다. 온라인쇼핑몰 창업자 또는 사업자 입장에서는 고무적이라고 할 수 있습니다.

'전년동월비 온라인쇼핑 거래액'을 살펴보면 '여행 및 교통서비스'는 15.5%, '가전ㆍ전자ㆍ통신기기'는 12.4%, '음식서비스'는 9.5%, '음ㆍ식료품'은 8.8%, '생활 용품'은 8.1%로 증가하였습니다. 다음으로 '전월동월대비 증감 데이터'를 살펴보면 '가정간편식품'이 91.2%로 크게 증가한 것을 볼 수 있습니다. 그 다음으로 '가전ㆍ전자ㆍ통신기기'가 27.4%, '여행 및 교통서비스'가 21.2%로 나왔습니다.

3 온라인쇼핑몰에서 소비자가 상품을 구매하므로 얻어지는 기대감, 만족감, 성취감을 의미합니다.

여행 및 교통서비스의 '온라인쇼핑 거래액'과 '전년동월대비 증감' 자료를 살펴보면 꾸준히 증가하고 있는 것을 살펴볼 수 있습니다. 이것은 주 5일제 근무와 여가에 대한 인식이 변화하고 있으며, 여가 생활이 점차 우리 삶 깊숙이 들어오고 있다는 것을 알려줍니다. 또한, 법정근로시간 주 52시간 단축으로 여가의 중요성에 대한 인식은 더욱 높아질 것입니다.

'가정간편식품', '가전·전자·통신기기', '여행 및 교통서비스' 상품군이 전년동월대비 증가한 원인은 다양한 요소가 개입되지만, 통계청 사이트의 자료를 살펴보면 '여름 휴가, 폭염, 열대야 등의 영향'으로 증가한 것으로 나왔습니다. 2018년 여름은 유난히도 살인적인 폭염에 시달렸고, 불더위로 잠 못 이루었던 밤이 많았던 기나긴 여름이었습니다. 강원도 홍천군, 경상북도 의성군, 강원도 춘천시 등은 국내에서 기상관측이 시작된 이래 전국적으로 역대 가장 높은 40℃를 넘었습니다.

펄펄 끓는 방에서 땀방울 '뚝뚝' 떨어지는 상황을 생각해보겠습니다. 무더운 날씨로 인해 각 가정 여름 필수품인 에어컨의 사용은 급증할 것이고, 열대야 현상으로 잠을 이루지 못하면 간편한 야식을 주문해서 먹을 것입니다. 주말에는 전례 없는 폭염으로 '푹푹' 찌고 있는 방보다 가까운 놀이공원이라든가 시원한 계곡 또는 캠핑장으로 떠날 것입니다.

기온의 변화가 소비자의 구매 형태와 선택 조건을 바꿀 수 있다는 것을 짐작해볼 수 있습니다.

온라인쇼핑 중 모바일쇼핑 거래액은 5조 9,201억원으로 33.5% 증가했습니다. 스마트폰 이용률이 높아지고 안전하고 편리한 결제 시스템의 발전에 힘입어 모바일쇼핑 거래액은 빠르게 증가하고 있습니다. 온라인쇼핑 중 모바일 거래액 비중은 62.6%를 차지하였습니다. 이와 같은 성장세가 계속된다면 모바일쇼핑의 비중이 커질 것입니다.

스마트 스토어 사업자라면 "모바일 이용자를 어떻게 하면 내 상점에 유입을 시킬 수 있을까" 하는 고민을 전략적으로 해봐야 합니다. PC 검색보다 스마트폰을 활용해 소비자가 상품 검색을 하고 구매하는 형태로 바뀌고 있다면 쇼핑몰의 접근성[4]과 편의성[5]에 보다 신경을 써야 합니다.

2020년 상반기에 전 세계로 확산된 코로나바이러스 감염증(COVID-19)은 국내 환경 뿐만아니라 개인의 일상생활에서부터 기업의 생태계까지 큰 영향을 주었습니다. 특히 사회적 거리두기로 언택트(untact, 비대면.비접촉) 생활권이 만들어졌고 시간, 장소, 상황과 관련되어 있는 환경이 확 바뀌었습니다.

다양한 변화 영역 중 특히 집에서 보내는 시간이 많아지게 되면서 홈쿡, 홈트, 홈카페, 홈영, 홈핑, 홈파티 등과 관련된 신조어가 만들어집니다. 이 합성어들을 살펴보면 집에서 다양한 의식주 라이프스타일과 여가 생활을 추구하는 경향이 더 한층 커졌다는 것을 수 있습니다.

비대면으로 상품을 구매하는 소비자의 경우 정보탐색과 정보비교에 더 많은 시간을 투자하게 됩니다. 상품 구매하기 전 '선 구매자의 평판', '쿠폰과 포인트', '상품 구매 후 기대가치' 등을 꼼꼼히 체크하여 구매합니다. 스마트 스토어 사업자는 소비자의 구매행동을 유도하기 위해 경쟁력 있는 상품 상세 페이지를 작성하는 것이 중요해졌습니다.

[4] 접근성은 소비자가 네이버 검색 창에서 키워드를 검색하고 스마트 스토어에 방문하는 것을 의미합니다. 상점 방문을 높이기 위해서는 키워드 검색광고, 스마트 스토어의 PC 쇼핑박스 vs 모바일 광고, 블로그, SNS를 활용해 접근성을 향상할 수 있습니다.

[5] 편의성은 소비자가 상품을 구매할 수 있도록 지원하는 서비스입니다. 네이버의 온라인 전자상거래 플랫폼 스마트 스토어는 스마트하게 잘 구축되어 있습니다. 사업자는 설득성 있는 상품 스토리를 감성 마케팅과 체험 마케팅으로 구매를 유도하는 것이 중요합니다.

인터넷 쇼핑몰 서비스 형태

인터넷 쇼핑몰이 처음 도입된 시기는 1996년으로 오프라인 중심의 구매 패턴이 인터넷망을 통해 상품을 구매하는 패러다임으로 바뀌었습니다. 그 당시 대표적인 쇼핑몰은 인터파크, 신세계몰, 삼성몰, 옥션 등이 있습니다. 인터넷 쇼핑몰이 양적으로 확산한 시기는 2000년으로 인터넷 이용자 수가 급속하게 증가하면서 쇼핑몰 수가 기하급수적으로 늘어나는 상황이었습니다. 2005년에는 소매업 형태의 인터넷 쇼핑몰이 성장세가 두드러졌고, 차별적이고 독특한 아이템을 가진 전문 쇼핑몰들이 오픈을 하였습니다. 2012년은 스마트폰 가입자가 3,000만 명을 넘어서면서 모바일을 통한 쇼핑 인구가 급속도로 증가하는 시점입니다. 이 시기는 소비자의 구매 패턴이 변화하는 터닝포인트가 됩니다. 모바일 마켓이 상품 구매의 중요한 공간으로 대두되면서 유통업계는 쇼핑몰 앱 서비스를 선보이게 되고, 모바일쇼핑 시장을 선점하기 위한 치열한 경쟁을 하게 됩니다.

2015년은 스마트폰 보급 증대와 모바일 결제 편의성의 개선 등으로 모바일쇼핑 규모가 급성장하였고 국내 PC 쇼핑과 모바일쇼핑 판매액의 격차가 줄어들었습니다. 2016년은 모바일쇼핑 거래액이 30조 원을 돌파하면서 모바일쇼핑 비중이 PC 기반의 인터넷 쇼핑을 추월하였습니다.

모바일쇼핑 환경이 활성화로 쇼핑몰 창업의 기회가 확장되었고, 취급 품목 다양화가 이루어지면서 온·오프라인 경계가 사라지게 됩니다. E-commerce가 모바일쇼핑 환경으로 바뀌면서 소비자의 충동적 구매 성향이 강해졌고 시간적·공간적 제약 없이 쇼핑이 가능해졌습니다. 또한 쇼핑몰에서 손쉽게 최저가를 검색하고 카드사 프로모션, 회원 등급별 쿠폰, 각종 프로모션 등을 활용하여 상품을 구매합니다. 가장 두드러진 변화는 소비자의 상품 구매 형태로 쇼루밍(Show-rooming) 현상에서 찾아볼 수 있습니다. 소매 업계의 새로운 트렌드로 급부상하고 있는 구매 형태로 소비자가 오프라인 매장에서 상품을 구매하지 않고, 상품 정보와 품질을 살펴본 뒤 최종적으로 구매는 저렴한 인터넷 쇼핑몰에서 구매하는 것을 의미합니다. 손쉽게 정보 검색으로 비슷한 디자인과 상품을 찾아 가격을 비교할 수 있어 폭넓게 구매 결정이 가능해졌습니다. 쇼루밍과 반대로 인터넷 쇼핑몰에서 제품 정보를 획득한 후 오프라인 샵에서 직접 상품을 살펴보고 구매하는 '역쇼루밍(Reverse-Showroomer)'이 있으며, 쇼루밍과 역쇼루밍을 병행해서 상품을 구매하는 '옴니쇼핑[6]'이 있습니다. 현재 인터넷 쇼핑몰은 소비자에게 쇼핑의 새로운 경험 가치를 제공하면서 라이프 스타일에 큰 영향을 주고 있습니다. 내가 이동하지 않아도 원하는 상품을 최상의 조건으로 구매할 수 있으며 틈새 시간을 활용하여 쇼핑이 가능해졌습니다. 주문 배송 절차 또한 간소화로 고객의 기대치를 높여주고 있습니다.

이 장에서는 다양한 상품군의 카테고리를 차별적으로 구성하여 상품을 구매할 수 있는 인터넷 쇼핑몰 서비스 형태를 살펴보겠습니다. 각 쇼핑몰 서비스 형태를 통해 어떻게 운영하고 있는지와 상품 구성 스타일 파악이 가능합니다.

6 옴니쇼핑은 다양한 온라인 및 오프라인 쇼핑채널을 통합하여 편의 서비스를 극대화하고, 고객에게 편리한 구매 환경을 제공하는 기술을 의미합니다.

1 | 종합몰

종합몰은 백화점과 유사한 형태로 판매 품목은 다양하게 구성하여 판매하는 쇼핑몰 형태를 의미합니다. 현재 브랜드 인지도와 거대한 자본력으로 대형화되고 있는 추세입니다. 특히 실질 충성 구매 고객층이 두텁게 형성되어 있고 고가 제품 위주의 구매가 이루어지고 있어 구매전환율[7]을 끌어 올릴 수 있습니다. 시즌에 따라 진행하는 다양한 마케팅 서비스로 판매자와 구매자 간 원활하고 활발한 거래를 유도하기도 합니다. 철저한 고객 관리와 반품 및 환불에 대한 애프터 서비스가 잘 되어 있어 판매자가 직접적으로 신경을 쓰지 않아도 됩니다. 그렇지만, 종합몰은 입점 심사가 까다롭고 판매수수료가 오픈마켓에 비해 높고, 특정 카테고리의 상품 교체와 매출 향상 방안을 관리하는 MD[8]와의 소통이 중요합니다. 대금정산 또한 기간이 한두 달가량 소요되서 자금 운용 계획이 필요합니다. 종합몰은 판매자보다 구매자 중심으로 타깃 마케팅을 진행합니다. 상품 하나당 판매 마진이 수익이기 때문에 판매 수량을 늘리거나 마진율을 높입니다. 오픈마켓과는 달리 많은 판매자보다 브랜드 파워가 있는 소수의 판매자 중심으로 마케팅 전략을 수립합니다. 국내의 대표적인 종합몰에는 롯데닷컴, GS홈쇼핑, 신세계몰, 홈플러스, AK몰, CJ몰, 현대 H몰 등이 있습니다.

2 | 전문몰

전문몰은 특화된 한 가지 상품 또는 개인의 특성 범주의 상품을 판매하는 인터넷 쇼핑몰 형태입니다. 전문적인 아이템을 판매해서 세분화

[7] 구매전환율(CVR, Conversion Rate)은 광고 성과를 파악하는 지표로 잠재 고객이 네이버 광고를 클릭하여 스마트 스토어에 방문해 실제 광고주(스마트 스토어 사업자)가 원하는 특정 행위를 하는 비율을 의미합니다. 쇼핑몰 방문객당 구매율로 구매에 영향을 끼치는 요인에 따라 구매전환율이 다르게 나타납니다.

구매전환율=전환수(구매횟수)/클릭수×100

네이버 파워링크 광고에서 화장품 키워드 광고를 200명이 클릭하여 스마트 스토어에 들어와서 40명이 상품을 구매했다면 구매전환율은 20%입니다.

40건 구매/200번 클릭 × 100=20% 구매전환율

[8] MD(Merchandiser)는 시장 및 소비자 분석, 트렌드 분석, 상품화 계획, 판매 실적 분석을 통해 소비자가 요구하는 상품을 기획하고 수량을 결정하는 상품기획자를 의미합니다.

된 상품 구색을 갖추고 있으며 쇼핑몰의 분위기는 종합몰보다 차별성이 느껴집니다. 최근에는 전문몰이 수적으로 급팽창하면서 '3세대 전문몰'이라고 부르고 있습니다. 1세대는 보편적인 전문몰을 의미하고, 2세대는 다양한 상품 카테고리로 세분화한 전문몰을 말합니다. 3세대는 단순히 상품 판매보다 각종 게시판을 활용하여 상품 전문 지식과 커뮤니티 기능을 접목한 전문몰을 의미합니다.

지금의 3세대 전문몰은 다양화된 커뮤니티 기능으로 종합몰이나 오픈마켓에 비해 좀 더 만족도 높은 쇼핑 경험을 제공하려고 노력하고 있습니다. 전문몰은 천연 비누, 꽃 배달 서비스, 화장품, 티셔츠, 가디건, 청바지 등 다양하게 특화되어 있습니다.

전문몰은 앞으로 보다 세분화되어 고객의 구매 요구에 맞춤화된 상품 정보를 제공하고 커뮤니티 기능을 활용하여 세밀한 서비스로 진화할 것으로 예상됩니다. 상품의 라이프 사이클 수명이 짧아지고 고객의 선호도가 다양해지고 있는 상황에서 변화에 따른 인기 상품 구색 맞춤화는 경쟁력을 높여줄 것입니다. 자사의 한 브랜드만을 판매하는 패션, 제조업 형태의 브랜드몰도 있습니다. 전문몰은 오픈마켓 방식이 아닌 독자적으로 운영하는 쇼핑몰이기에 필수적으로 마케팅 전략을 수립하고 집행합니다. 유료 광고 채널인 키워드 검색광고를 활용하거나 소셜 네트워크 서비스(SNS)를 활용해 홍보를 해야 합니다.

전문몰 구축은 '임대형 쇼핑몰'과 '독립형 쇼핑몰'로 나누어 볼 수 있습니다. 쉽게 설명하면 임대형 쇼핑몰은 월세 개념으로 독립형 쇼핑몰은 자가 개념으로 알고 있으면 됩니다.

임대형 쇼핑몰은 초기에 설치비와 월 사용료을 지불하면 되기 때문에 구축 비용이 저렴하고 많은 시간을 들이지 않고 쇼핑몰을 오픈할 수 있습니다. 또한 부담 없는 비용으로 자동 기능 업그레이드를 통해 사후 관리를 받을 수 있습니다. 단점으로 개발사에서 만든 솔루션을 이용하기 때문에 프로그램 변경을 못하며, 차별적이고 개성있는 쇼핑몰 디자인으로 자유롭게 바꿀 수 없습니다.

독립형 쇼핑몰은 쇼핑몰을 직접 구축하고 도메인을 연결하여 독자적으로 운영하는 것을 의미합니다. 사업자가 쇼핑몰에 대한 전문 지식을 어느 정도 갖추고 있어야 하며, 인터넷 마케팅을 활용하여 쇼핑몰을 알려야 합니다. 계절 별로 기획한 디자인으로 자유롭게 개편이 가능하고, 기술적으로 허용되는 범위 안에서 프로그램 소스 수정 및 기능 변경을 할 수 있습니다. 단점으로 초기에 구축 비용이 많이 들고 유지 보수와 운영에 지속적으로 비용이 듭니다.

국내 쇼핑몰 솔루션 업체는 카페24, 메이크샵, 고도몰, 후이즈몰, 가비아 등이 있습니다. 쇼핑몰 솔루션 업체마다 차별적인 서비스를 하고 있어 제공 옵션을 분석한 후 결정하는 것이 중요합니다.

3 | 오픈마켓

인터넷 쇼핑몰 시장이 양적으로 확대되면서 새로운 형태의 인터넷 쇼핑몰인 오픈마켓이 출현하게 됩니다. 오픈마켓은 누구나 물건을 올려 판매하고 쉽게 구매할 수 있는 인터넷 중개 쇼핑몰 형태로 개방적입니다. 소비자와 소비자(판매자) 간의 직거래가 이루어지는 선순환 구조로 되어 있습니다.

오픈마켓의 특성상 다수의 판매자가 참여하다 보니 실시간으로 가격 경쟁을 하게 되고 저가격 실현이 가능해졌습니다. 구매자는 효율적으로 상품 구매에 대한 혜택을 받지만, 판매자 입장에서는 채산성을 고려하여 판매 가격을 결정해야 합니다. 현재 오픈마켓은 구매와 판매가 원활하게 이루어지도록 중개 역할을 하고, 수수료와 부가 서비스로 수익을 얻고 있습니다. 오픈마켓은 종합몰과는 달리 판매자와 구매자 중심의 마케팅을 동시에 진행합니다. 종합몰은 구매자의 중심의 마케팅 전략을 수립한다면, 오픈마켓은 판매자 중심의 마케팅 전략을 수립합니다. 판매자 수에 따라 수익이 발생하기 때문에 오픈마켓은 파워셀러를 확보하는 것이 중요합니다. 국내의 대표적인 오픈마켓은 네이버의 스마트 스토어, 11번가, G마켓, 옥션, 인터파크 등이 있습니다.

4 | 소셜 커머스

스마트폰의 높은 이용률과 개인적 네트워크 서비스가 대중화되면서 새로운 전자상거래가 주목받게 됩니다. 이 쇼핑몰은 다수의 구매자가 모일 경우 가격을 파격적으로 할인해서 판매하는 소셜 커머스입니다. 소셜 커머스 용어는 2005년 야후에서 처음 소개되었고, 2008년 Groupon이 설립된 후 전 세계적으로 공동구매형 소셜 커머스 서비스가 인기를 얻게 됩니다. 국내는 2010년에 소셜 커머스 서비스를 시작하면서 전자상거래 시장에 나비효과[9]의 바람이 불었습니다. 소셜 커머스가 소비자들에게 인기를 얻은 것은 '특가', '할인', '한정' 등의 단어를 사용하여 싸게 많이 판매하는 박리다매형 쇼핑몰이었기 때문입니다. 합리적인 소비를 추구하는 소비자에게는 달콤한 초콜릿 공장과 같습

[9] 나비효과(Butterfly Effect)는 미세한 나비의 날갯짓이 지구 반대편에 허리케인을 일으킬 수 있다는 뜻으로 "작은 일이 추후 예상할 수 없는 거대한 결과를 만들어낸다는 뜻입니다." 비슷한 의미로 '도미노 현상'이 있습니다.

니다. 소셜 커머스가 각광을 받은 또 다른 이유는 페이스북, 트위터, 인스타그램 등의 소셜 네트워크 서비스를 통하여 전자상거래가 이루어지는 모델이기 때문입니다.

소셜 네트워크 서비스의 강점인 SNS의 인맥과 구전 효과의 영향력을 활용하여 정해진 시간 동안 일정 규모의 인원이 모이면 할인된 가격으로 상품을 구매할 수 있습니다. 다양한 의사소통 플랫폼인 SNS의 실시간성과 확산성이 소셜 커머스의 성장하는데 견인차 역할을 하였습니다. 지금은 맛집, 카페, 여행, 숙박 등 상품의 범위가 광범위해져서 온·오프라인 기업들이 잠재 고객을 찾는 마케팅 채널이기도 합니다.

최근 소셜 커머스의 과도한 출혈 경쟁으로 수익성 개선과 비즈니스 확대를 위해 오픈마켓으로 루트를 넓히고 있는 상황입니다. 오픈마켓 또한 직매입을 도입하여 소셜 커머스로 판매 영역을 확장하고 있어 온라인쇼핑몰 업종의 경계가 모호해지고 있습니다. 국내의 대표적인 소셜 커머스는 쿠팡, 그루폰, 위메프, 티켓몬스터 등이 있습니다.

간략 사업계획서 작성하기

현대 경영학을 창시한 학자 피터 드러커는 "어떤 현상을 숫자로 표현하지 못하면 문제를 정확히 파악하지 못하는 것이고, 정확히 모른다는 것은 관리할 수 없다는 것이고, 관리할 수 없다는 것은 현재의 상태를 개선할 수 없다"고 말했습니다. 현재 상황을 제대로 파악할 수 있어야 사업을 순리대로 할 수 있다는 의미가 포함되어 있습니다. 온라인쇼핑몰을 운영하고 있는 사업자로 현재 운영 상황에 대한 수치화(로그 분석, 운영비, 인건비, 구매 전환, 세무, 광고비 등)가 되고 있다면 사업 성공을 위한 필수 요소를 파악하고 있는 것입니다.

스마트 스토어 사업자에게 수치화는 쇼핑몰을 잘 운영하고 있는지 못하고 있는지를 판단할 수 있게 해주는 나침반입니다. 사업계획서는 사업의 목표를 공유하고 아이템을 구체적인 수치로 정리한 문서로 창업의 목적, 창업 아이템, 아이템의 타당성, 구체적인 마케팅 전략과 계획, 소요 비용, 수익성 등을 담고 있습니다. 스마트 스토어에서 창업을 준비하고 있는 예비 사업자 또는 이미 창업하여 상품을 판매하고 있는 사업자라면 사업계획서를 작성해보길 권합니다.

사업계획서는 창업을 준비하는 사업자에게는 사업의 구상을 구체적으로 정리할 수 있게 해주며, 객관적으로 점검해볼 수 있는 기회를 만들어 줍니다. 또한 선정한 아이템이 현실적으로 수익을 창출할 수 있는지 제반 요소를 점검하고, 부족한 부분을 파악하여 실수를 줄이고 사업 성공의 가능성을 높일 수 있게 해줍니다.

그럼 자세히 사업계획서에 대해서 살펴보겠습니다. 보편적인 사업계획서는 다음과 같이 한 문장으로 정의하면 '구체적인 계획을 체계적으로 정리한 설계서로 현재와 성장성을 파악할 수 있도록 심사숙고해 만든 설득 문서'입니다. 사업계획서는 사업의 내용과 계획, 실행 과정 등을 서면으로 기록한 것이며 구체적으로 정리하고 있어서 사업 전반에 대해서 이해할 수 있습니다.

사업계획서는 인터넷 쇼핑몰 창업이 시행착오 없이 잘 운영할 수 있도록 도움을 주며, 구체적인 사업 내용과 세부 일정 계획을 사전에 체크하여 대책을 수립할 수 있도록 해줍니다. 아이템의 성공 가능성, 시장 전망, 트렌드, 경쟁 업체, 고객 소비 성향 등도 객관적으로 살펴볼 수 있습니다. 사업계획서를 작성하면 다음 두 가지 혜택을 얻을 수 있습니다. 사전에 위험적 요소를 체크해 볼 수 있어 창업을 성공적으로 할 수 있고, 직원 채용 시 온라인쇼핑몰 사업 목표와 비전을 제시할 수 있어서 고급 인력을 뽑을 수 있습니다.

1 ┃ <u>사업계획서를 작성해야 하는 이유</u>

시행착오를 예방하고 쇼핑몰 운영 비용을 절약할 수 있도록 해줍니다

사업계획서를 작성하고 하면 쇼핑몰 운영에 대해서 시뮬레이션을 할 수 있어 사전에 연습을 해볼 수 있습니다. 또한 쇼핑몰 운영에 있어서 발생하는 비용 등을 사전에 파악할 수 있어 안정적으로 쇼핑몰 운영이 가능합니다.

단순한 개인적인 경험과 주관적인 쇼핑몰 운영 계획을 예방하고 사전 검토를 할 수 있습니다

바다에서 배가 항해를 할 때 나침반이 없으면 목적지에 도착하는데 어려움을 겪을 수 있습니다. 쇼핑몰 운영 또한 마찬가지입니다. 명확한 목표와 운영 방안에 대한 계획없이 주관적으로 운영하게 되면 얼마지나지 않아 시행착오를 겪게 됩니다. 아이템에 대한 철저한 분석, 고객의 구매 동기 요소, 시즌에 따른 아이템 선정 등을 검토하여 쇼핑몰을 운영해야 매출을 기대해 볼 수 있습니다.

쇼핑몰을 소개하는 제안 자료가 될 수 있습니다

쇼핑몰을 운영하면서 차별적인 아이템을 제휴 업체에 납품할 때 효과적으로 메시지를 전달할 수 있습니다. 또한 사업적 제안, 백화점 입점, 협력회사 등록 등 대외업무용으로 회사 소개를 하는데 활용할 수 있습니다.

2 | 사업계획서 작성은 어려운 것일까요?

사업계획서를 작성하자고 하면 창업자들의 반응을 살펴보면 제일 먼저 다가오는 문장이 있습니다. 바로 "머리가 아파옵니다."입니다. 처음 접하는 창업자라면 두려움과 망망함이 선뜻 다가오게 됩니다. 사업계획서는 창업을 효율적으로 운영하는데 필요한 도구로 환경 분석, 고객 분석, 전략 수립 등의 영역을 다루기 때문에 어렵게 다가올 수 있습니다.

우선 사업계획서를 작성하기 위해서는 MS 오피스의 워드와 파워포인트 또는 한글 프로그램을 다룰 수 있어야 합니다. 회사에서 업무를 본 경험이 있는 직장인이라면 쉽게 다룰 수 있지만, 처음 접하는 분들께는 에베레스트산을 오르는 것만큼 쉽지 않습니다. 그렇지만, 사업계획서가 두렵지만은 않습니다. 인터넷 검색을 활용하면 다양한 사업계획서 사례와 양식들을 찾을 수 있습니다. 내가 관심을 갖고 있는 업종에 대해서 검색하고 자료를 참고하여 작성하면 완벽하지 않더라도 기본적인 항목들을 작성할 수 있습니다. 장기적으로 투자(자금 조달 또는 정책 지원)를 생각하고 사업계획서를 작성하려면 꾸준한 작성 연습이 필요하며 전문가의 도움과 지도가 필요합니다.

우선 사업계획서를 작성하기 위해서는 어떻게 해야 사업 추진 과정을 명확하게 전달할 수 있는지, 효과적으로 메시지를 전달할 수 있는지 체크해봐야 합니다. 사업계획서 작성하기 전, 다음의 기본 원칙을 숙지하고 문서 작업을 시작하세요.

3 | 사업계획서 작성 원칙

명확하고 객관적이어야 합니다

사업계획서 작성을 위해서는 각종 정보와 자료들을 확보해야 합니다. 연구소 및 통계청에서 나온 자료들은 1차적으로 검증을 받았기 때문에 신뢰도가 있습니다. 이런 명확한 자료들을 활용해 작성하면 객관적이고 설득력이 높아집니다.

실현 가능성이 있어야 합니다

창업한 사업 개요가 불명확하고 추상적이면 시작부터 어려움을 겪게 됩니다. 시장과 고객에 대한 이해, 마케팅 예산 집행, 매출 기대 목표 등을 막연하게 작성하게 되면 목표한 성과를 기대할 수 없습니다. 현재의 상황을 잘 파악해서 접근하는 것이 중요합니다. 시장은 트렌드를 살펴보고 앞으로 어떻게 성장해나갈 것인지, 규모는 어느 정도 되는지, 경쟁 현황은 어떻게 되는지 분석해봐야 합니다. 고객은 누가 구매하는지, 고객의 니즈가 무엇인지, 언제, 어떻게, 왜 구매하는지를 분석해봐야 합니다. 이런 데이터가 수치화로 나오면 실현 가능성을 한층 더 높여줍니다.

간결하고 일관성이 있어야 합니다

사업계획서가 사업 개요를 효과적으로 전달하기 위해서는 내용이 간결하고, 문서마다 일관성이 유지해야 합니다. 그래야 가독성과 전달을 높일 수 있기 때문입니다. 문장이 너무 길게 되면 핵심이 명료하게 보이지 않으며 가독성이 떨어질 수 있습니다. 다음으로 사업계획서를 작성할 때 문장은 되도록 상식적 수준에서 평이하게 작성하고 쉽게 이해할 수 있는 용어로 선택해야 합니다. 쓸데없이 전문 용어나 약어를 많이 사용하게 되면 별도로 설명해야 하기 때문입니다. 일관성은 문서 첫 장부터 마지막 장까지 레이아웃, 폰트, 컬러 등을 동일하게 유지하는 것이 중요합니다. 사업 내용이나 판매 계획, 수익성 수치는 일관성 있게 반영해야 합니다.

성실하게 작성해야 합니다

창업예정자가 작성하는 사업계획서를 심사하다 보면 몰입해서 보게 되는 경우가 있고, 빠른 시간 안에 훑어보고 지나가는 경우가 있습니다. 시선을 오랫동안 잡아두는 사업계획서에는 사업자의 자신감과 사업에 대한 이해력, 사업 방향과 수익 계획이 성실하게 효과적으로 담겨있습니다. 사업 개요만 읽어도 전반적으로 이해할 수 있고 호기심을 유발해 마지막 장까지 읽게 만듭니다. 사업계획서는 망망대해에서 표류하지 않고 항해할 수 있도록 도움을 주는 나침반과 같습니다. 인터넷 바다는 거대하고 예측하기 어려운 경우가 많이 있습니다. 전 세계인의 일상 속에 파고들고 거대한 연결망으로 연결되어 있는 이곳에서 목표 설정한 대로 나아가기 위해서는 사업계획서가 중요한 이정표가 되어줍니다. 사업계획서에 투자한 시간과 노력은 사업의 성공 가능성을 증대시킬 수 있을 뿐만 아니라 계획적인 창업이 가능하도록 만들어 줍니다. 보통 창업자의 사업계획서는 30% 정도가 내 사업에 대한 설명이 제대로 되어 있지 않습니다. 사업계획서를 작성할 경우에는 내 사업에 대한 전반적인 내용들을 조사하고 성실하게 작성하길 바랍니다.

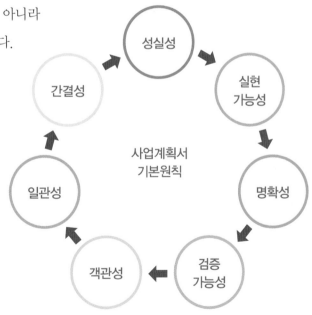

▲ 사업계획서 기본원칙

4 | 쇼핑몰 사업계획서 작성하기

스마트 스토어에서 팔고자 하는 아이템을 선정하고 시장 분석을 하였다면 사업계획서를 작성해야 합니다. 소량 품목을 파는 사업자의 경우 사업계획서 작성없이 시작하는 경우가 많습니다. 이것은 내가 가고자 하는 곳을 지도없이 찾아가는 것과 같습니다. 창업을 준비중인 예비사업자 또는 스마트 스토어를 운영한지 6개월 이내의 사업자는 간략 사업계획서를 작성하길 바랍니다. 이번 장에서는 사업을 성공하기 위한 필수 요소인 사업계획서 작성에 대해서 알아보겠습니다. 쇼핑몰 사업계획서 목차와 구성은 정확한 정답이 없습니다. 회사 내부용인지 투자용인지 용도에 따라 달라질 수 있습니다. 여기서는 스마트 스토어 운영에 적합한 간략 사업계획서 작성에 대해서 다루도록 하겠습니다. 투자용일 경우에는 목차가 보다 세분화되고 재무적인 정보를 적용해야 해서 전문 교육을 받거나 전문가의 도움을 받아야 합니다.

우선 사업계획서를 작성하기 전, 다음 질문 항목에 간단히 체크해보세요. 간략하게 정리가 되면 사업계획서를 작성할 때 흔히 발생되는 오류를 줄이고 명확하게 작성할 수 있습니다.

- 내가 팔고자 하는 상품은 무엇인가?
- 내 상품을 구매할 고객은 누구인가?
- 어떻게 마케팅을 할 것인가?
- 어떻게 고객 관리를 해야 하는가?
- 월 지출 비용은 어느 정도 되는가?
- 얼마나 많은 상품을 판매할 것인가?
- 배송·결제·환불 정책은 어떻게 할 것인가?
- 도매 사입과 초도 물량은 어느 정도 할 것인가?
- 상품의 가격을 어떻게 책정할 것인가?
- 언제 손익분기점에 도달할 수 있는가?

쇼핑몰 사업계획서 작성 순서

▶ 사업 개요 ➡ 환경 분석 ➡ 쇼핑몰 운영 전략 ➡ 인터넷 마케팅 전략 ➡ 수익성 분석

사업 개요

a. 회사 소개
b. 창업자 소개
c. 쇼핑몰 아이템 소개
d. 상품 컨셉

사업 개요는 이 회사가 어떤 사업을 하고 있으며 수익 창출 모델이 무엇인지 살펴볼 수 있는 항목입니다. 회사 소개는 왜 창업을 하였는가에 대한 동기와 비전에 대해서 작성하고, 창업자 소개는 내가 잘 할 수 있는 핵심 역량 중심으로 작성하면 됩니다. 쇼핑몰 아이템은 매출과 직결되는 부분이기 때문에 차별성과 경쟁력을 강조하는 것이 좋습니다. 상품 컨셉은 고객이 추구하는 욕구와 니즈를 독창적으로 제안하고 상품 구매를 통해 획득할 수 있는 '혜택'을 담아내는 것이 핵심 키포인트입니다. 스마트 스토어의 '스토어 소개(50단어)'에서 호소력 있는 문구로 방문자의 시선을 끌었다면 상품 정보에 대한 호기심을 유발할 수 있습니다.

환경 분석

a. SWOT
b. 경쟁 분석
c. 벤치 마킹

쇼핑몰 환경 분석은 내부 환경 분석, 외부 환경 분석, 경쟁 분석, 벤치마킹으로 접근해 볼 수 있습니다.

SWOT은 대표적인 경영분석법 중 하나로 환경 분석에 많이 활용되고 있습니다. 기업의 내부 환경을 분석하여 강점(Strength)과 약점(Weakness)을 발견하고, 외부 환경을 분석하여 기회(Opportunity)와 위협(Threat) 요입을 찾아 마케팅 전략 수립이 가능합니다. 내부 환경을 분석하여 강점과 약점을 발견하고, 외부 환경을 분석하여 기회와 위협을 찾아내어 이를 토대로 강점은 살리고 약점은 죽이고, 기회는 활용하고 위협은 억제하는 마케팅 전략을 수립하는 것을 말합니다. 외부 환경은 사업 아이템에 대한 인구통계학적 변화, 경제, 문화, 사회적 환경을 분석하여 기회와 위협을 찾아냅니다. 내부 환경과 외부 환경을 통해 S, W, O, T를 분석하면 SO, ST, WO, WT 전략을 도출하여 쇼핑몰 운영 방향을 세울 수 있습니다.

비즈니스 생태계에서 경쟁자가 없는 사업은 존재할 수 없습니다. 경쟁 분석은 내가 팔고자 하는 선정 아이템이 시장에서 성공할 수 있는지 타진해보는 것으로 경쟁자의 경쟁력과 수준을 파악하는 것이 중요합니다. 목표로 하는 시장 매출 규모가 어느 정도이고, 경쟁 업체가 누구이며, 진입 장벽이 높은지 낮은지 구체적으로 접근해야 합니다. 경쟁 업체를 분석할 때 직접적인 경쟁자는 아니지만, 대체재의 존재[10]가 잠재적으로 큰 위협요소가 될 수 있는지도 체크해봐야 합니다.

벤치마킹은 경쟁 업체를 보다 구체적으로 분석하는 것입니다. 어떤 아이템을 주력으로 팔고 있는지, 이벤트와 프로모션은 어떻게 진행하는지, 고객들이 왜 이 제품을 구매하는지, 고객의 평판과 서비스는 좋은지 등을 살펴봐야 합니다. 한 번만 쇼핑몰에 방문하는 것이 아니라 즐겨찾기를 해놓고 정기적으로 방문하여 잘 하고 있는 영역을 찾는 것이 핵심입니다. 벤치마킹 할 때 우선적으로 고려해야 하는 것은 상품 애호도[11], 고객 평판, 이벤트 홍보, 상품 스토리텔링, 인터넷 마케팅[12] 등입니다.

10 대체재는 한 재화의 수요가 늘어나면 다른 재화의 수요가 줄어드는 상대적인 개념을 의미합니다. 최근에는 산업 간 경계가 허물어지면서 대체재가 누구라도 될 수 있습니다. 진로 참이슬의 대체재는 소주 브랜드로 볼 수 있지만, 고화질 TV가 될 수 있습니다. 영상 가전 화질이 좋아지면서 술자리를 갖지 않고 집에서 영화 또는 드라마를 즐겨볼 수 있기 때문입니다. 게임 산업 또한 마찬가지입니다. 치밀한 각본과 시나리오로 드라마가 잘 만들어지면서 게임 산업의 대체재로 접근해 볼 수 있습니다.

11 상품 및 서비스 이용 후 고객이 기대한 만큼 욕구와 만족이 충족되어 상표에 대해 갖는 충성도를 의미합니다.

12 쇼핑몰의 인터넷 마케팅은 키워드 검색광고, 블로그, SNS에서 확인해볼 수 있습니다.

쇼핑몰 운영 전략

a. 4P
b. 쇼핑몰 메뉴 구성
c. 취급 품목 및 공급처
d. 배송 및 포장
e. 시즌 이벤트
f. A/S

4P는 마케팅 기본 요소로 마케팅 믹스(Marketing Mix)라고 부릅니다. 상품(Product), 가격(Price), 유통(Place), 촉진(Promotion)으로 구성되어 있습니다. 효과적으로 마케팅 전략을 실행하기 위해서는 4P를 우선적으로 고려하여 통합되고 일관되게 작성해야 합니다.

상품(Product)은 고객에게 판매하는 재화 또는 서비스를 의미합니다. 인터넷 쇼핑몰에서는 상품의 차별적인 특징과 상품 구매로 얻을 수 있는 편익을 중점적으로 다루어야 합니다. 고객이 왜 이 상품을 구매해야 하는지에 대한 호소력이 '결제'라는 행동을 연결할 수 있기 때문입니다. 시즌에 따라 판매하는 상품 구분과 상품의 라이프 사이클이 어디에 위치하고 있는지 파악해야 합니다. 특히 구매 유도를 위한 상품 스토리텔링 전략에 많은 신경을 써야 합니다.

가격(Price)은 고객이 재화 또는 서비스를 구매하기 위해 지불하는 금액으로 상품의 가치를 수치로 표현한 것입니다. 가격 책정은 경쟁 상품과 비교하여 판매 가격을 결정하는 것으로 구체적으로 제시할 수 있어야 합니다. 고객에게 상품 판매 후 마진율은 어느 정도 되는지 파악해야 하며, 한정 판매를 통한 할인 정책과 판매 대금의 조기 회수 전략을 만들어 수익성을 고려해야 합니다.

유통(Place)은 최종 고객에게 상품과 서비스를 빠르고 편안하게 전달하는 과정을 의미합니다. 현재 유통 시스템이 전문화되고 시스템화되면서 고객이 주문한 상품은 2~3일에 배송이 이루어지고, '오늘 주문, 내일 도착'이라는 당일배송도 가능해졌습니다. 스마트 스토어 사업자는 "어떻게 하면 유통 과정을 단순화할 수 있을까?"와 "어떻게 하면 고객이 기대하고 구매한 상품을 효과적으로 전달할 수 있을까?"를 고민해야 합니다. 또한 공급처(도매상과 소매상)의 협업을 통해 판매 가격에서 단위당 배송비가 차지하는 비중은 어느 정도인지 검토하는 것이 좋습니다.

촉진(Promotion)은 고객에게 상품이 제공하는 가치를 효과적으로 전달하고, 구매 유도를 위한 판촉 활동을 의미합니다. 인터넷을 활용한 활동으로 쪽지(DM), 채팅, 이메일 등이 있습니다. "어떻게 잠재 고객에게 관심과 흥미를 유발시킬 수 있을까?"하고 다양한 홍보 계획을 세워야 합니다.

취급 품목 및 공급처는 현재 쇼핑몰에서 주력으로 판매하는 상품 정보와 공급처를 제시합니다. 협력 파트너사가 있다면 기재하여 어떤 혜택을 받고 있는지 추가합니다.

배송 및 포장은 인터넷 쇼핑몰 운영에서 중요한 업무 영역입니다. 이 서비스가 제대로 이루어지지 않으면, 고객 만족도가 낮아지고 반품 또는 재구매를 사라지게 만들 수 있습니다. 배송이 원활하게 이루어져도 포장이 잘 안 되면 고객이 기대한 상품 가치를 제공하기 어렵습니다. 포장 에어캡을 사용할지, 스티로폼 박스를 사용할지 상품에 맞는 포장 기법을 신중하게 고려해야 합니다.

시즌 이벤트는 매출 극대화를 위한 필수 프로모션 전략입니다. 우리나라는 4계절이 뚜렷하고 '명절'과 '~데이'가 있어 적절하게 활용하면 수익 창출을 기대할 수 있습니다. 1년 행사 차트를 만들어 어떤 이벤트를 진행하겠다는 시나리오를 작성해 봅니다.

A/S는 After Service의 약자로 고객이 쇼핑몰에서 상품 구입한 이후에 지속적으로 제공해 주는 사후 서비스를 의미합니다. 쇼핑몰을 운영하다 보면 예측하지 못했던 문제들이 발생할 수 있습니다. 상품이 파손되거나, 구매한 상품이 다르게 배송되었거나, 상품이 고객에게 전달이 안되었거나 등등 이런 문제들을 어떻게 해결하겠다는 정책들을 적어봅니다.

인터넷 마케팅 전략

a. 고객 전략
b. 광고 채널 전략
c. 광고 예산

고객 전략은 고객과 끊임없이 접촉하는 것으로 '스마트 스토어에 방문하여 상품을 구매할 특정한 고객을 찾아내는 것'을 의미합니다. 상품 구색을 잘 갖추어 놓아도 고객 요구에 매칭되는 상품이 없으면 판매는 이루어지지 않습니다. 상품을 판매하기 전, 고객에 대한 분석이 우선적으로 고려되어야 합니다.

고객 분류는 1차 핵심 고객층(쇼핑몰에 방문하여 확실히 상품을 구매할 가망 고객)과 2차 비핵심 고객층(가끔 방문하여 상품 정보를 살펴보는 잠재 고객)으로 구분하여 나눕니다. 고객 분석은 성별, 직업, 소득, 나이, 요구, 상품 구매 빈도, 상표 충성도, 가격 민감도, 라이프 스타일, 관심 사항 등을 파악하여 만듭니다. 고객 전략이 명확하게 세워지면 상품 컨셉과 스토리텔링을 효과적으로 제시할 수 있고, 맞춤형 쿠폰 발행 및 이벤트를 진행할 수 있습니다.

광고 채널 전략은 고객이 상품을 쉽고 빠르게 만날 수 있도록 채널을 선정하는 것을 의미합니다. 스마트 스토어의 대표적인 광고 채널은 키워드 검색광고, 네이버 메인 쇼핑박스, 모바일 핫딜 광고, 쇼핑 검색광고 등이 있습니다. 소셜미디어 서비스의 블로그 또는 SNS를 활용하고 있다면 채널로 추가합니다. 광고는 고객 확보와 매출 창출로 연결되기 때문에 지속적으로 집행하는 것이 중요합니다.

수익성 분석

a. 매출액(S)
b. 변동비(V)
c. 고정비(F)
d. 손익분기점 매출액
e. 손익분기점 비율

수익 분석은 마케팅 전략과 계획을 추진한 결과 예상되는 재무적 결과를 요약한 것입니다. 외부 자금 지원이 필요할 경우에는 수익 분석이 아닌 손익계산서(I/S), 대차대조표(B/S), 현금흐름표(Cash Flow)[13]를 추가적으로 작성해야 합니다. 여기에서는 스마트 스토어를 운영하는 사업자에게 간단한 수익 분석을 하도록 하겠습니다. 수익 분석의 산출 기준은 월 기준으로 합니다.

매출액(S)은 월 어느 정도의 매출액을 만들겠다고 가정하여 책정합니다. 변동비(V)는 스마트 스토어를 운영하면서 지출하는 비용으로 전기 비용, 인터넷 마케팅 비용, 포장 비용 등을 작성합니다. 고정비(F)는 월 임차료, 대출 지급 이자, 종업원 급여, 인터넷 비용, 기타(감가상각[14])으로 작성합니다.

손익분기점은 매출과 비용의 총액이 같은 상태를 의미합니다. 매출이 손익분기점을 넘기 시작하면서 이익이 발생하게 됩니다.
손익분기점 매출액을 구하는 공식은 F/(1−V/S)입니다.

• 손익분기점 매출액 = 고정비/(1−변동비/매출액)

손익분기점 비율은 손익분기점 매출액을 실제 매출액으로 나눈 것으로, 수익의 안전성을 파악할 수 있습니다.

• 손익분기점 비율 = 손익분기점 매출액/실제 매출액X100

13 손익계산서(I/S)는 일정 기간의 기업 경영성과를 알 수 있는 재무재표로 수익, 비용, 이익으로 구분하여 표시하는 보고서입니다.
대차대조표(B/S)는 일정 시점의 기업 재무상태를 나타내는 보고서(자산＝부채＋자본)로 자산, 부채, 자본으로 구분하여 표시합니다. 자산은 현재 보유하고 있는 것으로 시설 투자비, 현금 등을 작성하고 부채는 은행 대출 또는 시설 투자를 하면서 투자비에 대해서 작성합니다. 자본은 사업 시작 시 투자 금액을 기재합니다.
현금흐름표(Cash Flow)는 일정 기간 동안 기업의 현금 흐름을 영업 활동, 투자 활동, 재무 활동으로 구분하여 나타내는 보고서입니다.

14 감가상각은 회계상의 비용 처리 개념으로 감가상각비 계산하는 방법이 다양하고 세무적으로 복잡합니다. 일반적으로 감가상각은 '자산으로 잡았던 물건들이 비용으로 변환되는 과정'으로 이해하면 됩니다. 회사에서 물건을 구매하면 그 유형에 따라 자산으로 계상할지, 비용 처리할지 고려합니다. 예를 들어 문구품목 같은 단순한 비품들은 비용 처리하면 되지만, 고가의 기계 설비와 자동차 같은 경우에는 비용 처리하지 않고 자산으로 잡게 됩니다. 사용 기간이 길기 때문입니다. 하지만 이 자산들은 시간이 흐르면 모두 비용으로 배분됩니다. 감가상각비는 장부기장을 하지 않는 경우 인정되지 않으므로 기재를 해야 합니다.

창업의 첫걸음, 사업자등록

사람이 태어나면 출생신고를 하는 것처럼 사업을 개시하면 관할 세무서에 사업자등록을 반드시 해야 합니다. 사업자등록증은 모든 상거래의 법률적, 행정적 처리와 세금납부에 꼭 필요하기 때문입니다. 국세청은 사업자등록을 하지 않고 사업을 개시하면 불이익이 갈 수 있도록 하고 있어 등록해야 합니다. 부가세법상 영리목적 유무에 불구하고 반복적으로 재화나 서비스를 판매하다가 차후에 발각될 경우에는 각종 가산세[15]를 징수하여 금전적 손실로 이어집니다.

사업자등록은 사업개시일부터 20일 이내에 사업장 관할세무서 납세서비스센터에 신청해야 하며 사업장이 여러 개일 경우에는 사업자등록은 사업장마다 내야 합니다. 집이 수원에 있고 사무실이 서울 서초구에 있으면 사업 소재지(서초구)에 사업자등록을 신청해야 합니다. 동사무소에 출생신고를 하면 주민등록번호가 부여되는 것처럼 사업자등록증을 발급 받게 되면 사업자등록번호가 부여됩니다. 이 사업자등록번호는 세금계산서를 교부받거나 매입세액공제를 받을 수 있는 증명번호로 아주 중요합니다. 사업자등록증에는 사업자의 종류(법인, 개인), 사업자등록번호, 상호, 대표자 성명, 개업일, 사업장 소재지, 업태 및 업종[16], 발급일, 발급 기관이 기록되어 있습니다.

스마트 스토어에서 소량 품목으로 거래할 경우에는 사업자등록을 내

15 부가세 및 미등록 가산세, 무신고 가산세, 미납부 가산세 등의 각종 가산세를 징수합니다.

16 인터넷 쇼핑몰로 사업자등록을 할 경우 업태명은 소매업 또는 도매업(함께 할 경우는 두 개 기재), 업종명은 전자상거래업, 산업분류코드는 전자상거래업으로 신청합니다.

지 않고 판매할 수 있지만, 지속적으로 수익을 창출하기 위해서는 사업자등록을 내는 것이 좋습니다. 매입한 재화나 용역에 대하여 세금계산서를 교부받으면 매입 시 부담한 부가가치세를 공제 또는 환급받을 수 있기 때문입니다. 사업자등록과는 상관없이 판매를 통해 매출이 발생하고 소득이 있다면 누구나 세금[17]을 내야 합니다.

스마트 스토어를 오픈하고 사업자등록[18]을 내면 과세되는 소득을 기준으로 의료보험과 국민연금이 부과됩니다. 간혹 이런 이유로 영세 사업자들이 사업자등록을 기피하는 경우가 발생합니다. 사업 초기에는 대부분 수익이 발생하지 않고 소득이 없는 경우가 있습니다. 이럴 경우에는 국민연금공단에 문의하여 협의하면 6개월 정도 납부 예외가 가능합니다.

의료보험 또한 마찬가지입니다. 금년 중에 사업자등록을 하였다면 내년 11월 달에 피부양자에서 탈퇴되고 지역건강보험료를 징수합니다. 직장가입자의 근로소득 이외의 개인사업소득은 50%를 산정하지만, 지역가입자의 개인사업소득은 100%로 산정하고 있습니다. 개인사업자가 소득이 없는 상황에서 국민연금이 부과되고 의료보험이 인상된다면 해당 기관에 문의하여 수입이 없다는 것을 증명해야 합니다.

1 | 공동사업자의 경우

두 사람이 이상이 사업할 경우에는 공동사업자로 표시해야 하며, 1인을 대표자로 하고 공동사업자임을 표시하여 신청합니다. 이때 동업계약서를 작성하고 각자의 지분이 어느 정도인지 표시해야 합니다. 사업에서

17 스마트 스토어를 운영하는 개인사업자가 내는 세금은 '부가가치세', '종합소득세', '원천세'가 있습니다. 부가가치세는 사업자가 재화의 거래나 서비스의 유통 단계에 참여하여 창출한 부가가치에 부과하는 세금입니다. 부가가치세는 사업자가 내는 것이 아니며 소비자들이 부담하는 물건 값에 포함된 간접세로 이해하면 됩니다.

18 1인 개인사업자는 4대 보험 가입 의무가 없으며 국민연금과 건강보험만 강제로 징수합니다.

개인사업자는 2회 신고, 법인사업자는 4회 신고합니다. 개인사업자는 부가가치세를 1월~6월에 예정신고, 7월1일~7월25일에 확정신고, 7월~12월 예정신고, 1월1일~1월25일에 확정신고합니다. 간이과세자는 1월~12월 매입매출을 1월1일~1월25일에 신고합니다.

종합소득세는 사업자가 작년 1년간의 경제활동으로 얻은 소득에 대해서 납부하는 세금입니다. 종합소득세 종류에는 사업소득, 이자 및 배당, 기타소득, 연금 등이 있습니다. 종합소득세 1월~12월에 발생한 사업소득, 근로소득, 기타소득 등을 합산해 5월1일~5월31일 사이에 신고합니다.

원천세는 사업자가 아르바이트 직원 등의 소득자에게 급여를 지급할 때 소득자가 납부해야 할 세금을 원천징수하여 납부하는 세금입니다. 원천세는 매월 신고하는 것이 원칙이며 지급 월의 익월(다음 달) 10일까지 신고하고 납부해야 합니다. 직전 연도의 상시 고용 인원이 20명 이하일 경우에는 반기별 납부자로 지정됩니다. 1월~6월 지급분은 7월 10일까지 신고 및 납부하며, 7월~12월 지급분은 다음 해 1월 10일까지 납부합니다. 나중에 종합소득세에서 공제받을 수 있습니다.

발생한 소득을 책정한 지분에 따라 세금을 내기 때문입니다. 또한, 공동사업자는 권한과 책임이 공동이어서 동업자가 세금을 못낼 경우가 발생하면 다른 동업자가 책임을 져야 합니다.

2 | 외국인 또는 미성년자의 경우

외국인이나 영주권자가 국내에서 사업을 개시할 경우 사업자등록을 신청할 수 있습니다. 재외공관에서 확인하는 '재외국민등록증번호 및 등록부 등본'을 첨부(여권 사본 가능)하여야 하며, 외국인은 거주등록표로도 가능합니다. 미성년자의 경우에도 법정 보호인(부모)의 동의서와 납세관리인 설정신고서를 작성하면 사업자등록을 할 수 있습니다.

3 | 사업자등록 필요한 서류

- 사업자등록신청서 1부(세무서 민원봉사실 비치)
- 본인 건물일 경우에는 등기부등본, 타인 건물일 경우 임대차계약서[19] 사본(확정일자 신청할 경우 임대차계약서 원본) 사본 1부
- 2인 이상 공동으로 사업할 경우에는 공동사업 사실을 증명할 수 있는 서류 (동업계약서)
- 대리 신청자의 경우 사업자 본인의 주민등록증(초)본, 위임장, 인감증명서, 대리인 신분증이 필요

[19] 1인 개인사업자는 4대 보험 가입 의무가 없으며 국민연금과 건강보험만 강제로 징수합니다.

국세청 홈택스(https://www.hometax.go.kr)를 이용하면 간편하게 개인 사업자등록을 할 수 있습니다. 단, 공인인증서가 필요합니다. 서류 제출은 세무서에 신청하는 것과 동일하지만, 사업자 신분증을 첨부해야 합니다.

4 | 사업자등록 과세유형 선택

사업자등록을 신청할 경우에는 부가가치세법상 적용받을 과세유형을 살펴봐야 합니다. 해당 사업의 연간 매출이 4,800만 원 미만의 소규모 사업자라면 간이과세자로 신청하고, 4,800만 원 이상의 매출이 예상되고 세금계산서 거래를 할 경우에는 일반과세자로 신청합니다. 스마트 스토어를 오픈하고 어느 정도의 매출이 나올지 예상하기 힘들 경우에는 간이과세자로 선택하는 것이 좋습니다. 매출이 어느 정도 오르면 일반과세자로 변경하여 혜택을 받는 것이 중요합니다. 간이과세자는 부가세의 환급이 없으며 세금계산서를 발급할 수 없기 때문입니다. 일반과세자의 경우 통상적으로 10%의 세율이 적용되지만, 간이과세자의 경우에는 상대적으로 낮은 0.5%~3%의 세율이 적용됩니다.

간이과세자와 일반과세자 차이점

구분	기준 금액	세액 계산
일반과세자	1년간의 매출액 4,800만 원 이상	매출세액(매출액의 10%) − 매입세액 = 납부세액
간이과세자	1년간의 매출액 4,800만 원 미만	(매출액×업종별 부가가치율×10%) − 공제세액 = 납부세액 ※ 공제세액 = 세금계산서에 기재된 매입세액×해당 업종의 부가가치율

간이과세자의 업종별 부가가치율

업 종	부가가치율(2018년)
전기 가스 증기 및 수도 사업	5%
소매업, 음식점업, 재생용 재료수집 및 판매업	10%
제조업, 농임어업, 숙박업, 운수 및 통신업	20%
건설업, 부동산임대업, 기타 서비스업	30%

출처 : 국세청 4)-1

▲ 사업자등록증

사업자등록번호 10자리의 의미

사업자등록증을 발급받으면 처음으로 시선을 사로잡는 부분이 있습니다. 중앙 상단에 위치하고 있는 등록번호입니다. 이 등록번호 코드 체계는 '000-00-00000'(3.2.5)형태로 구성되어 있습니다. 그럼 이 숫자가 무엇을 의미하는지 살펴보겠습니다.

■■■-□□-□□□□□

앞의 3자리는 '일련번호코드'로 신규 사업자에게 사용 가능한 번호 101~999를 순차적으로 부여합니다. 과거에는 사업장의 위치에 소재한 관할 세무서의 지역코드가 들어갔지만, 납세 자동화 시스템 홈택스로 대체되면서 지역코드 체계가 사라졌습니다.

□□□-■■-□□□□□

중간의 2자리는 '개인 및 법인의 구분코드'로 개인사업자와 법인사업자로 나눕니다.

개인과세사업자의 경우는 구별없이 01부터 79까지 순차적으로 부여하며, 개인면세사업자는 90부터 99까지 순차적으로 부여합니다. 사단/재단/기타단체 중 종교단체는 89번, 사단/재단/기타단체 중 종교단체 이외의 단체(다단계판매업자)은 80번을 부여합니다.

법인사업자의 경우는 성격별로 코드를 구분하여 사용합니다. 영리법인 본점은 81번, 86번, 87번, 비영리 법인의 본점과 지점은 82번, 국가/지방자치단체/지방자치단체조합은 83번, 외국법인의 본/지점/연락사무소는 84번, 영리법인 지점은 85번입니다.

□□□-□□-■■■■□

마지막 5자리 중 앞 4자리는 '등록일자 및 지정일자순 일련번호'로 사업자별 등록 지정일자 순서로 번호를 0001~9999로 부여합니다. 비영리법인의 본/지점은 0001~5999로, 법인단체는 6000~9999로 부여합니다.

□□□-□□-□□□□■

마지막 5자리 중 뒤 1자리는 '검증번호'로 전산시스템에 의하여 사업자등록번호의 오류 여부를 검증하기 위하여 부여된 번호입니다.

5 | 소비자를 위한 통신판매업 신고

스마트 스토어에서 개인으로 상품을 판매하는 개인판매자가 일반사업자로 전환하기 위해서는 사업자등록증, 통신판매업 신고증, 인감증명서, 통장사본이 필요합니다. 사업자등록증을 발급받았다면 통신판매업을 신고해야 합니다.

전자상거래의 급속한 발달로 판매자와 소비자를 직접 연결하여 판매하는 오픈마켓은 최근들어 놀라울 정도로 성장하고 있습니다. 네이버 가입자가 4천만 명을 넘어서면서 스마트 스토어 가입자 또한 늘어나고 있는 상황입니다. 오픈마켓은 판매자와 소비자가 거래할 수 있는 직거래 시스템을 제공하고, 판매 및 구매에 관한 책임은 판매자와 소비자가 주체가 되는 쇼핑몰을 의미합니다. 이런 상황에서 오픈마켓 형태의 쇼핑몰의 성장은 통신판매업 신고를 중요하게 만들었습니다.

[별지 제1호서식] 〈개정 2016. 9. 30.〉

통신판매업 신고서

접수번호	접수일	처리기간 3일

신고인	법인명(상호)		법인등록번호	
	소재지		전화번호	
	대표자의 성명	(서명 또는 인)	주민등록번호	
	주소		전화번호	
	전자우편주소		사업자등록번호	
	인터넷도메인 이름		호스트서버 소재지 (웹호스팅업체에 확인하여 적습니다)	
	참고 사항	판매 방식	[ ]TV홈쇼핑, [ ]인터넷, [ ]카탈로그, [ ]신문 · 잡지, [ ]기타	
		취급 품목	[ ]종합몰, [ ]교육/도서/완구/오락, [ ]가전, [ ]컴퓨터/사무용품, [ ]가구/수납용품, [ ]건강/식품, [ ]의류/패션/잡화/뷰티, [ ]레저/여행/공연, [ ]성인/성인용품, [ ]자동차/자동차용품, [ ]상품권, [ ]기타(구체적 품목 기재:)	

「전자상거래 등에서의 소비자보호에 관한 법률」 제12조제1항, 같은 법 시행령 제13조, 제15조 및 같은 법 시행규칙 제8조제1항 · 제2항에 따라 위와 같이 신고합니다.

년 월 일

신고인 (서명 또는 인)
※ 위 신고인 대표자와 동일인이 아닌 경우에만 적습니다.

공정거래위원회
특별자치시장 · 특별자치도지사 · 시장 · 군수 · 구청장 귀하

신고인(대표자) 첨부서류 (선지급식 통신판매를 하려는 경우만 해당합니다)	1. 별지 제2호서식의 구매안전서비스 이용 확인증 또는 별지 제2호의2서식의 결제대금예치 이용 확인증 2. 「전자상거래 등에서의 소비자보호에 관한 법률 시행령」 제13조제1항제2호에 따른 소명자료	수수료 없음
담당 공무원 확인사항	1. 법인 등기사항증명서(법인인 경우만 해당합니다) 2. 발기인의 주민등록표 등본(법인의 설립 등기 전에 신고하는 경우만 제출합니다) 3. 사업자등록증(확인에 동의하지 않는 경우에는 사업자등록증 사본을 제출해야 합니다)	

행정정보 공동이용 동의서

본인은 이 건 업무처리와 관련하여 「전자정부법」 제36조제1항에 따른 행정정보의 공동이용을 통하여 담당 공무원이 위의 담당 공무원 확인 사항을 확인하는 것에 동의합니다.
+동의하지 않는 경우에는 신고인이 직접 관련 서류를 제출하여야 합니다.

신고인(대표자) (서명 또는 인)

처리절차

신고서 작성	→	접수	→	검토	→	기안 · 결재	→	신고증 작성	→	신고증 교부
신고인		처리기관: 공정거래위원회 또는 특별자치시 · 특별자치도 · 시 · 군 · 구								

▲ 통신판매업 신고서

통신판매업 신고는 스마트 스토어 사업자의 정보를 확보하여 사전에 사기 피해를 방지하고 소비자를 보호하기 위해 만든 것입니다. '전자상거래 등에서의 소비자보호에 관한 법률'에 따라서 쇼핑몰을 운영하고자 하는 경우, 사업자는 통신판매업 신고를 해야 영업을 할 수 있습니다. 오픈마켓에서 상품을 팔기 위해서 사업자등록을 한 사업자는 통신판매업 신고가 필수입니다.

통신판매업 신고는 쇼핑몰 사업지 소재 관할 기관인 시/군/구청의 지역경제과 또는 전자정부민원24(www.minwon.go.kr)에서 가능합니다. 통신판매업 신고는 사업 개시일로부터 30일 이내에 신청해야 하며, 신고서 양식에는 인터넷 도메인명, 호스트 서버 소재지를 작성해야 하므로 사전에 알아두는 것이 좋습니다. 통신판매업 신고증은 처리 기관에 방문하여 수령합니다. 방문 수령 시 별도의 구비 서류는 없으며 신분증을 챙겨가면 됩니다. 대리인이 방문할 경우 대표자에게 확인 전화가 가므로 참고하세요. 지역마다 다를 수 있지만, 통신판매업 신고서 신청한 날부터 발급까지 처리기간은 3일 정도 소요됩니다. 신청인 거주 지역에 따라 발급 기관이 시청 또는 구청이 될 수 있으니 확인을 해봐야 합니다.

우선, 통신판매업 신고증을 발급받기 위해서는 구매안전 서비스 이용확인증을 발급받아야 합니다. 스마트 스토어, 은행, PG결제서비스대행사, 오픈마켓 등에서 확인증을 발급받으실 수 있습니다. 은행에서 구매안전 서비스 이용확인증을 발급 받기 위해서는 에스크로 서비스에 가입해야 합니다. 사업자등록을 마치고 구매안전 서비스 이용확인증까지 준비되었다면, 사업장의 관할 구청에 가서 통신판매업 신고를 진행할 수 있습니다.

통신판매업 신고증은 면허세가 발생합니다. 간이과세자는 비용이 무료이고 일반과세자는 년 45,000원의 면허세가 부과됩니다. 면허세는 지역마다 차이가 있을 수 있으며 해당 금액을 매년 납부해야 합니다. 최근 6개월간 인터넷상에서 거래횟수가 20회 미만이거나 규모가 1,200만 원 미만일 경우에는 면제 대상입니다.

통신판매업자가 신고한 내용의 변경(상호, 대표자, 소재지, 홈페이지 주소, 전자메일 주소, 호스트서버 소재지)이 있을 경우 변경이 있는 날로부터 15일 이내에 변경사항을 증명 할 수 있는 서류를 첨부해 관할 구청에 변경신고를 해야 합니다. 통신판매업 미신고 및 허위 신고 시에는 3천만 원 이하의 벌금에 처합니다.

구비 서류는 다음과 같습니다.

▶ 통신판매업 신청서(이메일주소, 도메인명, 호스트서버 소재지 기재 요망)
  • 이메일주소는 주로 사용하는 이메일을 기재하면 됩니다.
  • 도메인명은 쇼핑몰 주소로 스마트 스토어 서브 주소를 기재하면 됩니다.
    http://smartstore.naver.com/님의 ID
  • 호스트 서버 소재지 : 경기도 성남시 분당구 야탑동 343번지 2호 KT-IDC 5층
▶ 사업자등록증(신고 후 30일 이내 제출)
▶ 대표자 도장, 신분증
▶ 법인등기부등본(법인 설립 전에는 발기인 주민등록등본)
▶ 신분증(신고 당사자)
▶ 구매안전 서비스 이용확인증(에스크로)

구매안전 서비스 이용확인증은 농협은행, 국민은행, 기업은행에서 발급을 하고 있습니다. 우선 구매안전 이용확인증을 받기 위해서는 사업자 통장(기업계좌)을 발급받아야 합니다. 사업자 계좌는 OTP(수수료 5,000원)를 별도로 발급받아야 하며, 공인인증서 또한 발급받아야 합니다. 여기까지 완료되었다면 마지막 과정이 남았습니다. 인터넷에 접속하여 개설 은행 홈페이지에 로그인하여 구매안전 서비스 이용확인증을 발급받으면 됩니다.

은행 홈페이지의 '전체 서비스 > 에스크로 이체 > 판매자 메뉴'로 들어가면 발급을 받을 수 있습니다. 신청인 거주 지역의 관할 기관에 방문하여 통신판매업 신고를 하면 됩니다.

스토어팜 임시가입 후 '판매자 정보 > 판매자 정보 관리' 메뉴 상단 '구매안전 서비스 이용확인증(에스크로)'을 다운받을 수 있습니다.

6 | 부가통신업 신고

현재 스마트 스토어를 운영하면서 차후 임대몰 또는 독립몰을 운영할 계획을 갖고 있는 사업자면 부가통신업에 대해서 알아두세요. 통신판매업 신고처럼 소비자 보호가 목적이기 때문에 신고를 해야 합니다. 부가통신업은 전송이라는 통신 서비스에 인터넷의 기능을 결합하여 서비스를 제공하는 것을 의미합니다. 쇼핑몰 사이트는 통신 서비스인 인터넷망을 통해 상품을 판매하기 때문에 부가통신사업에 포함됩니다. 인터넷 쇼핑몰을 독립적으로 운영할 때는 카드 결제 시스템을 도입하기 때문에 부가통신업을 신고해야 합니다.

쇼핑몰 오픈 후 부가통신업으로 신고해야 하지만, 스마트 스토어를 운영하면서 자본금이 1억원 미만일 경우에는 신고가 면제됩니다. 현재 스마트 스토어 사업자가 부가통신업을 신고하지 않아도 법적으로 처벌받는 경우는 많이 없습니다. 그렇지만, 쇼핑몰 운영 및 관리에서 문제가 발생하면 벌금 또는 과태료를 부과받을 수 있습니다.

부가통신업 신고는 방송통신위원회(www.kcc.go.kr) 또는 쇼핑몰 사업지 관할 체신청에서 합니다.

7 | 구비 서류

▶ 부가통신사업신고서

[별지 제4호서식] <개정 99 · 3 · 17>

부 가 통 신 사 업 신 고 서		처리기간	
		즉 시	

신고인	상호 또는 명칭		전 화 번 호	
	성 명(대표자)		주민등록번호	
	주소(주된 사무소)			
	종 업 원	명	자 본 금	백만원

제공역무	명 칭	내 용						

주요설비	명 칭	형 명	용 량	수 량	명 칭	형 명	용 량	수 량

전기통신사업법 제21조 및 동법시행규칙 제13조의 규정에 의하여 위와 같이 신고합니다.

년 월 일

신고인 (서명 또는 인)

체신청장 귀하

	수 수 료
	없 음

<구비서류>
1. 사업계획서 1부
2. 법인등기부등본(법인의 경우에 한한다) 각 1부
3. 사업용 주요설비의내역 · 설치장소 및 통신망구성도 각 1부
4. 이용자의 정보에 관한 보호대책 1부

34344~05511민
98. 12. 14 개정승인

210mm×297mm
(신문용지 54g/㎡)

▶ 사업계획서

▶ 등기부등본(법인), 사업자등록증사본(개인) 1부

▶ 사업용 주요 설비의 내역, 설치 장소 및 통신망 구성도 각 1부

▶ 이용자의 정보에 관한 보호대책 (물리적 정보보호, 개인적 정보보호 대책) 1부

▶ 신고 비용은 1년에 45,000원

어떤 아이템으로 시작할까?

창업 아이템 선정은 스마트 스토어를 효율적으로 운영할 수 있는 기회를 확보할 수 있습니다. 아이템은 곧바로 매출로 연결되는 만큼 시장 반응과 고객의 요구 사항을 파악하여 접근하는 것이 중요합니다. 아이템 창업은 다음 두 가지로 접근해 볼 수 있습니다.

'수익 아이템 창업'과 '역량 아이템 창업'이 있습니다. 수익 아이템 창업은 상품 매출에 대한 기대 이익 및 아이템의 성장성과 차별성을 체계적으로 분석하여 선정하는 것을 말합니다. 시장과 고객을 체계적으로 분석하여 아이템을 선정하는 것으로 연구소의 보고서, 이슈 트렌드, 고객의 선호도 등을 살펴봐야 합니다. 선정 아이템으로 시즌에 따른 판매 아이템, 온라인 마켓에서 인정과 검증을 받은 아이템, 브랜드 상품 등이 있습니다.

역량 아이템 창업은 창업자의 업무 경험이나 자격증 보유, 취미 생활에서 통해 아이템을 선정하는 것을 말합니다. 특정 분야에서 오랫동안 경험을 쌓았다면, 창업 아이템 선정에 어려움이 없습니다. 그 분야의 아이템에 대한 고객 욕구와 필요를 손쉽게 파악할 수 있기 때문입니다. 개인적인 취미 생활에서도 창업 아이템으로 선정이 가능합니다. 아로마, 익스트림 스포츠, 꽃꽂이 등 내가 잘할 수 있는 아이템이라면 창업 아이템으로 손색이 없습니다.

1 | 스마트 스토어에서 매출을 만드는 아이템 선정하기

아이템은 스마트 스토어에서 충성 고객을 확보하고 지속적으로 매출을 창출하는데 중요한 역할을 담당하고 있습니다. 예비창업자 또는 쇼핑몰을 운영하고 있는 사업자는 "어떤 아이템을 선정하고 판매할까?"에 대한 질문으로 차별적이고 경쟁력 있는 아이템을 포착하는 것이 중요합니다. 특히 고객의 구매 성향이 꾸준히 변화하고 선호도에 따라 아이템 구매에 대한 결정이 달라지기 때문에 다양한 각도에서 고객과 시장을 바라봐야 합니다.

아이템 선정을 위해서는 다음 4가지를 체크해 볼 수 있습니다

첫 번째는 안정성입니다. 스마트 스토어에서 고객이 지속적으로 재구매를 할 수 있는 아이템을 선정하여 수익을 확보할 수 있어야 합니다. 한 번의 구매로 끝나게 되면 새로운 고객을 꾸준히 확보하기 위해 마케팅 비용을 투자해야 됩니다. 한 상품을 구매하면 연관된 2차 상품을 구매할 수 있도록 아이템 구성하는 것이 필요합니다. 예를 들어 스마트폰으로 선정했을경우 부수적으로 이어폰, 케이스 등을 구매하고 아이템을 프린터기로 선정했을경우 부수적으로 구매하는 것은 잉크입니다. 청바지를 주로 입는 고객의 경우는 시즌별로 구매하기 때문에 고객 관계를 잘 구축하면 재구매를 유도할 수 있습니다. 스마트 스토어를 운영하면서 꾸준히 매출을 기대할 수 있는 아이템 선정은 매출과 수익으로 연결되기 때문에 소비자 욕구에 부합할 수 있는 시장 분석이 필요합니다. 추가적으로 고객의 구매전환율과 객단가[20]를 높일 수 있는 대안이 수립되면 안정적인 수익 창출이 가능합니다.

[20] 고객 한 명이 한 번에 구매하는 비용으로 일정한 기간의 총 매출액을 그 기간의 고객 수(주문개수)로 나눈 값을 의미합니다.

두 번째는 성장 잠재력입니다. 내가 선정한 아이템의 시장 규모는 어느 정도이고, 지속적으로 성장할 수 있는 잠재력을 가지고 있는지 파악해야 합니다. 스마트 스토어에서 상품 판매가 꾸준히 발생하더라도 새로운 경쟁자가 나타나거나, 상품에 대한 고객의 선호도가 달라지게 되면 상품 가치는 사라지게 됩니다. 시즌성 상품인지, 소비재 상품인지, 아이디어 상품인지 분석하여 판매 전 체크하는 것이 중요합니다.

세 번째는 차별화입니다. 인터넷 쇼핑몰이 상품 구매에서 중요한 위치로 자리를 잡고 창업이 쉬워지면서 경쟁이 치열해지고 있습니다. 고객은 손쉽게 가격 정보를 파악할 수 있고 다양한 채널을 통해 비교 분석하여 상품을 구매합니다. 관여도[21]가 높은 상품일 경우, 옵션과 서비스를 꼼꼼히 분석한 후 구매 결정합니다. 어떻게 해야 비슷한 상품과 서비스를 차별적으로 보이게 만들 수 있을까요? 여기서 차별화는 사업자가 판매하는 상품과 서비스에 대한 스토리 연구가 필요합니다. 스마트 스토어는 스토리샵으로 일반적인 상품 정보가 아닌 쇼핑몰에서 상품 구매 후 고객이 얻게 되는 만족도를 의미합니다. 만족도가 높으면 재구매가 이루어집니다.

기대 가치[22]를 높일 수 있는 차별적인 스토리텔링으로 접근하는 것이 키 포인트입니다.

여기서 스토리텔링은 상품 가치를 한 차원 높게 특징화가 가능하고, 고객이 왜 이 상품을 구매해야 하는지 구매 동기를 호소력 있게 구성하는 것을 말합니다.

스토리의 차별화는 다양하게 접근해 볼 수 있지만, 상품 구매 결정에 영향을 미치는 사례들을 살펴보면 다음과 같습니다. '공감과 체험이 담

21 고객이 쇼핑몰에서 상품을 구매할 때 특정 자극에 의해 환기되는 관심의 정도를 의미합니다. 여기서 자극은 상품의 특징적 요소, 브랜드, 할인 가격 등으로 이해하면 됩니다.

22 쇼핑몰에서 상품 구매 후 고객이 얻게 되는 만족도를 의미합니다. 만족도가 높으면 재구매가 이루어집니다.

긴 사용 후기', '비슷한 상품이 갖고 있지 않는 품질 사양 및 상품 성능 인증서', '구체적이고 사실적인 동영상 서비스', '한정 판매' 등입니다.

고객의 사용 후기는 고객의 평판 상품 가치를 극대화할 수 있기 때문에 구매 결정에 중요한 단서를 제공해줍니다. '300명의 고객이 구매 후 남긴 사용 후기'와 같은 내용을 정리해서 스토리텔링에 적용하면 구매 설득력은 높일 수 있습니다.

여러 오픈마켓에서 구매할 수 있는 상품이지만, 이 상품의 품질 기준과 인증서를 명시하게 되면 상품 신뢰도가 높아지게 됩니다. 상품 소싱할 때 도매 업체를 통해 증서가 있는지 사전에 파악하여 받을 수 있다면 활용해보세요.

동영상 서비스는 영상을 통해 공감각적인 경험을 할 수 있기 때문에 스토리텔링 구성에서 중요한 위치를 차지하고 있습니다. 상품에 대한 공감과 체험을 실제적으로 담을 수 있어 상품 기대 가치를 효과적으로 전달이 가능합니다.

한정 판매는 시간, 수량, 판매 조건, 판매 장소, 할인 정보를 활용하여 매출을 극대화하는 판매 전략입니다. 시즌에 주로 활용되는 프로모션이지만, 최근에는 기간에 관계없이 신상품에 적용하여 상품 브랜드 홍보와 매출 확보에 전략적으로 사용하고 있습니다.

- '11, 11, 11'는 '이곳에서 단독으로 11월 11일까지 11% 할인'
- '55데이'는 '5월 5일, 오직 한 번뿐인 5,000원 할인'

네 번째는 고객입니다. 쇼핑몰 아이템 선정에서 고객은 어떤 아이템을 선정하는데 중요한 결정적 구성 요소가 됩니다. 고객에 명확한 정의가 내려지지 않으면 방문자가 많아도 매출이 발생하지 않을 수 있습니다. 상품 스토리텔링 또한 명확하지 않아서 구매 설득력을 높일 수 없습니다. 고객은 변화무쌍하고 움직이는 존재이기 때문에 최종 고객은 누구인가에 대해서 명확해야 합니다. 쇼핑몰 타깃 고객에 대한 결정이 끝났다면, 어떻게 고객의 요구와 욕구를 충족해 줄 수 있는지 스토리에 이익적 혜택을 추가하여 소구[23]할 수 있어야 합니다.

스마트 스토어를 운영하면서 아이템을 선정할 때 '수익성', '성장 잠재력', '차별화', '고객'은 한 번쯤 체크해야 할 핵심 내용입니다. 아이템은 곧바로 매출과 연결되기 때문에 다양한 관점에서 접근하는 것이 필요합니다. 사업자는 위 4가지 구성 요소를 체크하였다면, 과연 이 상품이 팔릴 수 있는지 질문해 볼 수 있어야 합니다. '트렌드에 맞는 아이템' 인지 '시즌에 따른 아이템' 인지 '구매 수요가 있는 아이템' 인지를 파악해봅니다.

쇼핑몰 생태계는 24시간 살아 숨쉬는 장터이기에 실시간으로 상품의 가치가 변화합니다. 수요의 변화는 정확하게 예측하기 어렵지만 지속적으로 인터넷 키워드 검색과 고객의 소비 패턴을 분석하면 판매가 일어나는 아이템을 포착할 수 있습니다. 수익은 시간과 노력이 비례하는 결과물입니다. 스마트 스토어에서 '팔리는 아이템', '재구매가 일어나는 아이템'으로 목표한 효과를 얻을 수 있길 바랍니다.

23 소구(Appeal)는 상품 또는 서비스에서 호소하고 싶은 핵심 내용으로 소비자에게 구매 행동을 일으키게 하는 것을 말합니다. '소구 스타일'에는 재미, 유머, 공포, 비교, 입증식 등이 있으며, '소구 방법'에는 심리, 안전, 반복, 판촉 등이 있습니다. '소구 대상'은 유아, 어린이, 청소년, 대학생, 직장인, 성인, 중년 등으로 분류하고 '소구 모델'에는 전문가, 모델, 일반인, 유튜버 등이 있습니다.

2 | 트렌드 속에서 아이템 선정하기

트렌드는 소비자가 기대하는 가치를 제공하고 라이프 스타일에 영향을 주는 현상으로 주류 문화를 형성하는 매개체입니다. 다른 말로 경향, 동향, 추세로 부릅니다. 트렌드는 갑자기 나타났다가 사라지는 패드(Fad)[24]와 달리 전방위적으로 영향을 주고 있습니다. 스마트폰의 대중화로 다양한 패드가 만들어지고 소비자의 욕구를 자극하지만, 얼마 지나지 않아 사라지게 됩니다. 트렌드는 강력한 바이러스처럼 일상적으로 먹는 것, 입는 것, 신는 것, 생각하는 것 등 깊숙이 인식되어 소비자의 지갑을 열게 만듭니다.

여기서 스마트 스토어 사업자는 짧게 다가왔다가 사라지는 패드와 주류 문화를 만드는 트렌드를 읽을 수 있어야 합니다. 거대한 트렌드 물결 속에 소비자의 욕구가 농후히 스며든 아이템들이 있기 때문입니다. 일반인이 어떻게 트렌디한 아이템을 발견할 수 있을까? 나는 트렌드 전문가가 아닌데 가능할까? 하고 의아할 것입니다. 저자 또한 트렌드를 읽는 것은 쉽지 않습니다. 앞으로 도래할 트렌드는 장기적인 안목에서 흐름을 분석하고 예측하는 것이기 때문에 어려운 일입니다. 그렇지만, 매 년 발간되는 트렌드 전문서, 소비자가 찾는 상품 호감도, 쇼핑몰에서 판매하는 상품 키워드 추세 등을 파악할 수 있으면 어느 정도 흐름에 대한 감을 잡을 수 있습니다.

한 예로 2000년 초반에 국내 언론을 통해 알려진 '웰빙'이라는 단어는 패드로 시작되었지만, 건강에 대한 관심이 높아지게 되면서 전국적으로 확산한 키워드입니다. 지금은 행

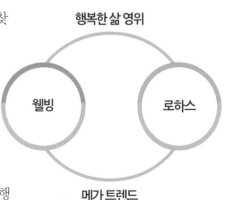

행복한삶 영위

웰빙

로하스

메가 트렌드

24 'For a day'의 약자로 짧은 주기 (1년)에 유행하는 스타일로 불현듯이 나타나 인기를 끌지만 어느 순간 사라지는 것을 의미합니다.

복하고 아름다운 삶을 영위하는 개념으로 폭넓게 사용되고 있습니다. "잘 먹고 잘 살자"라는 웰빙의 구호가 다양한 비즈니스와 연관되어 거대한 산업군을 형성하고 있습니다.

웰빙과 비슷한 의미를 갖고 있는 로하스(LOHAS : Lifestyles Of Health And Sustainability)는 "제대로 먹고 제대로 살자"라는 의미로 가치있는 라이프 스타일을 만들고 있습니다. 현재는 개인의 정신적·육체적 건강뿐 아니라 사회의 지속적인 발전을 생각하는 친환경적인 생활 패턴을 의미합니다. 웰빙과 로하스는 앞으로 인간의 삶 속에서 메가 트렌드[25]로 자리를 잡아 다양한 비즈니스 기회가 창출될 것입니다. 스마트 스토어 사업자라면 앞으로 도래할 트렌드를 파악하고 충분한 사전 조사를 통해 성공 아이템을 타진할 수 있는 비즈니스 감각을 키운다면 안정적인 매출을 기대할 수 있을 것입니다.

[25] 사회 구성원들이 동조하며 10년 이상 지속되는 경향으로 거대한 시대적 흐름을 가리키는 말입니다.

매 년 트렌드 관련 도서가 쏟아져 나오고 있습니다. 이런 트렌드 도서를 살펴보면 다양한 업종과 산업들이 도래한다고 나옵니다. 신기술과 디자인 그리고 사상들은 신선함을 주는 동시에 설레임을 제공해줍니다. 그런 경향들을 살펴보면 공통적으로 아우르는 키워드들이 존재합니다. 몇 가지 살펴보도록 하겠습니다.

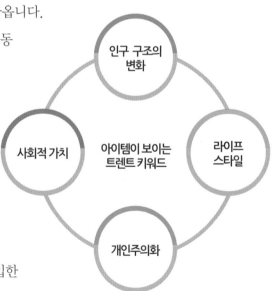

첫 번째는 '인구 구조의 변화'입니다. 대한민국은 현재 초고령화 사회로 진입하는 속도가 세계적으로 선두 자리에 포함되어 있습니다. 통계청의 발표를 살펴보면 2040년에 이르면 전체 인구의 절반 이상이 52세가 넘는 '초고령화 사회'로 진입한다고 하였습니다. 앞으로 고령화 관련 비즈니스는 분석하지 않아도 성장 산업이라는 것을 쉽게 파악이 가능합니다. 현재 시니어 비즈니스 관련된 라이프케어 서비스와 헬스케어 기기, 맞춤형 레저와 여행 서비스는 매년 성장세를 보이고 있습니다. 오픈마켓에서 팔리는 아이템으로 노인 전동차, 성인용 기저귀, 노인용 보행 보조차, 청력 보조기, 보행보조 지팡이, 어르신 말동무 로봇 등이 있습니다.

그 다음으로 '1인 가구'입니다. 한국은 핵가족화를 거쳐 1인 가구가 너무 빠르게 증가한 나라이기도 합니다. 혼자 살면 라이프 스타일에 변화가 오게 됩니다. 잠자는 것에서부터 먹는 것까지 바뀌게 됩니다. 오픈마켓 카테고리에 '싱글'과 '1인용' 단어는 구매력이 높은 젊은층의 대표적인 키워드입니다. 오픈마켓에서 팔리는 아이템으로 1인용 가전제품과 주방용품, DIY 상품 등이 있습니다.

두 번째는 '사회적 가치'입니다. 삶의 질이 향상이 되면서 행복과 기쁨을 추구하기 위해 다양한 서비스를 이용하고 있습니다. 위에서 잠깐 설명한 웰빙이 대표적인 상품입니다.

현재 웰빙 개인 맞춤형 예술 및 관광 아이템은 체험 중심의 소비 패턴을 보이면서 꾸준히 사랑을 받고 있습니다. 건강과 관련해서 헬스 케어 기기 상품 또한 키워드 검색 빈도가 매년 높아지고 있는 상황입니다. 오픈마켓에서 팔리는 아이템으로 음이온 공기정화기, 손목/팔뚝의 통증을 완화해주는 마사지기, 세균번식을 억제해주는 청소기, 미생물번식을 막아주는 냉장고, 어깨 통증을 완화 해주는 저주파 패드 등이 있습니다.

세 번째는 '라이프 스타일'입니다. 가장 두드러진 삶의 방식은 인터넷 환경의 보편화에 따른 소비 패턴입니다. 인터넷 검색을 통해 상품 정보를 빠르게 습득이 가능해졌고, 손쉽게 상품을 비교 분석하여 합리적인 구매를 할 수 있습니다. 아침에 일어나서 잠자기까지 인터넷은 우리가 숨 쉬는 공기처럼 없어서는 안 될 중요한 구성 요소가 되어버렸습니다. 특히 모바일 환경에 맞춤화된 스마트한 앱 서비스는 언제, 어디서나 접근할 수 있어서 삶의 반경을 더 넓혀주고 있습니다. 한 설문조사에 따르면 스마트폰 사용자 5명 중 4명은 모바일로 생필품을 구매하고, 스마트폰에 평균 3개 이상의 쇼핑 앱을 설치하여 상품을 구매한다고 합니다. 모바일과 떼어놓을 수 없는 관계라는 것을 알 수 있습니다.

그 다음으로 '스마트워크 시대'가 도래하였습니다. 스마트워크는 장소와 시간의 제약을 받지 않고, 전통적인 '틀에 박힌' 업무로부터 탈피하여 업무를 보는 것을 말합니다. 회사에 출근하는 지정된 근무시간과 지정된 공간적 개념에서 탈피하는 것으로 자율적이게 업무를 볼 수 있습니다. 아직은 스마트워크가 관공사 중심으로 이루어지고 있지만, 기업에서 적극적으로 활용하게 되면 PC 장비, 영상 장비, 태블릿 PC 등의 비즈니스 기회가 창출됩니다.

마지막으로 '슬로우 라이프'가 있습니다. 슬로우 라이프는 현대 사회의 급속한 성장으로 얻는 혜택과 반대되는 라이프 스타일로 '양'과 '속도' 대신 '질'과 '깊이'를 추구하는 것을 말합니다. 매일같이 미디어의 홍수 속에서 스마트폰을 통해 정보를 습득하고, 사회 생활 속에서 치열한 경쟁을 하다 보면 심신이 지치게 됩니다. 이런 상황에 놓여있다면 어떻게 할까요?

잠시나마 스마트폰의 전자파에서 벗어나고 싶을 것입니다. 제일 쉬운 방법은 스마트폰 전원을 끄는 것인데, 그리 쉽지는 않습니다. 스마트폰은 이미 커뮤니케이션의 감각으로 인식이 되고 있어 신체에서 1M만 떨어져 있어도 초조해지기 때문입니다. 그렇지만 주말에는 스마트 기기들을 많이 사용하지 않고 눈을 휴식시켜주는게 좋을 것 같습니다. 최근 요가, 명상, 악기를 배우는 고객이 꾸준하게 늘어나고 있는 것을 보면 주말 오프라인 여가 활동의 증가 추세라는 것을 알 수 있습니다.

네이버 키워드 검색 추이를 살펴보면 목·금요일에 급상승 하는 키워드가 있습니다. '주말'과 연결되는 키워드들입니다. 몇 개를 나열하면 '주말나들이', '주말가볼만한곳', '주말추천명소', '주말에아이들과가볼만한곳', '주말코디의상', '주말데일리룩' 등이 있습니다. '주말~' 키워드는 아이템 발굴의 중요한 단서를 제공해주고 있기 때문에 스마트 스토어 사업자는 상품과 연결될 수 있는 스토리텔링 전략을 고려해야 합니다. 매 년 국립공원 방문자가 증가하고, 아웃도어 물품 시장이 성장하고 있는 것을 살펴보면 슬로우 라이프의 비즈니스 기회는 커질 것입니다.

2011년 캐나다의 음악가 드레이크가 노래한 'The Motto'의 가사에 등장한 You Only Live Once의 두 문자어가 2030세대에게 인기를 끌고 있습니다. 한글로 영어 이니셜을 모아 만든 신조어로 '욜로'라고 부릅니다. "한 번뿐인 인생, 지금 이 순간을 즐기자."라는 뜻으로, 기성세대가 만든 정형화된 인생 방정식에서 벗어나 현재의 행복을 위해 소비하는 라이프 스타일입니다. 남을 위해 희생하지 않고 현재 자신의 행복을 중시하는 소비 형태로 부정적인 의미를 내포하고 있습니다. 그렇지만, 기업 입장에서 2030세대는 소비의 새로운 축으로 바라볼 수 있습니다. 현재 욜로족을 위한 아이템으로 여행상품, 주방용품, 스니커즈 수제화, 싱글 금융상품, 저칼로리 도시락 등이 인기를 얻고 있습니다.

소비자의 라이프 스타일 분석은 상품 구매 욕구와 밀접하게 연결되어 있다는 것을 알 수 있습니다. 꾸준히 미디어 채널을 통해 경향 파악과 키워드 검색 추이를 통해 대박나는 아이템을 발굴하길 바랍니다.

네 번째는 '개인주의화'입니다. 개인주의는 모든 것은 '내가 중심'이라는 의미를 가지고 있습니다. 현대 사회가 급속하게 발전할수록 개인의 효용 가치를 중시하게 됩니다. 1인 가구의 증가는 개인주의를 하나의 거대한 흐름으로 만들었습니다. 보다 나은 생활, 보다 건강한 삶의 추구하기 위해 투자를 아끼지 않습니다. 개인주의에 맞춤화된 아이템이라면 관심을 받을 것입니다. 아이템으로 성형 클리닉, 피부관리 클리닉, 개인별 맞춤식 식단, 명품 리스 등이 있습니다.

3 | 창의적인 아이템으로 변화시키기

스마트 스토어에 판매할 아이템이 선정되었다면 다음으로 해야 할 작업이 아이템을 구체화하는 과정입니다. 똑같은 재료, 비슷한 외형을 가진 제품은 상품으로서의 가치가 높지 않습니다. 소비자에게 구매 욕구를 발화시키기 위해서는 상품에 독창성, 차별성, 희소성 등을 추가해야 합니다. 이것을 어떻게 추가해야 할까요? 아이템을 폭넓은 관점에서 바라볼 수 있어야 적용할 수 있습니다. '상품에 특정 요소를 추가할 것인지', '상품 패키지 디자인을 미려있게 만들 것인지', '포장을 눈에 띄게 할 것인지', '감동을 주는 스토리를 만들 것인지' 등을 고려해야 합니다. 이것을 USP^(Unique Selling Proposition)라고 부릅니다. 판매 가치 제안으로 소비자에게 혜택을 줄 수 있도록 상품의 독특함과 경쟁력을 강조하는 것입니다.

평범한 아이템에서 차별화된 아이템으로 바꿀 수 있는 아이디어 확산 기법 스캠퍼^(SCAMPER)를 살펴보겠습니다. 스캠퍼는 알렉스 오스본^(Alex Osbone)이 소개하고 로버트 에벌리^(Robert Eberle)가 재구성한 아이디어 확산적 사고법으로 7가지 범주로 체크시트화한 것입니다. 새로운 아이템을 찾아낼 수 있는 질문으로 고정된 사고의 틀에서 벗어나 창의적인 아이템을 찾는데 도움을 줍니다. 또한, 스캠퍼는 기존에 구상하고 있는 아이템에 대해서 새로운 연결점을 찾고 개선하고자 할 때 유용합니다.

아이템 대안 및 문제 해결의 착안점에 대해서도 다각적으로 사고를 해볼 수 있습니다.

일상 생활에서 유리컵은 잘못하여 떨어뜨리게 되면 깨지게 됩니다. 그렇지만 강화유리컵은 잘 깨지지 않습니다. 이것이 대체하기(Substitue)입니다. 포크숟가락과 지우개연필은 두 개가 하나로 결합해서 탄생하였습니다. 한 번에 두 기능을 사용할 수 있어서 편리합니다. 스마트폰도 통화, 디지털카메라, 위성항법시스템, 인터넷, 디지털 멀티미디어방송, 각종 센서 등 다양한 부품이 결합된 상품입니다. 스캠퍼 기법 중 결합(Combine)의 사례입니다. 무게가 나가는 퍼스널 컴퓨터에서 가볍게 들고 다닐 수 있도록 만든 노트북은 변경(Adapt)에서, 데이터를 저장할 수 있는 하드웨어를 축소시켜 만든 작은 USB는 수정(Modify/Minify)에서, 자동차 열쇠를 무선시동키로 바꾸어 만든 것은 다른 용도로 사용하기(Put to other uses)입니다. 유선마우스의 전선을 없앤 무선마우스는 제거하기(Eliminate)에서 탄생하였습니다. 과일·야채 바구니 채반에 자동물 빠짐 구멍을 내어 건조대로 사용할 수 있는 것 또한 제거에서 비롯되었습니다. 화장품 용기 한 쪽을 마개를 달아 세울 수 있게 만든 것은 뒤집기(Reverse)입니다.

스캠퍼를 활용하여 새로운 기회 포착을 위한 질문을 해보겠습니다. 아이템은 가정집에 한 개쯤은 가지고 있는 가습기 제품입니다.

▶ S(대체하기) – 기존 아이템을 무엇으로 대체가 가능할까?

아이템의 구성 요소를 파악하여 대체하면 새로운 아이템을 발견할 수 있습니다.

➡ 일반적인 가습기의 플라스틱 재질을 스테인리스로 바꾸면 어떨까?

▶ C(결합하기) – 무엇과 무엇을 결합할 수 있을까?

아이템에 몇 가지를 결합하다 보면 새로운 아이템을 발견할 수 있습니다.

➡ 가습기에 부드러운 조명을 결합해보면 어떨까?

▶ A(변경하기) – 무엇을 변경하거나 바꾸면 어떻게 나올까?

아이템 구성 요소를 변경하게 되면 독창적인 제품이 나올 수 있습니다.

➡ 가습기 외형을 유명 화가 작품을 넣으면 어떨까?

▶ M(수정/확대/축소하기) – 무엇을 다른 방식으로 수정. 확대. 축소하면 어떻게 나올까?

아이템의 외형을 수정하게 되면 제품의 상품 가치를 높일 수 있습니다.

➡ 가습기에 온도, 습도, 미세먼지 수치를 넣으면 어떨까?

▶ P(다른 용도로 사용하기) – 무엇을 다른 용도로 사용하면 어떻게 나올까?

아이템 사용 용도를 바꾸면 새로운 시장을 발견할 수 있습니다.

➡ 미니 도서관 용, 자동차 용 가습기로 사용하면 어떨까?

▶ E(제거하기) – 무엇을 제거하면 어떻게 나올까?

아이템 일부분을 제거하면 새로운 아이템 발견의 기회가 될 수 있습니다.

➡ 가습기의 전원 버튼을 없애고 음성 인식으로 바꾸면 어떨까?

▶ R(뒤집거나 재배열하기) – 무엇을 뒤집거나 배치를 바꾸면 어떨까?

아이템 구성 요소의 순서를 바꾸거나 재배열 하면 새로운 아이템을 발견할 수 있습니다.

➡ 가습기가 어떤 위치로 쓰러져도 작동이 되는 디자인으로 만들면 어떨까?

4 | 아이템 컬래버레이션하기

컬래버레이션(Collaboration)은 '협력하는 것', '공동 출연', '합작', '공동 작업'이라는 뜻을 가지고 있습니다. 최근에 다양한 비즈니스 분야에 적용하여 윈윈효과를 창출하는 수익 모델로 인식하고 있습니다. 쉽게 설명하면 서로 다른 두 개 이상(서로 다른 산업의 기술 원리와 아이디어)의 특별한 강점과 장점을 결합해 시너지 효과내는 것을 의미합니다.

컬래버레이션은 자연스러운 시대적 흐름으로 상품 간의 전략적 협업으로 경쟁이 아닌 상호 연결성을 유도하여 새로운 비즈니스 기회가 이루어지고 있습니다. 섬유 회사의 경우 철강 업계와 형상 기억 섬유를 개발할 수 있고, 화장품 업계와 피부 보호 섬유 개발이 가능합니다. 기업 입장에서 컬래버레이션은 기존 상품의 낮은 수익성을 해결할 수 있어 새로운 수익 창출의 기회가 될 수 있습니다. 소비자 입장에서 지금까지 충족하지 못했던 새로운 욕구를 충족시켜주는 동기부여 제공이 가능합니다. 현재 유명 연예인과 기업 브랜드, 미술가와 기업 브랜드, 명품 브랜드와 중저가 브랜드 등 폭넓은 장르가 결합되어 컬래버레이션이 이루어지고 있습니다. 대표적인 성공 사례로 아시아의 앤디 워홀이라고 불리는 무라카미 다카시와 프랑스 고급 브랜드인 루이비통의 만남으로 탄생한 루이비통 '무라카미 라인'이 있습니다. 다양한 컬러 버전의 키덜트풍의 '모노그램 멀티컬러' 라인을 선보여 폭넓은 사랑을 받았고, 루이비통의 정식 라인업으로 채택되었습니다. 이로 인해 루이비통은 젊은 브랜드 이미지로 변신하였고, 무라카미 다카시는 세계적인 아티스트로 거듭나게 됩니다.

컬래버레이션이 꼭 성공적인 명품 브랜드와 연예인 대상으로 진행하는 것은 아닙니다. 국내 서비스 업체들을 살펴보면 고객 만족도를 향상시키기 위해서 서로 다른 업종과 상생하여 연결 라인을 구축하고 있습니다. 산부인과는 임산부들을 위해 온돌방을 만들고 아기돌까지 사진 촬영 서비스를 제공하고 있습니다. 치과는 치통 완화에 효과가 있는 와인을 제공하며, 미용실은 장시간 파마를 하는 고객에게 간단히 먹을 수 있는 간식 푸드를 제공하고 간단한 마사지를 서비스로 제공할 수 있습니다. 사우나는 한의원과 연계해 고객들에게 건강 관리 및 상담을 해줄 수 있습니다. 스마트 스토어에서도 충분히 가능합니다. 겨울 모자를 판매하는 쇼핑몰은 마스크와 장갑을, 가죽 구두를 판매하는 쇼핑몰은 양말과 구두약을, 캠코더를 판매하는 쇼핑몰은 가방과 렌즈 그리고 마이크 등을 연결 라인을 만들 수 있습니다.

컬래버레이션은 상품 서비스 차별화와 동시에 수익률 증진을 위한 필수적인 요구 조건이 되고 있습니다. 현재 판매하는 아이템이 있다면, 어떤 이질적인 아이템을 융합할 수 있는지 다양한 각도로 접근하고 체크해보세요.

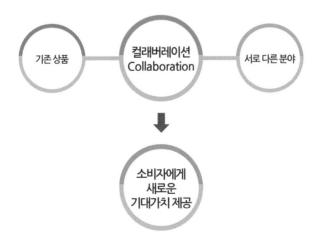

아이템 콘셉트 만들기

스마트 스토어에서 판매할 상품이 선정되었다면 콘셉트^(Concept)에 대해서 알아보겠습니다. 많은 소호 스마트 스토어 사업자들 중 콘셉트를 생각하지 않고 곧바로 상품을 판매하는 경우가 많이 있습니다. 콘셉트는 쇼핑몰과 상품의 가치를 자연스럽게 설명하는 간판과 같아서 만드는 것이 중요합니다.

콘셉트를 직역하면 '개념'으로 해석되고 '개념'은 다시 어떤 상품에 대한 본질적인 지식이나 관념으로 풀이합니다. 마케팅 관점에서 콘셉트는 "고객이 원하는 요구 사항을 명쾌하고 본질적으로 풀이해 놓은 것이다."라고 이해하면 됩니다. 한 단어로 명쾌하게 정의를 내리면 '메시지'라고 할 수 있습니다. 이 메시지는 짧은 한 단어가 될 수 있고, 한 문장이 될 수도 있습니다. 메시지가 명확하면 이미지가 부여되어서 해당 상품이 자연스럽게 생각나게 할 수 있습니다. 제일 중요한 것은 상품의 특성과 가치를 반영하는 것입니다. 시선을 사로잡는 콘셉트는 고객에게 구매에 대한 관여 수준을 높여주는 동시에 긍정적인 태도로 변화시키는 매개 효과[26]를 창출할 수 있습니다. 이 효과는 최종 구매자인 고객에게 실질적으로 필요한 욕구를 구체화하는 것으로 '차별적인 것', '독창적인 것', '특별한 것'을 제공하는 것을 의미합니다.

고객이 상품 구매를 할 때 요구하는 핵심 사항은 편익^(Benefit)입니다. 편

> [26] 상호 작용과 동일한 개념으로 쇼핑몰에서 고객이 상품을 구매하면 추가적인 혜택을 제공받는 것을 의미합니다. 상품을 구매하게 되면 품격이 높아지거나, 자존감이 상승할 수 있습니다.

익이라는 것은 '편리성'과 '이익'으로 구성되어 있습니다. 이 두 가지를
상품 콘셉트에 잘 반영하면 고객의 뇌 속에 확실하게 각인해 수많은
상품 중에서 돋보이게 할 수 있습니다.

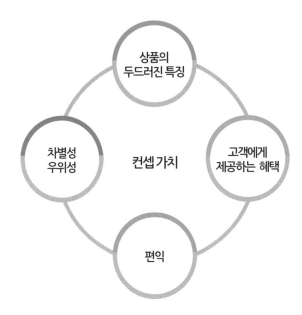

다음은 시선을 사로 잡는 콘셉트 사례들입니다. 쇼핑몰에서 제시하는
짧은 문장을 읽고 있으면 이 쇼핑몰에서 무엇을 제공하는지 쉽게 파
악할 수 있습니다. 이것이 바로 콘셉트가 주는 힘입니다. 우리 쇼핑몰
에서 고객에게 전달할 수 있는 차별적이고 독창적인 메시지를 만들어
보세요. 상품이 가지는 특성과 이미지를 효과적으로 전달할 수 있습
니다.

- 여성 의류 쇼핑몰 '스타일난다' – 나는 노는 물이 달라

- 여성 의류 쇼핑몰 '원파인데이' – 빛나는 일상을 선사해줍니다

- 여성 의류 쇼핑몰 '그레이마돈나' – 원단 자부심

- 여성 의류 쇼핑몰 '쉬즈마담' – 시간이 지나도 당신은 여전히 아름답습니다

- 여성쇼핑몰 '민스샵' – 옷이 날개라는 걸 보여줄게

- 남자 의류 쇼핑몰 '아르테리오' – 아름다운 사람은 훌륭한 예술 작품과 같다

- 종합 쇼핑몰 '우고스' – 온라인에서 깎아봤어

- 의류 쇼핑몰 'SSF샵' – 쇼핑의 확실한 행복

- 향수 쇼핑몰 '살롱드느바에' – 후각을 통한 예술, 향수는 하나의 예술 작품

- 화장품 쇼핑몰 '황지수' – 화장품은 단순히 바르는 것이 아닌, 하나의 즐거움이어야 한다

- 여성 화장품 쇼핑몰 '그라운드플랜' – 여자의 건강한 피부를 위해 땅 위의 시작된 모든 계획

- 남성 화장품 쇼핑몰 '알파브로' – 자신감은 여기서부터 시작된다

- 반지 전문몰 '반지마을' – 6가지 매력 속으로 전하다

- 생활 용품 쇼핑몰 '다방샵' – 방 찾을 땐 다방 방 채울 땐 다방샵

- 생활 용품 쇼핑몰 '라이언나인' – 오늘 하루도 즐겁게 사자

- 건강 쇼핑몰 '정몰' – 정말 건강에 미친 사람들의 몰

- 직구 쇼핑몰 '룸에이' – 중간에 어딘가에 들르지 않습니다

- 악세사리 쇼핑몰 '스타일썸' – 스타일에 설레다

- 블록체인 종합 쇼핑몰 '샵콘' – 소비가 소득이 된다

- 남원옻칠 쇼핑몰 'namwon57' – 생활의 품격을 더한 옻빛의 세계로 초대합니다

- 피아노 쇼핑몰 'HDC영창' – 우리 아이 첫 번째 피아노는 그냥 피아노 말고 영창피아노

1 | 콘셉트가 주는 효과

- ▶ 콘셉트는 고객의 시선을 잡아끌 수 있도록 만들어 줍니다.
- ▶ 콘셉트는 고객에게 편익을 설명해줍니다.
- ▶ 콘셉트는 고객에게 상품 이미지와 가치를 쉽게 전달해줍니다.
- ▶ 콘셉트는 고객에게 경쟁력과 차별성을 제공해줍니다.
- ▶ 콘셉트는 고객이 왜 구매를 해야 하는지 호소력을 줍니다.

콘셉트는 고객의 욕구를 충족시켜주는 핵심 편익을 상품 메시지에 효과적으로 담아 전달할 수 있습니다. 고객은 우선적으로 상품의 성능, 디자인 등을 고려하지만, 구매를 고려하는 기준에는 상품 내면에 삽입된 콘셉트가 어느 정도 역할을 합니다. 쇼핑몰에서 콘셉트가 주는 역할은 중요합니다. 현재 콘셉트가 없다면 만들어 보기를 제안합니다. 콘셉트를 만들기 위해서는 우선적으로 다음과 같은 질문을 해봐야 합니다.

누가 상품을 구매할 것인가?

인구통계적, 지리적, 심리적, 라이프 스타일을 적어봅니다. 인구통계적인 정보는 나이, 성별, 소득, 직업, 교육 수준 등으로 적습니다. 지리적인 정보는 지역, 도시의 크기, 기후 등이 있지만 인터넷 쇼핑몰 판매이기에 중요하지는 않습니다. 인터넷 타깃 광고를 집행할 때 필요합니다. 심리적인 정보는 취향, 가치관, 개성을 적습니다. 라이프 스타일은 소비 패턴, 가격 민감도, 상품에 대한 태도 및 사용량 등을 적습니다.

> ▶ 예시
>
> **칠부청바지를 좋아하는 30대의 남성**
>
> 서울에 살고, 정보경영 대학원 석사 졸업, 키 175cm, 몸무게 57kg, 머리는 검은색, 주말에 근교 여행을 즐김, 화려한 색깔의 의류를 좋아함, 가끔 청바지를 입음, 일주일에 2-3번은 오픈마켓에 방문해 의류 브랜드 검색, 아침에 아메리카노를 즐겨마심.
>
> **원색의 원피스를 좋아하는 20대 중반의 여성**
>
> 경기도에 살고, 패션학과를 졸업, 키는 165cm, 몸무게는 46kg, 직업은 웹디자이너, 취미 생활은 사진 찍기와 동영상 촬영, 일주일에 한 번 정도 전문 쇼핑몰에서 의류를 구매함, 중저가 브랜드를 선호하며, 적극적인 성격으로 활동적임.

목표 시장이 활성화되어 있는가?

목표 시장은 스마트 스토어에서 판매할 상품의 시장 현황을 분석하는 것입니다.

> ▶ 예시
>
> 중저가 액세서리 온라인쇼핑몰 시장이 이미 포화 상태이다. 그렇지만, 고객과의 실시간 소통으로 상세한 상품 정보를 제공하고, 유니크한 디자인으로 개인의 취향을 반영한다. 소비자의 기호에 맞는 상품 업로드로 고객 만족도와 경쟁력을 높일 수 있다.

어떤 차별성과 경쟁력을 갖고 있는가?

상품이 갖고 있는 경쟁 우위를 적어봅니다. 가격은 경쟁 상품과 경쟁력을 갖고 있는지, 디자인은 고객에게 어필을 할 수 있는지, 특허 기술이 적용되었는지, 타 업체 상품보다 경쟁력과 차별화가 있는지, 상품에 시장의 트렌드와 혁신적인 아이디어를 적용하였는지 체크하여 경쟁적 요소를 찾아볼 수 있습니다.

가습기

디지털 인공 지능으로 간편 세척이 가능한 초음파 가습기

가열식&초음파식 선택 가능한 복합 가습기

참전물/이물질 배출 설계

세척이 편리한 개방식 설계

세균 걱정 없음, 100℃ 살균스팀

소음 제로, 소음 방지 설계로 조용한 가습

이불

초극세사 이불 피톤치드 가공 10mm

독일 훼라의 제조 기술과 엄선된 Fiber로 만든 폭신 라이온 이불솜

접착제를 사용하지 않고 고온의 열로 녹인 LM솜

순면 100%, 파이핑 처리로 견고하게

골프워치

손끝에 펼쳐지는 스마트한 골프의 완성

프리미엄 골프워치 T5, 그린 공략 방향을 자동으로

고객의 요구와 욕구는 무엇인가?

고객에게 전달하는 효용 가치가 명확한지에 대해서 적어보는 것입니다. 우리 상품을 구매하면 고객은 어떤 가치를 얻을 수 있는지 체크해보는 것입니다. 건강인지, 재미인지, 즐거움인지, 편리함인지, 간편성인지, 심리적 안정인지 등을 찾아볼 수 있습니다.

스판 청바지를 입어보면 다리가 길어보입니다.

착한 한끼로 가족의 건강을 지켜주세요.

우리 아이 장난감, 안전확인대상어린이제품시험, 검사 기관에서 안전확인 테스트를 완료, 확인증을 받았습니다.

어떤 편익을 제공할 것인가?

편익에는 기능적 편익과 정서적(심리적) 편익이 있습니다. 기능적 편익은 고객이 상품을 사용하면서 얻을 수 있는 편리성을 의미하며, 정서적 편익은 고객이 상품을 사용하면서 얻을 수 있는 감각적인 경험을 의미합니다.

> **▷ 예시**
>
> **하이힐 구두**
> **기능적 편익** – 엘라스틴 섬유가 포함되어 있어 쫀쫀한 스판끼와 슬림핏이 있어 다리가 길어보인다.
> **정서적 편익** – 구두 외형이 고급스럽게 보여서 신고 다닐 때면 연예인이 된 것처럼 보인다.
>
> **선풍기**
> **기능적 편익** – 날개가 없는 선풍기를 사용해서 안전하고 날개 청소가 쉽다. 소음 또한 극소화되어서 조용하다.
> **정서적 편익** – 말썽꾸러기 아이들과 호기심 많은 애완동물까지 평상시에 안심할 수 있어서 좋다.

2 | 상품 콘셉트 만드는 방법

잘 만들어진 콘셉트는 상품이 가지는 특성과 이미지를 효과적으로 전달할 뿐만 아니라 고객에게 구매에 대한 호소력을 제공할 수 있습니다. 스마트 스토어에서 상품 스토리를 작성하거나, SNS 마케팅에도 활용이 가능합니다. 그럼 어떻게 콘셉트를 만들 수 있을까요? 상품 콘셉트는 구체화와 현실화 과정을 통해 만들 수 있습니다. 구체화는 콘셉트를 만들기 위해서 기본적인 자료를 수집하고 분석하는 것이고,

현실화는 구체화를 통해 정리한 자료를 중심으로 문장을 만들어 내는 것입니다. 현실화 과정은 한 번에 끝나지 않고 여러 번 진행해야 차별적이며 우위성을 갖춘 콘셉트를 얻을 수 있습니다.

상품 콘셉트 구체화 과정

❶ **내가 스마트 스토어에 판매하고 싶은 상품(아이템)을 결정합니다.**
쇼핑몰에 판매할 상품은 사업자가 충분히 고려하여 선택하는 것이 중요합니다.

❷ **상품을 구매할 고객을 설정한다.**
인구통계적, 지리적, 심리적, 라이프 스타일 중심으로 자료를 찾아서 내용을 정리합니다.

❸ **목표 시장을 고려한다.**
상품이 현재 성장기인지, 성숙기인지, 쇠퇴기인지 파악하고 시장 현황이 어떠한지 분석해서 정리합니다.

❹ **상품이 가지는 차별성과 경쟁력을 찾는다.**
경쟁 상품의 장점과 단점을 조사하고(벤치마킹) 내가 판매할 상품과 비교합니다. 단점은 제외하고 강조할 장점을 돋보이게 하는 것이 중요합니다.

❺ **고객의 요구와 욕구에 대해서 찾아본다.**
고객이 상품을 구매하기 위해 어떤 것을 찾고 있는지, 구매 후 무엇을 얻고자 하는지 내용을 구성합니다.

❻ **고객에게 어떤 편익을 제공할 수 있는지 찾아본다.**
상품에 내재하는 속성 및 기능, 독창성을 중심으로 찾고 기능적 편익과 정서적 편익을 찾아 정리해봅니다.

상품에 대한 콘셉트 구체화에 대한 내용이 정리되었다면, 다음으로 현실화하는 과정을 진행합니다. 이 과정은 고객에게 실제적으로 보여지는 것이어서 명쾌하고 본질적으로 작성하는 것이 핵심입니다.

상품 콘셉트 현실화 과정

❶ 고객이 찾는 키워드를 조사한 후 짧게 문장을 만들어 봅니다. 여기서 제일 중요한 것은 고객 중심의 키워드를 사용하여 차별화하는 것이 중요합니다. 생각한 여러 가지 대안들을 찾아서 적어봅니다. 한 예로 석류 음료수 상품의 브랜드 콘셉트를 만드는 과정에 대해서 살펴보겠습니다.

석류는 독특한 과일이다.
석류는 건강에 좋다.
석류는 다이어트에 좋다.
20대 여성이 좋아한다.
30대 중년 여성이 좋아한다.
석류를 먹으면 예뻐진다.
석류는 새콤달콤하다.
석류에 에스트로겐 호르몬 성분이 함유되어 있다.
석류는 남자와 여자가 좋아한다.
석류는 미용에 매우 좋다.
석류는 사람이 좋아한다.
석류는 여자가 좋아한다.
석류는 남자가 좋아한다.
석류는 여성 건강에 좋다.
석류는 갱년기 여성에 좋다.
석류는 미남이 좋아한다.
석류는 미녀가 좋아한다.
석류는 미인이 좋아한다.
석류를 먹으면 미남이 된다.
석류를 먹으면 미녀가 된다.
석류는 대부분 모두 좋아한다.
석류는 가을에 먹는 과일이다.
음료수로 만들면 사계절을 먹을 수 있다.

❷ 기존의 여러 대안들 가운데 마음에 들지 않는 것을 버리고 마음에
드는 것을 선택합니다.

20대 여성이 좋아한다.
석류는 건강에 좋다.
석류를 먹으면 얼굴이 예뻐진다.
석류를 마시면 얼굴이 예뻐진다.
석류는 남자와 여자가 좋아한다.

석류는 미용에 매우 좋다.
석류는 갱년기 여성에 좋다.
석류는 여자가 좋아한다.
석류는 미인이 좋아한다.
석류는 미녀가 좋아한다.
석류는 미남이 좋아한다.
석류를 먹으면 미남이 된다.
석류를 먹으면 미녀가 된다.
석류를 마시면 미남이 된다.
석류를 마시면 미녀가 된다.

❸ 기존 대안 가운데 가장 구체적이고 설득력 있는 대안을 결합합니다.
가장 좋은 대안으로 선택하되 추가로 극대화할 수 있는 단어들을
추가할 수 있습니다.

석류는 건강에 좋고 남자와 여자가 좋아한다.
석류는 미용에 좋고 갱년기 여성에 좋다.
석류는 미남, 미녀가 좋아한다.
석류를 마시면 얼굴이 예뻐지고 건강에 좋다.
석류는 건강에 좋고 마시면 미남이 된다.
석류는 건강에 좋고 마시면 미인이 된다.
석류는 건강에 좋고 마시면 미녀가 된다.

❹ 실현 불가능한 대안들은 모두 버리고 2~5개를 선택합니다.

> 석류는 미용에 좋고 갱년기 여성에 좋다.
> 석류를 마시면 얼굴이 예뻐지고 건강에 좋다.
> 석류는 건강에 좋고 마시면 미인이 된다.
> 석류는 건강에 좋고 마시면 미녀가 된다.
> 석류를 마시면 미녀가 될 수 있다.

❺ 석류 음료수 콘셉트를 만들기 위해 대표적인 단어를 선택합니다.
'석류', '건강', '여성', '얼굴', '미녀' 단어와 '좋아한다(좋아해)', '된
다(돼)', '있다'를 활용하여 만들어 봅니다.

> 석류를 마시면 미녀가 돼
> 석류를 마시면 건강해
> 여성이 마시면 예뻐져
> 석류를 마시면 건강해
> 미녀는 석류를 좋아한다(해)
> 석류는 미녀가 좋아한다(해)
> 석류가 건강에 좋아
> 미인은 석류를 좋아한다(해)

❻ 최종적으로 콘셉트를 선택합니다.
석류 음료수 상품의 브랜드 콘셉트로 '미인은 석류를 좋아해'를 결
정합니다.

상품 키워드와 쇼핑몰 트렌드 측정하기

상품 키워드 조회수와 쇼핑몰 트렌드는 스마트 스토어를 효율적으로 운영하는데 많은 도움을 받을 수 있습니다. 키워드는 곧 고객의 발자취여서 상품 선호도와 구매 의도 파악이 가능합니다. 포털 사이트에서 검색 비율이 높은 키워드는 무엇인지, 시즌에 따라 어떤 키워드가 이슈가 되고 있는지, 오픈마켓 인기 키워드는 무엇인지 파악할 수 있다면 판매 전략을 세울 수 있습니다. 다음으로 살펴봐야 할 정보가 통계 관련 자료입니다. 특정 업종 분야에 관련된 통계는 시장이 포화되어 있는지 아직 진입기인지 살펴볼 수 있습니다. 꼼꼼히 자료를 파악하면 구체적으로 시장 규모와 매출 규모를 파악할 수 있고 성장세를 가늠해 볼 수 있습니다. 스마트 스토어에서 상품을 판매하기 전 키워드와 통계 자료를 파악하여 진입 시장의 현황이 어떻게 되는지 알아보세요.

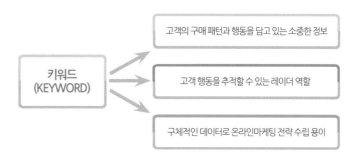

1 | 네이버 키워드 검색광고 https://searchad.naver.com

국내 검색 시장 점유율은 75%(시장 조사 기관 오픈서베이), 가입자 수는 4천만 명, 하루 방문자가 3천만 명, 이 웹사이트는 네이버입니다. 인구가 5천만 명인데, 하루 방문자를 살펴보면 국민을 잠재적 고객으로 확보하고 있다는 것을 알 수 있습니다. 스마트 스토어를 운영한다면 네이버 검색 창에서 입력되는 키워드 검색 수에 대해서 살펴봐야 합니다.

PC 환경에서 네이버 키워드 검색광고 웹사이트에 가입해야 합니다. 사업자가 아닌 개인도 가입할 수 있습니다. 가입 후 광고시스템에 접속하면 상단에 '도구' 메뉴가 있습니다. '도구 > 키워드 도구'를 클릭하면 연관키워드를 조회할 수 있습니다. 지난 월의 월간검색수, 경쟁 정도의 파악이 가능합니다. 키워드 검색광고는 '매출을 높이는 네이버 키워드 검색 마케팅' 섹션에서 다루도록 하겠습니다.

2 | 오픈마켓 자동완성 서비스 https://shopping.naver.com

자동완성 서비스는 특정 상품을 찾을 때 도움을 주는 지름길 역할을 하고 있습니다. 포털 사이트에서 유용하게 활용되는 기능입니다. 오픈마켓에서도 이 서비스를 지원하고 있습니다.

내가 팔고자 하는 상품 및 브랜드를 검색하여 자동완성 서비스 어떤 키워드가 포함되어있는지 분석해봐야 합니다. 우선적으로 스마트 스토어 중심으로 검색하고 여러 오픈마켓에 접속하여 살펴봅니다. 자동완성 키워드는 '스마트 스토어 카테고리 구성', '키워드 검색광고', '상품 스토리 작성'에 활용할 수 있기 때문에 정기적으로 파악하여 리스트로 정리하는 것이 좋습니다.

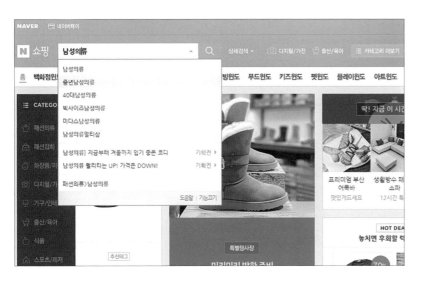

3 | 랭키닷컴 www.rankey.com

2001년부터 웹사이트와 앱 순위 공개 서비스를 제공하고 있는 곳으로
업종별 순위와 경쟁 업체 정보를 알 수 있습니다. 산업군 트렌드 분
석, 자사와 경쟁사의 데이터 분석으로 현재 상황에 대해서 파악이 가
능합니다. 무료와 유료로 서비스를 제공하고 있습니다. 무료 회원은
사이트 순위 파악 및 Report PDF 파일을 무료로 다운로드 가능합니
다. 유료 서비스는 베이직 회원 월 55,000원부터 인사이트 W회원 월
1백만 원까지 등록된 모든 사이트와 특정 분야의 산업 분석 자료를 제
공하고 있습니다. 쇼핑몰의 방문자수, 페이지뷰, 성별/연령별 분석,
순위, 도달율, 성장율, 체류시간 등의 자료는 스마트 스토어 운영에
도움을 받을 수 있습니다.

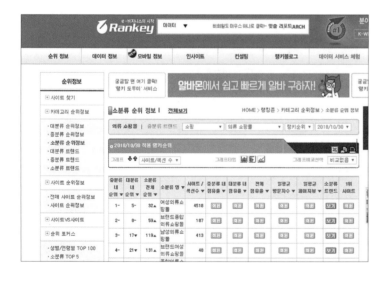

4 | 디자인디비 http://www.designdb.com

한국디자인진흥원^(KIDP)에서 운영하는 국내 최대의 디자인 정보 포털 사이트입니다. 국내·외 디자인 뉴스 및 디자인 트렌드 정보를 이용할 수 있고 최신 디자인 이슈들을 살펴볼 수 있습니다. 디자인 혁신 사례, 특허 정보, 디자인 및 생활 산업 등의 통계 자료도 유용하게 참고할 수 있습니다.

상품 제작 기술이 수평화되고 라이프 사이클을 짧아지면서 차별화가 점점 줄어들고 있습니다. 도매상에서 상품을 소싱할 때 기능적 우위 요소도 봐야겠지만, 고객의 감성을 자극하는 디자인을 충분히 고려해봐야 합니다. 디자인은 고객의 시선을 잡아끄는 시각적 몰입효과를 만들어내는 동시에 음악 기호처럼 지적 유희를 제공해주기 때문입니다. 상품의 가치는 곧 디자인이라는 것을 이해하고, 매 년 도래하는 디자인 경향을 살펴보길 바랍니다.

5 | 트렌드모니터 https://www.trendmonitor.co.kr

트렌드모니터 웹사이트는 크로밀 엠브레인의 콘텐츠 사업부에서 독자적으로 운영하는 소비자 시장 조사 브랜드입니다. 국내 최대 규모 리서치 프로젝트를 수행하는 곳으로, 다양한 분야의 소비 트렌드와 소비자 인식 관련 조사들을 자체적으로 기획하여 진행하고 있습니다. 통계 정보와 보고서를 간단 명료하게 정리된 이미지로 살펴볼 수 있습니다. 추가 세부 자료는 유료로 구매를 해야합니다. 사회, 경제, 문화 등의 마이크로 트렌드 징후들을 포착하고 차별화된 인사이트를 콘텐츠로 제공하는 트렌드인사이트^(http://trendinsight.biz)가 있습니다.

6 | 텀블벅 https://tumblbug.com

텀블벅은 기발한 아이디어 상품이나 독창적인 콘텐츠를 보유한 창작자들과 후원자를 연결하는 크라우드 펀딩 커뮤니티 플랫폼입니다. 국내의 대표적인 크라우드 펀딩 사이트로 디자인, 영화, 게임, 출판, 요리, 패션 등 분야에 한정두지 않고 있습니다. 창작자는 텀블벅에 창작 프로젝트를 올려 후원을 요청할 수 있으며 후원자는 후원의 대가로 프로젝트 완료 후 약속한 선물을 받을 수 있습니다. 기발하고 이색적인 아이디어가 반영된 상품은 재미와 흥미를 제공하고 구매 욕구를 자극합니다. 텀블벅에 올라오는 창작자들의 창의성과 독창성을 살펴보면서 상품을 발굴하는 안목을 키우길 바랍니다. 클라우드 펀딩 플랫폼으로 와디즈^(https://www.wadiz.kr), 인디고고^(https://www.indiegogo.com)가 있습니다.

7 | 인터넷트렌드 http://trend.logger.co.kr

비즈스프링에서 제공하는 인터넷트렌드는 웹로그 분석 서비스입니다. logger 사용자의 실제 데이터를 기반으로 작성된 트렌드 데이터로 방문자 특성, 방문자 환경, 유입 특성, 사이트 성과를 살펴볼 수 있습니다. 키워드 검색광고 집행 시 캠페인 전략 수립에 참고할 수 있습니다.

온라인 창업 지원 정보 파악하기

창업예정자는 온라인 창업 사이트를 참고하면 다양한 지원 및 도움을 받을 수 있습니다. 판매하는 상품 물량이 몇 개 없다면 자금이 필요하지 않지만, 사무실 임대와 직원을 고용하게 되면 고정적으로 비용이 발생하게 됩니다. 이럴 경우 창업자금을 지원하는 기관을 활용하면 낮은 금리로 자금을 융자받을 수 있어 초기에 부담없이 사업을 추진할 수 있습니다. 창업 후 쇼핑몰 경영 및 마케팅 교육을 받을 수 있고 전문가 멘토링으로 사업 운영의 시행착오를 줄일 수 있습니다.

1 | 소상공인마당 http://www.sbiz.or.kr

소상공인진흥공단에서 운영하는 웹사이트로 소상공인을 지원하는 일번지입니다. 정책자금에서부터 창업지원을 하고 있습니다. 지원시책으로 정책자금, 성장지원, 재기지원, 창업지원 등이 있으며 정책자금으로 일자리 안정자금, 청년고용특별자금, 성창촉진자금, 일반경영안정자금, 소공인특화자금 등이 있습니다. 창업지원으로 소상공인 창업아카데미, 예비창업자 지원, 시니어 예비창업자 또는 창업 기원 지원 등이 있습니다. 다양한 상권정보와 사업정보를 얻을 수 있는 곳입니다.

2 | 1인창조기업비즈니스센터 https://www.k-startup.go.kr

1인 창조기업 및 1인 창업예정자에게 사업공간 제공과 경영에 필요한 전문 교육을 지원해주는 곳입니다. 1인창조기업비즈니스센터는 전국 적으로 운영되고 있습니다. 부동산업 등 대통령령으로 정하는 업종을 영위하는 자는 제외이며, 공동창업자, 공동대표, 공동사업자 등 공동 으로 사업을 영위하는 자가 5인 미만인 경우 인정합니다. 1인 창조기 업이 규모 확대의 이유로 1인 창조기업에 해당되지 아니하게 된 경우 에도 3년간은 1인 창조기업으로 인정하고 있습니다. 창업교육, 시설 공간 이용, 경영 지원, 사업화 지원, 멘토링, 정책자금, R&D, 판로 개 척 지원 등의 사업을 진행하고 있습니다.

3 | 서울신직업인재센터 온라인스쿨 http://www.school.seoul.kr

서울산업진흥원(SBA)에서 운영하고 있는 이러닝 웹사이트로 맞춤형 기 술 인재 양성 프로그램 과정을 운영하고 있습니다. 창업예정자를 위한 다양한 이러닝 과정이 있어 수강이 가능합니다.

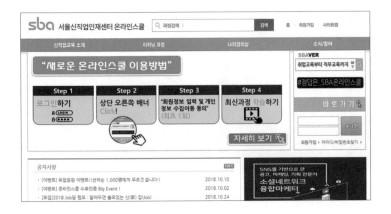

4 | 여성기업 종합정보포털 http://www.wbiz.or.kr/

한국여성경제인협회에서 운영하고 있는 웹사이트로 여성기업 창업 보육, 교육 및 연수, 경영 활동 및 판로 지원, 애로 상담 등 여성기업을 적극 육성하기 위해 창업 보육실을 운영하고 있습니다. 지원 사업으로 실전창업스쿨, 여성차업경진대회, 차세대 여성 CEO 양성교육이 있습니다. 실전창업스쿨 사업은 창업을 희망하는 여성에게 각 분야별 필요지식과 정보를 실습 위주로 창업교육을 진행하고 있습니다.

5 | 서울우먼업 https://www.seoulwomanup.or.kr

서울우먼업^(Seoulwomanup)은 서울특별시의 24개 여성인력개발기관을 통칭하는 브랜드입니다. 서울시여성능력개발원의 국·시비지원 프로그램인 내일배움카드제, 직무능력향상훈련, 서울시지원 사업, 여성가족부지원 사업 및 기타지원직업훈련과 직업교육, 생활문화교육, 기타사업관련교육 정보를 얻을 수 있습니다. 서울특별시의 18개 여성인력개발센터, 5개의 여성발전센터, 여성능력개발원의 구인 정보, 구직 정보와 창업자금 지원, 창업동향 및 전문가 칼럼과 여성새로일하기센터 정보를 공유할 수 있는 곳으로 취업에 도움을 받을 수 있습니다.

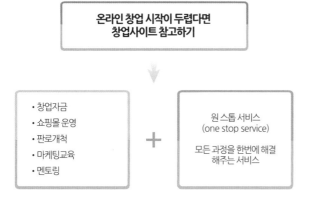

N

Part 02

24시간 장터, 스마트 스토어
대박 매출 만들기

1 상품 판매 가격 벤치마킹과 책정하기 | 2 인터넷 마케팅 목표 설정하기 | 3 인터넷 마케팅 전략 수립하기 |

상품 판매 가격
벤치마킹과 책정하기

스마트 스토어 장점에는 무엇이 있을까요?

> 첫째, 도·소매점에 비해 투자 비용은 적고 소자본으로 개설할 수 있습니다.
>
> 둘째, 인터넷 샵으로 오프라인 매장이 필요치 않고 다양한 상품들을 전시할 수 있습니다.
>
> 셋째, 24시간 운영이 가능해 영업 시간에 제한이 없으며 때와 장소가 중요하지 않습니다.
>
> 넷째, 유통 채널 또한 단순화되어 있어 혼자서도 어느 정도 운영 관리가 가능합니다.
>
> 다섯째, 인터넷 마케팅과 상품 소싱이 가능하면 주부나 프리랜서도 운영할 수 있습니다.

이런 장점은 스마트 스토어 창업에 대한 긍정적인 요소로 다가오지만, 장점이 있다면 단점도 있기 마련입니다. 그럼 단점에는 무엇이 있을까요? 바로 치열한 경쟁입니다. 누구나 손쉽게 스마트 스토어를 개설할 수 있다보니 진입 장벽이 낮아졌습니다. 비슷한 상품 정보와 대동소이한 가격으로 상품을 판매하는 것이 쉽지는 않습니다. 그렇지만, 차별적인 상품 소싱 전략, 가격 전략, 인터넷 마케팅 전략이 수립되면 어느 정도 경쟁력을 확보할 수 있습니다.

1 | 상품 가격 벤치마킹하기

판매 상품의 가격을 책정하기 위해서는 벤치마킹을 해야 합니다. 벤치마킹은 오프라인 매장, 오픈마켓, 종합몰, 전문몰, 소셜 커머스 가격을 비교 분석하여 최종 판매 가격을 결정하는 것을 의미합니다. 오프라인 매장의 가격 정보는 이동해야 하는 부담이 있지만, 합리적으로 판매 가격을 책정하는데 적용할 수 있습니다.

가격은 고객이 기꺼이 지불할 수 있는 것으로 설정이 가능한 가격 범위 내에서 결정하는 것이 중요합니다. 가격 결정에는 최소 가격, 시장 가격, 최대 가격이 있습니다. 최소 가격은 상품 원가를 고려한 것으로 이익이 남지 않는 가격입니다. 시장 가격은 시장에서 공급자와 소비자의 균형되는 점에서 결정하는 가격입니다. 최대 가격은 소비자가 구매할 수 있는 최고 가격입니다. 상품 판매로 기대 이상의 이익을 얻을 수 있지만, 가격을 결정하는 것이 쉽지 않습니다. 이 세 가격 중 현실적인 가격 범위는 최소 가격과 최대 가격 사이에서 시장 가격입니다. 충분한 벤치마킹으로 상품의 가격 정보, 특징적 우위 요소 등을 분석한 후 시장 가격을 결정할 수 있습니다.

벤치마킹 체크리스트

상품의 벤치마킹 체크리스트 항목은 가격 정보, 특징적 요소, 배송 및 혜택으로 선정하였습니다. 상품마다 항목 요소는 달라질 수 있으므로, 고객이 추구하는 편익이 무엇인지 찾아서 적용해 볼 수 있습니다. 의류의 경우는 디자인, 색상, 재질 등이 될 수 있으며 스마트폰의 경우 가격, 제조사, 밧데리, 디자인, 카메라 등이 있습니다. 여기에서는 '휴대용 온풍기'와 '탈모 샴푸'에 대해서 벤치마킹을 해보겠습니다.

상품 : 휴대용 온풍기(가격은 3만 원에서 5만 원 사이)

인터넷 쇼핑몰	가격 정보	특징적 요소	배송	혜택
옥션	39,800원	LED 디스플레이 전국 A/S 제공	무료배송	할인쿠폰 10%
11번가	49,000원	저소음, 고에너지 효율 각도 조절 기능	3,000원	OK캐시백 3.5% 적립
스마트 스토어	34,800원	예열없는 순간 발열 490W 절전형	무료배송	17% 할인 1,300원 포인트 적립
위메프	39,900원	공간 절약 설계 조용한 작동	무료배송	없음
쿠팡	33,060원	LED 디스플레이 ABS 재질 제작	무료배송	1,000원 할인
Qoo10	46,300원	2초 발열, 온도 감지	무료배송	10포인트 적립

상품 : 탈모 샴푸(가격은 2만 원에서 5만 원 사이)

인터넷 쇼핑몰	가격 정보	특징적 요소	배송	혜택
옥션	26,900원	탈모증상 완화 식약처 인증 기능성 화장품 유해 성분 10가지 배제	무료배송	2000ml+250ml 55% 할인 두피 브러쉬 증정 선착순 300명
11번가	35,900원	탈모증상 완화 (바이오틴, 판테놀 등) 단백질 영양	2,500원	3+1 이벤트
스마트 스토어	32,000원	자극 없는 약산성 처방 천연 유래 성분 99% 탁월한 진정 효과	무료배송	Npay 4% 적립
위메프	29,000원	탈모 증상 완화 영양 공급, 두피 마사지	무료배송	LED 두피 진동 마사지기 제공 1+1 이벤트
쿠팡	20,170원	탈모 증상 완화 단백질 영양 모발을 생기있게	무료배송	없음
Qoo10	54,000원	두피 건강, 발모 촉진 가려움, 냄새, 비듬까지 잡아줌	3,000원	5,000원 쿠폰

쇼핑몰 사업자는 일차적으로 상품을 판매할 인터넷 쇼핑몰의 특성을 파악하여 키워드 및 상품 스토리의 차별점을 기획할 수 있어야 합니다. 그 다음으로 경쟁 업체들의 가격, 특징적 요소, 배송, 혜택을 종합적으로 분석하여 경쟁 우위를 찾아내는 것이 중요합니다. 동종 상품으로 가격 경쟁력이 없다면, 특징적 요소를 강조하거나 혜택을 추가하여 매출을 만들어 낼 수 있습니다.

2 | 상품 판매 가격 결정하기

E-business 환경이 가치 사슬을 급속하게 재구축 하는 상황에서 쇼핑몰 사업자들에게 가격은 새로운 기회 창출이자 위협 요소를 제공합니다. 기회 요인은 쇼핑몰을 운영하면서 확보한 고객 정보를 활용해 수익성을 극대화할 수 있습니다. 반면 위협 요인은 가격 경쟁으로 인해 상품 및 서비스의 품질 저하를 초래하고 브랜드에 부정적인 이미지를 줄 수 있습니다. 가격은 기회와 위협이라는 양날을 가지고 있다는 것을 알 수 있습니다. 가격은 상품의 원가를 반영하면서 고객에게 기대 가치와 상품 이미지를 제공하며, 제품이 가지고 있는 품질, 규격, 속성 등을 인식시키는 역할을 합니다. 또한 고객에게 상품 구매에 대한 절대적 영향력을 줍니다. 다양한 가격 결정 방법이 있지만, 여기에서는 '시장의 경쟁 구조', '소비자의 인식 가치', '경쟁사 모방 가격', '원가 가산법', '손익분기분석법', '마케팅 지향적 가격 결정 방법' 등에 대해서 알아보겠습니다.

시장의 경쟁 구조

상품 판매 가격을 결정할 때 시장의 경쟁 구조를 살펴보는 것이 중요합니다. 시장의 경쟁 구조에는 독점시장, 완전경쟁시장, 독점적 경쟁시장, 과점시장이 있습니다. 쇼핑몰 사업자가 판매하고자 하는 상품이 어떤 시장의 구조로 형성되어 있는지 살펴보면 가격 결정에 도움을 받을 수 있습니다.

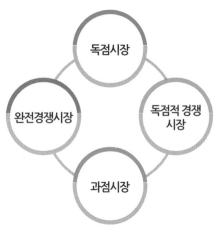

시장의 경쟁 구조를 이해하고 있으면 시장 진입과 가격 결정에 대해서 파악할 수 있습니다.

독점시장은 시장 지배력을 갖고 있는 공급자가 하나밖에 없는 시장입니다. 이 시장은 진입 장벽은 높게 형성되어 있으며, 소수의 기업이 선도하며 그 분야의 산업을 통제합니다. 경쟁자 수가 적어서 대체재[1]가 존재하지도 않습니다. 독점 공급자가 임의로 상품 가격을 결정하여 이윤 극대화하는 수준으로 상품 가격과 판매 수량을 결정할 수 있습니다. 대표적인 독점 시장에는 KT&G, 한국전력, 상수도, 철도청, 마이크로소프트(MS)의 윈도우 등이 있습니다.

[1] 소비자가 재화나 서비스를 소비하면서 얻게 되는 주관적인 만족도를 측정하는 단위

완전경쟁시장은 모든 제품, 서비스의 가격이 완전경쟁에 의해 결정되는 시장입니다. 개별 회사가 상품 가격을 자율적으로 조정할 수 없으며, 수요와 공급의 일치점에서 가격이 결정됩니다. 그렇지만, 시장의 자원은 효율적으로 배분되는 완전경쟁시장은 현실에 존재하지 않는 시장입니다. 공급자와 수요자가 무한히 많고, 자원의 이동이 완전히 자유롭습니다. 또한, 모든 상품이 완전히 같으며 시장 참여자들이 시장에 대해 완전한 정보를 갖고 있습니다. 그래서 수요자나 공급자가

상품 가격에 영향을 줄 수가 없습니다. 완전경쟁시장은 경제학에서 시장 모형 중 가장 이상적인 이론이라고 만들어 놓은 것입니다. 완전경쟁시장이라는 모형을 만든 이유는 다음과 같습니다. 이상적인 시장 모형이 존재하면, 현실의 시장을 이 완전경쟁시장과 비교하여 얼마나 가까운지 아닌지를 판단하는 기준이 됩니다.

예를 들어, 공급자가 더 많은 이윤을 남기려고 정찰 가격보다 조금 높은 가격으로 시장에 내놓으면, 수요자는 그 상품을 구매하지 않을 것입니다. 공급자는 어쩔 수 없이 시장에서 퇴출하게 됩니다. 왜냐하면, 이 공급자 이외에도 정찰 가격에 판매하는 공급자들이 많기 때문입니다. 수요자가 꼭 이 공급자에게 상품을 구매할 필요가 없습니다. 독점시장에서는 공급자는 가격 설정자이지만, 완전경쟁시장은 공급자가 가격 수용자입니다. 대표적인 완전경쟁시장에는 주식시장, 과일시장, 금융시장, 농산물 등이 있습니다.

독점적 경쟁시장은 완전경쟁시장에 가까우면서도 독점시장의 특징을 지니고 있는 시장입니다. 다수의 공급자가 존재하고 자유롭게 시장 진입과 퇴출이 가능해 완전경쟁시장과의 비슷합니다. 시장에 공급자가 많다보니 경쟁에 노출에 되기 쉽고 진입 장벽이 낮으며 가격 결정이 제한적입니다. 실생활에 밀접한 상품이 주류를 이루며, 수많은 기업이 존재하고 있어 서로 경쟁하면서 차별화된 상품을 공급하는 것이 중요합니다. 대표적인 독점적 경쟁시장에는 의류, 병원, 미용실, 세탁소, 편의점, 음식점 등이 있습니다.

과점시장은 경쟁시장과는 달리 몇 개의 공급자가 시장을 장악하고 서로 경쟁하면서 비슷한 상품을 생산 및 공급하는 시장입니다. 과점시장은 독점시장에 가까우면서 완전경쟁시장의 특성을 일부 갖고 있습니다. 두 개의 공급자가 존재하는 과점시장을 '복점'이라고도 부릅니다. 과점시장의 특징으로 시장 참여 공급자들과 밀접한 상호 의존 관계 형성입니다. 소수의 공급자들이 시장에 참여하기 때문에 생산량이 변화하면 다른 공급자에게 영향을 줄 가능성이 높습니다. 그 다음으로 가격이 쉽게 변하지 않습니다. 한 공급자가 가격을 인하하면 다른 공급자에게서 고객들을 빼앗아 올 수 있습니다. 그렇지만, 서로 가격 경쟁하게 되면 모두에게 좋지 않은 결과를 얻을 수 있어서 가격 경쟁보다 비가격적인 광고 및 서비스 품질 개선을 활용하여 경쟁하려고 합니다.

완전경쟁시장은 진입과 탈퇴가 자유롭지만, 과점시장은 진입 장벽이 존재합니다. 이 진입 장벽은 독점시장보다 낮지만, 독점적 경쟁시장보다 강하게 형성되어 있습니다. 신생 기업이 시장에 진입할 경우, 전략적으로 진입 장벽을 세우거나 대대적인 광고 예산을 투자하여 브랜드 자산 가치를 높이거나 가격을 낮추어 경쟁하기 어렵게 만듭니다. 시장 점유율을 빼앗기지 않기 위한 특단의 고육책입니다. 대표적인 과점시장에는 이동 통신, 냉장고, 자동차, 정유사 등이 있습니다.

소비자의 인식 가치

상품이 남아도는 시대에 소비자의 구매 의사 결정권은 막강한 힘을 가지고 있습니다. TV 홈쇼핑, 대형 마트, 백화점, 인터넷 쇼핑몰 등 다양한 채널들을 활용해 상품을 비교 분석하여 구매하기 때문입니다. 다양한 선택대안은 요구에 따라 상품 구매 시 판매 채널을 선택할 수 있게 만들어 주었고, 소비자에게 즐거운 쇼핑 경험을 제공하는 동시에 구매에 대한 혜택을 제공하고 있습니다. 특히 클릭 몇 번으로 구매가 이루어지는 인터넷 쇼핑몰은 설득의 경영장이라고 볼 수 있습니다. 상품의 차별적인 가성비, 기능, 품질, 가격 등의 설명 문구를 활용해 소비자 시선을 유도하는 각축전이 실시간으로 이루어지고 있는 상황입니다. 이제 시장은 심리테크닉의 전성시대로 '소비자가 상품의 가치를 어느 정도로 인식하고 고려하는가'에 대해서 이해하는 것은 중요한 조건이 되고 있습니다.

어떻게 해야 소비자의 인식 가치를 강력한 자기장처럼 끌어당길 수 있을까요? 소비자가 신속한 구매 의사 결정을 하도록 돕는 정신적이고 실용적인 방법으로 알려진 휴리스틱(Heuristic)에서 찾아볼 수 있습니다. 휴리스틱은 직관적 판단에 의존하는 행동 법칙으로 '발견법', '추단법', '어림셈', '간편법'이라고 부릅니다. 어떤 상황에서 객관적인 분석으로 접근하기보다 제한된 정보만으로 직관적이게 판단하고 선택하는 비합리적인 결정을 설명할 때 유용하게 사용하는 개념으로 알려져있습니다. 휴리스틱은 일상 생활의 많은 곳에서 영향을 미치고 있습니다. 생활필수품을 구매할 때, 브랜드 의류를 구매할 때, 여행상품을 구매할 때마다 휴리스틱이 작용하는 경우가 많습니다. 상품 구매하는 과정에서 소비자에게 익숙한 상식이나 관심을 건드리게 되면 정보 탐색 시간을 줄어들어 빠르고 신속하게 설득이 가능합니다.

신속한 의사 결정을 도와 시간을 효율적으로 활용할 수 있게 해주는 휴리스틱에는 희소성, 지위, 타인의 행동 등이 있습니다. 희소성은 특성 자체가 상품의 품질을 향상시키고, 소비자가 그 상품을 비싸게 인식하게끔 하여, 결국 소비자들이 제품 구매를 고려하게 만듭니다. 희소한 상품은 더 좋은 품질을 특성에 내포하고 있다고 판단하기 때문에

휴리스틱
(Heuristic)

희소성 — 상품 매력도와 구매 욕구 향상

지위 — 남들과 다르다는 우월감 제공

타인의 행동 — 구매평판, 호감도에 따라 구매 결정

상품에 대하여 매력성과 구매 욕구가 높아지게 됩니다. 희소성의 예시로 '이번 기회가 아니면 구매할 수 없다는 메시지' 또는 '소수의 한정된 숫자를 통한 제품 및 서비스 판매하는 것' 등이 있습니다. '희소성'을 활용하는 한정 판매 전략에는 수량 한정, 시간 한정, 구매 조건 한정, 판매 장소 한정, 할인 조건 한정이 있습니다.

> - 수량 한정 – 100벌 한정 수량 세일, 수량 한정 특가 90개, 선착순 한정 판매
> - 시간 한정 – 주말 한정 50%, 3월 3일 단 하루만 3,300원, 단 3일 핫딜, 한가위 기획 세트
> - 구매 조건 한정 – 3만 원 이상 구매 고객 대상 담요 증정(1인 1개 한정), 열 개 사면 하나 더, 하나 더 가져가세요
> - 판매 장소 한정 – 단독 특가, 단독 런칭, 단독 한정
> - 할인 조건 한정 – 최대 25% 할인, 20% 할인 카운트다운, 릴레이 가격대란, 역대 최고 할인가 73%

한정 판매 전략을 다양하게 융합(수량＋시간＋구매 조건＋판매 장소＋할인 조건)하면 소비자의 구매 심리를 자극하여 상품 구매에 대한 긴박감과 압박감을 높일 수 있습니다. 이와 더불어 시선을 사로잡는 강력한 희소성 메시지를 첨가하면 구매 욕구를 불러일으킬 수 있습니다.

한정 판매와 함께 사용된 메시지를 예로 들면 다음과 같습니다.

> '최저가 보상'   '두 번 다시 없을 기회'
> '마지막 구매 찬스'   '놓칠 수 없는 특별한 기회'
> '재고 소진 시 초기 종료 가능'   '조기 품절 예상'
> '365일 즐거운 할인'   '이번 기회를 놓치면 후회합니다'

'지위'는 인간 본연의 욕망을 서스럼없이 표출한 것으로 상품 판매 전략으로 많이 활용되고 있습니다. 세계적인 브랜드 명품을 소유함으로

써 타인보다 우월하다는 기분이 들게 만드는 만족감은 구매에 중요한 단서를 제공합니다.

'타인의 행동'은 사람들의 구매 후기가 영향을 미치는 것을 의미합니다. 마트에 사람들이 북적북적 모여 있으면 자연스럽게 눈길이 가게 됩니다. 일반적으로 이벤트 또는 할인 행사가 진행되는 경우가 많습니다. 인터넷 쇼핑몰 또한 마찬가지입니다. 타 상품보다 구매 평판이 많이 달리거나, 호감도가 높으면 상품 구매 의사 결정에 영향을 주게 됩니다.

소비자의 인식 가치에서 언급한 휴리스틱은 소비자에게 익숙한 상식이나 관심을 건드려 상품을 판매하는 전략입니다. 가격 책정 시 한 번쯤 생각해보는 기회를 가져보길 바랍니다.

경쟁사 모방 가격

가격은 상품 및 서비스가 가지고 있는 가치를 화폐로 표시한 수치를 의미하며, 시장에서 상품의 교환 가치 또는 품질에 대한 정보를 제공하는 역할을 합니다. 소비자에게 가격은 상품을 소유하거나 사용 대가로 지불하는 금전적 가치를 의미하며, 쇼핑몰 사업자에게는 수익을 결정하는 변수로 흑자 또는 적자를 가져다주는 경쟁의 도구입니다. 가격 경쟁 전략은 시장 상황에 따른 수요와 비용을 추정하여 시장 점유율 확보, 매출과 이익의 극대화, 상품 개발 및 투자 비용의 조기 회수 등의 목적으로 결정합니다. 쇼핑몰 사업자는 시장 내의 경쟁 상황이나 상품의 특성을 고려하여 경쟁 상품의 가격보다 높거나 낮게 책정하거나 동일하게 결정할 수 있습니다. 대표적으로 저가격 정책, 고가격 정책, 동등 가격 정책이 있습니다.

저가격 정책은 빠른 시간 내 시장 점유율을 확보하거나 매출 증대를 극대화하는 가격 전략입니다. 이 가격 전략은 많은 쇼핑몰 사업자들이 추구하는 가격 전략으로 단기적인 강력한 경쟁 수단이 될 수 있습니다. 경쟁 기업이 시장에 진입하는 것을 방어하면서 시장에 신속히 침투가 가능합니다. 시장의 선발 주자는 새롭게 시장에 침투한 경쟁 브랜드를 공략하기 위하여 저가격 정책을 취할 수 있습니다. 후발 주자는 가격 할인이나 가격 인하를 통해 상대적으로 낮게 책정하여 시장에 진입이 가능합니다. 선발 주자보다 원가 우위 요소에 대한 경쟁력을 가지고 있으면 가격 경쟁에서 유리하고, 소비자에게 추가적인 가치를 제공해 줄 수 있습니다. 저가격 결정의 단점으로 소비자가 상품의 품질에 대한 신뢰도와 차별성이 없는 것으로 지각할 수 있습니다.

고가격 정책은 상품 브랜드의 높은 인지도와 차별적 우위 요소를 통해 높은 수준의 가격을 책정하는 가격 전략입니다. 시장 형성 가격보다 높은 가격으로 진입하여 조기에 투자 비용을 회수하거나 고품질의 이미지를 제고할 때 가능한 방법입니다. 또한 상품에 대한 관여도가 높고 가격 민감도가 낮을 경우, 높은 가격을 책정하여 시장 진입이 가능합니다.

루이비통, 나이키, 티파니, 에르메스, 버버리, 샤넬, 프라다, 구찌 등은 기존 경쟁 업체보다 아주 높은 가격을 책정하여 시장에 공급하고 있습니다. 그 이유는 프리미엄 브랜드 및 럭셔리 디자인 명성을 가지고 있기 때문입니다. 이 가격 정책은 최정상의 브랜드 파워와 지위를 가지고 있는 고급 의류, 액세사리, 핸드백, 시계, 보석 등은 자주 활용이 가능합니다. 그렇지만, 경기가 전반적으로 둔화될 경우에는 수익

률에 직접적으로 좋지 않은 영향을 끼칠 수 있습니다.

동등 가격 정책은 시장에서 가격 변화에 대한 소비자의 반응이 민감할 경우에 활용하는 가격 전략입니다. 한 예로 에너지 음료 시장은 전 세계적으로 큰 시장을 형성하고 있습니다. 특히 교육열이 높은 한국의 경우, 10대~20대가 주 고객층입니다. 학업으로 인해 지친 몸의 피로와 스트레스를 줄이기 위해 에너지 음료를 마시면 졸음을 쫓아내고 집중력을 높여주는 각성 효과가 있습니다. 국내에서 판매되고 있는 브랜드로 롯데칠성음료의 '핫식스', 동아제약의 '박카스', 코카콜라의 '번인텐스', 레드불사의 '레드불' 등이 있습니다. 현재 다양한 브랜드가 시장에 나오면서 에너지 음료 시장은 가격 경쟁이 이루어지고 있는 상황입니다. 전 세계적으로 가장 많이 팔리고 있는 에너지 드링크인 레드불사의 '레드불'은 친밀감 있고 잘 다져진 브랜드 명성을 가지고 있지만, 국내의 치열한 가격 인하 경쟁으로 인하여 판매 가격을 인하하여 판매하고 있습니다.

가격은 상품이나 서비스의 가치를 평가하는 중요한 결정 요인이라는 것을 알 수 있습니다. 쇼핑몰 사업자에게는 직접적으로 매출에 영향을 주며, 간접적으로는 브랜드 이미지 형성에 영향을 미칩니다. 소비자에게는 욕구 충족을 위하여 대가를 지불하는 중요한 결정 요인이 되기도 합니다. 시장 상황을 잘 분석해보고 판매 상품의 구매 가격선이 상의, 하의, 동등인지 체크해보는 기회를 가져보세요.

원가가산법

원가가산법은 원가를 기준으로 하여 일정액의 이윤을 붙여 가격을 결정하는 단순한 방법입니다. 상품의 수요가 한정되어 있거나 가격 탄력성이 낮아 경쟁자가 없을 때 적용이 가능합니다. 상품 가격 결정 작업이 매우 간단하고 계산하기 쉬워서 상품 가격을 결정할 때 가장 흔히 사용되며, 소비자와 기업에게 가격의 공정성을 신뢰받을 수 있습니다. 대외적인 관계에 있어서도 설득력을 가지고 있습니다.

이 가격 결정법은 가격의 기준을 원가로 하고 동종 산업 내의 모든 기업들이 원가가산법을 사용하면 판매 가격은 비슷해집니다. 결국 불필요한 가격 경쟁을 피할 수 있고 .수요가 변할 때마다 가격을 조정하지 않아도 됩니다. 그렇지만, 상품 가격 결정할 때 한계도 존재합니다. 목표한 매출이 나오지 않을 경우 이익을 높이기 위해 가격을 인상해야 됩니다. 그렇지만, 매출이 기대보다 저조하여 상품의 가격을 인상하는 것은 현실에 맞지 않고 비합리적입니다.

최근 들어 상품의 가격 경쟁력과 품질의 차별성이 평준화되고, 전반의 소비 유형과 구매 패턴이 빠르게 변화함에 따라 가격을 인상하는 것이 어려워지고 있습니다. 이런 상황에서 원가 관리에 대한 필요성이 높아지고 있는 상황입니다. 즉 인터넷 쇼핑몰을 운영하면서 수익을 창출하기 위해서는 원가 관리와 절감에 대한 이해하는 것이 필요합니다. 원가가산법은 상품에 대한 소비자의 반응과 경쟁을 무시하는 단점을 가지고 있어 사용하기에 비현실적이지만, 가격 결정의 가장 기본적인 출발점이라는 것을 이해하는데 의의가 있습니다.

원가가산법을 활용하여 판매가를 계산해보겠습니다. 희망이익률은 판매가 대비 30%로 잡아보겠습니다. 원가가산법 공식은 다음과 같습니다.

- ▶ 고정비 : 3,000,000원
- ▶ 단위당 변동비 : 1,000원
- ▶ 예상 판매량 : 500개
- ▶ 단위당 원가 = 단위당 변동비 + 단위당 고정비$\left(\dfrac{\text{고정비}}{\text{예상 판매량}}\right)$
- ▶ $1,000원 + \dfrac{3,000,000원}{500개} = 7,000원$
- ▶ $판매가 = \dfrac{\text{단위당 원가}}{(1 - \text{희망이익률})} = \dfrac{7,000원}{(1 - 0.3)}$

고정비는 매출과 무관하게 꾸준히 지출되는 비용 원가를 의미합니다. 고정비로는 감가상각비, 임대료, 인건비 등이 있습니다. 변동비는 가변비라고 부르기도 하며, 매출액의 증감에 비례해서 소요되는 비용을 의미합니다. 고정비로 제조업에서는 '재료비'가 있으며, 소매업에서는 '상품 매입가' 등이 있습니다.

한 예로 컬러링북 한 개당 판매가가 20,000원입니다. 이 컬러링북의 매입가가 10,000원이고 70개를 판매하면 매출액은 1,400,000원(20,000원×70개)입니다.

매입가도 700,000원(10,000원×70개)이 됩니다. 매출액이 3배 오르면 변동비 또한 3배가 됩니다. 즉 매입가가 변동비라고 볼 수 있습니다. 변동비는 매출액이나 상품 한 개당 비율이 증가함에 따라 비례적으로 증가합니다. 쉽게 자동차로 예로 들면 고정비는 주행 거리에 상관없이 일정한 비용으로 운행하지 않아도 지불해야 하는 비용입니다. 자동차 구입비, 보험료, 자동차 세금 등이 있습니다. 변동비는 주행 거리에 비례하는 비용으로 주행하면 발생하고, 주행하지 않으면 발생하지 않는 비용입니다. 연료비, 엔진오일, 타이어 교환, 정비비 등이 있습니다.

원가가산법은 가격 결정법으로 많이 사용되고 있습니다. 그 이유는 쇼핑몰 사업자가 원가에 대한 정확한 정보를 갖고 있고, 마진율은 같은 산업 내의 통상적인 상거래 관행으로 비율이 정해져 있어서 가격 결정을 하기가 어렵지 않습니다.

손익분기점 분석법

손익분기점(Break-Even Pont : BEP) 분석법은 쇼핑몰 사업자가 가격과 원가 그리고 판매량 간의 관계를 파악할 수 있는 방법입니다. 원가 구조간의 관계를 체계적으로 살펴볼 때 이용하거나, 상품 가격 책정과 목표로 하는 이익을 올릴 수 있는 가격을 결정할 때 사용이 됩니다. 손익분기점은 총 수익이 총 비용과 일치하여 이익과 손실이 없는 '0' 상태의 판매량 또는 매출액을 말합니다. 상품 판매량이 손익분기점보다 높으면 기업이 이익을 창출하는 것으로 볼 수 있으며, 반대로 상품 판매량이 손익분기점보다 낮으면 손실을 얻게 됩니다.

손익분기점 분석을 실행하기 위해서는 먼저 손익분기점을 구해야 합니다. 손익분기점(판매량)과 손익분기점(매출액)은 다음과 같은 공식으로 구할 수 있습니다.

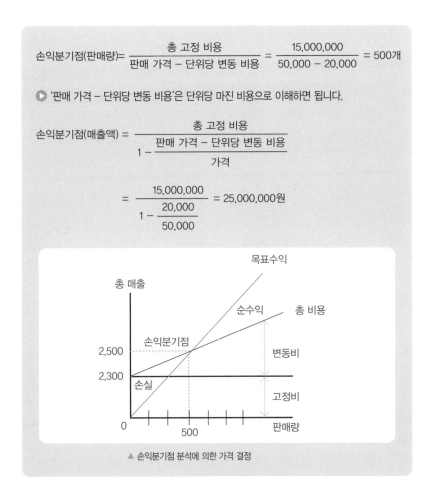

$$손익분기점(판매량) = \frac{총\ 고정\ 비용}{판매\ 가격 - 단위당\ 변동\ 비용} = \frac{15,000,000}{50,000 - 20,000} = 500개$$

▶ '판매 가격 – 단위당 변동 비용'은 단위당 마진 비용으로 이해하면 됩니다.

$$손익분기점(매출액) = \frac{총\ 고정\ 비용}{1 - \dfrac{판매\ 가격 - 단위당\ 변동\ 비용}{가격}}$$

$$= \frac{15,000,000}{1 - \dfrac{20,000}{50,000}} = 25,000,000원$$

▲ 손익분기점 분석에 의한 가격 결정

그림에서 나타난 바와 같이 상품 가격 50,000원, 단위당 변동비 20,000원, 고정비 15,000,000원으로 결정한 경우에 손익분기점 판매량은 500개이므로, 이 이상으로 판매해야 손실을 면할 수 있습니다. 손익분기점 매출액은 25,000,000원이 됩니다.

손익분기점 분석법은 원가 구조간의 관계를 체계적으로 살펴보거나, 최소한 어느 정도의 상품을 판매해야 손실을 면할 수 있을까에 대한 해답을 찾는데 도움을 받을 수 있습니다. 그렇지만, 시즌에 따른 마케팅 추가 예산, 변동비, 고정비가 변화할 수 있기 때문에 오류를 가지고 있습니다. 시즌에 따라 책정되는 마케팅 추가 예산은 고정비와 변동비에 대한 구분이 쉽지 않으며, 변동비는 할인 정책 및 아르바이트 근무 수당이 생길 경우 변동비는 달라질 수 있습니다. 고정비 또한 상시 직원 고용으로 인한 PC 구입과 노무비, 보험료와 통신비 증가로 실제와 다를 수 있습니다.

마케팅 지향적 가격 결정 방법

위에서 살펴본 경쟁, 원가, 소비자에 따른 가격 결정 방식 외에 전략적으로 가격을 결정하는 마케팅 지향적 결정 방법이 있습니다. 이 가격 결정 방법은 빠르게 변화하는 소비자의 필요와 욕구를 더 한층 명확하고 구체적으로 접근하는 것을 의미합니다. 상품 구매층이 고소득층인지 중산층인지, 상품 가격을 어떻게 차별화할 것인지, 시즌에 따른 할인 정책을 어떻게 결정할 것인지 등의 실현 가능한 목표를 세워 목적한 바에 도달할 수 있는 방안 모색이 가능합니다. 마케팅 지향적 가격 결정 방법에 대해서 알아보겠습니다.

▶ **신상품 가격 결정** – 신상품 가격 전략으로 고가 전략과 저가 전략이 있습니다. 고가 전략은 상품의 수명 주기(도입기–성장기–성숙기–쇠퇴기)와 밀접하게 연결되어있는 가격 결정법입니다. 처음에는 신상품이 시장에 첫 진입 시 고가 정책을 채택하였다가 상품이 성장기에서 성숙기로 넘어가는 동안 가격을 내리게 됩니다. 시장 조건에 따라 고가로 갈지 저가로 갈지 결정하게 됩니다. 이 전략은 신상품 개발에 투자된 자금을 빠르게 회수하거나 수요의 가격탄력성[2]이 낮은 고소득 소비자층을 확보하기 위해 사용합니다. 한 예로 PC 제품 또는 스마트폰 모델이 새롭게 출시되면 처음에 고가격으로 책정하지만 점차적으로 가격이 하락하게 됩니다. 저가 전략은 단기적으로 이익을 희생하여 신속히 시장 점유를 증대하는 가격 결정법입니다. 상품 도입기에 판매 가격을 낮게 책정하게 되면 손실이 초래되기 때문에 원가 분석이 제대로 되어야 합니다. 이 전략은 경쟁사의 시장 진입과 경쟁이 예상될 때 활용할 수 있습니다.

2 상품 가격 변화에 대해서 소비자의 반응으로 얼마나 민감하고 둔감하게 반응하는지 확인하기 위한 지표입니다. 상품 수명 주기에서 도입기와 성장기에는 가격탄력성이 낮아지며 성숙기가 가장 낮습니다. 쇠퇴기에는 가격탄력성이 증가합니다.

▶ **심리적 가격 결정** – 상품 가격의 끝부분에 단수를 붙여 저가인 것처럼 착각을 유도하는 단수 가격 결정법입니다. 수요와 매출의 증대에 근거를 두고 있으며, 소비자가 상품 가격표를 보는 순간에 저렴하다는 인상을 줄 수 있습니다. 10,000원, 50,000원을 9,900원, 49,900원과 같이 단수로 가격을 매기는 것입니다. 국내에서 가장 많이 사용되는 숫자는 9와 5가 있습니다. 단수 가격 결정이 널리 활용되는 이유는 소비자에게 상품 가격이 정확한 계산에 의해 최하위선에서 결정되었다는 인식을 줄 수 있기 때문입니다.

▶ **선택 상품 가격 결정** – 회사 내의 주력적인 상품과 함께 판매하는 가격 결정법입니다. 정수기 또는 공기청정기의 경우 필터를, 프린터일 경우에는 잉크를 추가적으로 구매해야 사용할 수 있습니다. 주력 상품의 가격을 낮추고 지속적으로 구매해야 하는 선택 상품의 가격은 수익성을 철저하게 분석 후 결정하는 것이 중요합니다.

▶ **상품 라인 가격 결정** – 한 상품 계열 내 상품들 간에 어느 정도의 가격 단계를 결정하는 가격 결정법입니다. 이 가격 결정은 상품 라인내 다른 상품의 원가, 경쟁 상품의 가격, 브랜드 인지도 등이 고려되어야 합니다. 여성 의류의 경우 하급품, 중급품, 고급품으로 나누어 볼 수 있습니다.

▶ **할인과 공제 가격 결정** – 할인은 판매 촉진 방안으로 특정 시즌이나 비수기에 생산과 판매를 유지하기 위해 이루어지는 것을 의미합니다. 할인 가격 정책으로 번들링(Bundling)이 많이 활용되고 있습니다. 번들링은 '묶음 판매' 또는 '끼워팔기'로 해석할 수 있습니다. 고객의 기대 가치에 높게 인식되어 잘 팔리는 상품과 구매력이 떨어지는 상품을 함께 판매하는 것을 의미합니다. 결합되는 두 상품 중 구매 선호도가 높은 브랜드 상품은 정상가에 판매하고 낮은 브랜드 상품일 경우에는 할인해서 판매합니다. 결합되는 두 상품 중 구매 선호도가 별차이 없을 경우에는 패키지 가격으로 통합하여 총 금액을 할인해서 판매할 수 있습니다. 번들링은 시즌이 지난 상품의 재고 소진이나 시장에서 철수할 때 많이 활용되는 가격 전략입니다.

공제는 우수 고객이 신상품을 구매할 때 할인해주거나 포인트 차감으로 구매가 가능한 것을 말합니다. 소비자가 상품 구매 후 일정 기간 사용한 후, 노후화된 상품을 가져오면 보상 가격만큼 할인해 주는 교환 공제도 있습니다. 중간상이 상품에 대한 광고 또는 판촉 행사를 진행할 때 이에 대한 보상으로 현금을 지원하거나 가격에서 일부를 공제하는 것도 있습니다.

인터넷 마케팅 목표 설정하기

인터넷 마케팅 목표 설정은 시장과 고객 분석을 통해 매출, 이익, 시장 점유율, 성장성 등에 대해 성취해야 할 목표를 구체적으로 설정하는 것을 말합니다. 스마트 스토어를 개설하였다면 쇼핑몰 인터넷 마케팅 집행을 위해서 다음 항목을 체크해보야 합니다. 인터넷 마케팅 목표 설정은 타깃 고객을 확보하고 판매 상품을 구매로 연결할 수 있는 이정표를 그려볼 수 있습니다.

1 │ 스마트 스토어에서 팔고자 하는 상품은 무엇인가?

판매 상품에 대한 정의는 상품 컨셉과 설득력 있는 스토리를 구현할 수 있는 중요한 과정입니다. 내가 팔고자 하는 상품을 이해하지 않고서는 고객을 찾을 수 없으며, 홍보 마케팅 예산 집행으로 스마트스토어에 고객이 방문하여도 매출은 발생하지 않을 수 있습니다. 내가 팔고자 하는 상품에 대한 확실한 컨셉 설정과 상품 기대 가치를 명확하게 제시할 수 있는 스토리 전개로 구매 전환을 만들어내는 것이 중요합니다.

2 | 상품을 누구에게 전달할 것인가?

여기서 '누구'는 내가 운영하는 스마트 스토어에서 상품을 구매하는 타깃 고객입니다. 인터넷 마케팅 목표 설정은 전 국민으로 대상으로 할 수 있지만, 최종적으로 구매할 고객을 설정하는 것이 중요합니다. 타깃 고객이 확실하게 설정되면 상품 전략과 스토리를 체계적이고 효과적으로 운영할 수 있습니다. 만약 타깃 고객을 설정하지 않으면 광고 집행 시 예산이 많이 들고 낭비 요소가 발생해 효율적으로 집행하기 어렵습니다. 타깃 고객을 이해하는 것은 스마트 스토어를 성공적으로 운영할 수 있는 핵심 사항입니다.

3 | 상품을 어떻게 전달할 것인가?

여기서 '전달'은 잠재 고객이 상품 정보에 접촉할 수 있도록 연결하는 홍보 방법을 말하는 것입니다. 스마트 스토어를 개설하고 상품을 올렸다면 방문을 유도할 수 있는 매개체를 활용해야 합니다. 최근에는 소셜 미디어를 활용하여 손쉽게 상품을 알릴 수 있습니다. 대표적인 주류 소셜 미디어를 살펴보면 다음과 같습니다. 네이버의 대표적인 서비스로 블로그가 있습니다. 블로그는 상품 정보 제공 및 상품 신뢰도를 제고할 수 있는 미디어입니다. 쇼핑몰 사업자라면 운영은 필수입니다. 그 다음으로 국내에서 많이 사용하고 있는 페이스북, 인스타그램, 유튜브 등을 활용하는 것은 잠재 고객에게 상품에 대한 접촉을 확장할 수 있는 기회를 만들 수 있습니다.

4 | 잠재 고객에게 우리 상품을 어떻게 이해하게 할 수 있을까?

잠재 고객에게 상품을 이해하게 하는 것은 인터넷 마케팅 키포인트입니다. 아무리 좋은 상품이라도 효과적으로 설득하지 못하면 시장에서 사라지게 됩니다. 잠재 고객은 가성비 좋은 상품을 검색하고 구매하기 위해 시간을 투자합니다. 쇼핑몰 사업자라면 이러한 보상에 대한 대가로 기대 가치가 높은 상품 정보를 제공하는 것이 중요합니다. 어떻게 하면 고객이 구매할 수 있을까요? 바로 스토리텔링에서 접근해 볼 수 있습니다. 똑같은 상품이라도 스토리에 따라서 고객의 구매 행동이 달라집니다. 상품 스토리텔링에서 어떻게 접근해야 설득력 있고 호소력 있는 스토리를 만들 수 있는지 알아보겠습니다.

5 | 상품 구매에 대한 동기 부여와 판매 비용을 어떻게 결정할 것인가?

상품 구매에 대한 동기 부여는 고객에게 제공하는 가치를 의미합니다. 저관여도 상품으로 일상 생활에서 직접 소비하는 재화는 손쉽게 구매합니다. 대표적으로 칫솔, 비누, 이쑤시개 등이 있습니다. 이와 반면에 고관여도 상품은 많은 시간 투자와 검색으로 복잡한 구매 의사 결정을 통해 구매합니다. 대표적으로 자동차, 아파트, 김치 냉장고 등이 있습니다. 고가 상품의 경우 구매에 대한 동기 부여는 중요합니다. 고객이 상품 구매로 자신감이 상승하거나 신분이 상승하는 기대치를 얻는다면 신뢰도와 만족도는 높아질 것입니다.

다음으로 중요한 것이 판매 비용 결정입니다. 판매 비용은 잠재 고객의 구매 결정에 중요한 구심점을 제공합니다. 판매가는 매출을 만들어 내는 매개체이기 때문에 쇼핑몰 사업자라면 원가에 대한 이해가 중요합니다. 경쟁사 대비 판매가를 낮추어서 매출 신장을 만들어 낼 수 있지만, 최종적으로 목표한 수익을 얻을 수 없습니다. 상품 원가와 판매 비용을 절충하여 결정하는 것이 중요합니다.

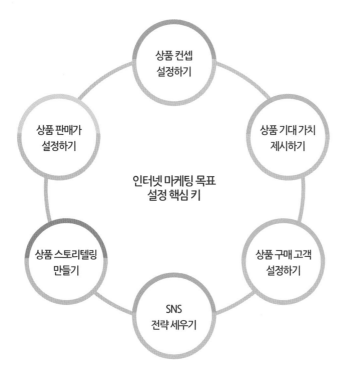

인터넷 마케팅 전략
수립하기

유통 환경의 변화와 쇼핑몰 채널의 다양성은 쇼핑몰 사업자들에게 새로운 기회 요소를 제공합니다. 오픈마켓 스마트 스토어의 경우, 거의 투자가 고려되지 않고 스마트하게 쇼핑몰 운영과 상품을 판매할 수 있습니다. 그렇지만, 소비자 구매력의 변화로 상품 수명 주기는 짧아지고 있어 불가피한 위험 요인이 존재합니다. 또한 누구나 손쉽게 시장 진입이 가능해져서 거세진 경쟁 속에서 투자 비용이 높아지고 있는 상황입니다. 이는 지속적인 매출 확보와 안정적인 수익성을 고려하기가 어려워지고 있다는 것을 의미합니다. 드넓은 인터넷 공간에서 펼쳐지는 사업 경쟁 속에서 인터넷 마케팅 전략 수립의 'SWOT 분석', 'STP 전략', '4P 전략'은 더욱 중요해지고 있습니다.

1 | SWOT 분석하기

"쇼핑몰을 운영하고 있는 사업자들에게 인터넷 마케팅 전략을 수립할 때 무엇을 우선적으로 해야 할까요?"라는 질문에 "표적 타깃을 확보해야 합니다.", "시장을 찾아내야 합니다.", "고객이 구매할 수 있는 상품을 찾아야 합니다.", "홍보 마케팅을 위한 컨셉 전략을 세워야 합니다." 등 다양한 대답이 나올 것입니다. 모두 맞다고 볼 수 있지만, 쇼핑몰 사업자의 강점과 약점에 대한 분석부터 시작할 것을 제안합니다.

치열한 경쟁 환경에서 지피지기 백전백승[知彼知己 百戰百勝][3]하기 위해서는 자사에 대한 철저한 분석과 시장 환경(트렌드) 파악이 중요하기 때문입니다. 이것이 바로 SWOT 분석입니다. 이 전략은 자사의 강점을 활용하여 사업 기회를 확보하고 위협 요소에 대한 대안을 찾아내는 것으로, 시장 경쟁에서 이길 수 있는 발판을 마련할 수 있습니다. SWOT 분석에 대해서 알아보겠습니다.

SWOT 분석은 S(Strength : 강점), W(Weakness : 약점), O(Opportunity : 기회), T(Threat : 위협)의 약자입니다. S와 W는 내부적인 측면으로 경쟁사 대비 상대적 핵심 역량을 나타내며, O와 T는 외부적인 측면으로 시장 환경 변화 측면에서 접근합니다. 강점으로는 쇼핑몰 사업자가 가지고 있는 '기술력', '생산력', '브랜드 가치', '자산 규모' 등이 있습니다. 생산력에 자신이 있는 사업자라면 그 생산 기반을 특화해강점을 적극 활용해 볼 수 있습니다. 약점은 경쟁사 대비 확실한 우위를 가지고 있는지 파악하기 위한 것으로 '낮은 가격 경쟁력', '후발 주자', '낮은 시장 점유율'이 약점이 될 수 있습니다. 기회는 쇼핑몰 사업자가 지닌 강점을 효과적으로 어필하는 것을 의미합니다. '소비 트렌드의 변화', '가구 수의 변화', '미니멀리즘(Minimalism)의 도래'[4] 등은 강점을 더 돋보이게 하는 요인이 됩니다. 위협은 쇼핑몰 사업자가 외부 환경에서 불리하거나 부정적일 수 있는 요인을 찾아낸 것으로 '온라인쇼핑의 비약적 성장', '타 업종에서 가격 결정에 참여', '소비 패턴의 변화' 등으로 살펴볼 수 있습니다.

SWOT 도형은 사분면으로 그리며 매트릭스라고도 부릅니다. 작성은 자사의 상품과 시장을 객관적이고 사실적으로 조사하여 접근하는 것이 중요합니다.

3 상대를 알고 나를 알면 백 번 싸워도 백 번 이길 수 있다는 뜻입니다.

4 미니멀리즘은 '최소한도의, 최소의'라는 minimal에 'ism'을 덧붙여 '최소한주의'라는 의미로 1960년대부터 쓰이기 시작하였습니다. 미술과 음악 분야에 처음으로 대두되어 사용되었으며 현재는 다양한 영역에서 활용하고 있습니다. 패션에서는 '최소 한도의 옷'으로 장식적인 디자인을 최대한 제거한 심플 디자인이나 직선적인 실루엣으로 훌륭한 옷차림을 연출하는 방법을 의미합니다. 인테리어에서는 효과적으로 간단하고 단순하게 공간을 활용하는 것으로, 불필요하게 생각되는 것들의 소비를 줄여 부가 가치를 높이는 것을 말합니다.

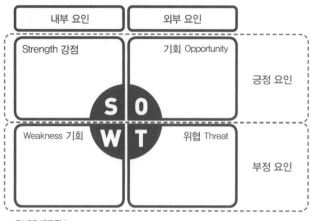

내부 요인	외부 요인	
Strength 강점	기회 Opportunity	긍정 요인
Weakness 기회	위협 Threat	부정 요인

▲ SWOT 매트릭스

자사와 시장 정보를 찾아보자. 4Cs 분석

고객$^{(Customer)}$ 정보는 시장에 상품을 구매할 잠재 고객과 자사의 쇼핑몰에 방문하여 상품을 구매할 수 있는 타깃을 찾아내는 것입니다. 고객의 구매 욕구가 무엇이며, 언제 상품을 구매하였는지, 어떤 키워드로 검색하여 최종 구매를 하였는지 등 고객 데이터의 확보가 필요합니다. 국내 최고의 실시간 웹분석 서비스 업체로 LOGGER$^{(http://bizspring.}$ $_{co.kr)}$와 AceCounter$^{(http://www.acecounter.com)}$가 있습니다. 스마트 스토어 메뉴 카테고리 '통계'에서 간단히 로그 분석 진행이 가능합니다.

경쟁자$^{(Competitor)}$ 정보는 쇼핑몰에서 판매되고 있는 경쟁 상품을 선택하여 분석하는 것입니다. 현재 시장 점유율이 현저하게 상승하고 있으며 고객의 평판이 긍정적인지 살펴봐야 합니다. 추가로 상품의 특징, 강점과 약점에 대해서 파악하면 비집고 들어갈 수 있는 틈새시장을 찾아낼 수 있습니다.

유통$^{(Channel)}$ 정보는 상품을 소비자에게 이전시키는 통로로 고객에게 가치를 전달하는 과정을 분석하는 것입니다. 여기서는 '원활하고 신속한 배송 서비스', '상품의 보관과 재고 관리', 쇼핑몰에서 판매하는 상품이 다양한 업체에서 유통되는지, 한정적으로 관리통제권을 두고 있는지 등을 살펴봐야 합니다. 스마트 스토어는 고객이 편리하게 구매할 수 있는 오픈마켓이어서 유통 경로를 유연하게 설계할 수 있습니다.

자사^(Company) 정보는 내부 경영 자원에 대해서 분석하는 것입니다. 작은 쇼핑몰 규모로 운영할 경우에는 IT 설비와 인력풀, 자금력이 부족하여 정보 수집이 어려울 수 있습니다. 사자성어 "백지장도 맞들면 낫다(작은 것이라도 힘을 모으면 더 낫다)"라는 말이 있듯 쇼핑몰 사업자의 경력, 쇼핑몰 운영 노하우, 고객 전략, 시장 전략, 상품 소싱 능력, 독점 계약, 상품의 차별점과 경쟁력 우위 요소 등을 중심으로 찾아보면 됩니다.

변화하는 외부 환경을 파악하자. STEP 분석

사회적^(Social)은 인구통계적인 변화와 직업관, 가치관, 여성노동력, 라이프 사이클에 따른 소비 형태의 변화를 살펴보는 것을 의미합니다. 1인 가구와 다문화 가구의 증가, 로케팅 소비[5], 고령화와 저출산으로 인한 인구 구조의 변화 등을 체크하여 앞으로 도래할 사회적 환경을 내다볼 수 있습니다.

기술적^(Technological)은 IT와 과학 기술이 급속하게 성장하면서 뉴미디어 환경과 소통 방식의 변화를 의미합니다. 이제는 고객과 쌍방향 커뮤니케이션이 이루어지지 않으면 지속적인 매출 신장을 고려하기 어렵습니다. 대표적인 매체로 인스타그램, 유튜브, 블로그가 있습니다.

고객 경쟁자

유통 자사

5 로케팅 소비는 원래 값 싼 생필품을 찾으면서도 특별한 날이나 특정 상품에는 아낌없이 소비하는 양면적인 소비 패턴을 의미합니다.

쇼핑몰 운영 관리에서 접근하면 'CRM을 통한 고객 관리', '빅데이터', '앱' 등으로 접근해 볼 수 있으며 제4차 산업혁명과 관련된 기술(클라우드, 인공 지능, 블록체인, 사물인터넷 등)을 이해할 필요가 있습니다.

경제적(Economic)은 기준 금리 인상, GDP 성장, 달러 환율의 변동, 이자율의 변화에 대한 경제적 환경 요소를 의미합니다. 글로벌 경기 둔화로 인한 수요 부진, '최저 임금 인상', '세제 및 금융 지원 확대' 등과 같은 요소를 주목해 볼 수 있습니다.

정치적(Political)은 정치 제도의 변동성 및 이슈, 법규의 규제 철폐, 민영화 등을 의미합니다.

북한과의 평화협정, 미국과 중국의 무역전쟁, 한일 경제 마찰, 한미 FTA 등은 산업 전반에 걸쳐 큰 변화를 주고 있습니다.

STEP 분석은 단순히 정보 분석 차원에서 끝나서는 안 됩니다. 자사의 현재 사업 영역에 대한 환경 변화를 빨리 인지하고, 쇼핑몰을 성공적으로 운영하기 위한 기본 방안들을 안정적으로 다져놓으시길 바랍니다.

STEP 분석의 사회적(Social) 분석인 인구 구조의 변화에 대한 자료입니다. 인구 통계를 잘 살펴보면 라이프 사이클의 변화를 파악할 수 있습니다. 한 사례로 1인 가구 증가율을 살펴보면, 2000년(2,224,433 가구) 대비 2017년에는 152.6%로 증가하였다는 것을 알 수 있습니다. 이에 맞춰 여행 및 호텔 업계는 젊은층을 핵심 타깃(혼행족, 혼텔족[6])으로 한 상품을 속속 내놓고 있는 상황입니다. 외식 업계 또한 혼밥(혼자 먹는 밥) 문화의 변화 여파로 '가정 간편식'과 '소용량 상품'을 집중적으로 판매하고 있습니다.

6 혼행족은 '나홀로 여행을 떠나는 여행객'을 의미하며, 혼텔족은 '혼자 호텔에서 여유를 즐기는 싱글족'을 말합니다.

인구통계 분석 데이터

총 인구	51,811,167(명)	2019년
여자 인구	25,845,510(명)	2019년
남자 인구	25,965,657(명)	2019년
연령별 인구	(0-14세) 6,611,944(명) (15-64세) 37,505,502(명) (65세 이상) 7,693,721(명)	2019년
평균 연령(남자)	40.9(세)	2019년
평균 연령(여자)	43.3(세)	2019년
기대 수명(여자)	85.7(년)	2017년
기대 수명(남자)	79.7(년)	2017년
출생아 수	357,771(명)	2017년
사망자 수	285,534(명)	2017년
1인 가구 수	5,618,677(가구)	2017년
다문화 가구 수	318,917(가구)	2017년
혼인 건수	264,455(명)	2017년
이혼 건수	106,032(명)	2017년
외국인 등록 인구	1,171,762(명)	2017년
가구당 월평균 소비 지출	2,556,823(원)	2017년
온라인 쇼핑몰 거래액	10,629,292백만 원	2018년 11월
경제 활동 인구	27,582천명	2018년 12월
소비자심리지수[7]	98	2019년 01월

▲ 출처 : kosis 통계 정보시스템(www.kosis.nso.go.kr)

미시 환경 분석 '4Cs'와 거시 환경 분석 'STEP'에 대한 자료 준비가 완료되고 분석하였다면 SWOT 매트릭스를 그려볼 수 있습니다. 사분면에 S, W, O, T를 기재한 후 다음과 같은 항목을 체크하고 작성하길 바랍니다.

[7] 통상 소비자심리지수가 기준선(2003~2016년)인 100보다 클수록 소비 심리가 낙관적이라고 보며, 100보다 작을수록 비관적이라는 의미입니다.

SWOT 분석 체크리스트 파악하기

강점은 자사의 경쟁력과 차별점 중심으로, 약점은 경쟁사 대비 부족하고 경쟁에서 뒤처지고 있는 이유 중심으로 접근해봅니다. 기회는 새로운 시장의 흐름, 고객의 소비 패턴 중심으로 위협은 경쟁사의 진입과 동향 중심으로 접근해봅니다.

8 4차산업이란 인공 지능, 빅데이터, 블록체인, 로봇기술, 가상현실, 생명과학 등 첨단 정보 통신 기술(ICT)이 경제, 사회 전반에 융합되어 혁신적인 변화가 일어나는 차세대 산업혁명을 의미합니다.

강점 분석(S)

- 고객이 자사 상품을 지속적으로 구매하는 이유는 무엇인가?
- 경쟁사가 모방할 수 없는 차별점 또는 희소성을 가지고 있는가?
- 경쟁사를 압도하는 핵심 자원(인력, 기술, 자산 등)을 가지고 있는가?
- 시장에서 상품 브랜드 인지도는 가지고 있는가?
- 유통의 효율성을 극대화할 수 있는가?
- 약점을 희석하고 강점을 부각할 수 있는 것은 무엇인가?

약점 분석(W)

- 경쟁사와의 경쟁에서 역전당한 이유는 무엇인가?
- 경쟁사를 앞서가지 못하는 이유가 무엇인가?
- 강점을 압도하는 약점은 무엇인가?
- 초창기에는 강점이었지만 현재의 약점은 무엇인가?
- 작년에 비해 매출이 뚝 떨어진 이유는 무엇인가?

기회 분석(O)

- 고객의 니즈를 충족할 수 있는가?
- 지속적으로 수익원을 확보할 수 있는가?
- 새로운 소비 패턴이 존재하는가?
- 장기 경기 침체로 인한 수익 기대가 가능한가?
- 새로운 시장 판로 개척이 가능한가?
- 4차산업[8]기술과의 융합이 가능한가?

위협 분석(T)

- 고객이 이탈할 수 있는가?
- 시장에서 진입 장벽은 어떠한가?
- 경쟁사 대비 가격 정책은 어떠한가?
- 경쟁사의 동향은 어떠한가?
- 경쟁 관계에서 위협 요소는 존재하는가?

▲ SWOT 분석 체크리스트

여성 의류 쇼핑몰 SWOT 분석 작성하기

SWOT 분석 체크리스트를 참고하여 여성 의류 쇼핑몰에 대한 SWOT 분석을 작성해보겠습니다.

여성 의류 쇼핑몰의 경우 트렌드와 고객의 소비 패턴이 중요한 영향을 주기 때문에 이 두 가지를 중점으로 하여 접근해 볼 수 있습니다. 쇼핑몰 사업자는 SWOT 분석을 작성하기 전에 어떤 영역이 영향을 주는지 파악해보세요.

> ▶ **예시**
> 공기 정화기 ➡ 기후, 건강   컴퓨터 ➡ 디자인, 기능성   구두 ➡ 소재, 타깃

강점 분석(S)

- 고객 맞춤형 주문 제작 가능
- 수평적인 조직 구조
- 파워풀한 인터넷 마케팅 인력 자원
- 트렌디한 디자인 반영 속도
- 고객들의 긍정적인 평판

약점 분석(W)

- 원활하지 않은 자금 유동성
- 낮은 브랜드 인지도
- 협소한 제품군
- 낮은 시장 점유율과 이익 마진

기회 분석(O)

- 전문직 여성들의 쇼핑몰 구매 증가
- 개성에 따른 맞춤 의류 선호도 급증
- 여성들의 사회 진출과 경제 활동이 크게 확대
- SNS를 활용한 판매와 입소문
- 새로운 쇼핑 채널인 모바일 시장 확대

위협 분석(T)

- 경기의 하락 추세
- 원단 가격의 상승
- 고객의 구매 경험성 진화
- 경쟁사의 가격 할인 정책

▲ 여성 의류 쇼핑몰 SWOT 분석

SWOT 분석의 전략

SWOT 분석이 완료되면 다음 단계로 분석을 해야 합니다. 분석할 때 고려해야 할 것은 어떤 순서로 진행할 것인가입니다. 순서에 따라 결과가 달라질 수 있기 때문입니다. SWOT 분석을 통해 4가지 타입의 전략 수립이 가능합니다.

외적 요소 \ 내적 요소	강점(S)	약점(W)
기회(O)	SO 공격적인 전략 기회의 활용으로 강점을 강화하는 전략	WO 국면 전환 전략 외부 환경의 기회를 활용하여 자사의 약점을 보완하는 전략
위협(T)	ST 다각화 전략 강점을 활용하여 위협 요소를 회피하는 전략	WT 방어 전략 자사 약점을 보완하고 위협의 요소를 회피하는 전략

▲ SWOT 분석 전략 수립

SO 전략은 공격적인 전략입니다. 기회의 활용으로 강점을 강화하는 전략이기에 상품 다양화, 독립몰 구축 등으로 접근해 볼 수 있습니다.

WO 전략은 국면 전환 전략입니다. 기회의 활용으로 약점을 보완하는 전략이기에 제휴 추진, 쇼핑몰 운영 개선 등이 있습니다.

ST 전략은 다각화 전략입니다. 위협 요소를 회피하면서 강점을 활용하는 전략이기에 새로운 브랜드 개발, 신사업 영역 진출 등이 있습니다.

WT 전략 방어 전략입니다. 위협 요소를 회피하면서 약점을 보완하는 전략이기에 쇼핑몰 규모 축소, 원가 절감 등이 있습니다.

여성 의류 쇼핑몰 SWOT 분석에서 나온 자료를 활용하여 ST 전략인 다각화 전략으로 선택하여 정리해보겠습니다.

최근 세계적인 경기 침체와 불완전한 정치 환경으로 인하여 여성 의류 시장이 위축되고 있으며 예측할 수 없는 상황이다. 또한, 원단 가격의 상승과 경쟁 쇼핑몰들의 할인 정책으로 인하여 수익성이 악화되고 있다.

이런 상황에서 자사 쇼핑몰은 고객들의 긍정적인 평판을 활용하여 인터넷 마케팅을 효과적으로 집행한다. 고객의 후기 사진은 인스타그램에, 동영상은 유튜브를 활용하여 노출한다. 이와 동시에 고객의 욕구에 맞는 주문 제작 시스템을 운영하여 고부가 가치를 창출하고 트렌디한 디자인을 반영하여 매출을 신장시킨다.

2 | STP 전략 수립하기

STP 전략은 표적 마케팅으로 급변하는 외부 환경에 능동적으로 대응하고 제한된 마케팅 자원을 효율적으로 배분하기 위한 접근 방법입니다. 쇼핑몰 사업자가 인터넷 창업을 시작한지 얼마 안되었거나, 상품 품목이 한정적일 경우에는 전체 시장을 대상으로 마케팅을 실행하는게 쉽지 않습니다. 특정 시장을 표적으로 삼아 목표한 시장의 욕구에 대응하는 타깃 마케팅을 해야 합니다. STP 전략은 시장세분화(Segmentation), 표적 시장 선택(Targeting), 포지셔닝(Positioning)의 단계로 구성됩니다.

시장세분화(Segmentation)

시장세분화(Segmentation)는 하나의 상품 시장을 어떤 기준에 의하여 세분화하여 한 개 혹은 여러 개의 세분 시장을 대상으로 마케팅하는 것을 의미합니다. 동일한 상품에 대해서 유사한 욕구를 갖고 있는 그룹으로 분할하는 이유는 소비자의 욕구가 다양해서 전체의 욕구를 규정하는 것이 쉽지 않기 때문입니다. 시장을 적절하게 나누게 되면 기업의 자원이 분산되는 것을 막을 수 있으며 더 적은 비용을 지출하면서 효율적으로 고객을 확보할 수 있습니다. 효과적인 시장세분화의 요건으로 세분 시장의 규모가 측정이 가능해야 하고, 쇼핑몰 접근성이 용이해야 합니다. 또한 충분한 시장의 수요가 존재해야 하며 마케팅 프로그램을 실행할 수 있어야 합니다. 인터넷 쇼핑몰의 경우 손쉽게 PC와 스마트폰으로 접근이 쉽고, 로그 분석을 통해 고객 분석이 가능합니다. SNS 채널과 키워드 검색광고를 활용해 효과적으로 마케팅 프로그램을 실행할 수 있습니다.

시장세분화가 효과적으로 이루어지기 위해서는 측정과 접근이 가능하고 각 세분 시장이 어느 정도 규모 이상이어야 합니다. 일반적으로 시장세분화에 사용되는 기준들은 다음과 같습니다. 시장세분화는 소비자가 상품을 선택하는 행동적인 기준에 따라 나누게 됩니다. 개인 소비자의 일반적인 특성을 나타내는 '개인적 변수'와 어떤 상품과 관련된 개인 소비자의 특성을 나타내는 '상품 관련 변수'로 구분할 수 있습니다.

개인적 변수에는 '지리적', '인구통계적', '사회 계층', '라이프 스타일', '개성'으로 접근해 볼 수 있습니다.

지리적 변수	대도시, 중소도시, 읍/면 서울, 강남, 대학가, 젊은 유동 인구가 많은 강북, 사무실 밀접 지역
인구통계적 변수	나이, 성별, 가정 규모와 구성, 결혼 여부, 거주지
사회 계층	소득, 직업, 재산, 교육 수준 등이 반영된 복합적 개념으로 생산직, 전문직/상류층, 중류층, 하류층
라이프 스타일	취미, 여가 시간
개성	소비자 개인의 독특한 심리적 특성으로 누구나 각자 독특한 개성을 가지고 있으며, 자신의 개성과 맞는 상품 브랜드를 선호합니다.

상품 관련 변수로는 '추구하는 편익', '상품의 사용량', '구매 행동' 상품을 소비하는 상황', '상품 애호도'로 접근해 볼 수 있습니다.

추구하는 편익	소비자가 상품 구매를 통해 얻고자 하는 주관적인 만족도
상품의 사용량	대량 소비자, 보통 소비자, 소량 소비자
구매 행동	사용 경험, 사용 빈도
상품을 사용하는 상황	소비자가 상황과 관련지어 사용하는 상황에 따라 나누는 것 가방의 예시 : 여행 가방, 직장인 가방, 쇼핑 가방, 등산 가방 등
브랜드 애호도	특정 브랜드에 대해서 가지고 있는 소비자의 호감 또는 충실도

▶ **구체적으로 시장세분화를 작성하기 전 다음의 질문 사항을 체크해보세요.**
❶ 쇼핑몰 사업자의 주 고객은 누구인가?
❷ 왜 고객은 자사 상품을 구매하는가?
❸ 자사의 상품을 어떻게 이용하는가?
❹ 자사의 상품을 어디에서 판매할 것인가?
❺ 판매 상품의 특징(차별성&경쟁력)은 무엇인가?
❻ 고객이 추구하는 가치는 무엇인가?
❼ 상품을 사용하는 상황

▶ **예시 : 목걸이 공기청정기**
❶ **쇼핑몰 사업자의 주 고객은 누구인가?**   외부 활동이 많은 20~30대 직장인
❷ **왜 고객은 자사 상품을 구매하는가?**   미세먼지로 인한 환경성 질환 예방
❸ **자사의 상품을 어떻게 이용하는가?**   간편하게 목걸이로 걸고 다닐 수 있는 액세서리
❹ **자사의 상품을 어디에서 판매할 것인가?**   스마트 스토어
❺ **판매 상품의 특징(차별성&경쟁력)은 무엇인가?**   미니멀한 디자인과 무소음
❻ **고객이 추구하는 가치는 무엇인가?**   간편함과 휴대성

표적 시장 선택(Segmentation)

표적 시장 선택^(Targeting)은 세분화된 시장 중에서 쇼핑몰 사업자의 강점과 부합되는 세분 시장을 표적 시장으로 결정하는 전략입니다. 시장에서 상품의 개성과 이미지를 고려하여 경쟁 상품보다 고객의 욕구를 더 잘 충족시킬 수 있는 효율적이고 적합한 시장을 공략하는 것이 중요합니다. 표적 시장 선택은 집중적 마케팅 전략, 차별적 마케팅 전략, 비차별적 마케팅 전략으로 접근해 볼 수 있습니다.

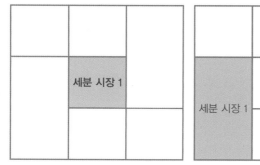

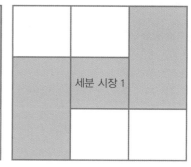

집중적 마케팅   차별적 마케팅   비차별적 마케팅

▲ 표적 시장 선택 전략

집중적 마케팅 전략은 여러 세분 시장 중 쇼핑몰 사업자에게 가장 적합한 하나의 세분 시장을 전문화하는 전략입니다. 인적, 물적, 재무적 자원이 제한되어 있을 경우 주로 사용되는 것으로 표적 시장 내에서 강한 경쟁적 포지션을 구축할 수 있습니다. 상대적으로 작은 규모의 시장이기 때문에 소비자 구매 행동이 변화하거나 대기업이 시장에 진출할 경우 수익성 악화와 높은 위험을 감수해야 합니다.

차별적 마케팅 전략은 두 개 혹은 그 이상의 다수 세분 시장을 표적으로 각 세분 시장별로 마케팅 전략을 실행하는 전략입니다. 집중적 마케팅 전략에 비해 인적, 물적, 재무적 자원이 풍부한 기업이 취하는 것으로 소규모 쇼핑몰 사업자에게는 적합하지 않습니다. 제한된 자원이 여러 세분 시장으로 분산되기 때문입니다. 복수의 표적 시장을 선정되면 각각의 표적 시장에 적합한 마케팅 믹스(4P : Product, Price, Place, Promotion)를 개발하여 시장을 공략해야 합니다. 차별적 마케팅 전략은 회사의 브랜드 인지도를 높이고 매출 신장을 확보할 수 있지만, 마케팅 관리에 소요되는 비용이 높아지게 됩니다.

비차별적 마케팅 전략은 하나의 상품이나 서비스를 가지고 세분 시장의 차이를 무시하고 두 개 혹은 그 이상의 세분 시장을 통합하여 접근하는 전략입니다. 이 전략은 다수의 시장을 대상으로 마케팅 믹스를 적용하는 것이며 공통적인 소비자들의 욕구 충족에 초점을 맞출 때 유리합니다. 클리오 토탈 치약은 '충치 예방', '구강 청결', '구취 제거', '심미 효과'를 추구하는 네 개의 세분 시장을 표적하였습니다. 닥터방기원 탈모 샴푸는 '탈모 증상 완화', '두피 케어', '미세먼지 세정력'의 세 개의 세분 시장을 표적하였습니다. 소비자들 간의 차이점보다 공통점에 중점을 두고 대량 유통 채널 확보와 다방면의 마케팅 홍보를 채택하면 높은 브랜드 이미지를 심어줄 수 있습니다.

집중 마케팅 전략	차별적 마케팅 전략	비차별적 마케팅 전략	
■			• 쇼핑몰 사업자의 자원이 한정적일 경우 • 상품 구색이 다양하고 복잡할 경우 • 상품 수명 주기가 도입기, 성장기에 해당할 경우

집중 마케팅 전략	차별적 마케팅 전략	비차별적 마케팅 전략	
	■		• 상품에 대한 관여도가 높을 경우 • 상품 구색이 다양하고 복잡할 경우 • 상품 수명 주기가 성숙기, 쇠퇴기에 해당할 경우

집중 마케팅 전략	차별적 마케팅 전략	비차별적 마케팅 전략	
		■	• 상품이 균일할 경우(밀가루, 견과류, 채소, 쌀 등) • 소비자의 취향이 비슷하고 일정한 수량을 구매할 경우 • 상품 수명 주기가 도입기, 성장기에 해당할 경우

▲ 표적 시장 결정의 진입 전략

포지셔닝(Positioning)

시장세분화와 표적 시장이 선정되었다면, 그 쇼핑몰의 소비자층은 누구이며, 어떤 브랜드 이미지를 갖고 있으며, 어떤 방법으로 인식시킬 수 있는 포지셔닝[Positioning][9] 전략이 필요합니다. 선정된 표적 시장 내에는 동일한 소비자 대상으로 경쟁하는 업체가 다수 존재하기 때문입니다. 소비자에게 타 상품과의 차별적인 요소를 명확하게 각인을 시킬 수 있다면, 목표 이상의 매출을 높일 수 있습니다. 오픈마켓에 경쟁 브랜드와 동시에 노출되었을 때, 자사의 브랜드를 선택하도록 유도하기 위해서는 '소비자의 욕구 충족'과 '차별화 포인트'를 제공하는 것이 중요합니다.

[9] 포지셔닝(Positioning) 1969년 컨설팅 기업인 Trout & Partner의 대표 잭 트라우트(Jack Trout)가 인더스트리얼 마케팅(Industrial Marketing)에 발표한 논문에서 처음 사용한 용어입니다.

▶ **소비자의 욕구 충족**
- 나는 다른 사람들과 달라지고 싶어.
- 나는 고급 브랜드 의류를 입을 거야.
- 중고급 중식당에서 맛있는 요리를 먹고 싶어.

▶ **차별화 포인트**
- 경쟁 상품보다 기능이 추가
- 합리적인 가격에 고급적인 이미지가 느껴지는 가구
- 미세먼지를 100% 막아주는 마스크

포지셔닝은 '경쟁사 대비 보다 나은 편익 제공으로 소비자의 마음 속에 자사 상품 브랜드를 구매하도록 위치화하는 것'으로 상품의 특성을 정확하게 인식하도록 알려주는 과정이라고 볼 수 있습니다. 쇼핑몰 사업자의 상품 브랜드가 경쟁사에 비하여 유리한 시장 지위를 확보하기 위해서는 자사 분석, 고객 분석, 경쟁 분석 등을 기초로 하여 차별성과 경쟁력을 제시할 수 있어야 합니다.

소비자의 마음 속에 경쟁 브랜드와 비교하여 경쟁 우위를 제공하는 위치를 구축하기 위해서는 우선적으로 포지셔닝 전략 수립의 기준과 유형에 대해서 살펴봐야 합니다.

포지셔닝 전략 수립의 기본적인 기준에는 '가격', '서비스', '기술', '용도', '유통 경로', '품질', '브랜드 선호도'가 있습니다. '가격'은 소비자가 구매 의사 결정 과정에서 최종 구매 행동의 중요성을 의미하며, '서비스'는 상품과 관련하여 지속적으로 서비스를 제공할 수 있는가를 의미합니다. '기술'은 상품에 적용된 기술이 소비자의 구매에 영향을 줄 수 있는가를 의미하며, '용도'는 한 가지 또는 그 이상으로 사용할 수 있는가를 의미합니다. '유통 경로'는 상품이 소비자에게 전달되기까지의 모든 유통 방식을 의미하며, '품질'은 소비자가 상품의 품질에 대해서 어느 정도 중요하게 고려하고 있는가를 의미합니다. 브랜드 선호도는 소비자가 구매 시 브랜드가 어느 정도 영향을 주고 있는가를 의미합니다. 쇼핑몰 사업자는 판매 상품의 기준이 어디에 포함되는지 살펴보길 바랍니다.

포지셔닝 전략 수립의 기본적인 유형에는 '상품 속성/편익에 따른 포지셔닝', '사용 상황에 따른 포지셔닝', '상품 사용자에 따른 포지셔닝', '경쟁 상품에 따른 포지셔닝', '재포지셔닝'이 있습니다.

상품 속성/편익에 따른 포지셔닝

가장 많이 사용되는 포지셔닝 방법으로 표적 소비자들에게 상품 자체의 특성을 강조하여 차별적 우위성을 구체적으로 제시하는 방법입니다. 상품 속성에서 가격, 성능, 스타일, 특성 등이 있습니다. 상품 속성에 따른 포지셔닝 사례를 살펴보면 다음과 같습니다.

a 임금님표 이천쌀은 산업정책연구원이 주관하는 브랜드 '올림픽'에서 쌀 부문 슈퍼브랜드상(Super Brand)을 수상한 높은 브랜드입니다. '최상의 명품쌀', '자연의 윤택함', '대중적인 맛', '씻어나온 쌀', '햅쌀의 대명사'로 각각의 차별적인 특성을 포지셔닝 하였습니다.

b 삼성전자 김치플러스는 "김치냉장고 그 이상, 메탈쿨링으로 한겨울 땅 속 김치맛 그대로"라는 메시지로 오랫동안 김치를 보관해도 맛이 변하지 않는다는 성능을 포지셔닝 하였습니다.

c 비비안(VIVIEN)은 현대적인 란제리 브랜드로 우아한 여성을 상징하는 컨셉을 가지고 있습니다. 착용 시 가슴을 답답하게 했던 와이어를 숨기는 '히든와이어'라는 메시지로 편안한 속옷이라는 성능을 포지셔닝 하였습니다.

d LG전자 LG gram 17은 "대화면을 그램하다"라는 메시지로 '고성능 초경량', '컴팩트한 슬림 바디', '17사이즈 대화면'의 컨셉을 강조하며 노트북의 차별적인 성능을 포지셔닝 하였습니다.

e 롯데슈퍼의 새벽 배송 서비스는 "아침이 되기 전에 온다"라는 메시지로 신선한 상품을 받아볼 수 있는 편익을 포지셔닝 하였습니다.

상품 사용 상황에 따른 포지셔닝

표적 사용자들이 사용할 수 있는 적절한 상황과 용도를 자사 상품과 연결하여 제시하는 방법입니다. 여행을 갈 때 어느 항공사를 선택할지, 발표를 할 때 어떤 프로그램을 사용할 것인지, 특정 상황이 되면 사용자가 해당 상품을 바로 떠오를 수 있도록 하는 것입니다. 상품이 상황에 잘 타깃팅이 되면 최적의 포지셔닝을 할 수 있습니다. 상품 사용 상황에 따른 포지셔닝 사례를 살펴보면 다음과 같습니다.

a 삼성전자의 갤럭시 노트9는 "자유로운 끄적임, 아트가 되다. 예술과 사람을 잇는 스마트 펜"이라는 메시지로 아티스트와 연결시켜 새로운 세대의 사용 용도로 포지셔닝 하였습니다.

b 에이블씨엔씨 미샤의 플레쉬업 썬텐션은 '자외선 차단제'로 "태양 앞에서도 예쁜 누나의 피부 비결은? 나쁜 빛은 차단하고, 예쁜 빛은 더 빛나게…"라는 메시지로 피부를 케어할 수 있다고 포지셔닝 하였습니다.

c 한화호텔&리조트의 중식 레스토랑 브랜드 티원(T園)은 '전통과 현대의 창조적인 만남'이라는 메시지로 젊은층에서부터 장년층까지 이용할 수 있다는 상황을 포지셔닝 하였습니다.

d 롯데제과의 자일리톨 껌은 "핀란드에서는 잠자기 전에 자일리톨 껌을 씹습니다." 라는 메시지로 치아 관리에 대한 상황을 포지셔닝 하였습니다.

상품 사용자에 따른 포지셔닝

표적 시장 내의 소비자를 겨냥하여 자사의 상품 또는 서비스가 최고라는 이미지를 각인시키는 방법입니다. 전형적인 소비자들의 욕구를 충족시키는 상품이 적합하다고 어필하면서 적절한 사용자 집단이나 계층을 포지셔닝 할 수 있습니다. 상품 사용자에 따른 포지셔닝 사례를 살펴보면 다음과 같습니다.

a 하기스의 '아기 전용 기저귀'는 "매일매일 자연의 편안함으로 감

싸주세요'라는 메시지, 대한펄프의 '보솜이'는 "아기 엉덩이에 자연"이라는 메시지로 아기 사용자를 포지셔닝 하였습니다.

b 한국피앤지의 질레트퓨전은 "면도기의 부드러운 정교함으로 남자를 완성한다" 메시지로 남자를 위한 최상의 선택이라는 것을 포지셔닝 하였습니다.

c 스테이션3 '다방'은 "때가 됐다. 다방할 때, 무엇을 원하든 다 있다." 메시지로 원룸, 투룸, 오피스텔을 찾는 표적 소비자를 포지셔닝 하였습니다.

경쟁 상품에 의한 포지셔닝

유명한 경쟁 상품과 직접적 혹은 간접적으로 비교해서 차별화를 시도하는 방법입니다. 이는 소비자의 마음 속에 확고하게 자리잡은 경쟁 상품과 대비시켜 자사 상품의 차별점을 제시할 수 있습니다. 경쟁 상품에 따른 포지셔닝 사례를 살펴보면 다음과 같습니다.

a 'Moving On(앞으로 나아가다)' 광고로 한 여성이 아이폰을 사용하며 겪는 고통을 그린 영상입니다. 영상 마지막에 아이폰을 버리고 갤럭시 폰을 구매한 후, 여성은 만족스러운 표정을 지으며 끝납니다. 삼성이 애플을 겨냥한 갤럭시 폰의 경쟁 광고라고 볼 수 있습니다.

b 세계 탄산음료 시장을 거머쥐고 있는 '코카콜라'와 '펩시콜라'의 비교 경쟁 광고는 대표적인 경쟁 상품에 의한 포지셔닝 사례입니다. 이 두 브랜드는 상반되는 이미지 제시로 브랜드의 우월성을 내세우며 자존심 대결을 벌였습니다.

c 해외렌트카 전문 글로벌 업체 1위인 Herz에 대해 Avis는 "우리는 2위입니다. 그래서 우리는 더욱 노력합니다"가 있습니다. 현재 시장에서 2순위 이기에 열심히 노력하고 도전한다는 메시지를 소비자에게 어필하였습니다.

재포지셔닝

이미 형성된 상품의 브랜드 이미지를 기업이 원하는 방향으로 이미지를 변경하는 방법으로, 시장에서 실패 또는 쇠퇴기에 있는 상품을 다시 포지셔닝하여 표적 소비자에게 욕구를 충족시키는 것입니다. 재포지셔닝에 따른 포지셔닝 사례를 살펴보면 다음과 같습니다.

a 휠라코리아 브랜드는 고루한 이미지로 침체기를 겪었지만, 2015년부터 주 고객층을 30~40대에서 10~20대로 바꾸는 브랜드 리뉴얼을 통해 젊음층에게 인기를 얻고 있습니다.

b 박카스는 1990년 초반까지만해도 피로회복제 내지 자양강장제라는 기능적인 측면이 강하게 부각되어 중장년층 브랜드 이미지로 각인되었습니다. 이에 박카스는 2009년부터 이제 더 이상 '피로회복'이나 '활력'이 아닌 '젊음'에 포커스를 맞추기 시작합니다. '국토대장정 이벤트', '여자 친구의 통금시간을 지키기 위해 함께 뛰는 남자친구', '젊음, 지킬 것은 지킨다', '젊음은 나약하지 않다' 등의 메시지로 현재는 젊은층에 맞는 드링크로 재포지셔닝 하였습니다.

포지셔닝 맵의 이해하기

포지셔닝에 대해서 이해하였다면 다음으로 포지셔닝 맵을 작성해보겠습니다. 포지셔닝 맵은 경쟁 브랜드들이 자사 브랜드와 어떠한 경쟁 관계에 놓여있는지 구별하기 위해 만든 도표입니다. 자사 브랜드가 제대로 포지션이 되어 있는지를 판단할 수 있고, 어떤 기준으로 브랜드를 평가하고 있는지 알 수 있습니다. 또한 각 브랜드들의 상대적 위치를 통해 시장 기회를 찾을 수 있고 소비자가 원하는 상품 특성이 무엇인지도 살펴볼 수 있습니다. 포지셔닝 맵은 십자형 축 위에 자사 브랜드와 경쟁 브랜드를 위치를 표기한 후 효과적인 차별점을 찾기 위한 것입니다.

포지셔닝 맵 활용에는 두 가지가 있습니다. 첫 번째는 침투 전략으로, 십자 매트릭스 안에 비어있는 곳을 공략하는 것입니다. 두 번째는 적대 전략으로, 경쟁 브랜드와 비슷한 상품을 출시하여 시장 점유율을 낮추는 것입니다. 포지셔닝 맵을 작성한 후 침투 전략과 적대 전략을 활용하여 유리한 시장 지위를 확보할 수 있어야 합니다.

침투 전략은 십자 매트릭스에서 비어있는 틈새 영역을 진입하여 브랜드 이미지를 명확하게 하는 것입니다.

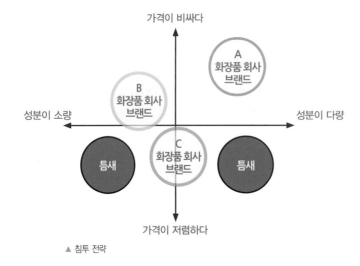

▲ 침투 전략

적대 전략은 A 화장품 회사의 주력 브랜드 상품과 비슷한 브랜드 상품을 출시하여 시장 점유율과 브랜드 파워를 낮추는 것입니다.

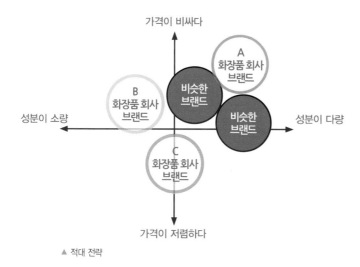

▲ 적대 전략

포지셔닝 맵 작성 방법

포지셔닝 맵을 작성하는 첫 번째 단계는 표적 고객이 상품을 구매할 때 중요시 여기는 속성을 찾아야 합니다. 포지셔닝 속성은 구매 고객의 평가 및 후기, 설문 조사, 전문가들의 의견을 종합하여 파악할 수 있습니다. 포지셔닝 기준은 대표적으로 '상품의 브랜드 이미지', '타깃 대상', '상품이 제공하는 편익'으로 구성합니다. 그럼 포지셔닝 기준표에 대해서 살펴보겠습니다.

▶ **상품의 브랜드 이미지**

무겁다↔가볍다, 보수적↔개방적, 자부심↔열등감, Hard↔Soft, 정적이다↔동적이다, 간편하다↔복잡하다, 부드럽다↔까칠하다, 전통성↔유행성, 가볍다↔무겁다, 얇다↔두껍다, 단정하다↔개성적이다, 국산↔수입산, 미려하다↔밉살스럽다, 상큼하다↔텁텁하다, 선명하다↔침침하다, 안정↔혼란

> ▶ **타깃 대상**
> 남자↔여자, 유아↔청소년, 무직↔취직, 빌라↔아파트, 30대↔50대, 수도권↔지방, 단층↔복층, 아버지↔어머니, 육식주의자↔채식주의자, 갤럭시폰 유저↔아이폰 유저, 기업↔소비자, 한국인↔외국인, 조혼↔만혼, 아기용↔성인용, 젊은층↔중년층, 사회적↔개인적
>
> ▶ **서비스 제공**
> 친절함↔불친절함, 사후 서비스↔사후 서비스 없음, 할인 혜택↔할인 혜택 없음
> 보증 기간 1년↔보증 기간 없음, 실시간 처리 방식↔일괄 처리 방식
>
> ▶ **상품이 제공하는 편익**
> 다기능↔소기능, 비싸다↔저렴하다, 간단하다↔풍성하다, 방수↔방수 안 됨, 살균↔살균안 됨, 세련됨↔소박함, 저칼로리↔고칼로리, 일반적↔전문적, 경제적↔비효율적

두 번째 단계는 포지셔닝 기준에서 선정된 주요 속성을 결정하고 십자 매트릭스의 세로축, 가로축으로 공간을 구성합니다. 이때 중앙점으로부터 척도값(플러스+, 마이너스−)을 적용하여 작성하는 것이 중요합니다.

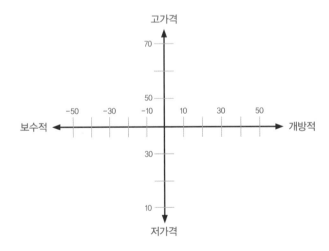

세 번째 단계는 수집된 정보와 자료를 기반으로 포지셔닝 맵을 작성하는 것으로 십자 매트릭스 안에 경쟁사들과 자사의 위치를 표시합니다. 보다 전문적이고 정확하게 표시하기 위해 컴퓨터 통계 분석인 다차원척도법^(MDS:Multi-Dimensional Scaling)[10]을 활용하고 있습니다. 이런 프로그램은 상식으로 알고 계시면 됩니다. 보통 포지셔닝 맵 작성은 블라인드 테스트[11]로 자료 수집을 하고 있습니다. 쇼핑몰 사업자는 표적 대상인 소비자를 참여시켜 경쟁사 브랜드 상품(3~5개, 7~9개)에 대한 설문 조사 후, 획득한 자료를 기반으로 적용해 볼 수 있습니다. 포지셔닝 맵이 완료되면 자사와 경쟁사들 브랜드의 경쟁 관계와 지각 상태, 선호도가 도표상에 일목요연하게 나타나 파악이 가능합니다. 이를 기반으로 침투 전략 또는 적대 전략을 선택하여 새로운 시장 기회를 파악하거나, 재포지셔닝하여 매출 확보와 시장을 확대할 수 있습니다.

10 여러 대상 간의 관계에 관한 수치적 자료를 이용해 유사성/비유사성에 대한 측정치를 2차원 또는 3차원 공간상에 사각화하여 패턴이나 구조를 찾아내는 기법입니다.

11 사전에 어떠한 자료도 가지지 않고 참여하는 것으로 타사 제품과 우리 제품을 비교하여 고객이 선호하는 상품 속성을 찾아낼 수 있습니다.

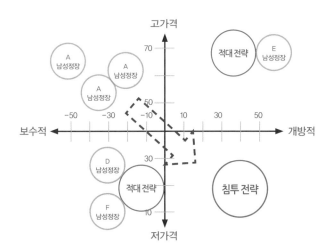

4P 전략 수립하기

인터넷 쇼핑몰에서 고객의 상품 구매 행동은 단순히 '물건사기'에서 끝나는 것이 아닙니다.

소비자는 상품 구매 과정 속에서 오락적인 재미와 흥미를 느끼면서 지갑을 열게 됩니다. 상품에 대한 라이프 사이클이 짧아지고 각양각색의 디자인과 색감으로 입혀진 상품 공급이 많아졌기 때문입니다. 특히 관여도가 높은 상품일 경우, 고객은 즉각적으로 구매하는 것보다 즐겨찾기 또는 장바구니에 담아두고 윈도 쇼핑^(Window-Shopping)[12]을 합니다. 비슷한 타 상품과 비교한 후 디자인이 더 좋은지, 가격이 조금 저렴한지, 혜택이 있는지 등 비교 분석하고 최종으로 구매하게 됩니다.

복잡한 구매 의사 결정[13] 과정에서 어떻게 하면 소비자가 자사 상품을 구매하도록 만들 수 있을까요? 자사의 상품 가치가 효과적으로 전달될 수 있도록 설계하고 관리하는 전략을 세워야 합니다. 통상 마케팅에서는 제품 전략^(Product), 가격 전략^(Price), 유통 전략^(Place), 촉진 전략^(Promotion)을 조합해서 세우는데, 영어의 머릿글자를 따서 4P 전략이라고 합니다.

[12] 상품을 구매하지 않고 눈으로 보고 두루 구경만 하는 쇼핑을 의미하며 아이 쇼핑(Eye Shopping)이라고도 합니다.

[13] 구매 의사 결정에 영향을 주는 요인들은 개인적, 심리적, 사회문화적 요인들이 복합적으로 작용합니다. 개인적인 요인은 나이, 소득, 직업, 성, 라이프 스타일 등이 있으며 심리적인 요인은 구매 동기, 학습, 태도 등이 있습니다. 사회문화적 요인에는 문화, 사회 계층, 커뮤니티, 가족 등이 있습니다.

어떤 상품을 구매할까?

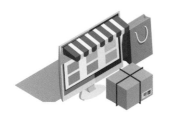

스마트 스토어

최종 구매 결정에 4P 전략이
중요한 역할을 담당

고객

이 전략은 마케팅의 핵심적인 요소를 최적화하여 조합해 놓은 마케팅 믹스^(Marketing Mix)라고도 부릅니다. 여기서 마케팅 믹스는 커피 믹스로 쉽게 이해하면 됩니다. 커피 믹스에는 커피, 설탕, 크림의 배합이 최적화되어 있어 언제 어디서나 간편하게 고소하고 부드러운 정통 커피의 맛과 향을 즐길 수 있습니다. 마케팅 믹스 또한 최적화하면 자사 상품의 구매 유도와 최소의 예산으로 최대의 마케팅 효과를 만드는 것이 가능합니다.

STP 전략을 통해 표적 고객을 세분하고, 상품을 판매할 시장을 타깃팅 하고, 구매 고객의 마음 속에 자사 상품의 차별점과 경쟁력을 각인시켰다면, 인터넷 마케팅 전략 수립의 핵심적인 마케팅 구성 요소 4P에 대해서 알아보겠습니다.

어떻게 만들 수 있을까?
상품 전략

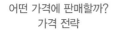
어떤 가격에 판매할까?
가격 전략

어디에서 만들 수 있을까?
유통 전략

어떻게 홍보할까?
촉진 전략

상품 전략(Product)

어떻게 하면 고객의 욕구와 필요를 충족하는 상품 전략을 기획할 수 있을까?

상품 전략은 스마트 스토어에서 판매하는 상품 또는 서비스가 고객의 욕구와 필요를 충족하는 것을 의미합니다. 다품종 소량 생산이 보편화되면서 매일같이 다양한 상품들이 시선을 끌어당기고 있습니다. 이런 상황에서 어떻게 해야 자사의 상품을 즉시 구매로 연결을 할 수 있을까요? 핵심적으로 몇 가지를 정리하면 다음과 같습니다. 경쟁 상품의 차별성 파악, 상품 구매에 대한 경향 분석, 매력적인 상품 스토리텔링, 고객들의 후기와 평판 등을 활용하여 구매에 대한 동기 부여를 일으키는 것이 중요합니다. 이 전략을 세우기 위해서는 상품 자체의 기능 외에 디자인, 크기, 포장, 상표, 색, 형태, 재질, 무게, 서비스 등을 고려해 볼 수 있습니다. 예를 들어, 스마트 스토어에서 무선 청소기를 판매할 때 상품 자체의 기능 외에 박스 포장, 배송, 디자인, A/S 등 상품의 부수적인 사항들이 존재합니다. 무선 청소기를 판매할 때 본래의 기능은 깨끗하게 청소하는 주된 기능을 가지고 있지만, 상품 전략에서는 '저소음이면서 사용감은 어떠한가?', '틈새 구석 청소하기가 편리한가?', '대용량 내장 배터리 탑재로 오랜 시간 청소가 가능한가?', 'A/S의 이용 방법은 어떻게 할 것인가?', '흡인력은 어느 정도인가?' 등 본래 상품이 가지는 기능과 직접 관계가 없는 사항들을 검토할 필요가 있습니다.

▶ **백팩**

브랜드 : U.life

타깃 : 30~40대 직장인

가격 98,000원

디자인 : 세련된 디자인과 실용성 인체
공학적 설계

재질 : 고급 패브릭 소재와 부자재 엄선

크기 : 가로 30cm * 높이 43cm * 폭
14cm 18L 대용량

특징 : 놀랍도록 뛰어난 방수 성능, 외부
USB 소켓으로 충전 가능 트롤리
밴드

포장 : 택배 박스에 정품 박스를 넣어 포장

색 : 흑백, 회색

형태 : 곡선형 사각형의 넓은 수납공간

무게 : 0.8kg

배송 : 무료 배송

서비스 : 교환/반품 주의사항

▶ **약단밤**

브랜드 : 쪽비추리

타깃 : 가정주부

가격 : 9,900원

지역 : 충청남도 공주

맛 : 당도가 높고 품질이 뛰어남

특징 : 먹기 편하게 손질한 반 깐 밤 장
기간 보관 가능

포장 : 비닐 팩 진공 포장하여 박스 포장

무게 : 1kg

배송 : 5만 원 이상 무료 묶음 배송

배송비 : 2,500원

서비스 : 교환/반품 주의사항

가격 전략(Price)

소비자에게는 합리적인 가격에 구매할 수 있도록 하며, 사업자에게는 가능한 한 높은 수익을 기대할 수 있도록 책정할 수 있을까?

가격 전략은 상품의 가격을 얼마로 책정할 것인가를 결정하는 것이다. 가격은 일반적으로 원가, 소비자, 경쟁 상황을 파악하여 이루어지지만, 상품 판매와 관련된 배송, 마진, 서비스, 할인 등을 고려해야 책정합니다. 현재 인터넷 쇼핑몰을 통한 구매가 지속적으로 증가하고 유통 환경이 모바일로 빠르게 옮겨가는 상황입니다. 특히 중간상이 배재되면서 저렴한 가격으로 상품 및 서비스를 제공하는 저가격 전략(가격

파괴)이 가능해졌습니다. 그렇지만, 저가격 전략은 대량으로 판매하기 위한 방법으로 섣불리 결정하면 큰 손실을 볼 수 있습니다. 큰 쇼핑몰이 아니고서는 수익성을 끌어올리기가 어렵습니다.

그럼 합리적인 가격 전략은 어떻게 결정해야 할까요? 무엇보다 '저렴하게 판매하지 않는다'라는 것을 전제로 해야 합니다. 세계적인 경기 침체 흐름과 생존 경쟁의 심화로 저가격 노선을 책정하는 것이 틀림없는 사실이지만, 소비자에게 기대 가치를 제공하는 상품이라는 것을 인식시켜 가격을 내리지 않는 것을 고려해야 합니다. 저렴한 가격에 판매하는 것이 아니지만 가격 부담을 느끼지 않게 하고, 합리적인 가격에 상품을 구매하는 생각이 들도록 만드는 것이 중요합니다.

스마트 스토어에서 판매하는 상품의 가격은 공급사(도매상)으로부터 매입할 때 결정되지만, 판매하는 상황에 따라 가격 유형은 다양합니다. 시장에서 상품의 수요가 증가하고 있는지, 경쟁이 한층 치열해지고 있는지, 원가가 상승하고 있는지, 최소 주문량이 증가하고 있는지 등에 따라 가격을 유동적으로 변경할 수 있습니다. 쇼핑몰 사업자는 상품 품목과 구매자 특성에 따라 가격 차별화를 통해 책정할 수 있습니다. 가격 차별화를 통해 수익을 창출하는 방법으로 '고객 차별화'와 '상품 차별화'가 있습니다. 고객 차별화는 구매 고객 타입, 시즌, 구매 시점, 구매량 등에 따라 가격 전략을 세우는 것을 의미하며 상품 차별화는 다양한 상품군 서비스로 가격대를 변화시키는 것을 말합니다. 가격 차별화 정책으로 많이 활용되고 있는 것으로 구매자 심리에 따른 가격 설정이 있습니다.

▶ **준거 가격** : 소비자가 상품의 구매를 결정할 때 기준이 되는 가격으로, 스마트 스토어에서 판매하는 소매 가격을 의미합니다.

▶ **관습 가격** : 소비자들로부터 심리적인 가격 저항을 많이 받는 것으로 오랫동안 걸쳐 일정한 가격을 유지하는 형태입니다. 껌, 담배, 라면, 휴지 등이 있습니다.

▶ **단수 가격** : 10,000원, 6,000원 하는 것보다 9,900원, 5,990원으로 할 때와 같이 끝부분을 단수로 하는 가격 결정입니다. 소비자에게 가격을 내렸다는 느낌을 줍니다.

▶ **타깃 할인 가격** : 고등학생, 대학생, 직장인, 주부 등에게 할인하여 판매하는 가격 결정법입니다.

▶ **이미지 가격** : 상품의 품질 경쟁력과 높은 지위를 상징하는 가격 결정법입니다.

▶ **묶음 가격** : 대량 구매를 촉진하기 위해서 제품을 몇 개씩 묶어 판매하는 것으로 '순수 묶음 가격'과 '혼합 묶음 가격'이 있습니다. 순수 묶음 가격은 1가지 상품들을 묶어서 판매하는 가격이고, 혼합 묶음 가격은 2가지 이상의 상품들을 묶어서 판매하는 가격입니다.

▶ **우량고객 할인 가격** : 스마트 스토어에서 지속적으로 구매하는 고객에게 특정 상품을 할인하여 구매하도록 하는 것입니다.

▶ **한정 판매 가격** : 상품의 희소성을 활용해 구매를 자극하는 가격 결정법입니다. 이번 기회가 아니면 구매할 수 없다는 메시지를 활용하여 매출을 확보할 수 있습니다. 소비자에게 수량, 시간, 구매 조건, 판매 장소 등의 한정으로 구매에 대한 긴박감과 압박감을 줄 수 있습니다.

▶ **노획 가격** : 본 상품의 가격은 저렴하게 판매하고, 소모품 가격은 높게 책정하는 가격 결정법입니다. 소모품을 주기적으로 구매해야만 본 상품의 사용이 가능합니다. 정수기와 가습기의 필터, 프린터기의 잉크 등이 있습니다.

▲ 관습 가격 (출처 : 위메프)

▲ 단수 가격 (출처 : 위메프)

▲ 타깃 할인 가격(출처 : 옥션)

▲ 혼합 묶음 가격 (출처 : 티몬)

▲ 노획 가격(출처 : 위메프)

▲ 한정 판매 가격(출처 : 스타벅스)

유통 전략(Place)

소비자에게는 상품을 어떻게 효율적으로 전달할 수 있을까?

인터넷과 정보 통신 기술의 비약적인 발전으로 유통 사업이 복합화와 대형화로 바뀌어 가고 있습니다. 또한 새로운 비즈니스 시장이 만들어지고 있으며, 전자상거래의 규모가 급팽창하면서 무점포 판매 비중이 커지고 있습니다. 이는 누구나 손쉽게 상품과 서비스를 판매하는 시대가 도래하였다는 것을 실감하게 합니다. 정보화 시대 이전에는 물리적 흐름으로 '생산자 → 도매상 → 소매상 → 소비자'로 이어지는 복잡한 과정이었다면, 현재는 정보의 흐름이 '생산자 → 소비자'의 형태로 유통 환경이 단순화, 전문화되고 있습니다.

유통은 상품이나 서비스를 생산자로부터 최종 소비자에게 전달되는 과정을 의미합니다. 이는 도시의 혈관인 도로망이나 광케이블망, 인체에 비유하면 혈관으로 볼 수 있습니다. 도시의 도로망은 복수의 교차로로 접속된 도로의 집합체로 연결되어 운송 수단 및 상업 기능이 가능하게 하고, 인체의 혈관에 흐르는 혈액은 신체의 각 조직으로 산소와 영양분을 공급해줍니다. 한 도시나 인체에 기관이 중요한 역할을 하는 것처럼 유통 또한 쇼핑몰 사업자들에게 없어서는 안 될 중요한 인프라입니다.

유통 전략은 상품을 어떻게 유통할 것인가를 계획하는 것으로 그에 맞는 유통 경로를 선택하는 것을 의미합니다. 여기서 유통 경로는 생산자에서 소비자에 이르기까지 상품이 움직이는 경로를 말하는 것으로, 소비자가 편리하게 구매할 수 있는 채널을 제공하는 것입니다.

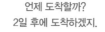

언제 도착할까?
2일 후에 도착하겠지.

우와! 이런 상품이 있었네.
구매해야지.

여러분들은 최적의, 최상의 상품을 소비자에게 전달하기 위한 채널로 오픈마켓인 스마트 스토어를 결정하였습니다. 차별적인 아이템을 가지고 있다면 손쉽게 스마트 스토어 계정을 만들어 판매가 가능합니다. 네이버에서 제공하는 스마트 스토어를 활용하면 시간과 비용을 절약할 수 있을 뿐만 아니라 잠재 고객과의 접점을 늘려 비즈니스 기회를 창출할 수 있습니다. 현재 네이버 ID로 간편하게 구매가 가능한 네이버 페이와 스마트스토어의 스마트한 기능들은 쇼핑몰 창업의 진입 장벽을 낮추고 시장 진입의 기회를 높여주고 있습니다.

촉진 전략(Promotion)

소비자에게 상품 및 서비스를 어떻게 알릴 것인가?

높은 고객 가치를 제공하는 상품이 시장에 나와도 소비자가 모르게 되면 라이프 사이클은 짧아지게 됩니다. 소비자가 상품의 브랜드와 디자인을 만나볼 수 있도록 다양하게 노출할 수 있는 전략을 세우는 것이 중요해졌습니다. 최근에는 손쉽게 SNS를 활용하여 상품 홍보를 하고 있습니다. 상품의 노출을 극대화할 수 있는 인플루언서[Influencer]를 활용하거나 어플리에이트[Affiliate]와 제휴하여 홍보와 매출 창출이 동시에 가능합니다. 인플루언서는 인터넷상에서 유명하고 수 십만 명의 팔로워를 통해 입소문 영향력이 있는 사람들을 말합니다. 전문적인 용어로 소비자들이 SNS를 통해 상품에 대해서 말하는 '구전 마케팅(Word of Mouth Marketing)'[14]이라고 부릅니다. 어플리에이트는 인터넷 커뮤니티, 블로그, 사이트를 보유한 개인이나 기업과 제휴하여 수익 창출이 가능한 제휴사입니다.

위와 같이 소비자와의 접점을 늘리는 전반의 활동을 촉진이라고 합니다. 촉진은 소비자에게 상품의 메시지를 효과적으로 전달하고 설득하여 구매를 유도하는 전략입니다. 이는 목표 시장의 타깃에게 메시지를 제공하여 '상품을 사고 싶다'라고 구매 의사 결정을 내리도록 하는 것을 의미합니다. 촉진 전략을 수행하기 위한 도구에는 일반적으로 광고(Advertising), 판매 촉진(Sales Promotion), 홍보(Publicity), 인적 판매(Personal Selling)가 있습니다. 이 네 가지에 대해서 알아보겠습니다.

광고(Advertising)는 단기적인 수익 창출을 목적으로 이용하는 판매 촉진 활동입니다. 일반적으로 광고하면 TV, 신문, 잡지 매체 등으로 언급하지만, 현재는 목표 타깃 설정과 실시간 광고 전략 수립이 가능한 인터넷 광고가 많이 활용되고 있습니다. 네이버 홈에 접속하면 시선을 잡는 배너 광고와 네이버쇼핑 광고가 있으며, 검색창에서 상품 키워드를 추가하여 검색하면 결과 화면 상단에 노출되는 광고 상품들이 있습니다. 키워드 검색광고 상품으로 '20대여자쇼핑몰' 키워드를 검색하면 상단에 '파워링크'가 보이고 하단에 '비즈사이트'가 노출됩니다. 입찰가에 따라 광고 게재 여부 또는 순위가 결정되는 경쟁 입찰 방식의 상품이어서 특정 대표 키워드[15]는 광고 전략[16]을 세워서 진입을 해야 합니다. 2019년 1월 기준 '20대여자쇼핑몰' 키워드 경우 'PC 검색'은 32,100

14 구전 마케팅은 '의미 그대로 입에서 입으로 전달하는 것'으로 알게 모르게 이야기하는 소비자 또는 그 관련인들의 입을 활용해 광고 매체로 삼는 것이다. 비슷한 의미로 벌의 윙윙 거리는 소리(Buzz)를 표현한 것처럼 사람들 사이에 메시지가 자발적으로 퍼져 나가게 하여 긍정적인 입소문을 내는 '버즈 마케팅(Buzz Marketing)'이 있습니다.

15 광고주가 선호하는 키워드로 상위 노출 시 입찰가를 높게 책정해야 진입이 가능합니다.

16 여기서 광고 전략은 광고주가 네이버 키워드 검색광고에서 노출 지역, 요일, 시간, 일일허용예산 등을 설정할 수 있습니다.

회, '모바일 검색'은 88,100회로 파워링크 1위 진입 입찰가는 530원[17]입니다.

17 이 입찰가는 품질지수가 책정되지 않은 것입니다. 광고 집행 후 품질지수가 향상되면 낮은 입찰가로 광고 노출이 가능합니다.

▲ 네이버 검색창 키워드 검색 결과와 네이버 키워드 검색광고 광고 시스템 화면

판매 촉진(Sales Promotion)은 고객과의 커뮤니케이션을 확대하여 상품 정보를 제공하고 호의적인 태도를 갖도록 설득하여 상품 구매로 연결하는 활동입니다. 대표적인 판매 촉진 방식에는 업셀링(Up-Selling), 크로스 셀링(Cross-Celling), 리피팅(Repeating)이 있습니다. 업셀링(Up-Selling)은 권유 판매로 고객이 애초에 구매하려던 것보다 가격이 높은 상품이나 서비스 등을 구입하도록 유도하는 것을 의미합니다. 예를 들면 '1,000원 추가하면 커피 사이즈업', '5만 원 이상 구매 시 상품권 증정', '미니 공기청정기 대신 중형 공기청정기 구입 시 필터 3개 제공' 등이 있습니다. 크로스 셀링(Cross-Celling)은 교차 판매로 고객이 애초에 구매하려던 것과 관

련 상품을 추가적으로 권유하여 구매하게 만드는 판매 방식입니다. 이 방식은 단일 품목 판매가 아닌 세트 구성 등 묶음 판매로 객단가를 높일 수 있습니다. 고가의 커피 드리퍼를 구매한 고객에게 고급 원두 추천하여 판매하거나, 은행에서 예금과 적금을 가입한 고객에게 가계 대출 및 신용카드 발급에 대한 추천 등이 있습니다. 리피팅^(Repeating)은 쿠폰 또는 할인권을 제공하여 재방문을 유도하는 판매하는 방식입니다. 판매 촉진 전략으로 샘플 제공, 쿠폰 제공, 경품 제공, 가격 할인, 프리미엄 서비스, 단골 고객 프로그램 등이 활용되고 있습니다.

홍보^(Publicity)는 '선전을 한다'는 뜻으로 쇼핑몰 사업자가 뉴스성 정보 매체를 통해 전파하는 활동입니다. 고객 중심 시대가 도래하고 언론 매체가 다양화되면서 홍보는 중요해지고 있습니다. 불특정 다수를 대상으로 광범위한 홍보가 가능하고, 브랜드 이미지 관리 및 소비자와의 호의적인 관계를 구축할 수 있습니다. 또한 쇼핑몰에 대한 신뢰도를 높이고 긍정적인 효과 창출이 가능합니다.

현재 인터넷 마케팅 전략이 통합적으로 바뀌게 되면서 뉴스 매체는 필수 항목이 되었고, 소비자가 필요로 하는 정보 혹은 지식을 전달하는 길잡이 역할을 하고 있습니다. 새로운 디자인 및 기술이 적용된 상품의 경우에 SNS를 활용해 노출할 수 있지만, 상품에 대한 사전 지식(정보와 신뢰도)이 부족하면 소비자의 구매 욕구를 자극하기가 어렵습니다. 이럴 경우에는 뉴스에 추가적인 상품 정보와 기대 가치를 제공하여 브랜드 호감도를 높일 수 있습니다.

효과적으로 홍보를 진행하기 위해서는 쇼핑몰과 소비자 각각의 관심사에 맞는 뉴스를 만드는 것이 중요합니다. 시선을 끄는 뉴스가 아니면 기사를 읽지 않을 테고, 아무리 흥미롭고 관심있는 주제라도 쇼핑몰 브랜드에 도움이 되지 않는다면 홍보 효과가 떨어지게 됩니다. 홍보에서 자주 활용되는 커뮤니케이션 방식은 다음과 같습니다.

▶ **퍼블리시티(Publicity)** – 쇼핑몰 브랜드 또는 상품의 상표와 관련된 정보가 언론사를 통해 기사화되는 것

▶ **이벤트(Event)** – 특정 대상에게 각종 행사나 경품 행사 등의 메시지를 전달하기 위해 진행하는 것

▶ **스폰서십(Sponsorship)** – 특정 행사 또는 단체에 후원하여 도와주는 것

▶ **기업 광고(Institutional Advertisement)** – 쇼핑몰에 대한 긍정적인 이미지 형성과 비전, 미션 등을 전달하기 위한 것

▶ **PPL(Product Placement)** – 간접 광고로 TV 또는 영화 속에 상품이 삽입하여 자연스럽게 노출하는 것

인적 판매^(Personal Selling)은 세일즈맨과 같은 인적 자원이 목표 고객과 직접 대면하여 구매를 설득하는 행위입니다. 특정 고객의 욕구에 대해서 선별적이고 유연하게 대응할 수 있지만, 판촉 활동의 속도가 늦고 투자 비용이 높습니다. 고객과의 장기적인 관계를 유지하는데 장점이 있습니다. 오프라인 매장에서 여러가지 종류의 상품을 진열해놓고 판매하지 않을 경우에는 인적 자원에 대해서 고려할 필요 없습니다.

4P 전략의 변화

쇼핑몰에서 판매하는 상품의 가치를 효과적으로 전달하기 위한 전략으로 4P에 대해서 알아보았습니다. 인터넷 쇼핑몰 비즈니스 환경이 대형화와 복합화되면서 고객 기대 가치(고객이 상품 또는 서비스를 이용한 후 얻게 되는 혜택의 정도)가 중요해지고 있습니다. 여기서 고

객 가치는 4P를 통해 상품이 좋고, 가격이 싸고, 유통이 잘 되고, 프로모션을 잘 하는 것이 아닌 고객 측면에서 접근하는 것을 의미합니다. 즉 사전에 고객의 욕구와 필요를 파악하여 적합한 가격에 최적의 상품을 제공하는 것입니다. 인터넷 쇼핑몰과 고객 사이에 가치 교환이 효과적으로 이루어지는 것이 차별적인 경쟁력이 되었습니다.

현대의 미디어 사회 속에서 전통적인 마케팅 믹스 전략인 4P로 고객에게 기대 가치를 제고하는 것이 한계에 부딪히게 됩니다. 고객이 적극적으로 참여하고 다양하게 활동하는 쌍방향 소통이 중요해졌기 때문입니다. 이에 대한 대안으로 4C 전략이 등장하였습니다. 공급자 중심의 마케팅 1.0이 4P 전략이라면 수요자 중심의 마케팅 2.0이 4C 전략입니다.

4P	4C
상품(Product)	고객 가치(Customer value)
가격(Price)	고객 비용(Cost to the customer)
유통(Place)	편리성(Convenience)
촉진(Promotion)	소통(Communication)

기존 상품 전략(Product)에서 어떻게 고객에게 상품을 판매할까에 대해서 고려하였다면, 고객 가치(Customer Value)는 고객에게 실질적으로 어떤 가치를 제공할 수 있는가에 대해서 살펴보는 것입니다.

쇼핑몰 사업자 입장에서 가격 전략은(Price) 고가격 책정으로 고급 브랜드 이미지를 제시할 것인지, 저가격 책정으로 이윤 극대화를 목표로 최대의 효과를 누리려고 합니다. 이제는 고객 입장에서 얼마나 비용을 지불해야 하는가에 대한 고객 비용(Cost to the Customer)으로 바뀌게 되었습니다.

기존 유통 전략(Place) 또한, 기업 관점에서 상품이 고객에게까지 전달되는 전 과정을 관리하는 것이었다면, 고객 관점에서 '어떻게 하면 상품 구매 시 보다 편리하게 접근할 수 있는가'를 해결하는 것이 중요해졌습니다. 하루가 다르게 유통 환경이 재편되고 쇼핑 환경이 모바일 중심으로 바뀌는 상황에서 편리성^(Convenience)은 고객 만족도를 제고하는 기준이 되고 있습니다.

판촉^(Promotion)은 광고 및 홍보 등의 활동으로 상품 정보를 알리고 매출 극대화에 초점이 맞추어진 전략입니다. 기업이 수행하는 모든 활동이 소비자 관점으로 재구성되면서 판촉은 소통^(Communication)으로 바뀌었습니다. 일방향적인 광고 노출이 아닌 지속적으로 소통하고 개선하는 쌍방향 활동이 중요해졌습니다. 이제는 매일같이 쏟아지는 미디어의 홍수 속에서 소비자는 수동적으로 반응하고 수용하는 것을 단호히 거부합니다. 적극적으로 주도하는 참여자가 되어가고 있기 때문입니다. 이제 소비자는 상호적으로 소통하기를 원합니다. 소비자의 적극적인 참여와 공감을 이끌어내기 위해 소통 채널을 구축하는 것은 필수 조건이 되었습니다. 스마트 스토어 사업자가 많이 활용하는 소통 채널로는 네이버 블로그, 페이스북 페이지, 인스타그램 등이 있습니다.

3C 분석하기

인터넷 쇼핑몰 환경 분석 SWOT, STP 전략, 4P 전략이 어느 정도 마무리 되었다면 3C^(Customer, Competition, Company)를 통해 최종적으로 매력적인 표적 시장인지 평가해봐야 합니다.

고객 분석(Customer)은 STP 분석을 통해 나온 고객 세분화, 표적 시장, 상품 포지셔닝 내용 중심으로 시장의 규모와 성장성을 기대할 수 있는지 체크를 해보는 것입니다.

▷ 진입 세분 시장이 적절한 시장 규모를 형성하고 있는가?

▷ 현재 트렌드에 맞으며 성장 가능성이 높은 시장 규모인가?

▷ 상품을 구매할 잠재적 수요는 존재하는가?

자사 분석(Company)은 SWOT 분석을 통해 나온 '내부의 강점/약점', '외부의 기회와 위협' 내용을 토대로 체크해보는 것입니다.

▷ 인터넷 쇼핑몰 창업으로 얻고자 하는 것은 무엇인가?

▷ 인터넷 쇼핑몰 운영이 가능한 자원은 갖추고 있는가?

▷ 마케팅 실행 전략인 4P로 시너지 효과를 창출할 수 있는가?

경쟁사 분석(Competition)은 현재 시장에서 리더(경쟁자)는 누구이며, 경쟁 강도는 어느 정도인지 체크를 해보는 것입니다. 자료는 여러 연구소에서 발간하는 보고서를 참고하면 됩니다. (예 : 삼성경제연구소, LG경제연구원, 현대경제연구원, 디지에코 등)

▷ 경쟁사들의 전략과 반응 패턴(능동적, 공격적)은 어떠한가?

▷ 경쟁사들의 강점과 약점은 무엇인가?

▷ 새로운 잠재적 경쟁자가 진입할 가능성은 있는가?

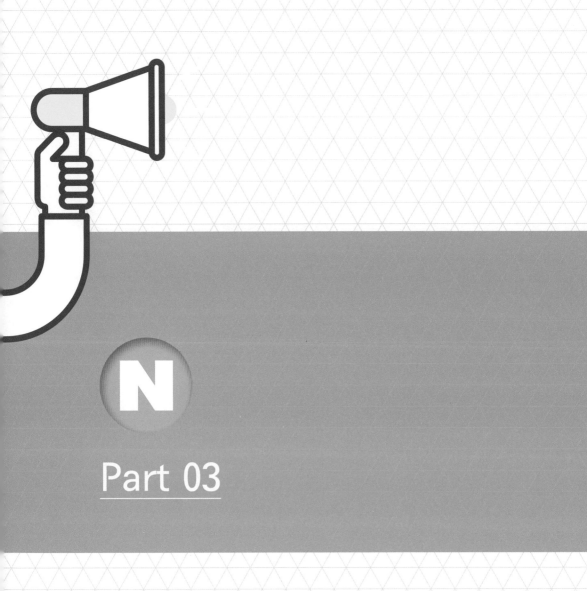

N

Part 03

잘 나가는 스마트 스토어
운영 노하우

상품 스토리를
전문적으로 작성하자

경제, 사회 시스템이 고도화되고 탈산업화가 이루어지고 있는 요즘, 웬만한 상품 아이템으로는 소비자를 감동시키기 어렵습니다. 이제는 교감, 공감, 소통이라는 키워드로 상호간 관계를 형성하고 상품 이상의 가치를 제공해주는 순간 제공이 중요해지고 있습니다. 여기서 '상품 이상의 가치'는 한 마디로 말하자면, 스토리입니다. 스토리는 희소 자원인 소비자의 몰입적인 관심과 애착도를 형성하게 할 뿐만 아니라 상품의 스펙트럼 각도 안에서 벗어날 수 없는 끌림의 자성을 뿌려줍니다.

차별적인 스토리는 상품 그 자체로 접근해 물리적, 기능적으로 끝나는 것이 아니라 끝나는 생애 주기에도 산소 호흡기를 달아줍니다. 매 순간 스토리로 치장한 상품은 소비자에게 메시지를 보냅니다. '난 특별한 존재야, 너는 나를 잊으면 안돼'라고 말이죠. 허무맹랑한 이야기처럼 들릴 수 있지만, 스토리는 유·무형의 감각 언어로 소비자에게 말을 합니다. "타 브랜드에 대한 높은 충성도를 버리고 날 선택하라고…" 매일 우리들은 매혹적인 스토리에 길들여지며 익숙해집니다. 사고 싶지 않아도 될 상품을 마법의 스토리에 이끌려 구매하게 됩니다. 이것이 바로 스토리의 힘입니다. 수많은 상품이 소비자의 인식에서 복잡하게 사선을 그으며 댕글댕글 돌고 있을 때, 스토리는 욕구와 구매 행동까지 이동시킬 수 있는 무중력의 공간을 만들어줍니다.

이 공간은 고객에게 풍성한 경험을 제공하며, 끈끈한 관계의 터널을 형성하게 합니다. 앞으로 이 공간을 어떻게 만들어낼까! 하는 부분은 스마트 스토어 사업자의 중요한 핵심 전략이 될 것입니다.

하루가 멀다하고 쏟아져 나오는 상품들은 매혹적으로 소비자의 욕구를 자극하며 반짝 히트를 칩니다. 그렇지만 러브 마크를 받지 못한 상품은 얼마 지나지 않아 짧은 라이프 사이클에 이끌려 소비자의 기억에서 잊혀집니다. 치열한 경쟁 환경에서 고객의 방문과 구매 그리고 재구매를 연결하는 것은 스마트 스토어 사업자에게 중요한 과제입니다. 이 과제의 해결점은 스토리에서 찾아볼 수 있습니다. 차별적인 스토리는 구매 순간에 잠자고 있던 기억 조각들을 조밀조밀 연결해 선택 가능한 상품 브랜드로 만들어 줍니다. 또한 스토리는 고객에게 공감각적인 경험을 제공하며, 장기적인 관계 형성의 끈을 맺어주는 역할을 합니다.

상품 판매에서 스토리는 소비자가 상품 가치와 구매 욕구를 설득하는 매개체로 중요한 역할을 하고 있습니다. 스마트 스토어는 매력적인 스토리 구현을 통해 상품의 판매가 일어나기 때문에 호소력 있는 스토리 전략을 세워야 합니다. 우선 스토리는 공감대 형성 기반으로 보편적 소재에서 찾아볼 수 있습니다. 공감대 형성은 원형^(Archetype)에서 비롯되는데 심리학자인 칼 쿠스타프 융^(Carl Gustay Jung)이 처음으로 사용한 용어입니다. 한 시대의 문화를 초월해 인류의 무의식 속에 간직하고 있는 것으로 가족, 사랑, 배고픔, 아름다움, 여유, 행복, 여행, 욕망 등이 있습니다. 상품과 관련된 스토리를 작성할 때 상품의 가격이나 상품 특성 위주의 설명이 아닌 소비자에게 공감대를 형성할 수 있는 원형이 추가되면 상품에 대한 구매 욕구가 발현될 것입니다. 상품 스토리를 효과적으로 작성할 수 있는 방법에 대해서 살펴보겠습니다.

1 │ 상품(브랜드)에 관한 숨겨진 스토리를 찾아라

이 세상에 상품이 탄생하기까지에는 그만한 이유가 존재합니다. 옷은 추위를 감싸고, 음식은 배고픔을 해결해줍니다. 각 시대의 트렌드와 소비 욕구에 따라 사라지는 상품도 많고, 새롭게 시장에 선보이는 상품들도 다양합니다. 상품 스토리를 구성할 때 상품의 숨겨진 스토리를 글 소재로 추가하면 상품의 특별함을 소개하는 동시에 전문성과 다양성을 느낄 수 있습니다. 한 예로 셔틀랜드 스웨터와 보헤미안 룩에 대해서 살펴보겠습니다.

'셔틀랜드 스웨터'는 스코틀랜드 북쪽의 작은 섬인 셔틀랜드 제도에서 생산되는 셔틀랜드 울로 만들어집니다. 셔틀랜드 양털은 생산량이 적어서 귀중하고 희소성이 있으며, 이 양털은 털의 부피에 비해 탄력성이 풍부하고 아기 피부처럼 부드럽습니다. 이 스웨터는 심플한 네크 또는 브이 네크 스타일이 대표적입니다.

'보헤미안 룩'은 자유분방한 생활을 즐기는 유랑인을 일컫는 것으로 19세기 후반의 저항적 남성성에서 비롯되었습니다. 집시 룩과 같은 뜻이기도 합니다. 여유로운 실루엣이 많고 세련된 취향의 클래식적인 로맨틱 댄디 룩 또는 화려한 장식으로 강조한 로맨틱 보헤미안 룩이 있습니다.

상품 스토리 라인에 상품의 가격과 특징 소개가 우선적으로 고려가 되겠지만, 상품 브랜드의 배경과 탄생에 대해서 소개하면 상품 가치는 특별하고 더 한층 의미가 있습니다.

2 | 고객의 소소한 상품의 후기(에피소드)를 찾아라

스마트 스토어에서 상품 구매 후 고객의 후기는 지속적인 판매에 큰 영향을 주고 있습니다. 고객의 상품 구매 경험담은 구매하고자 하는 잠재 고객에게 구매에 대한 기대 가치를 높이고 긍정적으로 구매 의사 결정이 이루어질 수 있도록 유도합니다. 그렇지만, 구매 후기는 고객이 상품을 구매하고 기대한 것 이상으로 생각했을 때, 후기로 만족도를 표현합니다. 기대 이하라면 사진과 글은 찾아볼 수 없습니다. 그럼 어떻게 해야 고객들의 소소한 구매 에피소드를 기대할 수 있을까요? 바로 기브 앤 테이크(Give & Take)입니다. 고객이 후기를 올리면 포인트를 적립해주는 것입니다. 스마트 스토어에는 '텍스트 리뷰'와 '포토/동영상 리뷰'가 있습니다. 정기적으로 상품 후기 이벤트를 진행하여 포인트 또는 상품을 제공하면 고객은 브랜드를 기억할 것입니다.

▲ 스마트 스토어 상품 리뷰

고객 후기 이벤트 진행에 적용할 내용에 대해서 살펴보겠습니다. 후기 이벤트에 핵심적으로 들어갈 내용에는 '후기 작성 기준'과 '포인트 적립 안내'가 있습니다.

'후기 작성 기준'의 내용

'후기 작성'은 상품 구입을 하신 고객에 한하여 작성하는 것을 원칙으로 하며 구매 후기 작성 시 단어 및 상품에 대해서 추가하여 작성하는 것을 제시합니다. 객관적인 평가를 위하여 후기 삭제 또는 수정을 금지하는 것이 좋습니다. 법적 관련 문제가 발생할 소비가 있는 후기는 '비공개 전환' 및 '＊＊' 처리로 수정하거나, 영업 방해를 위한 악성 글이나 광고 글 등은 삭제 조치하는 항목을 추가해야 합니다.

'포인트 적립 안내'의 내용

스마트 스토어의 '텍스트 리뷰'와 '포토/동영상 리뷰'가 아닌 외부의 블로그 및 SNS를 활용할 경우에는 블로그 작성 기준을 제시하고 블로그 주소(URL)를 함께 남기는 것을 추가해야 합니다. SNS는 이미지 추가와 텍스트 몇 줄 이상 작성하는 것을 기재해야 합니다.

상품 후기 이벤트 예시

▶ 상품 후기 이벤트 참여 방법
① https://smartstore.naver.com 쇼핑몰 로그인 및 회원가입
② 스마트 스토어 쇼핑몰 상품 구매
③ 구매 상품 후기 작성
④ 이벤트 기간 8월 1일 ~ 8월 10일 / 8월 15일

▶ 포인트 지급 안내
① 사진과 간단한 텍스트(해시태그 '#'에 상품명 또는 스마트 스토어 상호 추가)로 인스타그램에 작성한 후, 후기에 주소(URL)을 남겨주시면, 포인트 1,000원을 지급합니다.
② 동영상(1분 이상)을 촬영하여 유튜브에 업로드한 후, 후기에 주소(URL)을 남겨주시면, 포인트 1,500원을 지급합니다.
③ 구입한 상품을 착용한 후 사진을 블로그에 작성하고, 후기에 블로그 주소(URL) 남겨주시면 적립금 2,000원을 지급합니다. (블로그 제목에는 '스마트 스토어' 포함해 주세요)

3 | 상품과 연관된 역사, 신화, 소설 속에 의미를 찾아라

상품 스토리 내용에 역사적인 배경과 의미, 상품과 연관된 소설의 한 구절, 역사적 사실을 통해 현대에 어떻게 변화되었는지 적용하면 잠재 고객의 눈길을 끌고 긍정적인 첫 인상을 고취할 수 있습니다.

'샤넬라인 슈트' 의류를 판매할 경우, 이 의류가 어떤 의미를 가지고 있으며 배경에 대해서 다루게 된다면 상품 기대 가치를 높일 수 있습니다.

세계 1·2차 전쟁으로 인하여 여성의 패션은 큰 변화의 과정을 이루게 됩니다. 1941년 1차 세계 대전이 일어나면서 남성들은 전쟁터로 떠나게 되고 여성 해방이 이루어지고 사회 진출이 시작하게 됩니다. 그 당시의 작업복이 없었으며, 대표적인 의상인 드레스를 입고서는 일을 할 수 없습니다. 이러한 시대적 상황으로 의상이 실용적으로 변화하게 됩니다.

대표적인 디자이너는 20세기 패션계에서 가장 파란만장한 삶을 살았고 여성 패션에 혁신을 가져온 프랑스의 패션 디자이너 코코 샤넬입니다. 탁월한 패션 센스로 현대 여성의 행동, 모습, 옷 입는 방식 등을 제시했습니다. '여자도 남자처럼 자유로워야 한다'는 디자인으로 신축성이 좋고 실용적인 샤넬라인 슈트를 선보이게 됩니다.

'티셔츠' 의류의 경우 역사를 살펴보면 흥미있고 재미있는 에피소드가 많이 있습니다. 티셔츠 스토리 구성에서 배경과 의미를 적용하면 몰입적인 시선의 유도가 가능합니다.

▲ 코코샤넬 출처 : 나무위키

티셔츠가 처음으로 등장한 것은 언제 일까요? 정확한 역사적 배경은 알 수 없지만, 1874년 에두아르 마네의 뱃놀이 작품을 보게 되면 남성이 티셔츠를 입고 있습니다. 이미 19세기 후반부터 티셔츠가 실생활에 자리하고 있다는 것을 보여줍니다. 그럼 언제 어떻게 티셔츠가 전 세계로 퍼지게 되었을까요? 이에 대한 정확한 기록은 없습니다.

1·2차 세계대전을 거치면서 미군들의 대표적인 유니폼으로 자리 잡게 되고 전쟁이 끝나면서 티셔츠는 승리의 상징으로 부상하게 됩니다. 티셔츠는 전쟁과 밀접한 관련이 있다는 것을 알 수 있습니다. 티셔츠 단어는 1920년 웹스터 사전(Merriam-Webster's Dictionary)에 올려지게 되고, 1942년 발간된 'LIFE' 지의 잡지 커버에 티셔츠가 처음으로 등장하게 됩니다.

1950년대까지는 티셔츠가 아동용 옷 또는 속옷으로 인식되어 성인들에게 인기있는 아이템이 아니였습니다. 그렇지만, 티셔츠를 성인의 영역으로 끌어올린 세계적인 두 배우가 나오면서 개념이 달라지게 됩니다. 1951년의 영화 〈욕망이란 이름의 전차〉의 마론 브란도와 1955년의 영화 〈이유 없는 반항〉의 제임스 딘이 티셔츠를 입고 나오면서 당시 인기 폭발의 의상으로 거듭납니다.

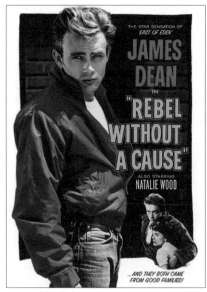

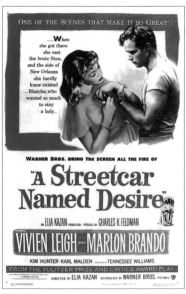

▲ 이유 없는 반항   ▲ 욕망이란 이름의 전차

'롤렉스' 시계의 역사에 대해서 살펴보겠습니다. 시계는 문명의 발생 당시부터 약 6,000년이나 사용되었습니다. 각 문명의 이기 속에서 시계는 다양한 형태와 디자인으로 현대까지 함께 해오고 있습니다. 남성의 명품 시계로 인식되고 있는 '롤렉스' 시계 브랜드에 대해서 살펴보겠습니다. 롤렉스는 1920년부터 자사 시계를 탐험 대원들에게 공급하여 혹한에도 견딜 수 있는지 실험하였습니다. 1953년에 세계 최초로 에베레스트산 등정한 힐러디 경이 착용한 시계가 롤렉스의 오이스터 퍼페추얼이었습니다. 이 기념으로 Ref.6298을 출시하였습니다. 1956년에는 Ref.6610이 출시되고, 1957년에는 에이킹 익스플로러라고 불리우는 Ref.5504가 생산되었습니다. 1963년부터 26년 동안 Ref.1016이 생산되었고 방수력이 향상되었습니다. 1989년에 출시된 Ref.14270 모델은 현대화된 디자인으로 소량 생산되었고, 2000년에는 Ref.114270이 출시되었고, 직경이 39mm로 확장되었습니다. 2010년에는 Ref.214270 모델이 출시되며 분침 길이가 늘어나게 됩니다.

▲ 롤렉스 시계

4 | 공감가는 사회적 · 문화적인 트렌드를 적용하라

트렌드는 매 년 새롭게 도래하는 이슈들을 살펴보면 일상 생활에서부터 사회 생활까지 두루두루 영향을 주고 있습니다. 우리들이 살아가는 방식, 회사에서 일하는 규칙, 쇼핑몰에서 소비하는 습관 등등 여러 영역에 많은 영향을 주고 있습니다. 특히 쇼핑몰은 트렌드에 많은 영향을 받는 부분이어서 사회적·문화적인 흐름을 잘 읽고 이해하면 소비자의 주목과 관심을 이끌어 낼 수 있습니다. 대한민국의 대표적인 트렌드에 대해서 몇 가지 살펴보겠습니다.

첫 번째, 싱글슈머가 대세이다

대한민국은 급속한 성장과 도시화가 이루어지면서 물질주의, 개인주의, 소비주의가 팽배해지고 가족 문화가 핵가족화로 바뀌었습니다. 대표적으로 1인 가구인 싱글족이 많아지고 있습니다. 통계청의 발표에 의하면 싱글족의 연간 소비액은 50조에 달하고 2020년에는 600만 명에 달한다고 합니다. 스마트 스토어 사업자에게 큰 소비 시장이 아닐 수 없습니다. 이러다보니 싱글족에 소비자를 연결해 싱글슈머 (Single + Consumer)로 부르고 있습니다. 싱글슈머의 주 특징은 내가 중심인 개인주의형으로 나를 위해 가꾸고 투자합니다. 그만큼 지출 비용이 크다는 것을 알 수 있습니다. 오프라인 신선편의형 야채 코너를 살펴보면 1인용 낱개 포장으로 상품이 판매되고 있으며, 인테리어 가구도 1인 가구를 위해 맞춤형 또는 조립형으로 다양하게 나오고 있습니다. 온라인쇼핑몰 또한 싱글슈머에 타깃팅하여 소량화, 맞춤화로 구매 심리를 이끌어내고 있습니다. 싱글슈머는 거대한 소비 시장으로 어떻게 해야 소비자의 구매 심리를 자극할 것인지 아이디어를 뽑아내는 것이 중요합니다. 싱글족은 스마트폰 사용량이 많은 만큼 SNS를 통한 입소문 효과가 큽니다. 수시로 이벤트와 신상품 등을 업데이트 하여 고객이 유입할 수 있도록 해야 합니다.

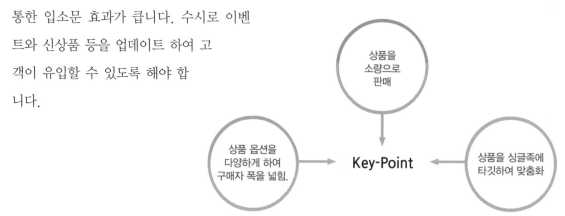

두 번째, 디자인이 경쟁력이다

디자인은 소비자의 구매 심리를 자극하는 중요한 매개체이며 상품의 차별화에 중요한 역할을 하고 있습니다. e커머스 시장이 급속하게 성장하고 고객의 수준이 높아지고 상황에서 타 경쟁 상품보다 독창적으로 보이게 만드는 경쟁 요소가 되어버렸습니다. 기술의 평준화와 상품의 라이프 사이클이 짧아지면서 디자인은 선택이 아니라 필수인 시대입니다. 스마트 스토어 사업자가 상품 사입 시 고객에게 팔리는 상품인지 고려할 필요가 있습니다. 상품의 외관은 소비자의 주목을 끌어당기는지, 색상은 다양한 옵션으로 존재하는지, 크기는 공간에 맞추어 만들어졌는지 등을 체크해야 합니다. 또한 상품 포장도 살펴봐야 합니다. 포장도 디자인 영역에 포함되기 때문입니다. 고객이 상품을 배송받은 후 상품이 정성스럽게 포장되어 있으면 또 다른 감동과 즐거움을 줄 수 있습니다. 시즌 또는 명절에는 포장을 유료 옵션으로 추가하여 판매하는 것을 고려해 볼 수 있습니다.

세 번째, 친환경(ECO)이 대세이다

'유기농', 'Good Recycled', '재생 종이로 만든 포장지', '에너지소비효율등급', '기후 변화 대응', 'Korea Eco-Abel', '친환경 마크' 등은 한 번쯤 보거나 들어보았을 것입니다. 먹는 것에서부터 일상용품까지 상품 또는 포장지에 마크가 붙어 있으면 신뢰도가 높아집니다. 이제는 상품을 판매하면서 소비자의 건강을 고려해야 하는 시대가 되었습니다. 막대한 양의 매연·미세먼지·폐기물·유독화합물·소음·방사능 물질 등과 같은 환경오염이 갈수록 심해지면서 친환경에 대한 소비자들의 관심은 많아질 것입니다. 스마트 스토어 사업자는 소비자들의 인식과 사회적 기준이 높아지고 상황에서 상품 판매 시 친환경과 관련된 상품인지 체크할 필요가 있습니다. 상품의 재질, 포장지, 포장 박스 등에 친환경 마크가 찍혀있으면 소비자에게 환경을 생각하는 회사로 긍정적인 이미지 제고가 가능합니다.

네 번째, 상향 추구에 부합하자

상향 추구는 소비자가 더 나은 삶을 추구하기 위해 이미 경험한 것보다 고품질, 고기능성의 상품을 찾는 특성을 말합니다. 삶의 질이 향상되면 그에 따라 외모, 먹는 것, 입는 것 등에 많은 관심을 갖게 됩니다. 소비자의 구매 욕구도 지속적으로 진화하고 있다는 것을 이해할 필요가 있습니다. 전자제품의 경우에는 옵션을 추가하거나 디자인을 고급적으로 만들 수 있고, 신선·편의·야채·과일의 경우 차별적으로 포장을 할 수 있습니다. 소비자의 소득 수준이 높아지고 있는 상황에서 더 나은 상품 품질, 더 나은 서비스로 제공하는 것은 고객의 가치를 향상하는 기회가 될 것입니다.

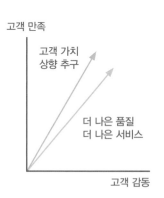

다섯 번째, 소비자의 자존심과 품격을 높여주고 상품을 선택하자

예로부터 우리나라는 체면과 명분을 중시하는 문화 속에는 분수 이상으로 자신을 과시하는 풍조가 사회 근간을 이루고 있습니다. 오죽하면 "조선 시대 사대부 계층인 양반은 명예와 체통을 잃지 않기 위해서 얼어 죽어도 겻불은 쬐지 않는다"라는 말이 있습니다. 그만큼 한국인은 타인의 시선을 지나치게 의식하는 관념이 무의식적으로 뿌리 깊게 자리잡고 있습니다. 스마트 스토어 사업자는 기업 브랜드가 강한 신상품, 외형, 체면 중시 상품을 아이템으로 선정하여 판매할 것을 고려해보세요.

한국소비자원의 발표에 의하면 "소비자들의 70% 이상이 쇼핑할 때 브랜드를 따진다"라고 하였습니다. 브랜드는 곧 나의 가치라는 의미로 고급 브랜드를 가지고 있으면 우월함과 고급스러움을 보여줄 수 있어 자존심을 키울 수 있습니다. 소비자들의 품격이나 후광을 높여주는 상품은 구매 만족도와 선호도가 높기 때문에 업셀링(Up-Selling, 소비자에게 가격이 더 높은 상품이나 서비스 등을 구입하도록 유도하는 판매 방식)으로 판매 전략을 세우는 것이 중요합니다.

5 | 생각해보기

대박나는 스마트 스토어의 비결! 스토리에서 찾자

정보 유통의 르네상스와 감성 경험 시대가 도래하면서 소비자의 구매 권한은 막강해졌습니다. 언제 어디서나 손쉽게 유무선 환경에 접속하여 상품의 평판과 혜택을 분석할 뿐만 아니라 최적의 상품을 선택하기 위해 일정 시간을 투자하면서 구매합니다. 이런 변화는 가치 사슬에서 소비자가 시장의 최상위 계층으로 막강한 지위를 가졌다는 것을 알수 있게 합니다. 특히 저성장 경제 구조, 엥겔 지수[1]의 상승, 실질 가처분 소득[2]의 감소, 미래 불안에 대한 위축 심리는 감성적인 소비에서 합리적이고 이성적인 소비로 선회하게 만들고 있습니다. 고급 브랜드 옹호자는 반박을 하며 이렇게 말할 수 있을 것입니다. "어떤 상황이 도래해도 난 브랜드를 버리지 않을거야!"라고, 이런 추종자는 브랜드 스토리에 끈끈하게 연결되어 있다고 볼 수 있습니다. 스토리의 마법같은 영향력이 아닐까 합니다. 특히 이 범주에 속하는 몇 몇 고객은 기본적인 생활비와 식비를 줄여 소유하고자 하는 러브 마크 상품을 기필코 구입해 정신적, 심리적 안정을 취합니다. 이 구매층은 특별한 소수로 한정해 볼 수 있지만, 물질 소비에 대한 욕망을 가지고 있는 잠재적 수요자는 우주의 별 만큼이나 많습니다.

사람의 두뇌 피질에 침전되어 강력한 구매 자성을 내뿜게 만드는 나이키, 베네통, 샤넬 등의 브랜드 상품을 살펴보면 꾸준히 성장하고 있다는 것을 알 수 있습니다. 이 브랜드들은 시간이 지나도 변함없이 상품의 라이프 사이클에 이끌리지 않고 시장에서 소비자를 유혹하고 있습니다. 그 이유는 매력적인 스토리가 끊임없이 창조되고 있기 때문입니다. 거대한 글로벌 브랜드 왕국을 건설해 마법의 포자를 분수처럼 뿜어내듯 확산하고 있습니다. 여기서 마법의 씨앗은 지갑을 무의식적으로 열게 만드는 힘으로 이해하면 됩니다. 러브 마크를 받은 기업들은 매출 증진을 위해 감각적인 광고 메시지를 끊이지 않고 미디어로 내뿜어대고 있으며, 소비자의 최종 구매 의사 결정 과정을 고도화 하고 있습니다.

[1] 독일 통계학자 엥겔(Ernst Engel)이 저소득·고소득 가계 지출을 조사하면서 식료품비의 높고 낮음을 발견하였습니다. 저소득 가계는 높게 나왔으며, 고소득 가계는 낮게 나왔습니다. 이를 '엥겔의 법칙'이라고 부릅니다. 일정기간 총 가계 지출액에서 식료품비가 차지하는 비율을 엥겔 지수라고 합니다. 엥겔지수가 상승하는 이유는 지속적인 경기침체, 가계 수입이 물가상승률을 따라잡지 못 하기 때문입니다. 엥겔지수 상승이 일시적인 현상이 아닌 지속적으로 올라간다면 경제에 빨간불이 들어오는 것으로 볼 수 있습니다.

[2] 실질 가처분 소득이란, 국민소득 중 가계가 연금, 세금 등을 제외하고 원하는 곳에 마음대로 쓸 수 있는 소득을 말합니다.

급속한 환경 변화로 소비 시장이 꽁꽁 얼어붙은 빙판처럼 바뀐다면 매출을 극대화하기 위해 어떻게 해야 할까?

바로 스토리를 통한 관계 형성에서 찾아볼 수 있습니다. 스토리는 상품에 장기적인 생명을 부여하며, 고객과 밀접한 관계를 형성할 수 있는 기회를 창출해줍니다. 스마트 스토어 상품 페이지에 교감할 수 있는 스토리를 구성할 때 다음과 같은 3개의 키워드로 농축되어 있다면 애호도와 호감성을 높일 수 있습니다.

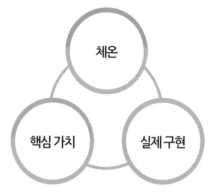

체온 – 상품 스펙 중심이 아닌 고객 입장에서 접근하는 것

체온은 스토리에 생명력을 부여하는 키워드로 상품이 가지고 있는 가치를 높일 수 있습니다. 세상에 출생한 수많은 상품들의 라이프 사이클은 '사랑'과 '매출 지표'에 따라 달라집니다. 이 두 가지가 어떻게 따라와 주는가에 따라 시장에서 결정됩니다. 매서운 경쟁 시장의 거친 항해에서 살아남은 상품들은 소비자의 감각을 길들이며, 목마를 때 물을 찾는 것처럼 매 순간 찾게 만듭니다. 이 과정 속에서 장수하는 브랜드 스토리가 세상에 탄생하게 됩니다.

'이 상품이 태어나기까지~', '상품이 어떻게 사랑을 받고 있는지~', '소비자가 이 상품을 구매해야 하는 이유가~', '시즌마다 이 상품이 꼭 함께해야 하는지~' 등의 스토리는 상품이 지속적으로 팔리는 날개를 달아줍니다. 위에 제시된 예들은 일반적으로 상품에 체온계를 달아주는 단서라고 볼 수 있습니다. 소비자의 입김에 의해 체온이 올라가면 상품의 운명을 결정하는 라이프 사이클이 길어집니다. 또한, 타 상품과 비교하게 만드는 차별적인 희소성이 생성되어 몰입성을 가져다

줍니다. 상품에서 발현되는 체온은 함께 공감하게 만드는 마력이 있어 언제나 곁에 두고 싶게 만듭니다. 스마트 스토어 사업자는 상품에 뜨거운 체온이 느껴질 수 있도록 스토리 다양한 조미료를 첨가할 수 있는 전략 구현에 신경써야 합니다.

핵심 가치 – 고객이 상품을 구매해야 되는 정당성을 부여하는 차별성과 경쟁력

새로운 상품을 구매하고자 메모지에 목록을 적고 여러 온라인몰에서 검색하지만, 의도하지 않았는데 자연스럽게 중력에 이끌리듯 다른 상품에 시선이 가게 됩니다. 왜! 정작 구매하고자 한 상품은 구매하지 않고 다른 상품을 충동 구매 하게 될까? 이러한 경험이 있는 독자는 많이 있을 것입니다. 이런 행동이 나오게 된 이유를 몇 가지 정리해보면 '시선을 사로잡는 미려적인 디자인', '신분 상승의 욕구를 해결해주는 브랜드 라벨', '상품이 곁에 있어 배가 부른 듯한 만족감과 심리적 안정' 등이 있습니다.

여기서 충동 구매를 유도하는 상품의 핵심 가치는 '밀접한 끌림'입니다. 상품 구매에 대한 정당성을 부여하는 것으로 구매자가 얻을 수 있는 기대 가치를 높여줍니다. 쉽게 설명하면 공감성입니다. 공감성은 구매자에게 신뢰성과 호감을 확산해주는 역할을 합니다. 또한, 동시대적 공감대를 형성할 수 있는 구성원 또는 종족 그룹이 버즈$^{(Buzz)}$3 행동을 자발적으로 할 수 있도록 만들어 줍니다. SNS가 쉽게 접근할 수 있는 일상의 기록 매체로 인식되면서 누구나 상품 후기들을 자연스럽게 올리고 있습니다. 거대한 팔로워를 확보하고 있는 구매자가 상품 후기 스토리를 공유할 때의 파급 효과는 매우 클 것입니다. 이제는 언

3 '버즈'는 꿀벌이 윙윙거리며 소리를 낸다는 뜻입니다. 고객이 상품을 직접 사용해보고 난 후 소셜 미디어 서비스에 상품이 가지고 있는 좋은 점을 자연스럽게 추천하는 것을 말합니다. 입소문 또는 바이럴 마케팅 이라고도 부릅니다.

제 어디서나 실시간으로 연결되어 상품 내용과 이미지를 실시간 공유하는 이미지 라이징(Image Rising)[4] 시대입니다. SNS 공유를 통해 고객과 소통할 수 있는 기회 창출은 필수적인 조건이 되었습니다.

실제 구현 – 구체적이고 사실적으로 상품 스토리를 구성하는 것

스마트 스토어에서 잘 팔리는 상품에는 그 나름대로의 이유가 있습니다. 구매 시기, 가격, 마케팅 등이 적절하게 맞았거나 타 상품과의 차별적인 기능과 옵션을 제공하였을 것입니다.

또한 매력적인 공감 스토리 구성으로 실제 오프라인 매장에서 실물을 보는 것처럼 완벽하게 구현하여 신뢰성을 높였을 수도 있습니다. 매출 신장은 곧 스토리의 성공이라고 볼 수 있습니다. 그렇지만 생각만큼 실제 구현은 온라인에서 접근하기가 쉽지 않습니다. 실제로 고객이 구매하고자 하는 상품을 만지고, 입고, 먹는 것을 경험하는 것은 어렵기 때문입니다. 이런 부분을 스마트 스토어 사업자는 스토리에서 구매 매력도과 설득력을 높일 수 있는 기회를 만들어야 합니다. 스마트 스토어 상품 페이지 구성 시 기본적인 상품 정보 소개로 끝나지 않고, 상품의 기대 가치, 이력, 공감 스토리, 사실적으로 느껴볼 수 있는 동영상을 활용하여 최종 구매 욕구를 높일 수 있습니다. 최근에는 블로그 포스팅, 동영상, 사진 등을 다양하게 활용하여 잠재 구매자에게 실제적인 상품 정보를 제공할 수 있습니다.

대박나는 스마트 스토어의 비결을 체온, 핵심 가치, 실제 구현에 대해서 살펴보았습니다. 체온은 사람 냄새가 나는 옆집 공간으로, 핵심 가치는 구매자가 원하는 효익으로, 실제 구현은 스토리에 현실감을 느껴볼 수 있는 사실성으로 목표한 매출을 실현할 수 있는 기회를 만들어 보세요.

로그 분석, 요술 램프 속의 요정 지니 활용하기

스마트 스토어를 운영하는 판매자라면 최적의 상품을 소싱하여 적정 이윤 창출이 중요합니다. 그 다음으로 중요한 것이 고객 관계입니다. 효과적으로 고객을 관리하면 재구매가 꾸준히 이루어집니다. 여기서 생각해 볼 것이 있습니다. 내가 운영하는 스마트 스토어에서의 고객 행동입니다. 고객이 어떤 상품을 구매하였는지, 어떤 상품 페이지에 오랫동안 체류하고 있는지, 어떤 상품이 많이 팔리는지, 매출이 일어나고 있는 페이지는 어디인지, 어느 지역에서, 어느 요일에, 어느 시간에 방문하면서 살펴보면 고객이 구매 패턴과 인기 상품들을 개략적으로 살펴볼 수 있습니다. 로그 분석은 스마트 스토어를 배경으로 한 다양한 웹데이터를 분석하는 것이므로 망망대해에서 사업의 생존 능력을 높일 수 있는 핵심 사항입니다. 로그 분석은 지속적인 매출 유지와 긴밀하게 연결되어 있기 때문에 판매자는 꼭 체크하고 활용하길 바랍니다.

로그 분석의 기능으로 첫 번째는 '구매자 패턴 정보'를 파악할 수 있습니다. 구매자가 어떤 상품을 주력적으로 구매하는 성향과 패턴을 분석할 수 있고 목표 타깃의 정보들을 습득할 수 있습니다. 두 번째는 '구매자 채널 정보'를 확보할 수 있습니다. 전략적으로 키워드 확보와 분석으로 효과적인 마케팅 전략 수립이 가능합니다. 키워드 검색광고를 집행할 때 지역, 시간, 요일, 비용을 최적화하여 광고 집행을 할 수 있습니다. 또한 소셜 네트워크 서비스를 활용할 때 타깃에게 호소할 수 있는 스토리 작성이 용이합니다. 세 번째는 '시장 트렌드 정보'입니다. 트렌드 분석은 과거를 읽는 동시에 앞으로 일어날 상황을 파악할 수 있는 중요한 지표입니다. 로그 분석을 효과적으로 활용하면 고객이 어떤 상품을 탐색하고 구매할지 전략을 세울 수 있습니다.

네이버에서 제공하고 있는 로그 분석 서비스에는 '네이버 애널리틱스', '프리미엄 로그 분석', 스마트 스토어 센터 내의 '통계' 서비스가 있습니다. 여기서는 '네이버 애널리틱스'와 '프리미엄 로그 분석'에 대해서 알아보고 스마트 스토어 센터 내의 '통계' 서비스는 '스마트 스토어 운영하기'에서 설명하겠습니다.

네이버 애널리틱스^(https://analytics.naver.com)는 가입하면 누구나 무료로 이용이 가능한 서비스입니다. 쉽고 간단하게 살펴볼 수 있어서 비전문가도 활용이 가능합니다. 네이버 애널리틱스의 기능에 대해서 살펴보겠습니다.

▲ 네이버 애널리틱스

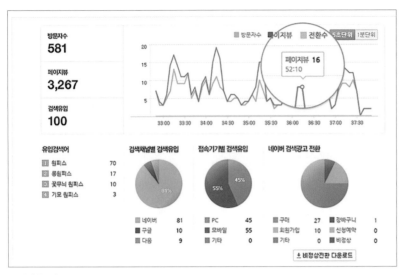

▲ 실시간 분석

유입 분석 – 잠재 고객이 어떻게 내 스마트 스토어에 방문하는지 구체적으로 파악할 수 있습니다. 유입 채널, 유입 검색어 정보를 확보하면 보다 효과적으로 타깃팅 하여 방문율을 높일 수 있습니다. 채널 그룹과 채널/유형별은 네이버 콘텐츠 카테고리 중 어디에서 유입되었는지 살펴볼 수 있습니다. 반송률은 이탈률이라고 부르며 스마트 스토어에 접속한 방문자가 처음 방문한 페이지에서 다음 페이지로 이동없이 종료되는 비율을 말합니다.

반송률이 높게 나오면 방문자가 상품 및 서비스에 관심이 없다는 것을 의미합니다. 반송률 정보를 통해 고객의 경험을 개선할 필요가 있습니다. 반송률이 49.98%로 나오면 100명이 내가 운영하는 스마트 스토어에 50명은 이용하지만, 나머지 50명은 이용하지 않고 나간다는 뜻입니다.

채널별 유입현황 채널그룹별 채널/유형별   설정조 ☑ 30개씩 보기 ▼   ⬇ 데이터저장

채널그룹	채널/유형	유입수 (비율) ▼	반응률 ▼
전체	전체	270,000 (100.00%)	33.62%
Direct	direct	27,000 (27.00%)	24.10%
쇼핑	네이버 / 검색	16,000 (16.00%)	56.84%
검색	일반유입	14,000 (14.00%)	21.08%
일반유입	네이버광고 / 사이트검색광고	12,000 (12.00%)	12.70%
검색광고	페이스북 / 소셜	10,000 (10.00%)	41.98%
소셜		8,000 (8.00%)	79.33%
검색광고	네이버광고 / 클릭초이스상품광고	6,000 (6.00%)	90.90%
쇼핑	네이버쇼핑 / 검색	4,000 (4.00%)	85.51%
검색	구글 / 검색	2,000 (2.00%)	34.65%
검색광고	구글광고 / 검색광고	1,000 (1.00%)	50.27%

▲ 유입 분석

페이지 분석 – 가장 인기있는 상품 페이지, 체류 시간 등을 파악할 수 있습니다. 인기있는 상품 페이지는 콘텐츠를 강화할 수 있고, 체류 시간이 없는 상품 페이지는 콘텐츠를 차별적으로 구성하여 품질을 높일 수 있습니다.

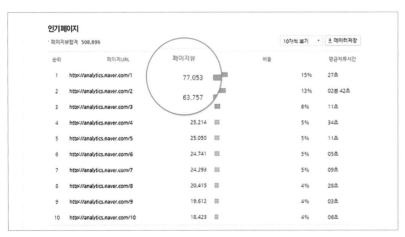

인기페이지

· 페이지뷰합계 508,896   10개씩 보기 ▼   ⬇ 데이터저장

순위	페이지URL	페이지뷰	비율	평균체류시간
1	http://analytics.naver.com/1	77,053	15%	27초
2	http://analytics.naver.com/2	63,757	13%	02분 42초
3	http://analytics.naver.com/3		6%	11초
4	http://analytics.naver.com/4	25,214	5%	34초
5	http://analytics.naver.com/5	25,050	5%	11초
6	http://analytics.naver.com/6	24,741	5%	05초
7	http://analytics.naver.com/7	24,293	5%	09초
8	http://analytics.naver.com/8	20,415	4%	28초
9	http://analytics.naver.com/9	19,612	4%	03초
10	http://analytics.naver.com/10	18,423	4%	06초

▲ 페이지 분석

방문 분석 – 페이지뷰^(PV), 시간/요일별 방문 분포, 체류 시간, 경로 깊이, 방문 지역 분포 등 방문자의 특성을 종합적으로 파악할 수 있는 정보입니다. 고객 유형(신규/재방문)이 잘 방문하는지, 방문 시간/요일이 언제 집중하고 있는지 등을 참고하여 스마트 스토어 운영 방식을 개선할 수 있습니다.

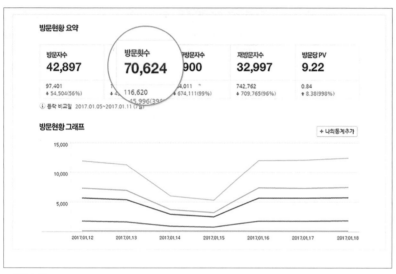

▲ 방문 분석

인구통계 분석 – 스마트 스토어 방문자의 나이, 성별 등 인구통계학적 정보를 제공합니다.

이를 통해 사이트 방문자와 비즈니스를 보다 잘 이해할 수 있고, 비즈니스에 중요한 이용자가 잘 유입되도록 인터넷 마케팅 활동을 개선할 수 있습니다.

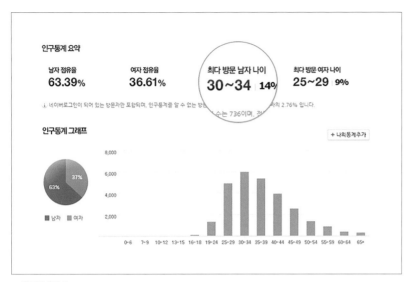

▲ 인구통계 분석

권한부여 – 네이버 애널리틱스 보고서를 다른 사람과 공유할 수 있도록 권한을 부여하는 기능입니다. 스마트 스토어 현황을 함께 분석하고 개선해야 할 항목들을 찾을 수 있습니다.

▲ 권한부여

대시보드 – 요약의 대시보드는 즐겨찾기와 같은 기능으로 자주 보는
보고서를 추가하여 일목요연하게 관리할 수 있습니다.

▲ 대시보드

프리미엄 로그 분석은 네이버 키워드 검색광고^(https://searchad.naver.com)를
집행하는 광고주에게 무료로 제공하는 자동 추적^(Auto Tracking) 서비스입
니다. 프리미엄 로그 분석에서 제공하는 정보는 '네이버 검색광고의
광고별 체류 시간, PV, 검색광고 전환 분석 보고서'와 '사이트 전체적
인 유입, 방문, 페이지 분석 보고서 등의 웹 로그 분석 보고서'가 있습
니다.

프리미엄 로그 분석 서비스를 활용하면 검색광고 보고서에서 전환 수
와 다양한 정보를 추가로 받을 수 있습니다. 네이버 검색광고 전환[5]
수가 표시되려면 프리미엄 로그 분석 서비스의 전환 스크립트가 설치
되어야 합니다.

5 '전환'은 스마트 스토어에 방문하
여 사업자의 목표가 달성되었다는
것을 의미합니다. 전환 유형으로 구
매완료, 회원가입, 신청 및 예약, 장
바구니 등이 있습니다.

▲ 프리미엄 로그 분석 신청 화면

'네이버 애널리틱스'와 '프리미엄 로그 분석' 서비스는 스마트 스토어 사업자가 필수적으로 이해하고 활용하는 것이 중요합니다. 내가 운영하는 쇼핑몰에 소비자가 어떤 키워드로 검색하여 방문하는지, 어떤 상품을 많이 보고 체류하는지, 최종적으로 전환이 이루어진 상품은 무엇인지, 어떤 페이지에서 이탈하는지 등을 파악하여 스마트 스토어 운영에 반영하길 바랍니다.

재방문 & 재구매율 높이기

사람은 사회적 동물로 다른 사람과 대화하며 의견을 나눕니다. 특히 희소성 있고 차별적인 스토리에 많은 관심을 갖고 서로 공감을 해줍니다. 그래서 사람을 이성적 존재로 보고 있습니다. 이와 반면에 상품을 구매하는 소비자의 경우, 감성적 존재로 바뀌게 됩니다. 상품 구매 과정을 통해 더 행복하고 더 만족하고 더 건강하기 위해 체험합니다. 상품 구매가 개인적 욕구 만족과 필요성을 뛰어넘어 오락적인 패턴으로 인식되고 있습니다. 더 나아가 상품 구매 후, '나는 특별한 존재이며 일상의 위대한 자아'라는 것을 알리기 위해 SNS에 글을 올리고 있습니다. 고객이 상품에 만족하면 이미지 SNS에 긍정적인 후기가 올라오고 공감의 해시태그(#)가 추가됩니다. 이런 상품 후기들은 스마트 스토어 사업자에게 긍정적인 입소문 효과를 제공해줍니다. 입소문은 고객들 사이에서 자발적으로 이루어지는 강력한 미디어입니다. 네트워크와 네트워크를 넘어 예측할 수 없는 방법으로 퍼져나갑니다. 고객들이 올린 품평 하나하나가 상품을 시장에서 살릴 수 있으며 죽일 수도 있습니다. 상품 후기가 다양한 SNS를 통해 실시간으로 확산되고 있는 시대이다보니 고객들의 의견과 정보 공유는 매출에 큰 영향을 줍니다.

이제 고객들의 입소문이 상품 구매 결정에 영향력을 주고 있는 상황에서 관점을 다르게 갖는 것이 중요합니다. 고객은 우리 상품을 구매하여 욕구 충족하는 구매자가 아닌 파트너로 인식하는 것입니다. 일차적으로 상품 구매가 끝나면 고객과의 관계는 단절이 되지만, 또 다시 구매하면 관계 형성이 이루어지고 매출이 발생합니다. 온라인쇼핑몰의 성장은 곧 고객과의 지속적으로 관계에서 비롯된다는 것을 알아야 합니다. 스마트 스토어 사업자는 "어떤 고객이 왜 상품을 구매하고, 재구매를 위해 어떤 전략을 세울까" 등을 피드백하여 상품 판매에 적용해 봅니다.

사랑받는 스마트 스토어 사업자에게는 무엇인가 특별한 비법이 있습니다. 바로 서비스입니다. 서비스는 비즈니스 필수이자 생존 전략이 되었습니다. 수많은 쇼핑몰 사업자들과 경쟁 속에서 우리 상품 브랜드를 기억하고, 재구매로 연결하는 것은 고객과 공감대를 만들어내는 것에서 시작합니다.

고객은 실제로 보이는 것만으로 서비스를 평가합니다. 포장 및 배송에서부터 최종적으로 고객이 상품을 만나는 순간까지 고려하여 시각적 단서를 부여하는 것이 중요합니다. 긍정적인 첫인상을 연출하면 고객의 눈과 감정을 자극하여 입소문의 촉매제로 작용할 것입니다.

1 │ 손글씨 편지를 보내자

전 국민의 스마트폰 보급과 인터넷 이메일을 통해 간편하게 송수신이 가능한 디지털 시대입니다. 0과 1의 조합으로 보내지는 이메일 편지는 짧은 시간 타이핑을 쳐서 만드는 인스턴트형 메시지로 고객에게 감정 전달이 어렵습니다. 스마트폰으로 보내는 문자 또한 마음을 담아 전하기에는 부족합니다. 이에 반해 손글씨 편지는 보내는 사람의 진심이 담겨있어 마음을 담는 크기가 다르게 전달됩니다. 세상이 최첨단화되어도 손글씨 편지는 아직도 가장 강력한 소통 수단입니다. 손글씨 편지 한 통이 고객에게 설렘과 기쁨을 선사할 수 있어서 한 번쯤 보낸 사람을 생각하게 만듭니다.

세계적인 자동차 판매왕이면서 기네스북에 12년 연속 선정된 조 지라드(Joe Girad)는 한 줄 편지로 유명합니다. "고객 한 사람은 그와 연결된 많은 사람이 있어 최선을 다해야 합니다."라는 철학으로 고객과 끊임없이 소통을 하였습니다. 그 당시에는 휴대전화나 컴퓨터가 없던 시절이어서 전화로 고객과 통화하고, 한 달에 한 번씩 한 줄짜리 편지에 간단한 인사말을 적은 카드나 편지를 주기적으로 보냈습니다. 조 지라드는 편지를 보낼 때마다 그 달을 떠올릴 수 있는 문장을 담아 편지를 썼고, 보내는 사람 이름 앞에 'I like you'라는 문장을 넣었습니다. 짧은 문장이지만, 고객의 마음 속에 자연스럽게 각인시키고 특별한 관계를 만드는 연결고리를 만들어줍니다. 가벼운 종이 한 장이 세상 무엇보다 값진 선물이 될 수 있습니다. 진실된 마음과 감정은 불황기에 고객의 마음을 녹일 수 있는 용광로와 같습니다. 손편지를 쓰고 난 후 읽어보시길 바랍니다. 짧은 글이라도 읽고 난 후 내가 설레이면 고객도 설레일 것입니다. 내가 행복하면 고객도 행복해 할 것입니다.

산과 들녘에 가을 옷을 입은 단풍잎은 노랗게 물든 은행잎은 시인을 만들어 주는 것 같습니다.
가을 여행은 다녀오셨나요?
아침 저녁으로 기온차가 크다는 일기예보를 보니 건강 관리가 중요해졌습니다.
화장품 잘 쓰고 계시죠?
이맘때 특히 보습 관리가 중요합니다.
이번에 구입하신 화장품과 함께 고운 피부로 관리하였으면 합니다.
감기 조심하세요.

***고객님
*** 공기정화기를 구매해주셔서 감사드립니다.
요즘 황사와 미세먼지로 많은 분들께서 고생하고 있습니다. 특히 가정으로 유입된 미세먼지는 더 한층 걱정거리입니다.
이번에 고객님께서 구입하신 ***공기정화기는 가정 내에서 미세먼지를 완벽하게 제거하니 걱정을 하지 않으셔도 됩니다.
신록이 푸르름을 더해가는 계절에 귀댁에 가정의 건강과 행운이 함께 하시길 기원합니다.

2 | 구매 상품과 연관된 상품을 보내자

고객이 구매한 주 상품을 포장할 때 연관된 작은 선물을 함께 보내면 어떨까요? 구매 상품 가격에 따라 차별화하여 선물을 보내면 고객에게 또 다른 즐거움을 선사해 줄 수 있습니다. 특히 구매한 상품과 연관된 선물일 경우에는 더욱 좋습니다. 스마트폰의 경우에는 액정 클리너, 화장품일 경우에는 샘플 화장품, 도라지차 티백일 경우에는 작두콩차 또는 헛개차를 낱개로 포장하여 보내면 재방문의 기회를 만들 수 있습니다. 며칠 전 여행용 크로스백을 구매하였는데 포장 박스를 열고 잔잔한 미소가 머금었습니다, 박스 안에 "여행을 떠날 때 *** 크로스백을 메고, 달콤한 추파춥스 먹으며 여행하세요. 여행이 더 한층 즐거울 것입니다."라는 카드와 추파춥스 3개가 담겨져 있었습니다. 소소한 선물이지만, 판매자의 진심 어린 배려와 생각에 감사하게 생각할 것입니다.

3 | 정기적으로 이벤트 및 프로모션 메시지를 보내자

'할인', '한정', '세일' 단어는 고객의 시선을 사로잡는 매력적인 단어입니다. 스마트 스토어 사업자는 상품의 라이프 사이클을 분석하여 매출 전략을 세워야 합니다. 상품의 라이프 사이클에서 성숙기와 쇠퇴기에 위치하면 고객의 구매 욕구가 떨어지는 시기이므로 프로모션을 통해 재고를 줄이는 것이 필요합니다. 할인 프로모션은 재고 소진과 매출 신장의 기회를 창출하는 것이므로 고객의 주목을 끌 수 있는 1+1(판촉 행사)을 활용해 볼 수 있습니다. 다음은 할인 행사와 관련된 사례입니다.

▶ 할인의 스케일이 다르다 딱 1주일!
  **브랜드 20% 파격 세일

▶ 할인원 세일
  골프 마켓 구매 금액대별 최대 10만 원 폭풍 할인

▶ 릴레이 반값 행진
  타임 세일
  딱 '12' 시간만 파격 특가

▶ 미리미리 서두르면
  맘.편.한 세트
  영유아 의류 할인 행사

▶ 쌈박 데이즈
  삼일동안 박리다매
  [슈퍼55특가] 리틀 마켓 선착순 할인

▶ 가을맞이 특별 할인 이벤트
  2030 젊은층 라이프 스타일 저격

4 | 상품 소개서 및 사용 설명서를 보내자

스마트 스토어 사업자가 상품 포장 전에 신경을 써야 할 것이 있습니다. 바로 상품 관련 소개서입니다. 여기서 소개서는 회사 소개서, 상품 항목 리스트, 구매 상품에 대한 설명서, 보충 설명서 등이 있습니다. 전자제품의 경우에는 사용 설명서와 품질 보증서가 담겨져서 발송이 됩니다. 이 증서가 없으면 고객 입장에서 신뢰도가 떨어질 수 있어서 중요합니다. 조립 제품의 경우에는 필수적으로 설명서가 들어가야 합니다. 저관여도 상품의 경우에는 상품 소개서가 중요하지 않을 수 있지만, 포장 박스에 간단한 회사 소개 또는 상품 리스트를 함께 넣으면 고객이 쇼핑몰을 인지할 수 있습니다. 이벤트 참여 및 후기 작성에 대한 혜택 제시로 재방문의 기회 창출이 가능합니다.

"서비스에는 최고가 없습니다. 다만 최선이 있을 뿐입니다."라는 말이 있습니다. 스마트 스토어에는 다양한 사업자가 존재하고 치열하게 가격 경쟁을 해야 하는 공간입니다. 어떻게 해야 치열한 경쟁의 늪에서 빠져나 올 수 있을까요? 어려운 질문인 것 같지만 정답은 있습니다. '좋은 상품으로 고객과의 신뢰를 구축하고 최상의 서비스를 제공하는 것'입니다. 최상의 서비스는 타 업체보다 차별적인 것을 제공하는 것이 아닙니다. 고객에게 상품 하나를 판매하더라도 '정성'이 담긴 마음을 제공하는 것입니다. 판매자의 손글씨 편지, 상품과 연관된 작은 선물, 상품 관련 소개서 등을 함께 보내면 고객은 소소한 즐거움과 재미를 느낄 것입니다. 또한, 상품 브랜드에 대해서 인지하고 재방문의 기회를 만들 수 있습니다.

고객 관리에는 1:5법칙,
5:25법칙이 있다

이제 고객 관리는 사업을 영위하는 모든 사업자들이 알아두어야 하고 관심을 가져야 하는 중요한 전략입니다. 1970년대 수요가 공급을 초과하던 시기에는 회사가 얼마든지 시장 지식을 확보하여 상품과 서비스를 판매하면 되었습니다. 그렇지만, 1980년대로 접어들면서 시장의 판도가 바뀌었습니다. 공급이 수요를 초과하게 된 것입니다. 대중(Mass)에서 세분화(Segmentation)로 넘어가면서 소비자의 구매결정권이 더 까다로워졌고 구매 욕구가 다양해졌습니다. 이런 환경은 쇼핑몰 사업자들에게 상품 중심이 아닌 고객 중심으로 바꾸게 만들었습니다. 상품의 품질과 수량에 맞추어졌던 방향에서 다음과 같은 고객 지향적인 질문을 하게 됩니다.

> ● 우리가 원하는 스마트 스토어 핵심 단골 고객은 누구인가?
> ● 고객당 평균 구매 가격은 얼마인가?
> ● 신규 고객의 확보와 충성 고객의 관리는 어떻게 해야 하는가?
> ● 고객에게 구매 혜택, 보상 관리 서비스는 할 수 있는가?
> ● 고객이 구매하는 주력 상품은 무엇인가?
> ● 고객이 원하는 상품 경쟁력과 컨셉은 무엇인가?
> ● 최악의 고객은 누구인가?
> ● 우리가 원하는 고객을 어떻게 모객할 수 있는가?
> ● 왜 고객이 우리 상품을 구매하지 않을까?

시장 환경은 이미 고객 중심으로 바뀌었습니다. 이에 다양화된 고객의 욕구에 맞출 수 있는 상품 전략이 필요하며 디지털 시장 환경에 적응할 수 있는 역량을 확보하는 것이 중요합니다. 고객 관리는 이벤트 프로모션을 통한 신규 고객의 발굴, 우량 고객 관리, 기존 고객의 재구매 유도, 고객과의 관계 유지 등을 통해 수익을 창출하는 일련의 활동을 말합니다. 고객과의 연계된 모든 활동이라고 볼 수 있습니다. 고객 관리가 수익성과 밀접하게 연결되어 있다는 것을 이해하고 우연히 방문한 잠재 고객을 일반 고객으로, 일반 고객을 단골 고객으로 확보할 수 있는 고객 관리 능력을 최우선 전략으로 삼으시길 바랍니다.

1:5 법칙

신규 고객 창출도 중요하지만, 기존 고객 관리를 통해 비용과 노력을 줄일 수 있다.

고객 관리의 중요성

5:25 법칙

기존 핵심 고객의 이탈을 줄일 수 있으면 이익은 늘어난다.

비즈니스 현장에서 고객 관리가 왜 중요한지는 '1:5법칙'과 '5:25법칙'을 통해서 알 수 있습니다. '1:5법칙'은 "신규 고객 유치와 판매 비용이 기존 고객에 비해 5배가 더 든다"라는 뜻입니다. 신규 고객을 확보하는데 드는 비용은 기존 고객을 유지하는데 드는 비용보다 더 많이 나갑니다. 신규 고객을 확보하려면 기본적으로 광고비, 판촉비 등의 비용이 산정되어야 합니다. 기존 고객의 관리가 중요하다는 점을 시사하고 있습니다. 글로벌 컨설팅 업체인 맥킨지 앤 컴퍼니(McKinsey & Company)에서는 기존 고객을 관리하는 비용이 1달러라면 신규 고객을 창출하는데 5달러가 든다고 하였습니다. 신규 고객 확보는 5배의 노력과 비용이 투자된다는 것을 알 수 있습니다. 인간관계에서도 1:5의 법칙이 적용되고 있습니다. 심리학자 존 카트먼^(Jonh M Gottman)의 연구 내용에 따르면 남에게 부정적인 말을 1번 했다면, 5번의 긍정의 말을 해야 한 번의 부정이 희석된다는 의미입니다. '1:5법칙'은 신규 고객 확보에 그에 따른 비용 투자가 소요되며 기존 고객 관리에 충실히 하면 수익성이 향상된다는 것을 알려줍니다.

'5:25법칙'은 "기존 핵심 고객을 5% 잘 관리하면 이익이 25% 개선된다"는 의미입니다. 달리 말하면 단골 고객이 많으면 지속적으로 매출이 신장하고 안정적인 수익을 창출할 수 있다는 뜻입니다. 스마트 스토어에 입점한 사업자들의 대부분은 신규 고객을 잡으려고 노력합니다. 방문자가 많아야 매출이 올라간다는 것은 누구나 아는 상식입니다. 그렇지만, 방문자가 내가 원하는 확실한 고객이라고 볼 수 없습니다. 아이 쇼핑족일 수 있고, 쇼루밍족일 수 있습니다.

신규 고객 확보에 주력하다 보면 설상가상으로 대부분 기존 고객은 곧바로 이탈하게 됩니다. 공급이 수요를 압도하는 시대여서 고객 이탈은 막을 수 없지만, 핵심 고객의 재방문 기회를 만드는 것이 중요합니다. 핵심 고객의 경우 일반 고객보다 재방문의 기회가 더 많고 구전 효과가 높아 더 효율적이기 때문입니다. '5:25법칙'은 모든 고객을 관리하기 위해서는 많은 노력과 관심이 필요하기 때문에 핵심 고객을 선정하고 자원을 집중하라는 의미를 가지고 있습니다.

'1:5법칙'과 '5:25법칙'은 고객 한 사람, 한 사람을 소중히 여기고 오랫동안 관계 형성을 하는 것이 중요하다고 말해줍니다. 또한 고객 관리는 스마트 스토어 사업자가 견고한 사업 기반을 마련하고, 고객에게 더 큰 가치를 제공하는 윈윈게임이라는 것을 이해하기 바랍니다.

고객을 효과적으로 관리하자

고객은 스마트 스토어 사업자가 상품을 팔기 전부터 우선적으로 고려해야 하는 전략 사항입니다. 쇼핑몰에 올려진 상품을 구매하는 한 사람이 아닌 다른 관점으로 접근해 볼 필요가 있습니다. 어떤 회사는 고객을 '월급을 주는 사장', '우리 쇼핑몰의 든든한 파트너', '우리의 상품을 홍보하는 마케터'라고 표현하고 있습니다. 이렇게 고객을 다르게 바라보는 이유는 공급보다 수요가 넘쳐나고 상품의 라이프 사이클이 짧아지게 되면서 시장의 판도가 바뀌었기 때문입니다.

1 | 누가 뭐래도 고객은 최고의 마케터다

고객의 상품 구매 과정을 살펴보면 한 편의 드라마와 비슷합니다. 드라마 속의 갈등, 감동, 경험, 기대 등 다양한 감정을 교감하면서 시청합니다. 스마트 스토어에서 상품 구매 또한 비슷합니다. 상품에 대한 정보 탐색, 기대 가치, 효과, 경험, 재미와 흥미 등 스토리를 통해 최종적으로 결제를 할지 말지 결정합니다. 또한 고객의 기대 가치가 지속적으로 상승하면서 구매 프리즘이 넓어지고 있습니다. 고객은 곧 파트너, 사장, 마케터라고 표현해도 무색할 정도입니다. 고객이 파트너이고 사장이다라는 접근은 쉽지 않지만, 마케터는 실질적으로 다가오는 키워드입니다. 우리 상품을 구매한 고객 한 명 한 명이 마케터라면 매출은 기대 이상의 효과를 얻을 수 있습니다.

소셜 네트워크 서비스의 대중화로 '일상의 위대함'을 경험하게 되면서 상품 구매에서 끝나지 않고 제품 개발 및 유통 과정에 직간접적으로 참여하고 있으며(프로슈머Prosumer), 직접적인 제품 체험을 통해 구매(트라이슈머Trysumer)하고 있습니다. 더 나아가 고객이 구매하고자 하는 제품을 만드는 기업에 투자하는 소비자(커스트오너Custowner)도 많아지고 있습니다.

고객은 "참여하여 직접 보고, 만나고, 만지고, 느끼고, 사용해 보는 것"을 중요시 여깁니다. 이것이 시대적 현상인 트윈슈머(Twinsumer)를 만들어 내고 있습니다. 바로 마케터입니다. 트윈슈머는 쌍둥이처럼 비슷한 구매 성향과 욕구를 가진 양측의 교류라는 뜻으로, 상품 구매자의 사용 후기를 고려하여 구매를 결정하는 소비자를 의미합니다. 소셜 네트워크 서비스 중 스토리텔링으로 상품에 대한 만족도를 표현할 수 있는 블로그는 강력한 호소력을 가진 도구입니다. 폴라Pholar(2019년 9월 30일 서비스 종료), 인스타그램Instagram, 페이스북Facebook 등은 간결한 소통 채널로 상품에 대한 구매 경험과 경험을 효과적으로 풍성하게 담기 어렵습니다. 이와 반면에 블로그는 기승전결로 스토리화하여 상품 설명에서부터 사용 후기까지 담아낼 수 있습니다. 상품 구매로 긍정적인 경험을 한 고객이 블로그에 포스팅하고 포털 사이트의 검색 결과에 노출되면 기대 이상의 효과를 얻을 수 있습니다. 기업의 일방적인 유료 광고 채널보다 상품 구매자의 품평을 더 신뢰하기 때문입니다. 스마트 스토어 사업자는 고객이 블로그에 포스팅한 사용 후기를 간단히 넘겨서는 안 됩니다. 적절한 보상으로 감사의 표시를 하는 것이 중요합니다.

고객을 한 번의 구매자로 끝내기보다는 재방문하도록 유도하고 우리 상품을 홍보하는 마케터로 받아들여야 합니다. 고객 관계는 시간이 지날수록 친밀함과 견고함이 두터워집니다. 쇼핑몰 관리 업무로 시간적인 제한이 뒤따르지만, 고객 관리에 시간을 투자하세요. 처음에는 그저 구매자로 이름만 알던 사이지만, 지속적으로 관계 형성의 기회를 만들면 입소문 마케터가 되어줄 것입니다.

스마트 스토어 사업자라면 '상담관리앱 네이버톡톡'을 활용하여 적극적으로 고객 관리를 할 수 있습니다. '상담관리앱 네이버톡톡'은 고객과의 상담 채널로 활용도가 높지만, 소셜 네트워크 서비스를 활용한 후기 이벤트로 고객과의 밀접한 관계 형성을 만들 수 있습니다. '사용후기 프로모션'으로 고객이 올린 URL 주소를 네이버톡톡으로 받으면 고객의 품평과 만족도 파악이 용이합니다. 네이버톡톡에는 간단히 고객을 관리할 수 있는 '고객타입' 서비스가 있습니다. 고객 성향에 따라 타입을 추가하여 일목요연하게 살펴볼 수 있습니다.

▲ 네이버톡톡 고객타입

2 | 모든 고객이 똑같지는 않다

현재 고객 대상으로 비즈니스 기회를 창출하고 있는 회사는 고객의 존재에 대해서 대략적으로 이해하고 있습니다. 한 번쯤 "고객은 왕이다", "고객은 신이다", "고객이 월급을 준다"라고 보았거나 들어보았을 것입니다. 이런 문장을 보고 있으면 고객은 막강한 존재가 되었다는 것을 알 수 있습니다. 위에서 고객은 사장, 파트너, 마케터라고 설명하면서 회사 입장에서 긍정적인 관계를 만드는 것이 중요하다고 하였습니다. 그렇지만, 고객이 모두 똑같지는 않습니다. 모든 고객이 긍정적이고 만족하면 좋겠지만, 몇몇 고객 한 명으로 인하여 골머리를 앓는 경우가 발생합니다. 대표적으로 블랙 컨슈머(Black Consumer), 체리 피커(Cherry Picker), 쇼루밍(Showrooming)과 같은 용어는 스마트 스토어 사업자에게는 달갑지 않습니다.

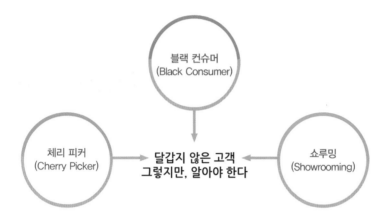

블랙 컨슈머(black Consumer)는 한 마디로 '진상'과 같은 용어로 악성을 뜻하는 '블랙'과 '소비자'를 뜻하는 '컨슈머'의 합성어입니다. 최근 사회적으로 큰 이슈가 되면서 퇴출시켜야 할 소비자로 인식하고 있으며 범죄 행위로 규정하고 있습니다. 고객 응대를 잘못해 화가 난 고객이나, 상품 품질에 자신이 없는 업체가 결함에 대한 보상으로 사건을 무마시키려고 할 때 블랙 컨슈머가 탄생하게 됩니다. 이들은 고의적·상습적으로 업체에 접근하여 이런저런 생트집을 잡아 부당한 이익을 취하거나 환불이나 배상 등을 요구합니다. 심할 경우에는 불만을 표시하는 과정에서 비정상적인 언어 구사 같은 일반인의 상식을 벗어난 행동을 일삼기도 합니다. 자칫 이런 행동이 막무가내식으로 점차 잦아지게 되고, 문제가 엉뚱하게 불거지게 되면 스마트 스토어 사업자에게 치명적인 손실을 줄 수 있습니다.

업체 입장에서 상품 결함과 파손에 대해서는 그에 대한 보상 절차가 이루어지는 것은 정상입니다. 그렇지만, 막무가내식의 보상 요구는 올바른 자세가 아니라고 봅니다. 특히 구매한 상품을 임의로 파손 시키거나, 농식품에 이물질을 첨가하여 허위 사실을 유포하는 블랙 컨슈머는 근절되어야 할 것입니다. 대한상공회의소가 국내 300개 기업을 대상으로 조사한 결과에서는 83.4%의 기업이 블랙 컨슈머를 경험하였으며, 국가인권위원회가 전국 유통 사업장의 종사자 대상으로 진행한 '유통 사업장 노동 환경 실태 조사'에서는 61%가 고객에게 폭언, 욕설 등을 경험하였습니다.

- ▶ 고의적으로 농식품에 이물질을 넣은 후 재산상의 이익 취득으로 사기죄가 성립할 경우
  - ➡ 형법 제 347조에 따라 10년 이하의 징역 또는 2,000만 원 이하의 벌금
- ▶ 공개적으로 미디어나 소셜 네트워크 서비스를 활용해 회사 브랜드 이미지를 훼손할 경우
  - ➡ 형법 제 307조에 따라 명예훼손죄로 2년 이하의 징역이나 금고 또는 500만 원 이하의 벌금
  - ➡ 공연히 허위의 사실을 사실인 것처럼 적시해 명예를 훼손시킨 경우는 5년 이하의 징역 또는 1천만 원 이하의 벌금
- ▶ 업체에 지속적으로 전화를 걸거나 매장에 찾아와 업무를 방해할 경우
  - ➡ 형법 제 314조에 따라 업무방해죄로 5년 이하의 징역 또는 1,500만 원 이하의 벌금

다음은 블랙 컨슈머가 허위사실을 유포하여 형사 처벌을 받은 사례입니다. 2015년 8월 국내 유명 화장품 업체인 코리아나 화장품이 진행한 이벤트에 당첨된 고객에게 얼굴 마사지 서비스를 제공하였는데, 이를 무면허 의료 행위로 신고하였습니다. 언론에 제보하고 경찰에 신고하는 등 1인 시위로 영업을 방해하였습니다. 이에 서울중앙지방법원은 6개월 실형을 선고받았습니다. 보통 법원에서 폭언이나 명예훼손 등의

혐의로 블랙 컨슈머로 판단되면 처벌받을 수 있습니다.

다음 사례는 전 세계적으로 블랙 컨슈머가 '삼성전자의 갤럭시노트7'에 대해서 허위사실을 유포한 사례입니다. 2016년 삼성전자의 갤럭시노트7는 판매 실적이 좋았지만, 배터리 결함 문제로 리콜 조치가 내려졌고 세계적으로 120대 이상 교환되었습니다. 이후 새 제품 교환 이후에도 배터리 자체 결함이 확인되지 않은 허위신고들이 많아지게 되었습니다. 삼성전자는 사실 관계가 명확하지 않은 제품 결함 문제가 여과되지 않고 소셜 네트워크 서비스로 확산되면서 몸살을 앓게 됩니다. 전 세계적으로 실제와 다르게 보상금을 노린 얌체 블랙 컨슈머들의 신고가 적지 않았습니다. 전자렌인지에 넣어 가열하거나, 연기가 나면서 제품이 연소되었거나, 제품 회수 요청에 신고를 취소하거나, 제품 손상을 그래픽 툴로 조작하거나 등등 황당한 허위신고 사례가 나왔습니다. 블랙 컨슈머들의 활동으로 삼성전자의 브랜드는 큰 타격을 받게 됩니다.

요즘은 밀접한 관계망으로 연결된 글로벌 사회입니다. 블랙 컨슈머의 허위 사실이 판명되더라도 여러 방송 매체와 소셜 네트워크 서비스로 퍼져나가면 업체는 유무형의 큰 피해를 고스란히 떠안을 수밖에 없습니다. 이에 스마트 스토어 사업자는 블랙 컨슈머를 잘못된 방법으로 부당한 이익을 노리고 사업에 심각한 피해를 끼치는 범죄 행위로 인식할 필요가 있습니다. 이에 대처 방안을 마련하는 것이 중요합니다. 점점 대담해지는 블랙 컨슈머는 앞으로 사라질까요? 다양한 상품과 서비스가 존재하는 한 더욱 늘었으면 늘었지 결코 그 수가 사라지지 않을 것입니다. 개인의 취향에 따라 좋고 싫음을 명확하게 구분짓기 때문에 블랙 컨슈머 대응은 더욱 더 교묘해지고 어려워질 것입니다.

막무가내로 행동하는 블랙 컨슈머들이 있다면 어떻게 해야 할까요? 최근 서비스 기업 중심으로 블랙 컨슈머에 대응하기 위해 대응 매뉴얼을 만들고 내부 전담 조직을 조직하여 운영하고 있습니다. 상공업계의 권익을 대변하는 대한상공회의소에서는 매년 '블랙 컨슈머, 기업의 대응 전략'이라는 주제로 교육을 진행하고 있습니다. 이만큼 블랙 컨슈머의 수법이 교묘하게 진화하고 있어 대비하는 것이 중요합니다. 소규모 운영하고 있는 스마트 스토어 사업자에게는 블랙 컨슈머에 대한 전담 조직을 운영하는 것에는 현실적으로 한계가 있습니다. 블랙 컨슈머들의 불합리하고 돌발적인 불평을 모두 대응하는 것은 어렵기 때문입니다. 이에 블랙 컨슈머에 대해서 몇 가지를 알아두면 좋습니다.

첫 번째, 고객이 문제를 삼는 것이 무엇인지 확실히 파악해야 합니다

고객이 업체에 문의하거나 문제를 제기하면 우선적으로 어떤 사항인지 체크해야 합니다. 배송 지연인지, 다른 상품이 배송된 것인지, 상품에 하자가 있는지 등 발 빠르게 대응하여 고객이 제기한 문제를 해결하는 것이 중요합니다. 문제가 해결이 안되면 작은 불만이 거대한 불씨가 되어 블랙 컨슈머로 키울 수 있습니다.

두 번째, 명확하게 반품/교환/환불 규정을 명시하는 것이 중요합니다

네이버 스마트 스토어에서는 '거래조건에 관한 정보'와 '반품/교환 정보'에 대해서 표시하고 있습니다. 판매자와 거래자가 거래 시 필요한 절차, 기준을 명시하고 있으며 거래자가 반품/교환을 위한 정보를 각 상품별로 노출합니다. 이 표시 정보는 상품을 구매한 고객이 환불을 요청할 경우 기본적인 참고 사항입니다. 간혹 악의적으로 상품을 사용한 후 환불을 요청하는 경우가 발생할 수 있습니다. 판매자는 스마트 스토어에서 제공하는 기본 정보 외에 추가할 내용이 있으면 상품 페이지 내의 상단 또는 하단에 상세히 명시할 필요가 있습니다. 보다 명확하게 하기 위해 포장 박스 안에 반품/교환/환불 규정을 프린트 하여 함께 보내면 확실히 전달할 수도 있습니다. 상세하게 기술된 규정은 악의적으로 접근하는 블랙 컨슈머에게 판매자의 입장을 수긍하게 만드는 명분이 됩니다.

세 번째, 최대한 말을 아끼면서 시간 소비를 최대한 줄이는 것이 중요합니다

현재 Amazon에서는 블랙 컨슈머들을 블랙 리스트화하여 구매를 하지 못하도록 제재를 하고 있습니다. 아직까지 스마트 스토어는 고의적·상습적으로 문제를 일으키는 고객들을 제명하고 있지는 않습니다. 판매자가 자율적으로 고객과 응대할 수 있는 소통 역량을 확보하는게 중요합니다. 블랙 컨슈머는 대체적으로 판매자의 허점을 노려 공포 분위기를 조성하고, 막무가내식으로 비정상적인 언어 구사를 사용합니다. 여기에는 일종의 전략이 숨어있습니다.

블랙 컨슈머는 판매자의 고객 응대 과정에서 에너지를 소진시켜 부당한 이익을 얻으려고 할 것입니다. 이 상황에서 판매자는 블랙 컨슈머의 흥분한 상태를 완화시키고 마찰을 줄이는 것입니다. 비이성적인 상황에서 분별없이 툭툭 내뱉는 상대방의 분위기를 역전하는 마법은 '질문'에 정답이 있습니다.

대부분 화가 난 구매자는 호흡의 길이가 길어지면서 두루뭉술하게 감정적으로 불만을 표출합니다. 이럴 경우 잘 경청하고 진심으로 공감하는 질문을 하면, 비이성적인 상태에서 이성적인 상태로 돌아오게 할 수 있습니다. 다음과 같은 질문을 해볼까요? "고객님께서 불편을 느끼시고 문제 제기한 것으로 이해됩니다. 고객님 상품에 하자가 있다고 말씀하셨는데, 구체적으로 어떤 점이 안 좋은지 말씀을 해주시겠어요?"라고 하면 효과적으로 화가 난 고객을 내 편으로 만들 수 있습니다. 효과적인 질문 하나로 이성적으로 응대가 가능하고 강한 인상을 심어줄 수 있습니다. 고객에게 핵심을 찌르는 질문을 하면 현재의 문제 상황을 파악할 수 있고, 생각과 속사정을 알 수 있습니다. 추가적으로 질문 진행 시 최대한 말을 아끼고 정보 위주로 전달할 것을 당부드립니다. 블랙 컨슈머와 말을 많이 하게 되면 꼬투리가 잡히고 감정이 개입되어 통제할 수 없는 상황으로 치달을 가능성이 커지기 때문입니다.

블랙 컨슈머^(black consumer)는 판매자의 허점을 노려 접근하기 때문에 문제점을 모두 찾아서 대처하는 것은 현실적으로 힘듭니다. 어느 업종이나 일정 비율의 블랙 컨슈머가 꾸준히 발생하고 있습니다. 이들에게 불합리하고 돌발적인 불평과 불만에 잡히면 에너지를 소진할 뿐만 아니라 통제가 안되면 최악의 경우까지 치닫게 됩니다. 스마트 스토어 사업자는 미연에 악의적인 고객을 차단하기 위해 사전에 명확한 규정을 만드는 동시에 문제 원인을 확실히 파악해야 합니다. 또한, 효율적인 소통 전략으로 이성적인 상황을 만들어 블랙 컨슈머와의 마찰을 줄이기 바랍니다.

체피 피커$^{(Cherry\ Picker)}$는 케이크 위에 올려진 신포도와 체리 중 맛있는 체리 과일만 집어먹는 얄미운 사람들을 빗대어 표현합니다. 쇼핑몰에서는 평상시 관심을 갖지 않다가 특정 시즌이나 이벤트를 진행할 때만 열성적으로 충성도를 보이는 소비자를 말합니다. 또는 회사의 상술에 속지 않고 부가 혜택이나 서비스의 빈틈을 치열하게 파고 들어 자기 실속만 쏙쏙 챙겨가는 스마트한 소비자로도 인식하고 있습니다. 이벤트는 잠재 고객의 방문을 확대하고 신규 고객을 확보할 수 있는 좋은 기회입니다. 적절한 타이밍에 맞추어 진행하는 이벤트는 매출 극대화에 상승 효과를 제공합니다. 그렇지만, 기존에 혜택을 받아야 할 고객이 아닌 체리 피커의 소비 방식으로 접근하는 고객이 여러 존재한다면 달갑지는 않습니다. 단순히 상품을 제공하는 판촉 활동이 아닌 상품 구매와 연계한 후기 작성 이벤트로 진행하는 것을 추천드립니다.

쇼루밍$^{(Showrooming)}$은 오프라인 매장에 방문하여 구매할 상품을 구경하고, 착용, 시음해 보고는 인터넷으로 가장 저렴한 것을 찾아서 구매하는 고객을 말합니다. 최근 경제 상황이 저성장 기조로 이동하고 내수 경제 침체로 인해 서민 경제가 어려워지면서 소비자 지갑의 문을 열기가 더욱 힘들어지고 있습니다. 이런 상황에서 소비자는 더 알뜰하고 합리적인 소비 패턴을 보입니다. 대표적인 행동이 쇼루밍이라고 볼 수 있습니다. 특히 대표적인 행동으로 다양한 오프라인 매장에서 아이 쇼핑하고 인터넷 쇼핑몰에서 가격 비교 분석과 서비스 혜택을 탐색한 후 구매를 진행합니다. 오프라인 판매자 입장에서는 이런 소비자의 구매 패턴은 반갑지 않습니다. 이와 반대인 역쇼루밍$^{(Reverse-Showrooming)}$은 구매할 상품을 다양한 온라인쇼핑몰에서 정보를 확보한 후 구매는 백화점 등 오프라인 매장에서 하는 것을 말합니다. 역쇼루밍 현상은 명품 가방, 전자제품 등과 같은 고관여도 상품에서 두드러지게 나타납니다. 하버드 비즈니스 리뷰[HBR][6] 7월호에 게재된 '역쇼루밍 증가 현상에 관한 논문'에 의하면 역쇼루밍과 같은 구매 패턴이 증가하고 있는 이유를 소셜 네트워크 서비스로 분석하고 있습니다. 사진 공유 SNS인 인스타그램, 핀터레스트 등은 소비자들에게 상품 구매 정보를 급속하게 확산하는 역할을 한다고 언급하였습니다. 특정 해시태그[#]를 클릭하거나 검색하면 상품과 연계된 사진 또는 스토리를 손쉽게 접근이 가능합니다. 온라인 판매자라면 쇼핑몰을 운영하면서 사진 공유 SNS를 필수적으로 활용해야 할 것입니다.

블랙 컨슈머, 체리 피커, 쇼루밍, 역쇼루밍 소비 양상은 스마트 스토어를 운영하면서 마주쳐야 하는 부담감은 존재합니다. 그렇지만, 시대적 흐름에 발맞추어 대응하는 전략이 필요합니다. 블랙 컨슈머는 강력하게 대비책을 만들어야 하며, 체리 피커는 매출과 연계한 판촉 이벤트를 세우며, 쇼루밍과 역쇼루밍은 상품 스토리(소비자의 욕구나 기호를 고려한 글)를 매력적으로 작성하고 적립 포인트를 제공할 수 있는 전략을 수립하기 바랍니다.

6 하버드 비즈니스 리뷰(Harvard Business Review)는 미국 하버드 경영대학원 소유의 월간 경영학 잡지

정기적으로 고객 만족도
체크하기

고객 만족도는 내가 운영하는 스마트 스토어에서 고객이 상품과 서비스 구매로 긍정적인 경험을 하고 있는가를 체크해보는 마케팅 수법입니다. 상품 정보 탐색에서부터 최종적으로 고객이 상품을 받을 때까지 고객이 경험하는 기대치가 올라가면 고객 만족도는 자연스럽게 높아집니다. 고객의 만족도는 재구매율, 고객 유지율(Retention Rate)[7], 지갑 점유율(Wallet Share)[8]과 밀접하게 관련되어 있어 매출과 수익에 영향을 줍니다. 스마트 스토어에서 이루어지는 모든 업무 과정은 고객 만족도와 연결되어 있기 때문에 정기적으로 체크하는 것이 중요합니다. 고객의 만족도가 높아지면 충성 고객으로 연결되어 기대 이상의 부가 가치를 얻을 수 있습니다.

[7] 냉장고 구매 고객이 재구매할 때도 이전과 같은 브랜드의 냉장고를 구매하는 비율을 의미합니다.

[8] 고객이 소지하고 있는 돈 중에서 내가 운영하는 스마트 스토어의 상품 및 서비스 구입에 쓰인 돈의 비율을 의미합니다.

고객 만족도 **UP** = 높은 성장과 수익성 확보

다음 그래프는 '1명의 충성 고객이 7년간 창출하는 부가 가치'에 대한 그래프로 미국의 전략 컨설팅 회사인 베인&컴퍼니의 연구·조사 결과입니다. 이는 로열티(고객의 충성심)가 높은 단골 고객이 어떻게 회사에 고매출·고수익을 창출해 주는지 7가지의 수익 공헌을 잘 설명하고 있습니다.

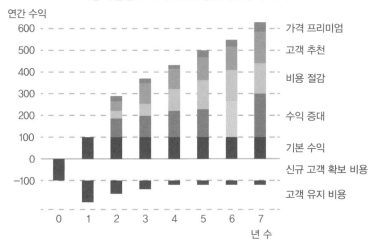

1명의 충성 고객이 7년간 창출하는 부가 가치

연간 수익

가격 프리미엄
고객 추천
비용 절감
수익 증대
기본 수익
신규 고객 확보 비용
고객 유지 비용

년 수

첫 번째는 '고객 유지 비용'입니다. 처음 년 도에만 높게 비용이 지출 되고 년 수가 지날수록 줄어듭니다. 5:25법칙에서 설명한 것처럼 신규 고객 확보가 아닌 기존 단골 고객을 잘 관리하면 이익은 개선됩니다. 로열티가 높은 단골 고객의 재방문과 재구매가 꾸준히 이루어지면 광 고 투자 비용을 줄일 수 있습니다. 두 번째는 '신규 고객 확보 비용'입 니다. 기존 고객에게 긍정적인 구매 경험을 꾸준히 제공하면 재구매 는 지속적으로 이루어집니다. 굳이 새로운 고객을 찾아 마케팅 예산 을 투자할 필요가 없습니다. 세 번째는 '기본 수익'입니다. 1명의 신규 고객을 확보하면 100이라는 기본 수익이 발생합니다. 이 신규 고객을 단골 고객으로 바꿀 수 있다면 1년부터 7년까지 매년 기본 수익이 발생 합니다. 네 번째는 '수익 증대'입니다. 단골 고객 대상으로 시즌 및 할 인 행사 이벤트를 진행하면 매출 신장이 가능하고, 업셀링, 크로스셀 링을 활용하여 기대 수익을 확보할 수 있습니다. 다섯 번째는 '비용 절 감'입니다. 고객의 이탈이 현저히 낮고 꾸준히 기대 매출이 발생하면 신규 고객 확보에 투자되는 예산을 줄일 수 있어 비용 절감의 효과를 얻을 수 있습니다. 여섯 번째는 '고객 추천'입니다. 고객의 만족도가 높을수록 자발적인 입소문이 이루어져 큰 효과가 나타납니다. 친구와 지인에게 소개하거나 소셜 네트워크 서비스를 통해 노출되면 비용 투자와 노력없이 신규 고객을 확보할 수 있습니다. 신규 고객이 확보되면 기본 수익과 추가적인 수익을 얻을 수 있습니다. 일곱 번째는 '가격 프리미엄'입니다. 일반 고객에 비해 충성 고객은 가격의 민감도에 예민하게 반응하지 않습니다. 경쟁 회사에서 가격을 낮추어도 쉽게 이탈하지 않습니다. 도리어 단골 스마트 스토어에 재방문하여 상품 및 서비스를 구매하여 수익을 발생시켜 줍니다.

충성 고객이 회사에 얼마나 큰 부가 가치를 창출시켜주는지 알 수 있습니다. 스마트 스토어 사업자는 일반 고객이 충성 고객으로 연결될 수 있도록 고객 만족도를 높이는 전략을 수립하여 실행할 수 있어야 합니다. 다음은 로열티가 높은 단골 고객으로 만드는 방법입니다.

신규 고객보다 단골 고객에게 더 많은 관심을 기울이자

내가 운영하는 스마트 스토어에서 꾸준하게 재구매(리텐션) 하는 고객이 많을수록 기대 수익성 유지와 활성화가 가능합니다. 사업자는 신규 고객을 유입시키는 광고 홍보 예산을 줄이고 단골 고객에게 혜택을 줄 수 있는 방안을 마련해야 합니다. 이에 대한 대책으로 단골 고객에게 보상 프로그램을 제공하는 것입니다. 첫 번째는 기본적인 혜택으로 톡톡친구 이벤트를 통해 할인쿠폰을 제공하는 것입니다. '스토어찜 할인쿠폰'과 '톡톡친구 할인쿠폰'이 있습니다.

스토어찜 할인쿠폰
10% 상품 할인
50,000원 이상 구매 시

다운로드

톡톡친구 할인쿠폰
10% 상품 할인
30,000원 이상 구매 시

다운로드

▲ 스토어찜 할인쿠폰과 톡톡친구 할인쿠폰

★단골매장 등록 안내★
① 저희 매장을 단골매장으로 등록해 주세요!
※ [스토어찜]과 [톡톡친구]를 눌러주시면 바로가기 설정은 물론 상품입고 및 프로모션 알림을 쉽고 빠르게 전달받으실 수 있습니다.

▲ 단골매장 등록 안내

두 번째는 고객 등급입니다. 스마트 스토어의 회원 등급은 구매율을 높일 수 있는 기회를 추가적으로 만들어 낼 수 있습니다. 고객이 풍성한 혜택에 대한 경험적 가치를 받게 되면 지속적으로 유지하고 싶은 욕구가 발생합니다. 회원 등급에 따른 혜택 제공은 재구매율을 높이는 동시에 브랜드 충성도를 확고히 쌓을 수 있는 기회를 만들 수 있습니다. 판매자별로 등급 기준과 혜택을 설정하면 매월 1일 기준에 충족한 고객에게 혜택 자동 지급되며 등급은 실버, 골드, VIP, VVIP로 최대 4가지까지 설정이 가능합니다.(최소 1가지 설정, 단, VVIP 단독 설정은 불가) 등급 선정에 기준이 되는 주문금액 또는 주문횟수와 최근 구매확정 기간을 설정할 수 있으며 기간은 3개월, 6개월, 1년입니다.

등급 고객 혜택은 '상품 중복할인 쿠폰', '스토어 주문할인 쿠폰', '배송비 할인 쿠폰', '포인트 적립' 중 선택이 가능합니다.

고객등급은 최소 1단계 ~ 최대 4단계까지 설정 가능합니다

사용여부	등급명	등급 조건	등급별 혜택	예상 고객수 ⓘ	수정
	S SILVER	·	·	·	수정
	G GOLD	·	·	·	수정
	V VIP	·	·	·	수정
	V VVIP	·	·	·	수정

▲ 고객등급 화면

등급별 혜택 설정   ✕

S SILVER   등급의 조건과 혜택을 설정해주세요.

등급조건   10만원 이상 ▼

등급혜택

☑ **상품중복할인 쿠폰**

할인금액 [　　　] % ▼   최대 [　　　] 원 할인

최소주문금액 [　　　] 원 이상 구매시 사용 가능

쿠폰발급수량 [　　　] 개

매월 1일 자동으로 쿠폰이 즉시 발급됩니다. (쿠폰 유효기간: 해당월 1일~말일)

☑ **스토어주문할인 쿠폰**

할인금액 [　　　] % ▼   최대 [　　　] 원 할인

최소주문금액 [　　　] 원 이상 구매시 사용 가능

쿠폰발급수량 [　　　] 개

매월 1일 자동으로 쿠폰이 즉시 발급됩니다. (쿠폰 유효기간: 해당월 1일~말일)

☑ **배송비할인 쿠폰**

할인금액 [　　　] 원

최소주문금액 [　　　] 원 이상 구매시 사용 가능

쿠폰발급수량 [　　　] 개

매월 1일 자동으로 쿠폰이 즉시 발급됩니다. (쿠폰 유효기간: 해당월 1일~말일)

☑ **포인트 적립**

적립금액(%)   할인가에서 [　] % 지급 ⓘ

해당월 1일~말일에 상품 구매 후 구매확정 시 포인트가 추가 적립됩니다.
재구매혜택과 중복되지 않습니다. (재구매혜택보다 낮지 않게 설정해 주세요.)

▲ 등급별 혜택 설정 화면

▲ 등급 혜택 예시

불만족 사항이 접수되면 신속히 처리하자

상품 구매에서 긍정적인 경험을 한 고객은 댓글 이상으로 블로그에 사용 후기를 포스팅하여 스마트 스토어 판매자에게 큰 효과를 줍니다. 그렇지만 상품 페이지에 올려진 상품 설명을 보고 구매한 고객이 실제와 다른 구매 경험을 하게 되면 부정적인 의견을 내놓게 됩니다. 이럴 경우 스마트 스토어 사업자는 불만 고객을 방치할 것이 아니라, 그들이 왜 불만족스러운지 그 이유를 파악해야 합니다. 엄밀히 말해 불만을 토로하는 고객일수록 그 불만이 적극적으로 해결되기를 바랍니다. 불만 고객들은 자신의 불만이 신속하게 해결된 경우 다시 그 스마트 스토어를 이용합니다.

고객의 불만족은 더 나은 서비스를 제공할 수 있는 기회가 될 수 있습니다. 사업자 중심으로 바라보는 것과 고객이 실제적으로 경험하는 것은 다르기 때문입니다. 스마트 스토어 사업자는 상품과 서비스가 고객에게 안전하게 배달되는 것에 중점을 두고 있다면, 고객은 상품을 받아보며 기대한 경험과 감정에 가치를 평가합니다. 고객이 제공받는 상품과 서비스가 최적화되어 있다면 불만족 사항은 나오지 않을 것입니다. 그렇지만, 예측할 수 없는 상황은 언제나 발생하기 때문에 고객의 작은 불만족이라도 관심을 갖고 체크할 필요가 있습니다.

고객이 선택한 상품이 아닌 다른 상품이 배송되었는지, 배송 기간이

길어졌는지, 상품 포장에 이상이 있는지 등등 불만족 상황을 체크하여 수정하고 보다 나은 기대 가치를 제공할 수 있도록 노력하는 것이 중요합니다.

고객에게 신상품 정보를 꾸준히 제공하자

신상품 업데이트는 스마트 스토어의 활성화와 고객의 재방문을 유도하는 매개체가 됩니다. 한정된 아이템의 경우에는 어쩔 수 없지만, 고객의 다양한 욕구를 어느 정도 충족시키기 위해서는 상품 카테고리를 확장하는 것은 중요합니다. 명절에 따라, 계절에 따라, 기념일에 따라 고객의 기대 요구에 맞춤화하여 상품을 업데이트 하면 매출 확보와 고객의 만족도를 높일 수 있습니다.

고객 응대 요령 매뉴얼을 제작해보자

매뉴얼은 일치화된 서비스를 제공하는 나침반과 같습니다. 상품, 서비스, 구매, 배송, 클레임 등 상황별로 대안책을 만들어 놓으면 즉시적으로 고객의 문제점을 해결할 수 있습니다. 스마트 스토어 사업자는 매뉴얼을 만들 때 주된 고객의 요구와 문의 사항이 무엇인지 체크하여 매뉴얼에 반영해야 합니다. 매뉴얼은 일치화된 업무 진행으로 효율성을 제공하고 문제 상황에 대한 대안책을 마련할 수 있습니다. 상품 옵션, 상품 사용, 상품 문제 발생, 상품 배송, 배송 지연 등 고객의 문의에 대해서 응대 요령을 매뉴얼로 체계화해서 놓으면 어느 정도는 해결할 수 있을 것입니다.

배송 원칙을 체크하자

배송은 고객이 구매한 상품을 안전하게 전달받을 수 있도록 진행하는 서비스입니다. 고객에게 상품이 최종적으로 배달이 되었는지 체크하는 것은 중요합니다. 스마트 스토어 센터에서 톡톡 메시지로 배송 확인과 고객의 구매 이력 파악이 가능하기 때문에 현황을 쉽게 알 수 있습니다.

해외에서 고객이 상품을 구매할 경우에는 배송이 대략 2주에서 1달까지 소요되지만, 국내의 경우에는 3일에서 7일로 기간을 설정하여 배송이 진행됩니다. 스마트 스토어 사업자는 배송 기간 정책 안에 상품이 고객에게 전달될 수 있도록 체크하는 것이 중요합니다. 배송 기간 안에 상품이 고객에게 전달이 안 되면 사후 만족도에 영향을 줄 수 있기 때문입니다. 배송 지연이 되지 않도록 사전에 인기 판매 상품이 무엇이고, 재고 상황을 파악하여 사입이 원활하게 될 수 있도록 해야 합니다. 또한 배송 지정 업체도 2~3개를 확보하여 예기치 않은 상황이 발생하여 배송이 지연되지 않도록 예방할 필요가 있습니다.

고객의 피드백을 바탕으로 서비스를 개선하자

"고객이 레몬을 주면 레모네이드를 만들어서 줘라."라는 말이 있습니다. 고객에게 서비스가 중요하다는 것을 의미합니다. 고객의 사용 후기는 상품에 대한 만족도를 파악할 수 있고, 상품 판매에 직·간접적으로 영향을 주는 연결고리가 됩니다. 긍정적인 후기의 경우에는 별 문제가 되지 않지만, 불만족의 후기가 올라오면 신속하고 효과적으로 해결하는 것이 중요합니다. 상품을 구매한 고객의 문제가 어떻게 해서 발생하였고, 어떻게 해서 해결되었다는 과정은 구매를 고려하는 고객의 의사 결정에 영향을 주게 됩니다. 보통 스마트 스토어의 상품 후기는 짧은 문장과 평점으로 올라오지만, 블로그에 포스팅 되는 상품 후기에는 고객의 사용 경험과 감정이 반영된 문장, 이미지, 동영상이 올라오게 됩니다. 스마트 스토어 사업자는 일차적으로 스마트 스토어의 후기를 통해 고객의 만족도를 파악하고, 다음으로 포털 사이트 검색을 통해 블로그에 포스팅 된 스토리를 체크해 볼 수 있습니다. 고객의 블로그 후기에는 상품 구매에서부터 사용에 대한 경험이 풍성하게 담겨져 있어 고객 관점에서 느끼는 만족도 파악이 가능합니다. 블로그 글에 좋은 점, 개선 점, 불만 사항 등이 담겨 있다면 곧바로 반영하여 개선하는 것이 중요합니다.

영업 종료 후 걸려온 전화는 받아야 할까?

네트워크 환경 속에서 인터넷 쇼핑몰은 365일 24시간 오픈되어 있는 매장으로 잠재 고객이 언제 어느 장소든 방문할 수 있습니다. 최적의 상품과 매력적인 상품 페이지를 구성해 놓으면 저비용 고효율의 사업 운영이라는 이점도 가지고 있습니다. 그렇지만 인터넷 쇼핑몰도 사람이 운영하기에 휴식이 필요합니다. 특히 영업 종료 후에 걸려온 부재 중 전화는 모든 스마트 스토어 사업자에게 괴로운 일입니다. 업무가 끝난 후 걸려온 전화가 고객의 불만 전화이거나, 파트너사의 긴급 전화일 수 있어서 받지 않게 되면 차후 어려운 상황으로 넘어가지 않을까 하는 고심을 할 수 있습니다. 일반적으로 온·오프라인 사업장은 영업이 종료되면 전화를 받지 않습니다. 대부분 자동응답기를 활용하여 메시지로 넘깁니다. 예외로 긴급한 전화를 매일같이 수신받아야 하는 업종의 경우에는 착신으로 해놓을 수 있습니다.

인터넷 쇼핑몰 사업자들은 영업 종료 시간을 공지하고, 영업 종료 후의 고객 서비스를 실시간 메신저로 활용하고 있습니다. 위급한 상황이 아닌 이상 메신저로 고객 응대가 가능합니다. 스마트 스토어 사업자 또한 영업 종료 시간을 고객의 시선이 잘 보이는 위치에 공지하고, 네이버톡톡 서비스를 활용하여 최소한의 고객 서비스를 제공할 필요가 있습니다.

전화 서비스는 일정한 패턴으로 수신되지 않기 때문에 어려운 업무입니다. 전화 서비스는 보이지 않는 상대방과의 만남이어서 의사 전달과 감정 전달이 어렵습니다. 또한 고객 응대에 대한 전문성이 부족하게 되면 오해의 소지가 발생하거나 분쟁이 생깁니다. 불친절하면 첫인상이 나쁘게 형성되어 비우호적인 관계가 형성될 수도 있습니다. 일차적으로 전화 서비스는 고객에 대한 편의 제공임으로 고객의 입장에서 고객에게 이익을 주고자 하는 태도로 접근하는 것이 중요합니다.

고객이 우리에게 전화하는 궁극적인 이유는 자신이 궁금한 사항을 해결하기 위해서 이거나 불만족을 해결하기 위해서 전화를 하는 것입니다. 고객이 스마트 스토어에 전화를 할 때 기대하는 몇 가지 요소가 있습니다. 이것은 '친절', '정보 요구', '신속성', '전문성'입니다. 고객은 내가 요구하는 사항에 대하여 친절하게 응대해주기를 바라고, 상품 페이지에서 제공하는 정보 외에 추가적인 상품 정보에 대해서 알기를 원합니다. 또한 빠른 시간 안에 상품과 관련된 문제가 신속하게 처리되기를 바라고 상품과 관련된 업무와 사후 서비스에 대해서 잘 알고 있기를 바랍니다.

고객에게 불만족한 전화가 걸려왔을 때 어떻게 할까?

고객과의 자연스런 전화 응대 서비스를 이끌어 내기 위한 것으로 '디딤돌'이라는 개념이 있습니다. '디딤돌'은 발을 디디고 다닐 수 있는 평평한 것, 어떤 문제를 해결하는데 사용하는 것을 의미합니다. 여기서 '디딤돌'은 고객과의 대화를 원활하게 끌어내 단골 고객으로 만드는 것이 핵심 목표입니다. 또한 부정적인 불만족 사항을 발판으로 긍정적으로 우회시켜 바꾸는 것이기도 합니다. 고객의 불만을 '디딤돌'로 대화를 바꾸기 위해서는 육하원칙으로 정보를 확보하는 것이 필요합니다. 왜 전화를 하였는지, 무엇 때문인지, 무슨 이유가 있는지, 누구인지, 언제 발생하였는지, 어디에서 비롯되었는지 등등 정보를 많이 확보할수록 디딤돌 원칙을 효과적으로 활용할 수 있습니다. 그 다음으로 획득한 고객 정보를 활용하여 '경청 → 공감 → 사과 → 책임'이라는 프로세스로 진행하는 것입니다.

미국 TARP사에서 '만족한 고객의 반응'과 '불만족한 고객의 반응'에 대해서 조사를 하였습니다. 상품 구매 후 '만족한 고객의 반응'은 입소문을 전파하는 시발점이 된다고 합니다. 어떤 가치를 제공하느냐에 따라 입소문의 강도는 달라집니다. 두 가지로 나누어 볼 수 있는데 '바람직한 가치'와 '기대 이상 가치'가 있습니다. '바람직한 가치'는 고객이 기대하지 않았지만, 사후 만족도가 좋아 고마워하는 속성을 의미하며, '기대 이상 가치'는 고객이 느끼는 기대를 넘어서 '놀라움'의 경험을 제공하는 속성을 의미합니다. '바람직한 가치'를 제공받은 고객은 밀접하게 연결되어 있는 3명에게 이야기하며, '기대 이상 가치'를 제공받은 고객은 18여 명에게 이야기를 전달합니다. 또한 만족한 고객은 일반 고객에 비해 50% 더 상품을 구입할 가능성이 높아집니다. 고객의 만족도는 반복 구매율의 증가와 매출 증대라는 경제적인 효과 이외에 입소문 효과가 연결되어 있습니다. 쌍방향 소통 채널이 다양해진 요즘, 소셜 네트워크 서비스에 구매 후기를 공유하기 때문에 이야기 확산 범위는 더 넓다고 볼 수 있습니다.

'불만족한 고객의 반응'으로 대부분 90%의 고객은 거래를 중단하고, 평균 20명 이상의 고객이 불만 사항을 다른 사람에게 전달한다고 합니다. 만족한 고객의 반응에 비하여 불만족한 경험을 한 고객의 반응이 부정적인 결과를 초래할 수 있습니다. 스마트 스토어 사업자는 고객이 느끼는 문제점을 빠르게 대응하여 불만을 해결하는 것이 중요합니다. 불만족한 고객의 전화가 걸려왔을 때, 대놓고 화를 내거나 흥분하는 고객들이 있습니다. 이럴 경우에는 다음과 같은 응대 방법으로 진행하길 바랍니다.

첫 번째는 경청입니다. 사람은 감정의 동물이기에 흥분하거나 화가 나면 마음에 없는 소리를 합니다. 이럴 경우에는 차분하게 듣는 것이 중요합니다. 경청은 상대를 진심으로 이해하고자 하는 인간적인 행위에서 비롯됩니다. 고객의 불만 사항이 무엇인지, 어떻게 문제가 발생하였는지 선입관을 버리고 끝까지 이야기를 잘 들어줍니다. 주의 깊게 들으면 고객의 불만 사항이 무엇인지 필요한 정보들을 습득할 수 있습니다. 보편적으로 고객의 불만 사항은 '늦은 배송', '고객이 구매한 상품과 다른 상품이 배송된 것', '배송 시 파손된 것', '저품질의 상품 포장' 등의 경우가 있습니다.

두 번째는 공감입니다. 이심전심(以心傳心)이라는 말이 있습니다. 마음에서 마음으로 전달한다는 뜻입니다. 사람과 사람 사이에 마음으로 전달된다면 그 어떤 갈등과 문제도 해결될 것입니다. 여기서 이심전심은 공감과 비슷합니다. 공감은 상대방의 처지에 서보고 상대방의 느낌과 시각을 이해하는 인지적인 활동입니다. 상대방의 감정, 생각 등을 올바르게 이해하고 이해된 바를 정확하게 상대방과 소통하는 것을 의미합니다. "아! 그럴 수도 있습니다.", "불만 사항에 대해서 이해가 됩니다.", "불편을 끼쳐 드려서 죄송한 마음입니다." 등 고객 입장에서 기분을 이해하고 공감을 해주는 것입니다. 2013년 포브스는 세계에서 가장 영향력 있는 유명인사 100을 뽑았고, 그 중 미국의 방송인 오프라 윈프리^(Oprah Gail Winfrey)는 "상대방에게 감동을 주려면 마음으로 대화하라"라고 하였습니다. 마음이 차가우면 차가운 단어가 나오고, 마음이 따뜻하면 따뜻한 단어가 나옵니다. 능숙하고 화려한 기교 문장이 아니더라도 고객의 불만을 진심으로 소통하고 응대하면 마음의 문을 열 수 있습니다.

세 번째는 사과입니다. 사과는 내가 실수한 것에 대해 인정하는 것이기에 쉬운 일이 아니며 고통스럽고 어색한 일입니다. 특히 고객이 흥분한 나머지 감정적인 언어로 대할 때는 누구나 피하고 싶습니다. 그렇지만, 고객이 우리 상품을 구매하고 비용을 지불하였기에 마지막까지 책임을 져야 합니다. 고객에게 불만족한 경험을 제공한 것에 대한 사과를 정중하게 사과할 필요가 있습니다. 사과에는 긍정적인 효과가 있습니다. 정중하게 사과를 하게 되면 마음이 상한 상대방의 마음을 어루만져 줄 수 있습니다. 또한 상대방의 화나 방어적 태도를 누그러 뜨리고 상대방의 무장을 해제합니다.

네 번째는 책임입니다. 고객의 불만족에 대해서 현황을 파악하고 원인 분석 후에 해결 방안을 찾아 책임감 있게 처리합니다. 고객의 문제점을 해결하는 것은 고객에게 더할 나위 없는 매력을 주지만, 모든 고객에게 흡족한 만족을 주는 것은 어렵습니다. 스마트 스토어 사업자는 고객의 불만 관리를 통해 긍정적이고 충성 고객으로 바꿀 수 있도록 노력하는 것이 필요합니다. 고객 불만이 해결되지 못하면 대부분 다시는 찾지 않기 때문입니다. 반면에 고객 불만이 해결될 경우에는 고객의 65%는 해당 회사의 상품과 서비스를 다시 이용합니다. 고객의 부정적인 인식이 긍정적으로 변화하면 기대 이상의 결과를 얻을 수 있다는 것을 알 수 있습니다. 스마트 스토어를 운영하다보면 예측하지 않은 분쟁들이 일어나게 됩니다. 상품에서, 배송에서, 포장에서, 서비스에서 등등 여러 가지가 존재합니다. 이런 상황을 슬기롭게 대처하고 응대할 수 있는 역량을 확보하면 고객 만족도는 높아질 수 있을 것입니다. 고객의 불만족 해결은 '더 나아질 수 있는 쇼핑몰을 만드는 초석'이라 생각하고 품질 향상에 노력해야 합니다.

디딤돌 원칙이 반영된 고객 전화 응대 프로세스인 '경청 → 공감 → 사과 → 책임'은 스마트 스토어 사업자가 필수적으로 익혀두어야 할 기술입니다. 효과가 없을 때에는 사람 또는 분위기를 바꾸어 위의 공식 첫 번째부터 네 번째 까지 다시 적용하여 실행해 볼 수 있습니다.

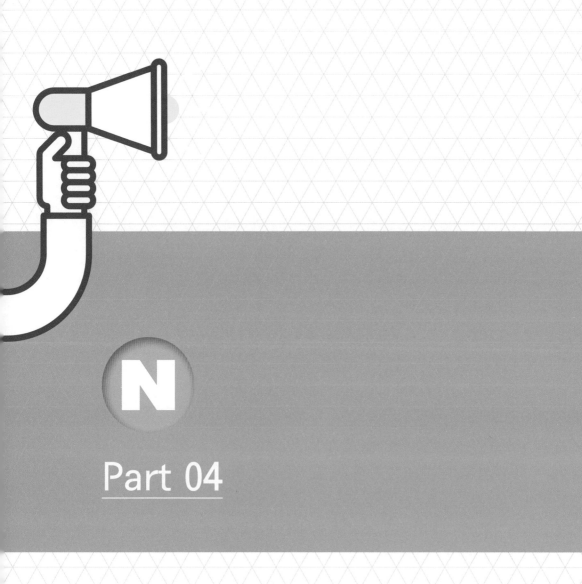

N

Part 04

시선을 끄는 상품 스토리텔링으로
재방문 만들기

3클릭 5초
전략 법칙을 지키자

인터넷을 검색하는 사용자들의 패턴을 보면 보다 쉽고 빠르며 정확한 정보를 찾기를 바랍니다. 특히 내가 구매하고자 하는 상품 정보를 찾을 때는 집중도가 더 한층 높아집니다. 저관여도 상품의 경우 보통 상품 품질과 가격 중심으로 구매를 결정하지만, 고관여도 상품은 품질과 가격 그 이상인 브랜드와 가치에 대해서 고려합니다. 우리가 독서를 할 때 대부분 왼쪽부터 오른쪽으로 읽습니다. 인터넷 또한 동일하게 시선이 좌우로 이동합니다. 이 법칙이 'Z법칙'입니다. 네이버 포털 사이트에서 상품 검색을 하고 검색 결과를 살펴볼 때 시선은 Z방향으로 읽게 됩니다. 가장 중요한 내용이 왼쪽에 위치해야 상품 정보를 효과적으로 전달할 수 있다는 것을 알 수 있습니다. 스마트 스토어 사업자는 홈 구성 시 주요 핵심 상품과 베스트 상품을 위치하여 매출을 극대화하는 것이 중요합니다.

손쉽게 인터넷 창업이 가능한 시대가 되면서 경쟁이 더 한층 치열해지고 가격 경쟁이 실시간으로 이루어지고 있습니다. 이런 상황이라면 스마트 사업자는 보다 발 빠르게 소비자의 구매 의도를 파악하여 홈과 상품 페이지를 전략적으로 구성할 필요가 있습니다. 홈은 주력 상품, 인기 상품, 시즌 상품으로 구성하며 상품 페이지는 소비자의 시선을 유도할 수 있는 키워드 중심으로 작성하는 것이 중요합니다. 이때 적용해야 하는 것이 3클릭 5초 전략입니다.

3클릭은 3번 클릭 전까지, 5초는 5초를 넘기지 않고 소비자가 구매하고자 하는 상품 정보를 제공하는 것을 말합니다.

어떻게 보면 짧은 시간 안에 상품 정보 탐색이 이루어지는 것 같지만, 소비자 입장에서는 상품 구매를 위해 복잡한 구매 의사 결정 과정이 머릿속에서 고속으로 진행됩니다. 색상은? 가격은? 혜택은? 디자인은? 등등 내가 원하는 상품을 찾기 위해 '옵션'의 마술사가 됩니다.

한 예로 네이버쇼핑 홈에서 '반팔티셔츠' 상품 키워드를 검색하였다면 상단에 검색 결과가 나옵니다. 상단에는 소비자가 요구하는 상품을 상세하게 접근할 수 있는 영역이 나옵니다.

스마트 스토어 사업자는 내가 팔고 있는 상품이 '카테고리', '브랜드', '성별', '패턴', '가격 배송/혜택/색상' 메뉴를 선택하여 상단 또는 첫 페이지에 노출되는지 살펴볼 필요가 있습니다. 상품 검색은 사업자 입장이 아닌 소비자 입장에서 검색을 진행해야 합니다. 그 다음으로 하단에 있는 세부 메뉴인 '전체', '가격 비교', '네이버페이', '백화점/홈쇼핑', '핫딜', '쇼핑윈도'에서도 상품이 어느 위치에서 검색되는지 살펴볼 필요가 있습니다.

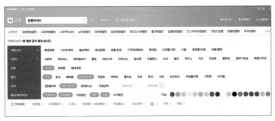
▲ 상품 키워드 검색 옵션 상단 메뉴

▲ 상품 키워드 검색 옵션 하단 메뉴

크로스셀링, 업셀링으로
제안하자

1 | 크로스셀링

스마트 스토어에 입점하여 사업을 시작하면 우선적으로 고려해야 하는 전략 수립이 매출 신장입니다. 어떻게 하면 "고객의 관심과 구매 욕구를 발화시킬 수 있을까?"에 대한 시간 투자와 아이디어 구현은 상품 판매와 밀접하게 연결됩니다. 특히 일 년 동안에 진행되는 시즌, 행사, 기념일 등을 체크하여 행사 이벤트 계획을 진행하면 매출이 기대 이상일 것입니다. 기본적으로 알아두어야 할 매출 신장의 판매 전략에는 크로스셀링(Cross Selling)과 업셀링(Up Selling)이 있습니다. 이 두 전략은 시즌 행사뿐만 아니라 일상적으로 사용할 수 있는 판매 전략이기에 꼭 알아두시길 바랍니다. 미국의 시장 전문 조사 기관인 포레스터 리서치(Forrester Research)가 작성한 보고서에 의하면 이 두 전략을 사용하였을 때 10~30%의 매출 향상을 이룰 수 있다고 합니다. 그럼 이 두 전략 중 어느 전략이 좋을까요? 프리딕티브 인텐트(Predictive Intent)에 의하면 업셀링은 4%, 크로스셀링은 0.2%의 매출 증대 효과가 있다고 발표하였습니다. 업셀링이 크로스셀링보다 매출이 높게 나온다는 것을 알 수 있습니다. 업셀링은 고객이 구매하고자 하는 상품보다 더 좋은 상품을 소개하고 구매 의향을 물어보는 것이므로 추가적인 비용을 더 지출하게 됩니다. 이 점을 이해하고 고객에게 최적의 가치를 제공할 수 있는 상품 정보를 구성하여 제공해야 합니다. 여기서 꼭 체크해야 할 부분이 있습니다. 이 두 전략을 무조건 고객에게 유도하면 반감 또는 거부감을 표출할 가능성이 높습니다. 어느 순간에 이 판매 전략들을 탁월하게 사용할지 포착하는 눈을 기르는 것이 필요합니다.

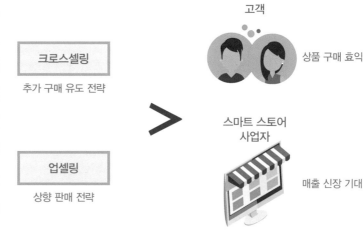

크로스셀링(Cross Selling)은 교차 판매 전략으로 부르기도 하며, 잘 팔리는 주력 상품과 연관된 상품을 함께 판매하는 추가 구매 유도 전략입니다. 고객이 미처 생각하지 못했던 상품 및 서비스를 추천해 줌으로써 부수적으로 혜택을 제공해 줄 수 있습니다. 크로스 셀링 사례에 대해서 살펴보겠습니다.

여름 휴가철 여행을 떠날 때 또는 수영 강습을 배우는 고객이라면 수영복은 필수적으로 필요한 의류입니다. 수영복을 구매할 때 추가적으로 구매하는 아이템이 있습니다. 수영모와 수경입니다. 수영모는 머리카락이 눈을 가리고 수영을 방해하는 것을 막아주고 수영에 집중하고 즐기기 위해서 착용합니다. 수경은 수중에서 사물을 똑바로 볼 수 있도록 눈 앞에 공기층을 만들어주면서 눈에 물이 들어가지 않도록 보호해주는 역할을 합니다. 수영복 판매자라면 상품 판매 시 부수적인 아이템도 함께 판매하여 매출 신장 전략을 세울 필요가 있습니다.

▲ 출처 : 스윔온 https://smartstore.naver.com/swimon

하나투어 항공 티켓을 예매하면 호텔 할인 쿠폰과 허브라운지를 이용할 수 있는 티켓을 제공합니다. 고객이 항공권을 예매하였다는 것은 해외로 출국을 한다는 것을 의미합니다. 이로 인하여 여행 기간동안 숙박은 꼭 필요합니다. 이와 연관하여 하나투어에서는 추가 구매 유도를 위해 할인 쿠폰을 제공하는 것입니다.

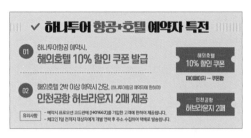

▲ 출처 : 하나투어

네이버쇼핑의 로드샵 라즈데이즈에서 판매하고 있는 원피스 상품을 살펴보겠습니다. 상품 정보 바로 하단에 보면 '함께 사면 좋은 상품' 정보를 추가하였습니다. 고객이 원피스 상품의 구매를 결정한 후 추가 구매를 제안하는 상품 정보를 보고 추가 구매 결정을 내릴 수 있습니다. 스마트 스토어 사업자에게 추가 매출을 기대해 볼 수 있습니다.

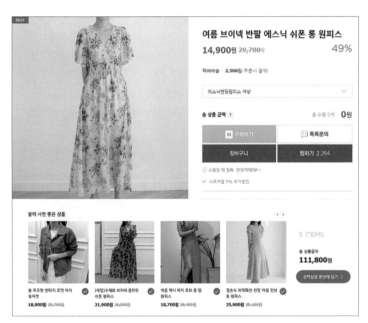

▲ 출처 : 네이버쇼핑 로드샵 라즈데이즈

2 | 업셀링

업셀링^(Up Selling)은 상향 판매 전략으로 부르기도 하며, 특정한 상품 범주 내에서 업그레이드된 옵션을 제안하거나 추가 상품을 구매하도록 하는 상위 버전 제안 전략입니다. 고객이 구매하려던 것보다 가격이 더 비싼 상품이나 서비스 등을 구입하도록 유도하는 판매 방식으로 판매 단가 상승을 유도할 수 있습니다. 업셀링 사례에 대해서 살펴보겠습니다.

일반적으로 업셀링은 일상 생활에서 손쉽게 접근해 볼 수 있습니다. 건강보험 가입자에 추가적으로 암 보험, 치매 보험을 소개하여 추가 상품 가입 유도하거나, 4G 폰을 구매하러 온 소비자에게 5G 고가 요금제를 유도하는 경우가 있습니다. 노트북 CPU 'intel core i5' 모델을 구매하러 온 고객에게 속도가 향상되고 무게가 가벼운 슬림형 'intel core i9' 모델의 노트북을 권유하거나, 탈염유청혼합탈지분유의 야쿠르트보다 기능이 향상된 위 건강 발효유인 헬리코박터 프로젝트 윌을 권유하는 판매 활동 등을 업셀링으로 볼 수 있습니다.

네이버쇼핑 플레이윈도의 디클 클릭북 직영 스토어에서 판매하는 노트북을 살펴보겠습니다. 상품의 기본 가격을 제시하고 옵션 선택을 통한 추가 구매를 유도하고 있습니다. 고객 입장에서 최적의 상품 사양을 고려하고 있다면 옵션 박스로 이동할 것입니다.

▲ 출처 : 2018년 7월 온라인쇼핑 동향 KOSIS 국가통계포털(kosis.kr) 1)–1

훗스위트^(https://hootsuite.com/plans)의 업셀링 판매 플랜입니다. 기본적인 'PROFESSIONAL' 옵션을 제안하고, 구매자에게 핵심 상품인 'TEAM', 'BUSINESS', 'ENTERPRISE'의 확장 옵션과 추가 사용자 서비스를 제시하고 있습니다. 회사 차원에서 보다 전문적이고 확장 서비스를 사용하고 싶은 구매자라면 더 나은 제안의 옵션을 선택할 것입니다.

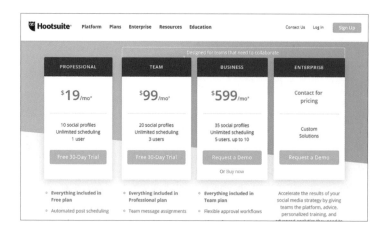

상품의 강점, 장점을 부각시키자

소비자가 상품을 구매할 때 고려 대상으로 '경쟁력'과 '차별점'은 구매 욕구를 자극하는 강력한 유인책이 됩니다. 상품이 가지고 있는 경쟁력은 타 업체보다 우위 요소를 가지고 있다는 것이고, 차별점은 소비자가 타 상품과 관련하여 연상하는 긍정적인 편익을 말합니다. 비슷한 옵션을 가지고 있는 상품들 중에서 '기존 것과 무엇이 다르다'라는 호소력을 제공할 수 있다면 고객은 자연스럽게 구매 버튼을 클릭할 것입니다. 스마트 스토어 사업자는 과연 내가 판매하는 상품의 경쟁력과 차별점은 무엇인지 살펴보길 바랍니다. 이 두 가지는 소비자의 시선을 유도하는 연결고리가 되는 동시에 매출과 직접적으로 관련되어 있기 때문에 필수적으로 체크할 필요가 있습니다.

이 상품을 꼭 구매해야 할까?
↑
USP
디자인, 포장, 혜택, 평판

1 | 고객 판매 제안

오늘날 소비자들의 욕구와 감각은 점점 다양해지고 까다로워지고 있습니다. 이에 소비자의 예리한 시선과 반응 등을 지속적으로 의식하고 우리 상품이 가진 강점과 장점을 찾아야 합니다. 이것을 USP^(Unique Selling Proposition)라고 부릅니다. '고유 판매 제안'이라는 뜻으로 그 상품만이 가지고 있는 핵심 포인트, 타 경쟁사가 가지고 있지 못한 독특한 이점 등을 말합니다. 여기서 독특한 이점은 상품 디자인, 포장, 브랜드 개성, 감성적인 스토리, 기능, 구매 평판 등 여러 가지로 접근해 볼 수 있습니다. USP는 경쟁사와 차별화되는 것을 소비자에게 제안하는 것이므로 상품 구매 의도에 대한 강력한 호소력을 지닙니다.

USP를 구현하기 위해서 다음과 같은 질문을 해볼 수 있습니다.

> ▶ 디자인 – 어떻게 하면 외형을 미려적이고 감성적으로 접근할까?
>
> ▶ 기능 – 기존 상품에서 제공하지 않는 옵션은 무엇이 있을까?
>
> ▶ 타깃 – 1인 가구 vs 다가구에 맞는 상품인가?
>
> ▶ 스토리 – 상품 구매에 대한 설득력이 있는가?
>
> ▶ 포장, 배송 – 상품 배송 시 파손이 안 되고 안전하게 전달할 수 있을까?
>
> ▶ 구매 평판 – 사용 후기에 상품의 만족도는 어떠한가?

위 질문 외에도 우리 상품이 갖고 있는 독특한 이점을 포괄적으로 접근하여 살펴보길 바랍니다. 친환경 재질을 사용하고 있는지, 다양한 선택의 옵션을 제공하고 있는지, 품질 보증서 및 인증서가 있는지 등 상품이 가지고 있는 강점과 장점을 적용하여 최대한 부각해봅니다.

A사 가습기 vs 자사 가습기

구분	A사 공기 정화기	자사 공기 정화기
가격	5만 원	7만 원
소리	소리가 안 남	소리가 안 남
무게	가벼움	가벼움
디자인	박스 형태	원형 형태
범위	15m	10m
이동	이동 불편	이동 편리
분무 조절	3단계	2단계
불빛	없음	5색 컬러
청소	어려움	간편함
필터 교체	3개월	3개월

한 예로 A사 가습기 vs 자사 가습기에서 USP를 찾아보면 핵심 포인트로 디자인, 불빛, 청소에서 찾아볼 수 있습니다. 소비자의 감성이 중요한 경쟁적 요소가 될 수 있으므로 원형 형태를 강조하고, 어두운 밤에 불빛이 나오므로 조명의 기능을 할 수 있습니다. 특히 가습기는 청소가 중요하기 때문에 간편함에 대한 요소도 이점이 될 수 있습니다. 상품 페이지에 '아름다운 감성 디자인', '어두운 밤에 조명 기능', '간편한 탈부착으로 쉽게 청소 가능' 등을 부각하면 차별적인 판매 제안을 할 수 있습니다.

그럼 다음으로 상품 페이지에 USP를 적용하여 전략적으로 작성하는 방법에 대해서 살펴보겠습니다. 고객 판매 제안(USP)은 우리 상품이 경쟁 상품보다 경쟁력 있고 차별적인 우위 요소를 찾아 적용하는 것이므로 구체적이고 설득력 있는 스토리텔링 전략이 고려되어야 합니다.

첫 번째, 허위·과장하지 말고 사실에 근거하여 솔직하게 표현하라

모든 상품에는 그 상품만의 사실적인 특징과 특성을 가지고 있습니다. 이는 소비자에게 집중적으로 상품을 소개하는데 유용하나 지나치게 전문적인 용어를 사용하여 장황하게 나열하는 것은 피해야 합니다. 짧은 시간 안에 상품 가치를 판단해야 하는 소비자 입장에서 어려운 용어는 시선 유도를 피하게 만들 수 있습니다. 또한, 상품이 가지고 있는 사실을 숨긴 채 그럴싸한 말로 소비자를 현혹하고 허위·과장 사실 표시 기재로 포장하여 일시적인 매출 증대에 치중하는 것은 올바르지 않습니다. 정보 주도권이 이미 소비자로 이전된 이상, 다양한 플랫폼 접속을 통해 상품 옵션, 가격, 품질 등을 파악하여 비교 분석하기 때문입니다. 스마트 스토어 사업자는 사실에 근거하여 과장하지 말고 솔직하게 작성 원칙을 지키는 것이 중요합니다.

두 번째, 상품의 강점과 장점을 말해주어라

상품의 강점과 장점은 USP를 구현해내는 강력한 설득 도구가 됩니다. 경쟁 상품의 특성들이 어떤 효익을 제공하는지 파악하고, 핵심적인 우위 요소를 찾아 소비자들에게 어떤 도움이 되는지 보여주어야 합니다. 특히 상품 상세 페이지 구성에서 이 상품의 장점이 어떻게 소비자에게 적용되며, 상품 구매로 어떠한 이익을 주는지 초점을 맞추어 설명해야 합니다.

세 번째, 전문적으로 비주얼화와 내러티브를 사용하자

판매자가 판매하려는 상품에 대해서 잘 이해하고 파악하고 있으면 전문성 있는 스토리를 작성할 수 있습니다. 상품에 대한 기본 사양, 강점, 장점, 단점, 전문적인 지식을 갖추는 것이 중요합니다. 특히 비주얼화와 내러티브를 활용하는 것이 중요합니다. 비주얼화는 상품 페이지에 이미지를 적극적으로 활용하여 구매자가 구매 후의 상황을 보여주는 것입니다. "이 상품을 구매하면 내가 동일한 효익을 얻을 수 있겠다"라는 효과를 제공할 수 있습니다. 상품 구매 후의 체험 이미지 또는 동영상을 활용하여 효과적으로 비주얼화 적용이 가능합니다. 내러티브는 시간과 공간에서 발생하는 인과 관계로 엮어진 서사구조의 스토리 방법을 말합니다. 즉 잠재 고객을 스토리 구성에 연관시켜 이야기를 풀어나가는 것입니다. 비주얼화를 효과적으로 부각하기 위해서는 내러티브의 활용이 필수적입니다. 영화나 드라마에서 내러티브는 형식/소품/행동/대사/배경 음악 등이 이에 해당합니다. 여성 원피스 상품이라면 여성 모델, 실제 착용 모습, 주변 경치 등이 있을 것이고 에어컨 상품이라면 무더위에 지친 가족, 실내 공간의 변화를 알 수 있는 온도계 등이 있을 수 있습니다. 즉석 카메라 상품이라면 여행을 즐기는 여행객, 즉석 촬영으로 즐거워하는 사람들 등으로 내러티브를 구성해 볼 수 있습니다. 호소력 있는 내러티브는 효과적으로 상품의 USP를 적용하여 구매자에게 어떤 효익이 있는지 제시하는 것입니다.

네 번째, 차별화되고 톡톡 튀는 아이디어를 적용하자

네이버 상품 검색창에서 판매 상품과 관련된 검색어를 검색하면 비슷한 상품 또는 경쟁사의 상품들이 결과에 나옵니다. 가격, 기능 등이 비슷하면 어떻게 판매할까에 대한 고민이 먼저 다가옵니다. 스마트스토어 사업자는 한정적인 판매 방식이 아닌 톡톡 튀는 차별화된 마케팅을 고민해야 합니다. 치열한 경쟁 환경에서 동일하거나 유사한 상품을 판매하더라도 창의적인 아이디어가 반영되면 구매 설득력을 높일 수 있기 때문입니다.

상품 구매 시 고객들이 요구하는 것은 다양하지만, 몇 가지로 나누어 보면 '가격', '상품 이점', '접근성', '혜택', '체험' 등이 있습니다. '가격'이 비슷하면 단수 가격(50,000 → 49,900)으로 책정하거나, 크로스 셀링(2+1)을 통해 가격 정책을 변경할 수 있습니다. '상품 이점'은 비주얼화와 네러티브를 활용하여 구매 시 어떤 효익을 줄 수 있는지 효과적으로 스토리를 만들 수 있습니다. '접근성'은 손쉽게 상품 정보를 습득할 수 있도록 하는 것으로 상품의 핵심 포인트를 상품 페이지 상단에 배치할 수 있습니다. '혜택'은 기본적으로 '배송비 무료/쿠폰 제공/포인트 적립/할인'으로 접근해 볼 수 있습니다. 구매 결정에 혜택 제공은 중요한 역할을 하므로 적절하게 활용하는 것이 중요합니다. '체험'은 선구매자들의 상품 후기를 활용하는 것입니다. 판매자가 상품의 우수성을 노출하는 것보다 상품 가치를 구매자의 체험담으로 구성하면 잠재 고객에게 구매에 대한 호소력을 높일 수 있습니다.

고객 지갑을 여는 숫자에 관심을 갖자

1 | 숫자가 구매 욕구를 자극한다

사람은 태어나서 죽을 때까지 수를 세는 것을 배우기 시작하면서 무수한 숫자를 접하게 됩니다. 걸음걸이가 저절로 이루어지는 것처럼 하나, 둘, 셋 등 손가락으로 가리키며 배우다가 곧이어 생년월일, 월과 년에 대해서 배웁니다. 개인적으로 좋아하는 숫자와 전화번호를 암기하고 시간과 상품의 가격을 알게 됩니다. 숫자는 우리들의 삶과 밀접하게 연결되어 있어 언제 어디서나 함께 하고 있습니다.

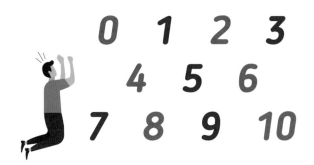

숫자는 아득히 먼 옛날부터 인간의 상상력을 자극하고 신비적·상징적인 의미를 가지고 있습니다. 우리나라 3대 경전 중의 하나이며 대종교의 기본 경전인 천부경에는 1부터 9까지의 숫자를 가지고 천지창조와 음양오행, 우주의 기원과 진리를 가르치고 있습니다. '천부경 숫자

풀이 액운법' 활용하여 인간이 타고날 때 가지고 온 액운은 무엇이고, 어떻게 작용하는지 살펴볼 수 있습니다. 여기에는 인간의 삶 자체를 풀어나가는 신비적인 의미가 담겨있습니다. 세계 여러 나라의 문화권을 살펴보면 숫자에 '행운', '안정', '불행', '균형', '질서', '재생', '부활' 등의 의미가 있어 오랫동안 영향을 미치고 있습니다. 현대에서도 숫자는 광고 효과를 높이고 시각적인 메시지를 효과적으로 전달하기 위해 광고 문구 또는 마케팅에 상징적으로 활용됩니다. 숫자는 경쟁 상품과 비교할 수 있게 하여 구매 심리에 적지 않은 영향을 제공합니다. 또한 소비 심리가 위축되고, 매출이 급감한 시기에 숫자 마케팅은 구매 유도를 자극하는 동인이 되고 있습니다. 가감승제(더하고, 빼고, 곱하고 나누기)로 표현하여 상품의 영향력과 의미 전달이 가능하고 상황을 좀 더 쉽게 파악할 수 있도록 도움을 줍니다.

숫자는 모든 연령대 및 전 세계에서 공통적으로 쓰이는 기호여서 언어 장벽 없이 전 세계 누구나 쉽게 그 의미에 대해서 유추가 가능합니다. 상황에 맞는 숫자를 사용하면 상품의 특징을 한 번에 함축적으로 전달할 수 있습니다. 게다가 숫자는 정확하고 계산적으로 전달이 가능해서 호기심 자극과 이미지 전달이 빠르고 신뢰도를 높이는 효과를 가지고 있습니다. 우리나라의 경우 4는 불행의 숫자, 7은 행운의 숫자라고 인식하고 있으며 상품 가격에 숫자 9가 적용되면 '세일 상품'이라는 인식이 머릿속에 자리 잡게 됩니다. 동양과 일부 서양 국가에서는 3, 5, 7과 같은 홀수를 선호하고 있습니다. 우리나라의 경우 자동차 브랜드 이름을 살펴보면 기아 자동차의 경우 'K3, K5, K7, K9'로 만들었으며, 르노 삼성 자동차는 'SM3, SM5, SM7'으로 홀수 시리즈가 매겨졌다는 것을 알 수 있습니다. 기아 자동차의 K시리즈는 중국에 진출하면서 문화적 특성을 고려해 짝수인 K2로 모델명을 바꾸었습니다. 숫자 2는 중국어의 '쉽다^(uhr)'를 나타내는 발음과 비슷하여 좋은 숫자로 여깁니다.

다음은 숫자를 활용한 사례입니다. '2+1 특가 판매', '배스킨라빈스 31', '2% 부족할 때', '3분 카레', '9,900원', '3일 만에 1만 개 판매 돌파', 'K7', '단 3일만 이 가격', '야쿠르트 7EVEN', '2580치약', '40년 전통', '비타500', '빼빼로데이', '샤넬 NO.5', '화이트 제로', '여명808', '11번가', '1124 김치 냉장고' 등등 숫자를 보면 짧은 시간 안에 무엇을 의미하는지 이해할 수 있습니다. 일상 생활에서 상품 브랜드 또는 할인 판매 가격을 보게 되면 시선을 집중하는 경우가 있는데, 브랜드나 상품에 고유의 숫자를 활용하여 자연스럽고 오래 기억하게 만드는 뉴메릭 마케팅의 사례입니다. 뉴메릭 마케팅^(Numeric Marketing)은 'Numeric(수에 의한)'+'Marketing(마케팅)'이 합쳐진 단어입니다. 이 마케팅은 쉽고 간단한 숫자를 활용하여 잠재 고객의 기억 속에 숫자의 의미를 각인시켜 자연스럽게 구매 심리를 자극하는 시너지 효과 창출 기법입니다. 상품의 브랜드나 특성에 숫자와 연관된 홍보 이벤트를 진행하면 잠재 고객에게 호기심을 자극하고 인지도를 높일 수 있습니다.

현재 우리의 생활 곳곳에서 중요하게 사용되고 있는 숫자는 말을 대체하는 문자로 중요한 역할을 하고 있습니다. 문자보다 눈에 잘 들어오고 기억하기 쉽기 때문입니다. 바쁜 현대인들에게 상품의 특징 및 이미지가 숫자로 전달되면 더욱 신뢰하고 신빙성 있게 받아드리는 일석이조의 효과를 기대해 볼 수 있습니다. 삼성경제연구소에서 발표한 자료에 의하면 상품에 숫자가 들어가면 이미지 전달이 빠르고 제품의 특징을 함축적으로 전달할 수 있으며, 숫자에 의미를 부여하면 소비자들의 호기심을 자극해 제품을 각인시키는 효과가 크다고 하였습니다. 또한, 상품 프로모션 진행 시 숫자를 반복해서 사용할 경우 기억하기가 좋아 시각적인 효과를 함께 낼 수 있다고 하였습니다. 숫자는 다양한 얼굴을 가지고 있다는 것을 알 수 있습니다.

결혼할 여성에게 "땅만큼 바다만큼 하늘만큼 우주만큼 널 사랑해요"라고 하면 사랑의 감정 전달이 막연하지만, 수 억원 짜리 아파트와 자동차를 이야기하면 느낌이 잘 전달됩니다. "재개발 지역의 주민들이 대다수가 찬성하고 있다"고 하는 것보다, "500명 중 450명이 찬성하고 있다"고 말하면 논리적으로 의견 전달이 가능하고 설득력이 높아집니다. 숫자로 표현하면 상대방에게 명확하게 의사를 전달할 수 있고 보다 쉽게 이해시킬 수 있는 장점이 있습니다. "초미세먼지를 완벽하게 차단합니다"라고 하는 것보다 "초미세먼지를 99% 차단합니다"라는 객관적인 숫자를 넣으면 상대방을 쉽게 설득할 수 있습니다. 숫자는 가장 객관적인 지표이기도 하면서 사용하는 용도나 표기법에 따라 보는 사람에게 전혀 다른 느낌을 줍니다.

왜 소비자들은 인터넷 쇼핑몰에서 상품의 가격을 표시하는 숫자에 민감할까요? 여러 가지가 있겠지만, '비교'와 '측정'을 할 수 있기 때문입니다. 가격이 곧 상품의 가치로 보기 때문입니다. 현재 동일한 상품 3개가 A)2,400원, B)2,900원, C)3,100원 가격으로 놓여져 있습니다. 여러분이라면 A 상품이 더 많이 팔릴 것이라고 생각할 것입니다. 결과는 달리 나왔습니다. A 상품보다 B 상품이 더 판매되었습니다.

이것은 '왼쪽 자릿수 효과(Left Digit Effect)'[1]로 소비자를 유혹하는 숫자가 있었기 때문입니다. 숫자 '9'가 상품 구매에서 민감한 반응을 보인다는 것을 알 수 있습니다. 중국은 기초적인 마케팅 차원에서 정한 가격 정책 외에도 중국인이 좋아하는 8자로 끝나는 188.88, 888원의 가격을 흔히 볼 수 있습니다.

대형 쇼핑몰이나 오픈마켓에서 쇼핑을 하다보면 상품 가격 전략이 비슷합니다. 30,000원보다는 29,900원 상품에 더 시선이 가고 50,000원보다는 49,900원 상품이 저렴하게 다가옵니다. 상품 성분 경우 '최초, 최대, 최고, 진짜, 원조'라고 하는 것보다 '99% 함량'이라고 하면 더 신뢰감이 갑니다. 소비자에게 측정한 대로 성분을 결정했을 것이라고 믿기 때문입니다. 숫자가 정직하고 정확한 인상을 주어 상품 구매 결정에 큰 영향을 주게 됩니다. 이에 숫자 마케팅을 도입하는 쇼핑몰 사업자들이 끊임없이 늘어나고 있는 추세입니다.

2 | 흥미진진한 숫자의 의미

숫자를 마케팅에 활용할 경우에는 어떤 의미와 특성을 가지고 있는지 살펴봐야 합니다. 우리나라는 홀수를 좋아하지만, 다른 나라는 문화적, 종교적 특성에 따라 조금 달라질 수 있습니다. 그럼 여기서 숫자 1부터 10까지의 의미에 대해서 간략하게 살펴보겠습니다.

'0'

숫자 0은 '아무것도 없다', '비어 있다', '무無', '무한정', '영원'이라는 의미를 가지고 있는 수입니다. 0은 양수도 음수도 아니며 오랜 기간

[1] 소비자들이 상품을 구매할 경우 왼쪽 숫자에 더 집중하게 됩니다. 왼쪽 숫자가 낮으면 가격이 상대적으로 더 저렴하다고 판단하여 구매 욕구가 일어나는 심리적 효과를 말합니다.

숫자로 인정받지 못했습니다. 1부터 9까지의 자연수 중에서 가장 나중에 발견되었습니다. 숫자 0은 6세기말 힌두인이 처음으로 사용하였는데 숫자 표기를 할 때 점(·)으로 표현했습니다. 점으로 찍다보니 10을 적을 때 '1 ·'처럼 기재하여 1과 구분하기가 쉽지 않습니다. 시간이 흐르면서 작은 점은 점점 '•'으로 커졌고 지금의 0으로 자리를 잡게 됩니다. 현대로 넘어오면서 숫자 0은 라운드 넘버로 마디 숫자로 인식하고 있습니다. 상품 가격을 결정할 때 라운드 넘버에 근접하면 소비자는 심리적으로 저항의 심리를 들어냅니다. 요즘 커피숍에는 3,500원 대신 3.5라고 가격 표시를 하는 곳이 꽤 많다는 것을 알 수 있습니다.

'1'

숫자 1은 숫자 0과 달리 '모든 것의 시작', '최고', '승자', '리더'라는 의미를 가지고 있습니다. 기독교에서는 창조 작업과 관련된 남성을 가리키며 신성한 수이기도 합니다. 이집트에서는 창조신 프타, 메소포타미아에서는 아누신과 관련되어 있습니다. 중국에서는 숫자 1을 가장 좋아하는 숫자로 여기고 있으며, 축구에서 1은 전통적으로 골키퍼의 등 번호입니다. 숫자 1은 영어 알파벳의 I와 모양이 비슷하여 세상의 중심인 '나'를 표현합니다. 예로부터 중국에서 숫자 1은 매우 숭상해온 숫자로 '만물의 기조', '만사의 근원'이라고 여겼습니다.

'2'

숫자 2는 '앞면과 뒷면', '남자와 여자', '삶과 죽음', '선과 악', '하늘과 땅' 등의 관념으로 서로 맞선 두 개념으로 인식하고 있습니다. 이러다 보니 2는 인간 세계의 자연스런 기본 구조로 간주됩니다. '공유', '협동', '조화', '대립', '갈등', '반목'을 의미하며 서양에서는 2달러 지폐가 행운의 상징으로 인식되고 있습니다. 중국에서 숫자 2는 '불안'을 주는 부정적 의미로 인식하고 있지만, 짝을 이루는 '안정감'을 준다고 여겨 좋아합니다. 숫자 2는 짝수를 대표하는 수로 비교적 선호하고 있습니다. 중국의 도교에서는 길한 숫자로 여겼습니다.

'3'

숫자 3은 오래전부터 안정을 나타내는 '균형', '완전', '완성' 등의 마법의 힘을 가지고 있는 행운의 수입니다. 또한 좋은 인상을 심어주고 가장 설득력이 있는 수이기도 합니다. 단군신화에 보면 숫자 3이 많이 등장합니다. 삼위태백, 천부인 3개, 환웅이 이끌고 온 3,000명이 있으며 기독교에서는 성부와 성자와 성령의 '상위일체', 도교에는 신선이 사는 세 궁전을 태청, 상청, 옥청으로 나누고 있습니다. 종교적인 관점에서 안정적인 기반을 구축하고자 3의 수를 활용하였다는 것을 알 수 있습니다. 숫자 3이 균형과 안정감을 주는 수라는 것은 유럽 국가의 국기를 살펴보면 알 수 있습니다. 헝가리, 이탈리아, 프랑스, 벨기에, 아일랜드, 네덜란드, 러시아 등의 국가를 보면 3색 국기가 많이 있습니다. 라지엘 Ethan M. Raisel의 〈The Mckinsey Way〉는 컨설팅 회사인 맥킨지 방식을 설명하고 있는데 3의 원칙을 강조합니다. 3이라는 틀에서 핵심 과제와 원인을 해결해 나가면 간결하게 요약이 가능하다고 설명하고 있습니다. 중국에서 숫자 3은 '흩어진다'라는 散$^{(săn)}$과 발음이 비슷해 재물이 흩어진다고 여겨 기피하는 숫자입니다.

베트남에서도 홀수 3을 기피합니다. 매월 음력 3일은 길일(吉日)이 아니라는 이유로 이사나 결혼 같은 중요 행사를 진행하지 않습니다.

세 명이 함께 사진을 찍으면 가운데 사람에게 불행이 온다고 생각합니다. 그렇지만, 정반대로 숫자 조합에 있어 연속된 숫자가 많으면 신성한 숫자로 여겨 좋다라는 믿음을 가지고 있습니다. 장례나 사원에서 공양물을 바칠 때 꽃이나 향, 과일 같은 음식은 3개씩 놓습니다. 숫자 333(3+3+3 = 9)이 가장 인기가 좋으며 호치민을 중심으로 한 베트남 남부 지역의 대표 맥주인 Sabeco의 Bia 333(비아 바바바)을 보면 알 수 있습니다.

'4'

숫자 4는 '대칭'과 '균형', '질서', '행운'으로 성스러운 의미를 갖고 있는 수입니다. 사물의 바탕이나 중심이 되는 중요한 의미를 가지고 있습니다. 많은 문화권에서 4는 행운과 세계의 질서를 상징하고 있지만, 한국, 일본, 중국에서는 불행의 숫자로 인식하고 있습니다.

그리스 도교의 '구약성서'에서는 4는 완성, 질서, 합리성의 숫자로 표현하고 있습니다. 낙원에서 십자형으로 흘러나오는 4개의 강(비손, 기혼, 힛데겔, 유브라데 : 창세기에 기록된 인류 문명의 발상지), 4복음서(마태, 마가, 누가, 요한 복음), 십자가 등은 보편적인 상징 요소입니다. 이집트에서는 '시간'과 '태양'의 운행을 이해하는 성스러운 숫자로 보았으며, 힌두교에서는 '전체성'과 '완성'을 의미하는 숫자로 인식하였습니다. 창조의 신 브라흐마(Brahma)가 4개의 얼굴을 가지고 있는 것을 보면 알 수 있습니다. 피타고라스 학파에서는 서약의 숫자로 완성, 균형, 대지를 뜻하는 숫자로 보았습니다.

우리나라는 숫자 4가 한자의 죽을 사死자와 연관지어서 기피하고 있으며, 중국은 '죽음'의 뜻을 가진 단어와 발음이 비슷하여 불길한 숫자로 인식하고 있습니다. 일본 또한 일부 호텔에서는 번호 4번이 들어가는 객실이 없으며, 4층 표시가 없는 건물도 있습니다. 일부 빌딩이나 아파트에서는 4층 대신에 F층으로 표기합니다. 병원 병실의 호수에도 4호실이 없는 경우도 종종 있습니다. 단지 숫자일 뿐인데도 숫자 4는 죽음을 연상된다고 하여 사용을 금기시하는 것은 왜 그럴까요? 오랫동안 한자 문화권에 익숙한 부분은 있지만, 불확실한 미래를 대비하고자 하는 인간의 간절한 바람 때문이 아닐까 합니다.

'5'

숫자 5는 마법, 신비와 관련된 수로 근대의 시인과 사상가들에게 사랑을 받는 대상이었습니다. 금성을 상징하는 숫자이면서 자연적인 인간을 나타내기도 합니다. 숫자 5는 n제곱을 했을 때 마지막 숫자가 항상 5로 끝나서 순환수라고도 부릅니다.

르네상스 시대의 이탈리아를 대표하는 천재적인 미술가, 과학자, 기술자, 사상가인 레오나르도 다빈치의 작품 중에 비트루비안 맨(Vitruvian Man)이라고 있습니다. 한 사람이 사지를 뻗은 자세에 원이 그려진 모양으로 인체에 대한 황금 비율을 설명하고 있는데, 완전성과 힘의 상징으로 소우주의 인간을 표현하고 있습니다. 중국에서는 인간관계, 곡물, 귀족 등급 등을 다섯 개의 묶음으로 보았습니다. 새해를 맞이할 때 중국인은 다섯 가지 소원을 빈다고 합니다. 베트남은 숫자 5가 위험의 뜻과 비슷하여 숫자의 합이 5가 되거나 15와 25로 끝나면 기피합니다.

'6'

숫자 6은 완전수로 안정, 평형, 부활, 건강, 조화 등을 의미하며 합리적이고 경제적인 수입니다. 고대 그리스 시대에는 화합하고, 사랑을 나타내는 혼례의 숫자로 여겼습니다. 보통 트러스 구조 모양에서 육각형이 가장 안정적입니다. 피타고라스 학파는 기회, 행운의 수로 여겼으며 기독교에서는 숫자 6을 완전성과 관련이 있다고 보았습니다. 창세기에 보면 신이 세계를 6일 동안 창조했다고 나옵니다.

중국은 우주가 6이라는 숫자에 의거한다고 생각했습니다. 중국인들은 '순조롭다'는 뜻을 가지고 있는 流(liú)와 발음이 비슷하여 좋아하는 숫자입니다. 6월 6일과 같이 6이 두 번 겹치는 날은 '류류다순(六六大順)'이라고 하여 중요한 날로 여기고 있습니다. "모든 일이 순조롭게 잘 된다"라는 의미입니다. 이런 의미가 담겨있다 보니 6이라는 숫자가 세 번이나 겹치는 2006년 6월 6일, 베이징에서는 평소보다 더 많은 결혼식을 올렸다고 합니다.

'7'

숫자 7은 '온전함', '완벽함', '완전함', '신비로움', '행운'을 의미하는 수입니다. 종교와 신화에서 자주 언급하고 있으며 운동선수들의 백 넘버로 자주 사용되고 있습니다. 특히 서양 사람들이 좋아하는 숫자로 '럭키 세븐'이라고 부릅니다. 행운의 숫자로 자리 잡은 것은 서양 기독교에서 시작되었습니다. 7은 3이라는 하늘의 완전함(성부, 성자, 성령)과 4라는 지상의 완전함(동, 서, 남, 북)이 합해진 수로 행운을 가져다 준다고 보았습니다. 하느님이 6일 동안 천지만물을 창조하고 7일에는 일을 하지 않았다는 안식일과도 관련이 있습니다. 성경에서 숫자 7이 언급된 것을 보면 보편성을 상징하는 수라는 것을 알 수 있는데 7이 언급된 횟수가 총 735번입니다. '일곱 번' 혹은 '일곱째'라는 단어까지 합치면 총 860번이나 됩니다. 요한 계시록에서는 총 54번 언급하고 있습니다.

불교에서도 석가모니는 명상 수행에 들어가기 전에 보리수 나무를 7바퀴 돌았으며, 7년 동안 구도의 고행을 하였습니다. 인도의 힌두교 유적인 코나라크의 태양신 사원에는 7마리의 말이 하나 되어 끄는 전차 형태의 작품이 있습니다. 일본은 복을 주는 7신(변재천, 비사문천, 대흑천, 복록수, 수노인, 포대, 에비스)이 있습니다. 한국에서는 7은 '행운'을 뜻하여 두루 사용하고 있지만 중국인들은 3, 4와 더불어 7을 기피합니다. 중국에서는 화를 부른다는 숫자로 여기고 있습니다. 숫자 7의 발음 'qī'가 '화를 내다'는 生气(shēng qì)의 발음과 같기 때문입니다. 베트남 또한 기피하는 숫자입니다. 오토바이와 전화번호가 숫자 7로 끝나지 않게 하려고 피합니다. 숫자 7일이 '실패하다'라는 thất bại(턴 바이)와 발음이 비슷하기 때문입니다. 특히 사업하는 사람의 경우는 더욱 금기시하는 숫자입니다.

'8'

숫자 8은 회복, 재생, 완성, 길하다, 우호적인 섭리를 의미하는 수입니다. 특히 중국인이 맥을 못 추는 대표적인 숫자로 발음이 횡재를 뜻하는 발재發財와 발發과 똑같아 무척 좋아합니다. 옛날부터 중국인은 가능성이나 행운의 의미와 연관지어 길하고 상서로운 숫자로 인식하였습니다. 전화번호 또는 자동차 번호 할 것 없이 숫자 8이 많으면 엄청난 프리미엄이 붙어 거래되고, 8로 끝나는 88원, 888원 등의 상품 가격표도 흔히 볼 수 있습니다. 8이 3개 겹치는 2018년 8월 8일의 기일에는 결혼하려는 사람들로 중국 내의 결혼식장이 온통 북새통을 이루기도 했습니다.

중국 신화에는 불멸의 신선 여덟 명이 등장하며, 불교에는 8가지 상징이 있습니다. 유교에서도 지식인의 상징물이 8가지가 존재합니다. 중국인이 숫자 8을 행운의 상징으로 보는 사례로 2008년 베이징 올림픽에서 두드러지게 드러납니다. 올림픽 개막식이 2008년 8월 8일 8시 8분 8초에 시작하였습니다. 동양과는 달리 서양에서는 전쟁과 파괴를 나타내어 불행을 나타내는 수로 인식하고 있습니다.

'9'

숫자 9는 '길다', '오래 살다'라는 수로 신비적, 우주론적, 종교적 상징 체계에 영향을 주었습니다. 9는 완성을 앞둔 변화의 정점 같은 꽉 채워진 숫자로 '10'의 기본 단위가 바뀌기 전의 마지막 숫자입니다. 불교에서 9는 영적인 힘으로 유대교는 순수 지성을 나타내고, 그리스어에서는 9는 완전함을 의미하고 있습니다. 성경 속에서는 제재와 속죄를 상징하고 있습니다.

중국인은 3과 8은 행운의 수로 여기지만, 반대로 9는 불운과 악운을 주는 수로 이해하고 있습니다. 과거 중국 신화에서는 9는 행운의 상징적인 숫자였습니다. 길(吉)한 숫자로 하늘의 힘을 나타낸다고 보았습니다. 중국은 9가 '오래 산다'는 뜻의 久^(jiǔ)와 발음이 비슷하여 영원, 장수 등의 뜻으로 여기고 있습니다. 오랫동안 '매직 넘버'로 인식되어 왔습니다. 숫자 8과 함께 사용하는 경우가 많은데, 98은 "오래 돈을 번다"라는 뜻을 가지고 있습니다. 중국 황실에서는 최고의 숫자로 인식하여 궁정 입구 문틀 위에는 9를 뜻하는 문양을 새겨 놓았습니다.

우리는 전통적으로 홀수를 길한 수로 여기고 있지만, 유달리 숫자 9를 꺼립니다. 아홉수라는 미신이 존재하기 때문입니다. 아홉수는 9, 19, 29처럼 아홉이 들어가는 수를 의미합니다. 9는 한 단계 높은 10이 되기 전의 완성을 앞둔 긴장되는 상태의 수로 인식하고 있습니다. 아홉수에 해당하는 해에는 결혼이나 이사 같은 집안의 대소사를 치르지 않으려고 합니다. 이것은 인생의 커다란 전환기를 앞두고 섣불리 행동하지 말라는 의미가 담겨져 있습니다.

이처럼 숫자 9는 중국인 뿐만 아니라 몽골인들에게도 전통적으로 행운의 숫자로 여기고 있습니다. 몽골은 숫자 9는 '하늘', '황제', '우주'의 상징성을 가지고 있으며 '최고의 수', '최상의 수'로 인식하고 있습니다. 베트남인들은 힘과 권력을 상징하는 신성한 수로 굉장히 좋아하는 숫자입니다. 스마트폰 전화번호나 차량 번호판을 선택할 때 9와 연관된 번호를 매우 선호합니다.

'10'

숫자 10은 '완성', '완전', '법', '질서'를 의미하며 역사적으로 가장 널리 사용된 수입니다. 중국에서 10은 '완전한 아름다움', '많다多' '가득차다滿'의 의미가 있다고 보고 있습니다. 십전십미(十全十美)에서 알 수 있듯이 "모두 완벽하다"라는 뜻입니다. 완벽을 나타내는 숫자여서 좋아합니다. 종교적인 숫자로 성서의 창세기를 보면 10의 상징적 의미를 알 수 있는데, '신이, 말하기를'이란 표현이 열 번 나오며 계명의 개수(십계명)가 있습니다. 불교에는 열 개의 계가 있습니다. 베트남에서는 더 이상 올라갈 곳이 없는 끝을 상징하여 선호하지 않습니다.

숫자 0부터 10까지 의미와 역사에 대해서 간략하게 살펴보았습니다. 숫자는 신비적이고 상징적인 의미를 가지고 있다는 것을 알 수 있었습니다. 숫자는 계산을 하거나 시간을 말할 때 가장 기본이고 우리의 삶을 편리하면서도 효율적이게 만들어줍니다. 숫자로 이루어진 세계 속에, 숫자로 살아가는 세상이라는 것을 알 수 있습니다.

0은 '없지만 무궁한 수', '영원한 수'이며 1은 '모든 것의 시작'을 의미합니다. 2는 균형과 대비를 이루는 수로 이원성을 상징하며, 3은 '안정감', 성스러운 수 그 자체입니다. 4는 완벽한 정사각형으로 '완성', '완전', '인내'를 나타내는 수이지만, 동양에서는 '죽을死'와 음이 같아 불행의 의미이기도 합니다. 5는 조화를 나타내는 수로 동양에서의 오행(火水木金土), 오륜기가 있습니다. 6은 인간의 완전한 아름다움을 의미하는 수로 6각정, 6각수가 있습니다. 7은 승리, 개선, 행운을 나타내는 수이며, 매직 넘버로 인식하고 있고 8은 회복, 완성, 길한 수로 동양에서는 사랑받는 수입니다. 9는 좋은 것과 나쁜 것이 섞여 있는 아홉수이며, 10은 우주 나타내는 모든 계산의 기본이 되는 수입니다.

3 | 숫자를 어떻게 효과적으로 활용할까?

스마트 스토어 사업자에게 숫자 마케팅은 매출 신장과 밀접하게 연결되어 있습니다. 상품의 가격은 소비자가 구매할지 말지를 결정하는 중요한 매개체가 되기 때문에 심사숙고하여 책정해야 합니다. 앞에서 설명한 단수 가격(왼쪽 자릿수 효과)전략이 있습니다. 이 가격 전략은 50,000원을 49,900원으로, 30,000원을 29,900원으로 바꾸는 것입니다. 이렇게 바꾸게 되면 획일적이며 일원화된 가격 책정이 아니라는 느낌을 줄 수 있습니다. 상품 가격이 최저선에서 결정되었다는 인상을 주어 관심과 구매 욕구의 증가를 이끌어낼 수 있습니다.

2,000 ǀ 4,000 0의 중복적인 사용은 획일적이고 일원화된 느낌	**1,900 ǀ 3,900** 숫자 0에 미치지 못하는 숫자 9는 부족하다는 느낌

경기 침체와 소비 시장의 위축 상황 속에서
숫자는 최종 구매 의사 결정의 발화점

다음은 단수 가격 전략을 적용한 사례입니다. 숫자 9는 숫자 10이 되기 바로 전의 숫자로 꽉 찬 느낌을 주는 동시에 저렴한 상품이라는 느낌을 줍니다. 상품에 간단한 숫자를 사용하여 수치상으로 잠재 고객에게 노출해서 호기심 유발과 인상을 남길 수 있습니다. 스마트 스토어 사업자는 할인 행사 이벤트로 활용하여 구매 욕구를 높이고 매출을 올리는 단수 가격 전략을 활용해보길 바랍니다.

아찔한 19% 할인을 경험해보자!	2019년 마지막! 단 5일간의 특별한 혜택 버거 2개 3,900원	제품도! 할인도! 레전드! 레전드 파격 할인 181,400 ➡ 99,000 (선착순 100명)
해피 수요일 기프트 팩 도넛 6개입 6,300원 ➡ 3,900원	벅스 정기결제 특별한 가격 할인 3개월간 매월 3,900원	금토일 특별가 파워뱅크 휴대용 충전 배터리 1,980원

▲ 단수 가격 전략 예시

숫자를 활용하여 매출을 올리는 사례로 '데이day'가 있습니다. 1년에 '데이'는 몇 번이나 있을까요? 매월 1개 이상의 이벤트는 있으니 대략적으로 몇 개는 기억하고 있습니다. 여자가 남자에게 초콜릿을 선물하는 날인 '발렌타인데이'는 2월 14일, 친구들과 함께 삼겹살을 구워 먹는 날은 '삼겹살데이'로 3월 3일, 남자가 여자에게 사탕을 선물하는 날은 '화이트데이'로 3월 14일입니다. 이런 데이 이벤트는 숫자를 활용한 사례라고 볼 수 있습니다. 숫자 마케팅은 상품의 가치를 높이는 모티브가 되어 기업에서 다양하게 활용하고 있습니다. '데이day'는 철저한 분석과 탐구로 상품의 특징, 나이, 시간, 날짜 등을 활용해 상품 브랜드 이미지와 어울리는 숫자를 찾아낸 것입니다. 숫자와 접목하게 되면 상품 가치를 이해하기 쉽게 전달할 수 있기 때문입니다. 추가적으로 명절과 공휴일도 참고해 볼 수 있습니다.

스마트 스토어 사업자는 현재 판매하고 있는 상품과 어떤 '데이day'가 매칭되는지 고려하여 활용해 볼 수 있습니다. '데이day' 이벤트는 매출을 신장시키고 고객과 소비자의 몰입적인 관심을 유도하여 구매 심리를 자극하는데 효과적입니다. 또한 홍보 문구에 창의적인 아이디어가 추가되면 스마트 스토어에 방문한 잠재 고객의 시선을 잡아끌 수 있습니다. 다음은 1년 매월 '데이day'를 정리해 보았습니다.

> **1월 14일 : 다이어리데이** – 한 해를 시작하는 의미로 사랑하는 연인에게 예쁜 수첩을 선물하는 날입니다. 다이어리 안에 기념일이나 생일 등을 표시하여 줍니다.

> **2월 2일 : 액자데이** – 사랑하는 연인들끼리 서로 사진이 담긴 액자를 선물하는 날입니다.

> **2월 14일 : 발렌타인데이** – 여성이 남성에게 초콜릿에 사랑을 가득 담아 선물하며 사랑을 고백하는 날입니다.

- **2월 23일 : 인삼데이** – 숫자 그대로 '23'의 음이 인삼을 연상시키며 인삼을 먹는 날입니다.

- **3월 3일 : 삼겹살데이** – '3'이 '2'번 겹친다는 의미로 만들어졌고, 삼겹살을 구워먹는 날입니다.

- **3월 7일 : 참치데이** – 숫자 그대로 '37'의 음이 참치를 연상시키며 참치와 삼치를 먹는 날입니다.

- **3월 14일 : 화이트데이** – 남성이 여성에게 사탕을 선물하며 사랑을 고백하는 날입니다.

- **3월 17일 : 세인트패트릭스데이** – 아일랜드 최대의 축제일이며 성 패트릭의 사망을 기리는 날입니다. 아일랜드에 복음을 전파한 성인으로 가톨릭에서 추앙받는 인물입니다. 초록색과 네 잎 클로버는 세인트패트릭스데이의 상징이기도 합니다. 연인 또는 고마운 분들에게 네 잎 클로버와 책 선물을 하는 날입니다.

- **4월 14일 : 블랙데이** – 발렌타인데이에 남성 애인에게 초콜렛을 선물하지 못한 여성과 화이트데이에 사탕을 주지 못한 남성이 만나 자장면을 먹으며 위로하는 날입니다.

- **5월 2일 : 오이데이** – 날씬해지자는 의미로 오이를 나눠먹는 날입니다.

- **5월 3일 : 오삼데이** – 오징어와 삼겹살이 들어간 오삼불고기를 먹는 날입니다.

- **5월 5일: 오겹데이** – 삼겹살 데이와 비슷하게 오겹살을 먹는 날입니다.

- **5월 9일 : 아구데이** – 짝 없는 남녀끼리 매운 아구찜을 먹으며 외롭고 우울한 기분을 달래는 날입니다.

- **5월 14일 : 레몬데이** – 상큼한 사랑을 하자는 뜻으로 레몬을 나눠주는 날입니다.

- **5월 14일 : 로즈데이** – 연인들끼리 장미꽃을 선물하며 사랑을 고백하는 날입니다.

- **5월 14일 : 옐로우데이** – 블랙데이에도 자장면을 못 먹은 사람끼리 카레를 먹으며 위로하는 날입니다.

- **5월 31일 : 부채데이** – 서로에게 무더운 여름이 시작되기 전 덥지 말라고 예쁜 부채를 주고 받는 날입니다.

- **6월 2일 : 유기데이** – '유기 농업의 날'의 줄임말로, 유기 농업을 알리기 위해 친환경 농업 단체에서 2006년부터 지정해 기념하고 있는 날입니다.

- **6월 4일 : 육포데이** – 연인들끼리 끈끈한 사랑을 위해 육포를 주고 받는 날입니다.

- **6월 6일 : 반지데이** – 연인들끼리 반지를 같이 맞추는 날입니다.

▶ **6월 6일 : 육육데이** – 한자의 '고기 육(肉)'과 아라비아 숫자 '6'의 발음이 같아서 만들어진 날입니다. 아무 고기나 먹는 날이라고 생각하면 됩니다.

▶ **6월 14일 : 핸드캐치데이** – 연인들끼리 손을 잡거나 포옹을 하거나 키스를 해도 되는 날입니다.

▶ **6월 14일 : 키스데이** – 연인들끼리 키스하며 사랑을 확인하는 날입니다.

▶ **6월 27일 : 택시데이** – 택시 운송의 활성화를 위해 지정한 날입니다. 이날 10번 이상 타면 영원히 함께한다는 의미를 가지고 있습니다.

▶ **7월 2일 : 체리데이** – 미국북서부체리협회의 체리 판매 시작을 기념하는 날입니다. 매년 체리 시식 및 행사를 진행합니다.

▶ **7월 7일 : 엿데이** – 엿처럼 언제나 붙어서 행복하게 살자는 뜻입니다. 연인끼리 엿을 주고 받는 날입니다.

▶ **7월 7일 : 칠월칠석데이** – 연인들끼리 치약 칫솔 세트를 선물하는 날입니다.

▶ **7월 10일 : 김치데이** – 김치를 선물하거나 김치볶음밥 요리를 해서 먹는 날입니다.

▶ **7월 10일 : 김밥데이** – 간편식인 김밥을 만들거나 구매해서 놀러가는 날입니다.

▶ **7월 14일 : 아이스크림데이** – 아이스크림을 먹는 날입니다.

▶ **7월 14일 : 실버데이** – 연인들끼리 은반지를 주고받으면서 미래를 약속하는 날입니다.

▶ **7월 14일 : 릴리데이** – 남자가 여자에게 백합꽃을 선물하는 날입니다.

▶ **8월 8일 : 목걸이데이** – 연인들끼리 목걸이를 선물하는 날입니다.

▶ **8월 8일 : 라면데이** – 국내의 대표적인 인스턴트 음식인 라면을 먹는 날입니다.

▶ **8월 14일 : 뮤직데이** – 사랑의 노래가 담긴 CD를 선물하거나 나이트 클럽에 가서 신나게 춤을 추는 날입니다.

▶ **8월 14일 : 속옷데이** – 연인들끼리 속옷을 선물하는 날입니다.

▶ **8월 14일 : 그린데이** – 연인과 함께 산이나 숲에서 데이트하는 날입니다.

▶ **8월 18일 : 쌀데이** – 쌀눈과 숫자가 비슷해서 만들어진 것으로 쌀 소비를 높이는 날입니다.

▶ **9월 9일 : 구구데이** – 숫자 그대로 '99'는 닭의 울음소리인 '구구'에서 착안하였고, 닭고기와 계란 소비를 위해 정해진 날입니다. 연인끼리 닭고기를 먹으며 '닭살 사랑'을 키우라는 의미가 있습니다.

▶ **9월 14일 : 포토데이** – 연인끼리 추억에 남을 만한 멋진 사진을 찍는 날입니다.

▶ **9월 14일 : 모자데이** – 연인들끼리 어울리는 모자를 선물하는 날입니다.

▶ **10월 1일 : 한돈데이** – 10월 1일을 표기하는 '1001'이 돼지코 모양과 비슷해서 지정한 날입니다. 삼삼데이, 오삼데이, 오겹데이, 육육데이와 마찬가지로 고기 먹는 날입니다.

▶ **10월 4일 : 천사데이** – 사랑하는 연인에게 장미 1004 송이로 고백하는 날입니다.

▶ **10월 4일 : 천사데이** – 어려운 사람을 돕거나 착한 일을 하는 날입니다.

▶ **10월 10일 : 100송이데이** – 사랑하는 사람에게 장미 100 송이로 프로포즈하는 날입니다.

▶ **10월 14일 : 와인데이** – 연인끼리 와인을 선물하거나 와인을 마시며 사랑을 속삭이는 날입니다.

▶ **10월 14일 : 인형데이** – 와인을 마실 수 없는 청소년들에게 인형을 주는 날입니다.

▶ **10월 17일 : 손수건데이** – 연인들끼리 손수건을 선물하는 날입니다.

▶ **10월 22일 : 통화데이** – 연인이나 친구끼리 통화하며 얘기하는 날입니다.

▶ **10월 24일 : 사과데이** – 그동안 미안했던 것들을 사과를 주면서 서로 사과하고 화해하는 날입니다.

▶ **10월 31일 : 할로윈데이** – 유령이나 괴물 분장을 하고 귀신 파티를 하는 날입니다.

▶ **11월 : 블랙프라이데이** – 미국 유통업체들이 11월 추수감사절을 앞두고 실시하는 초대형 할인 판매 행사입니다.

▶ **11월 1일 : 껌데이** – 연인들끼리 좋아하는 껌을 선물하는 날입니다.

▶ **11월 7일 : 커피데이** – 커피 마시는 날입니다. 대한민국은 세계 최대의 커피 소비국입니다. 커피 관련 산업이 연 10조원을 상회하고 있습니다.

▶ **11월 11일 : 빼빼로데이** – 연인이나 친구끼리 빼빼로를 주고 받는 날입니다.

▶ **11월 11일 : 가래떡데이** – 길쭉한 모양의 1이 4번 이어져서 만들어진 날입니다.

▶ **11월 14일 : 안개꽃데이** – 연인들끼리 안개꽃을 선물하는 날입니다.

▶ **11월 14일 : 무비데이** – 연인과 함께 흥미진진한 영화를 보러가는 날입니다.

▶ **11월 14일 : 오렌지데이** – 오렌지 주스를 마시거나 오렌지를 선물하는 날입니다.

▶ **11월 14일 : 레터데이** – 좋아하는 사람이나 친구에게 편지를 쓰는 날입니다.

```
데이day 마케팅   +   매출 증가, 마진 개선
```

소비가 증가하는 시점으로
적절하게 조합하면
'금상첨화 錦上添花'

1년에 '데이day'가 얼마나 많이 존재하고 있는지 새삼 놀랐을 것입니다. 위에서 나열한 것 말고도 기업 상품에서부터 농축산물까지 다양한 '데이day'가 있습니다. 상품 홍보와 매출을 연계해서 만들어진 날이 대부분이지만, 다양한 행사와 이벤트를 통해 소비자의 주목을 끌어당기고 있습니다. 이미 자리잡은 '데이day'는 현재 하나의 축제로 인식하고 있으며, 이 기간동안에는 소비가 최고 수준까지 도달하고 있는 상황입니다. 스마트 스토어 사업자는 판매하고 있는 상품과 관련된 '데이day'를 연결하여 행사 이벤트를 진행해 볼 수 있습니다. 최소한 한 달 전부터 어떤 상품을 선정하고, 어떻게 홍보 문구를 작성할지 고려하길 바랍니다. '데이day'는 매출을 창출하는 기회이기에 적극적으로 체크해야 할 항목입니다.

'데이day' 이벤트 행사 진행 예시

- ▶ 발렌타인데이 2월 14일, 일주일 동안 214벌 하트 의상 14% 할인 판매

- ▶ 손수건데이 10월 17일, 오전 10시 17분부터 고급 손수건 1017개 4,900원 한정 판매 진행

- ▶ 커피데이 11월 7일, 3일 동안 1만 원 이상 상품 구매하는 고객에게 브랜드 커피 캔 증정

- ▶ 칠월칠석데이 7월 7일, 치약 칫솔 세트 구매하는 고객님 77명께 치석 케어 증정

- ▶ 머플러데이 12월 8일, 연인의 겨울을 따뜻하게 해주세요. 머플러 19,000원 → 12,800원

매출을 끌어올리는 심리 효과

NAVER STORE

쇼핑몰에서 상품 구매하기 전 특정한 단어가 시선을 사로잡거나 구매 자들의 평판이 높아 인기리에 판매되고 있는 상품을 경우가 있습니 다. 이럴 경우 관심을 갖고 한 번쯤 살펴보게 됩니다. 수많은 상품들 중에서 유달리 이 상품을 살펴보게 되는 이유는 무엇일까요? 여기에 는 구매 심리를 자극하는 마법의 가루가 담겨져 있기 때문입니다. 몇 가지 예를 들어보겠습니다.

'오늘만 이 가격에', '1년 중 한 번뿐인 할인 특가', '여름 시즌 美친특 가', '썸머 초초초특가', '재고가 많지 않으니 서두르세요', '겨울 패션 끝.장.세.일', '딱 필요한 남성 의류 쇼핑! 취향저격', '시즌 상품! 아직 늦지 않았다! 마지막 찬스', '판매 2달 만에 3,000명 이상이 리뷰를 달 았습니다'

위와 같은 문구를 살펴보면 소비자의 시선을 잡아끄는 소구[2] 요소가 잘 반영되어 있습니다. 지금 이 기회를 놓치게 되면 좋은 혜택을 놓치 고 내년을 기다려야 한다는 압박감과 조바심을 주고 있습니다. "사람 을 움직이게 하는 힘은 감정에 있다" 라는 말처럼 감정에 소구할 수 있는 심리 효과를 몇 가지 알아두고 활용하면 절대 열릴 것 같지 않았 던 잠재 고객의 지갑을 열 수 있을 것입니다. 다음은 심리 효과를 적 용하여 소비자가 구매하는 상황을 살펴보겠습니다.

2 소비자에게 상품 구매 욕구를 자 극하기 위해 특정 메시지를 추가하 는 것을 말합니다. 상품의 실용적, 기능적, 효용적인 어필로 호의적인 공감을 얻고 관심을 이끌어 낼 수 있습니다.

P군은 여자 친구에게 1주년 기념 선물을 해주기 위해서 스마트폰 쇼핑앱에 접속하여 아이 쇼핑을 하였습니다. 불현듯 시선에 들어온 단어가 있습니다. '여자 친구에게 특별한 반지 선물 50개 한정 판매'라는 키워드입니다. 찾고자 하는 키워드인 '여자친구', '특별한', '반지', '선물'이 포함되어 있어서 유심히 살펴보았습니다. 게다가 50개만 한정으로 판매하니 상품에 희소성이 있다는 것을 제시하고 있습니다. P군은 기존에 즐겨찾기 해놓았던 상품보다 가격이 조금 비싸보였지만, 이 상품으로 구매를 결정합니다.

S군은 고급, 다기능, 고성능의 전자제품을 구매하는 얼리어댑터(Early adopter)입니다. 특히 전자제품을 구매할 때는 블로그, 카페에서 정보를 꼼꼼히 살펴본 후에 최종적으로 구매를 결정합니다. 이번에 최신형 노트북을 구매하려고 스마트 스토어를 살펴보았습니다. 여러 사양을 살펴보면서 상품 구매자들의 경험이 담긴 리뷰를 중점적으로 체크합니다. 3개 노트북 상품 페이지를 즐겨찾기 해놓고 긍정적인 리뷰가 많이 올라온 노트북을 구매하기로 결정합니다. 위 두 사례는 심리 효과가 상품 구매에 중요한 영향을 주는지 알 수 있습니다. 첫 번째 P군의 사례는 상품 구매자가 원하는 단어가 효과적으로 사용되어 구매가 이루어지는 것이고(베블렌 효과), 두 번째 S군의 사례는 보다 많은 구매자의 평판이 구매를 결정하게 만든 것입니다.(밴드웨곤 효과)

그럼 스마트 스토어 상품 페이지에 적용해 볼 수 있는 심리 효과에 대해서 살펴보겠습니다. 심리 효과는 잠재 고객의 시선을 유도하여 관심과 호기심을 유발시키는 장점을 가지고 있지만, 상황과 시기가 잘 맞아야 합니다.

1 | 현수교 효과(Suspension Bridge Effect)

현수교 효과는 흔들다리 효과라고도 부르며 1974년 사회심리학자 도널드 더튼과 아서 아론이 보고한 이론입니다. 위험한 상황이나 고난을 함께 경험하게 되면 연대감 및 친밀감이 생겨나는 심리 현상입니다. 상품 페이지에 적절히 반영이 되면 재인성[3]을 높일 수 있습니다. 현수교 효과 이론의 핵심은 어려운 과정들을 어떻게 극복했는가를 어필하는 것입니다. 효과적으로 적용하면 고객과의 친밀한 관계 형성을 기대할 수 있습니다.

[3] 상품이 가지고 있는 고유의 특성(이미지, 브랜드, 형태 등)을 다시 생각하게 만든다는 뜻입니다.

▶ 유기농 재배, 최대의 시련인 '배추벌레'로부터 잠도 자지 않고 지켜낸 쌈채소입니다.

▶ 무농약으로 재배한 쌈채소입니다. 최대의 적인 배추벌레로부터 잠을 자지 않고 지켜낸 양배추입니다.

▶ 1991년 큰 태풍으로 일본 아오모리 현의 사과가 90%로 떨어졌습니다. 태풍에도 떨어지지 않은 사과를 먹으면 수험생이 합격할 것입니다.

▶ S명장의 명품 수제 구두는 수많이 거듭되는 실패와 역경을 이겨내고 만들어진 것입니다.

▶ 경영 악화로 벼랑 끝까지 몰리고 노동자들의 해고로 이어진 가운데 4년만에 출시한 쌍용자동차의 소형 SUV '티볼리', 구원 투수로 회사를 구하다.

소비자   스마트 스토어사업자

**우리는 함께 고난과 역경을 함께 이겨왔어.
우리는 특별한 관계야.**

2 | 자이언스 효과(Zajonc Effect)

낯선 사람을 소개받는 자리가 있습니다. 첫 만남에서는 어색했지만 만나는 횟수가 거듭될수록 서로에게 점점 호감을 느끼게 됩니다. 이 심리 현상을 자이언스 효과라고 하며 미국의 심리학자 로버트 자이언스^(Robert Zajonc)가 이론을 정립하였습니다. 노출 효과^(Exposure Effect) 또는 단순 노출 효과^(Mere Exposure Effect)라고도 부릅니다. 세븐 히트 이론과 비슷한 의미를 가지고 있습니다. TV 홈쇼핑이나 쇼핑몰 사이트에서 해당 상품을 3번 보면 그 상품이 존재한다는 것을 인지하고, 7번 보면 그 상품을 구매할 가능성이 높아진다는 이론입니다.

현재 자이언스 효과는 다양한 미디어 광고에서 활용하고 있습니다. 소비자의 복잡한 구매 가치 사슬에서 반복 노출을 통해 상품에 대한 선호도를 높이고 선택할 수 있는 기회를 만들 수 있기 때문입니다. 처음에는 상품에 대한 거부감이 들어 관심을 갖지 않지만 지속적으로 보게 되면 호감도가 상승하게 됩니다. 반복적인 노출이 구매까지 연결시킬 수 있는 기회를 만들 수 있습니다.

19번 보고 나니
나의 아름다운 연인이에요.

네이버 키워드 검색광고는 효율적으로 운영 관리 할 수 있는 광고 시스템으로 스마트 스토어 사업자가 저예산으로 집행이 가능합니다. 고가 키워드는 광고 집행이 어려울 수 있지만, 저가 키워드로 전략을 세워 네이버 검색 결과에 노출할 수 있습니다. 의류 업종으로 예를 들면, 고가 키워드는 '여성 의류', '남성의류', '원피스'로 저가 키워드는 '40대예쁜옷파는곳', '예쁜여름롱원피스', '30대남성의류추천' 등으로 접근해 볼 수 있습니다. 광고주의 업종과 관련된 저가 키워드를 다양하게 발굴해 네이버 검색 결과에 상품을 노출하면 자연스럽게 보게 될 것이고 구매 가능성도 높아지게 될 것입니다.

네이버 블로그의 경우도 마찬가지입니다. 키워드의 가중치에 따라 검색 결과 노출이 상이하겠지만, 블로그에 올려진 상품 스토리가 블로그 검색 결과에 보이게 되면 기대 이상의 광고 효과를 얻을 수 있습니다.

30대 여름 원피스 쇼핑몰
30대 예쁜 원피스 쇼핑몰
30대 여성 원피스 추천
30대 여성 원피스

파워링크

30대 여름 원피스 쇼핑몰
30대 예쁜 원피스 쇼핑몰
30대 여성 원피스 추천
30대 여성 원피스

블로그

3 | 베블렌 효과(Veblen Effect)

소비자가 어떤 물건을 구매하면서 돈을 지불할 때 매겨지는 양이 곧 가격이 됩니다. 이 가격은 지금까지 시장에서 합의되어 거래되고 너무 벗어나지 않게 움직입니다. 그러나 예외가 있습니다. 베블렌 효과로 사회적 지위를 과시하기 위해 가격이 오르는데도 불구하고 수요가 늘어나는 비합리적인 소비 현상입니다. 소비 편승 효과라고도 부르며 미국의 사회학자이자 평론가인 베블런(Thorstein Bunde Veblen)의 유한계급론에서 나온 이론입니다. 가격이 비싸면 비쌀수록 가치가 커지는 명품, 귀금속, 고급 자동차 등이 여기에 해당합니다.

이 효과는 '나는 남들과 다르다'라는 심리가 크게 작동하기 때문에 가격이 상승하면 수요가 덩달아 함께 증가합니다. 또한 가격이 비싸면 품질이 좋을 것이라는 선입견까지 갖게 됩니다. 자존심과 교육 수준이 높은 젊은 세대를 중심으로 나타나며, 하이클래스적인 이미지를 얻기 위해 높은 비용을 지불하고 상품을 구매합니다.

스마트 스토어 사업자는 베블렌 효과에 창의적인 아이디어를 적용하여 매출을 향상할 수 있는 기회를 만들어 낼 수 있습니다. 비교의 유용성을 활용하는 판촉 전략인 업셀링(Up-Selling, 고객이 본래 구매하려던 상품보다 품질이나 서비스를 업그레이드해서 상품의 가치와 가격을 함께 올리는 판매 방법)으로 활용해 볼 수 있습니다. 매년 우리나라에는 '명절', '기념일', '시즌', '데이'가 존재합니다. 이 행사 요일에는 상품에 가치를 부여하여 품질을 높일 수 있습니다.

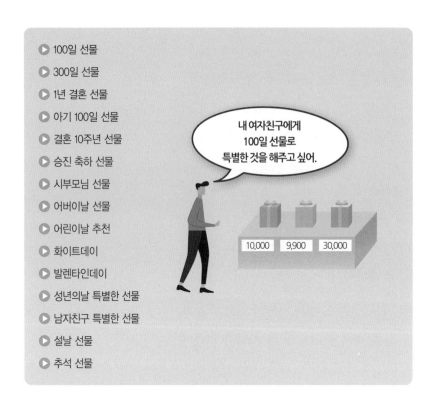

4 | 후광 효과(Hallow Effect)

후광 효과는 한 대상의 두드러진 특성이 그 대상의 다른 세부 특성을 평가하는데 영향을 미치는 현상을 말합니다. 헤일로 효과라고도 부릅니다. 어떤 뚜렷한 특징이 모든 것을 좌우하기 때문에 한 가지 긍정적인 면이 있으면 긍정적으로 보고 한 가지 부정적인 면이 있으면 부정적으로 보게 됩니다. 예를 들어 한 남성의 외모가 '장동건'이라 불릴 정도로 뛰어난 외모를 가지고 있으면 성격도 좋을 것 같다는 생각을 할 수 있습니다. 후광 효과는 첫 인상에서 받은 자극이 전체적으로 판단하고 결정하는데 영향을 주게 됩니다.

스마트 스토어 사업자가 후광 효과를 잘 활용하면 긍정적으로 상품의 호감도와 신뢰도를 향상할 수 있습니다. 창업한지 얼마 안 되었거나 판로 개척을 해야 하는 판매자의 경우 지명도가 낮기 때문에 상품에 대한 신뢰도는 높지 않습니다. 대형 쇼핑몰처럼 풍성한 로열 고객이 없으면 초우량 브랜드 인지도와는 비교할 수 없습니다. 이런 상황에서 어떻게 해야 접근을 해볼 수 있을까요? '유명인 또는 인플루언서[4]의 추천글'과 '제휴 및 파트너사'를 활용해 볼 수 있습니다.

판매자가 '추천'을 요구하는 것은 쉽지 않은 일이지만, 상품 가치가 뛰어나고 인플루언서의 개성과 잘 맞는 상품이라면 설득력을 가질 수 있습니다. 지금 당장 영향력 있는 유명인 또는 인플루언서에게 상품에 대한 추천글을 부탁해보세요. 상품 홍보와 관련되어 추가적인 요구 사항이 있을 경우에는 협의가 필요할 수도 있습니다. 수십만 명의 팔로워를 가진 인스타그램 또는 유튜브 유명인이 사용하고 있는 상품이 노출되면 신뢰도는 높아지게 될 것입니다.

다음으로 제휴 또는 파트너사를 소개하는 것입니다. 이 상품은 지명도 높은 업체에서 생산하였으며 유통 관리는 인지도 높은 업체와 제휴하고 있다는 것을 노출할 수 있습니다. 상품 스토리를 작성할 때 상품 옵션을 추가한 후 "우리는 브랜드 파워를 가지고 있는 업체들과 협업 관계를 구축하고 있다"고 제시하는 것입니다. 소비자가 상품을 구매할 때 조금은 어필을 할 수 있지 않을까요? 소비자 입장에서 후광 효과로 상품을 구매할 때 비객관적인 시선을 가질 수 있지만, 적절한 이미지를 갖춘 인플루언서 또는 파트너사를 활용하면 높은 브랜드 인지 효과를 기대할 수 있을 것입니다.

4 인플루언서(Influencer) : SNS에서 수십만 명의 팔로워를 보유한 유명인으로 사회에 미치는 영향력이 큽니다.

30만 명 팔로워를 가진 유튜버

5 | 밴드웨건 효과(Bandwagon Effect)

다른 사람이 하니까 나도 한다는 식으로 의사 결정을 내리는 경우가 종종 있습니다. 이것이 밴드웨건 효과입니다. 악단을 의미하는 '밴드'와 마차를 의미하는 '웨건'이 합쳐진 단어로 한 무리의 악단이 맨 앞에서 이끄는 마차를 뜻합니다. 퍼레이드 행렬의 맨 앞에서 악단이 공연하면 주변에서 사람들이 궁금해 모여들면서 점점 늘어나게 됩니다. 벤드웨건 효과는 미국의 경제학자인 하비 라이벤스타인(Harvey Leibenstein)이 발표한 네트워크 효과 중 하나로, 타인의 선택에 의해서 의사 결정을 내리는 방식을 뜻합니다. 대다수의 소비자가 사용하는 상품을 보고 따라서 소비한다는 점에서 사회적 증가 효과와 비슷하며 편승 효과라고도 부르기도 합니다.

이 심리 효과는 소비자의 적극적이고 능동적인 구매 패턴이 특징이며 다수의 참여 및 관심으로 구매 행동이 증가합니다. 특히 유행에 따라 상품을 구입하는 소비 현상이 두드러집니다. 특정 집단에서 유행에

뒤처지지 않고 소외당하고 싶지 않은 심리를 자극해 구매를 부추기기도 합니다. 많은 기업에서 충동구매를 유도하는 마케팅 기법으로 많이 활용되고 있으며 상품의 브랜드 가치가 향상되는 효과를 기대할 수 있습니다. 홈쇼핑 전문 채널에서 상품에 대한 정보를 제공하고 판매를 촉진시키는 쇼호스트에게서 들었던 홍보 문구가 생각납니다. "정가 219만 원으로 적지 않은 가격에도 불구하고 주문이 폭주하고 있습니다. 오늘이 지나면 구매할 수 없으니 지금 서둘러 주문하세요." 아주 강력한 마법의 주문처럼 전달됩니다.

국내의 대표적인 밴드웨건 효과를 살펴보겠습니다. 전국적으로 품절 대란이 일어났던 '허니버터칩'이 있습니다. 달콤한 감자칩으로 차별화에 성공한 과자로 광고 없이 입소문만으로 광폭적인 사랑을 받았던 아이템입니다. 지금은 단맛에 익숙해져서 차별점은 퇴색되었지만, 젊은 층이 활발하게 사용하는 SNS의 버즈 마케팅으로 충동적인 구매를 유도한 성공 사례로 인식하고 있습니다.

'고무장화' 하면 농촌에서 농사일을 할 때나 비가 내리면 신고 다니는 신발입니다. 그런데 어느 순간 '레인 부츠'라고 부르기 시작하였습니다. 하나의 패션화로 거듭나게 되었습니다. 우기 시즌이 되면 레인 부츠의 판매율이 급증합니다. 과거에 '고무장화'가 단색의 검은색, 하얀색이었다면 레인 부츠는 젊은 감성이 느껴지는 경쾌한 색감에 세련미가 가미되어 차별화된 가치를 제공하고 있습니다. 감성적인 디자인과 재질이 고급화되면서 많은 패셔니스타들의 필수 아이템으로 자리잡았습니다.

2018 평창 동계올림픽 개최를 맞아 제작된 '평창 롱 패딩'은 품절 사태

까지 빚은 아웃도어입니다. 왜 이런 상황이 일어났을까요? 2018년 겨울은 사상 최고의 한파가 찾아와 전국적으로 한파 특보가 내려졌던 해입니다. 몸서리칠 정도의 강한 추위를 감싸주는 롱 패딩은 당연 유행 아이템이 되었습니다. 게다가 평창 올림픽 기념품으로 인식되면서 더욱 열광하게 되었습니다.

▲ 출처 : 스마트 스토어 '슈즈앤'

'허니버터칩', '레인 부츠', '평창 롱 패딩'은 다수의 소비자가 참여하고 사랑을 받은 상품들입니다. 충동구매의 대표적인 성공 사례라고 볼 수 있습니다. 당시의 유행과 잘 맞물려 초우량 대박 상품을 만든 밴드웨곤 사례입니다. 스마트 스토어 사업자는 상품 사업을 진행하면서 유행과 잘 매칭이 되는지 살펴보는 것이 중요합니다. 대박 상품은 유행과 잘 맞물려 있기 때문입니다. 그렇지만 올해의 유행 코드를 발견하는 것은 쉬운 일이 아닙니다. 최신 뉴스 정보와 미디어 등 다양한 채널을 지속적으로 살펴보고 분석할 수 있어야 합니다.

현재 내가 스마트 스토어에서 유행 상품이 아니더라도 꾸준히 판매되고 사랑받는 상품이 있다면 밴드웨곤 효과를 적용하여 활용해 볼 수 있습니다.

- ▶ 한 달 동안 상품이 15,000개가 팔렸습니다.
- ▶ 상품 리뷰에 1,000개의 고객 평판이 달렸습니다.
- ▶ 상품 입고 10일 만에 완판하고 곧 3차 판매를 개시합니다.

6 | 리피팅 효과(Repeating Effect)

리피팅$^{(Repeating)}$은 '반복되는', '순환되는' 뜻으로 재구매 행동을 하도록 유도한다는 의미를 가지고 있습니다. 상품 구매 쿠폰과 포인트 등을 제공하여 고객이 다시 한번 더 방문하도록 유도하는 심리 효과입니다. 스마트 스토어에서 고객의 등급에 따라 쿠폰 또는 적립 포인트를 제공할 수 있습니다. 리피팅은 상품 구매에 대한 혜택 제공이므로 고객의 반복적인 방문을 유도하고 호감도 상승 효과를 기대할 수 있습니다. 적극적으로 활용하는 것이 중요합니다.

지난 달 '예쁜언니' 스마트 스토어에서 상품 구매를 많이 했더니 VVIP 고객이네! 구매 혜택을 주니 여기에서 구매해야지!

7 | 디드로 효과(Diderot Effect)

디도르 효과는 고객이 정서적이고 통일성을 추구하기 위해 이루어지는 소비의 연쇄 반응 심리 현상입니다. 하나의 물건을 구입하게 되면 그 물건과 어울리는 또 다른 물건을 구매하게 됩니다. 흔히들 사람들은 욕심을 빗대어 '말타면 종 부리고 싶다'라고 말합니다. 남들과 구별되는 정장을 입게 되면, 이에 어울리는 넥타이와 구두를 사게 되고, 명품 가방과 지갑을 갖추고 싶어집니다. 나아가 시계까지도 바꾸게 됩니다. 구색을 맞추고 싶기 때문입니다. 상품 페이지에 상품 정보를 올리고 함께 어울릴만한 상품 리스트를 적용하면 추가적으로 판매를 기대할 수 있습니다.

8 | 앵커링 효과(Anchoring Effect)

앵커링 효과는 정상 가격을 제시하고는 할인 가격을 함께 표시해 놓으면 정상 가격보다 저렴하다는 생각이 들어 지금 필요하지 않은 물건도 구매하게 만드는 심리 작용을 말합니다. '닻내림 효과' 또는 '정박 효과'라고도 부르기도 합니다. 앵커(Anker)는 배가 항구에 정박할 때 내리는 닻을 의미하는 것으로, 배가 어느 지점에 닻을 내리면 그 닻을 중심으로 밧줄 범위 내에서만 배가 움직이게 됩니다. 이처럼 배를 고정시키는 닻을 내리듯 조금 전에 보았던 숫자 이미지가 사라지지 않고 하나의 고정관념으로 자리잡게 되면 새로운 정보를 수용하기가 어렵습니다. 가장 마지막에 보았던 숫자의 유리한 기준에서 크게 벗어나지 못하고 편향적으로 해석하게 됩니다.

정가 29,000원 ➡ 특별가 19,000원

앵커링 효과는 정상 가격에 기준점의 닻이 내려지는 심리를 공략하는 것으로 기준점에서 높은 할인 가격을 보게 되면 '지금 구매하는게 이득이다'라고 생각합니다. 한 상품에 29,000원이라는 가격표가 달려 있습니다. 가격표에 적힌 정가에는 굵은 선이 엑스로 그어져 있고, 그 아래에는 19,000원으로 가격이 적혀 있습니다. 이 가격을 보면 누구나 싸다고 느끼게 됩니다. 같은 상품이라도 처음부터 19,000원이라는 가격표를 표시하는 것보다 29,000원에 굵은 선을 긋고 19,000원이라고 적혀 있을 때 '아, 기회를 놓치면 안돼'하고 닻을 쳐두는 것입니다. 정상 가격을 제시하지 않고 할인 가격에 판매할 수도 있는데 굳이 표시를 두 번 하는 것은 무엇일까요? 스마트 스토어 사업자에게 유리한 기준이 되도록 만들기 위한 것입니다. 앵커링 효과는 과소비를 부추기는 최적의 트랩이므로 시즌 및 할인 행사에 적절하게 사용할 필요가 있습니다.

올해 한 번밖에 없는 할인 **초특가** 행사

Sale ~~790,000원~~

499,000원

안 사고 못 배기는 상품
상세 페이지 만들기

NAVER STORE

현재 우리는 스마트한 네트워크 경제 속에서 수많은 상품 스토리를 보면서 생활합니다. 손쉽게 원하는 상품들을 찾을 수 있고 더 나은 혜택을 주고 있는 스마트 스토어에서 구매하고 있습니다. 소비자가 최종적으로 상품을 구매하는 곳은 그럴 만한 이유가 존재합니다. 바로 상품 상세 페이지에 담겨진 스토리가 영향력을 발휘하기 때문입니다. 스마트 스토어에서 판매되는 모든 상품은 각각의 차별적이고 독창적인 스토리를 가지고 있습니다. 어떤 상품 스토리는 흥미로운 관점에서 접근하여 재미있고 유익하게 접근하고 있으며, 정보적인 관점으로 접근할 경우에는 전문가적이고 논리적으로 구성할 수 있습니다.

상품 상세 페이지는 스마트 스토어 사업자에게 상품을 효과적으로 보여주는 출입구인 동시에 간판 역할을 합니다. 한눈에 전달할 수 있도록 보기 편한 레이아웃으로 구성하고 상품에 대해서 구체적인 소개하는 것은 중요한 체크 사항입니다. 매력적으로 잠재 고객에게 상품의 가치를 쉽게 전달할 수 있다면 구매의 필요성을 효과적으로 높일 수 있습니다. 스마트 스토어 특성상 오프라인 매장처럼 상품을 입체적으로 진열하거나 감각적인 체험을 제공 못 하지만, 시각적인 이미지, 동영상, 텍스트를 사실감 있게 구성하여 잠재 고객의 시선을 유도할 수 있습니다. '이미지'는 상품의 음영 부분을 고려하고 입체감 있게 찍는 것이 중요하며, '동영상'은 상품의 핵심 기능 또는 구매자들의 상품 평판을 구성하여 만들 수 있습니다. '텍스트'는 상품에 대해서 정확하게 이해한 후 장·단점은 무엇이며 어떻게 강조하여 돋보이게 할지 짜임새 있게 구성해야 합니다.

스마트 스토어 상품 상세 페이지는 상품이 가지고 있는 세세한 부분에서부터 장·단점을 소개하는 정보 채널입니다. 오프라인 매장에서 제공하는 판촉물의 일종인 카탈로그, 브로슈어, 전단지와 비슷합니다. 이 홍보물에는 상품의 기능, 특징, 가격, 디자인 등이 기재되어 있습니다. 상품 상세 페이지도 전략적으로 구성하여 잠재 고객의 구매 욕구를 이끌어 낼 수 있도록 '합리적 가격 제시', '우수한 기능과 품질', '상품 구매 혜택' 등을 작성하는 것이 중요합니다. 차별적인 상품 상세 페이지 작성을 위해 어떻게 시작해야 할지 살펴보겠습니다.

첫 번째로 내가 판매할 상품에 대해서 정확하게 이해할 필요가 있습니다. 소비자의 구매 심리를 이해하여 '상품의 재질과 기능', '상품의 제작 과정', '왜 이 상품을 구매해야 되는지' 등등 세세하게 파악하고 있어야 매력적으로 상품 상세 페이지를 구성할 수 있습니다. 오프라인 매장에서 점원이 자세하게 설명하는 것처럼, 직접 눈으로 보는 것처럼 사실적으로 상품 정보를 제공해야 합니다. 소비자의 심리에 맞춘 상품 상세 페이지는 구매율을 높일 수 있습니다.

- ▶ **보고 싶어하는 부분** ➡ 자전거의 경우 핸들바, 브레이크, 시트, 변속기 중심으로 표현
- ▶ **듣고 싶어하는 부분** ➡ MP3의 경우 메모리, 연속 재생, 배속 지원 중심으로 표현
- ▶ **만져보고 싶어하는 부분** ➡ 원피스의 경우 소재의 신축성이나 촉감 중심으로 표현
- ▶ **맡아보고 싶어하는 부분** ➡ 향수의 경우 어떤 향기 종류이며 어떤 느낌을 주는지 중심으로 표현
- ▶ **맛보고 싶어하는 부분** ➡ 삼겹살의 경우 불판에 적절히 익힌 사진, 먹었을 때 어떤 맛이 나는지 등으로 표현

두 번째로 판매할 상품과 비슷한 오픈마켓의 파워셀러나 베스트셀러들을 벤치마킹 하는 것이 중요합니다. '왜 고객들은 이 상품을 구매하였는지', '상품 상세 페이지는 어떻게 구성하였는지', '상품의 어떤 부분을 강조하고 돋보이게 하고 있는지' 등을 참고할 필요가 있습니다. 스토리를 구성하면서 폰트를 강조할 때 어떤 색상을 적용할지도 고려해야 합니다. 주목을 끌게 하는 컬러에는 노란색, 빨간색, 주황색이 있습니다. 이 컬러들은 '활력', '만족', '유쾌', '적극적인 느낌'을 주어 구매 결정을 빠르게 유도할 수 있습니다.

세 번째로 상품의 경쟁력과 차별성을 파악하고 경쟁 상품보다 우위적인 요소를 체크하였다면 상품 상세 페이지의 스토리를 작성해야 합니다. 스토리 구성은 상품 구매와 직결되는 부분이기에 현실감 있고 사실적으로 표현하는 것이 중요합니다. 추가적으로 스토리에 흥미와 관심을 갖을 수 있도록 가독성을 높이는 것도 체크 사항입니다.

상품 상세 페이지의 스토리는 방문한 잠재 고객에게 구매에 대한 어필 요소가 담겨지기 때문에 상품이 가지고 있는 특징들을 강조하는 것이 중요합니다. 핵심적인 주목 요소는 구매 욕구를 자극하는 요인이

되기 때문입니다. 상품이 가지고 있는 기본 옵션, 사용 방법, 인증서, 보증서, 장점과 강점, 배송과 문의 사항 등을 명확하고 이해하기 쉽게 스토리를 함축적으로 표현해야 합니다.

그럼 스마트 스토어 상세 페이지 레이아웃에 대해서 살펴보겠습니다. 상세 페이지 스토리 작성에 대한 자율성이 보장되지만, 명확한 주제를 가지고 타깃팅에 맞도록 최적화하는 것이 중요합니다. 관련 태그 다음으로 동일하게 제공되는 기본 정보(상품 정보 제공 고시, 거래조건에 관한 정보, 상품 리뷰, 리뷰, Q&A, 반품/교환 정보, 인기 상품)는 제외하였습니다.

1 | 의류 상품 상세 페이지 레이아웃

배송 기간	함께 사면 좋은 상품	배송 기간	배송 기간
상품 정보	배송 기간	상품 정보	상품 정보
쿠폰 제공	상품 정보	상품 소개	쿠폰 제공
상품 소개	쿠폰 제공	상품 사진(설명)	상품 소개
연관 상품	상품 소개	환불 및 교환	상품 사진(설명)
상품 사진(설명)	상품 사진(설명)	상품 사진(설명)	택/케어라벨 정보
배송 관련 정보	배송/교환 및 반품	택/케어라벨 정보	배송 관련 정보
교환 및 반품	택/케어라벨 정보	관련 태그	교환 및 반품
고객 문의	고객 문의		고객 문의
관련 태그	관련 태그		관련 태그

의류 상품 상세 페이지 레이아웃의 상단에는 '배송 기간'이 상단에 배치되어 있으며, 고객들이 의류 상품을 구매할 때 민감하게 고려하는 부분이 '택/케어라벨 정보'라는 것을 알 수 있습니다.

2 | 푸드 상품 상세 페이지 레이아웃

상품 리뷰	상품 리뷰	상품 리뷰	상품 리뷰
배송 기간	배송 기간	배송 기간	배송 기간
상품 정보	상품 정보	상품 정보	상품 정보
고객 등급 혜택	상품 소개	고객 등급 혜택	쿠폰 제공
쿠폰 제공	제품 구성 및 표기사항	쿠폰 제공	상품 소개
상품 소개	관련 태그	배송 관련 정보	브랜드 소개
제품 구성 및 표기사항		상품 소개	상품 사진(설명)
상품 사진(설명)		상품 사진(설명)	제품 표기사항
관련 태그		배송정보	제품 시험 검사 성적서
		제품 구성 및 표기사항	포장 및 배송
		관련 태그	먹는 방법
			추천 요리법
			관련 태그

푸드 상품 상세 페이지 레이아웃의 상단에는 '상품 리뷰'와 '배송 기간'
중점적으로 배치되어 있습니다. '상품 리뷰'가 상품 구매에 고객 평판
이 중요한 영향을 주고 있다는 것을 알 수 있으며, '배송 기간'은 고객
이 보다 위생적이고 안전한 상품을 구매할 수 있는 유통기한과 연결되
어 있다는 것을 알 수 있습니다. 푸드 상품은 구매자의 건강과 곧바로
연결되기 때문에 '제품 구성 및 표기사항'은 중요한 항목입니다.

3 | 가구 상품 상세 페이지 레이아웃

배송 기간	상품 리뷰	배송 기간	배송 기간
상품 정보	배송 기간	상품 정보	상품 정보
쿠폰 제공	고객 등급 혜택	쿠폰 제공	쿠폰 제공
상품 상세 설명	상품 정보	상품 상세 설명	상품 사진(설명)
상품 사진(설명)	상품 사진(설명)	상품 사진(설명)	배송 관련 정보
배송 관련 정보	상품 상세 설명	배송 시 주의 사항	상품 상세 설명
유의사항	배송 관련 정보	교환/반품 안내	배송 비용 안내
교환 및 반품 안내	배송 시 주의 사항	자주 묻는 Q&A	교환 및 반품 안내
관련 태그	배송비 안내	관련 태그	관련 태그
	교환 및 반품 안내		
	관련 태그		

가구 상품 상세 페이지 레이아웃의 상단에는 '배송 기간'과 '상품 정보'가 중점적으로 배치되어 있습니다. 가구는 무게와 부피가 큰 상품이어서 배송 날짜는 최종 구매에 중요한 영향을 주게 됩니다. 또한, 구매자가 상품의 재질과 품질을 직접 체험하고 구매할 수 없기 때문에 특정 부분을 디테일하게 설명하는 '상품 상세 설명'은 자세하게 구성할 필요가 있습니다. 중량의 상품으로 '배송 시 주의 사항'과 '배송 비용 안내'도 반영하는 것이 중요합니다.

4 | 뷰티 상품 상세 페이지 레이아웃

포토/동영상 리뷰	포토/동영상 리뷰	포토/동영상 리뷰	포토/동영상 리뷰
배송 기간	배송 기간	배송 기간	배송 기간
상품 정보	상품 정보	쿠폰 제공	상품 정보
동영상 후기 정보	쿠폰 제공	동영상 제공	고객 등급 혜택
피부 테스트 결과 보고서	특가 이벤트	이벤트 혜택	쿠폰 제공
상품 사진(설명)	상품 사진(설명)	피부 테스트 결과 보고서	동영상 제공
고객 평판 정보	고객 평판 정보	상품 사진(설명)	고객 평판 정보
관련 태그	피부 테스트 결과 보고서	사용상의 주의사항	피부 임상 시험 및 인증서
	관련 태그	관련 태그	상품 사진(설명)
			상품 블로그 후기
			관련 태그

뷰티 상품 상세 페이지 레이아웃의 상단에는 '포토/동영상 리뷰'와 '배송 기간'이 중점적으로 배치되어 있습니다. '포토/동영상 리뷰'는 구매자들로 하여금 상품의 신뢰도를 높여 구매 결정에 영향을 주고 있다는 것을 알 수 있으며, '배송 기간'도 중요한 항목입니다. 인증된 공인 기관의 다양한 실험 테스트와 피부 임상 시험을 반영하는 '피부 테스트 결과 보고서'는 상품의 신뢰성을 높여주고 있어 고객의 구매 의욕을 영향을 줄 수 있습니다.

5 | 펫 상품 상세 페이지 레이아웃

배송 기간	배송 기간	배송 기간	배송 기간
상품 정보	상품 정보	상품 정보	상품 정보
고객 등급 혜택	고객 등급 혜택	고객 등급 혜택	고객 등급 혜택
쿠폰 제공	공지사항	쿠폰 제공	연관 구매 상품 링크
상품 상세 설명	상품 상세 설명	연관 구매 상품 링크	쿠폰 제공
상품 사진(설명)	상품 사진(설명)	상품 상세 설명	소셜미디어 링크
연관 구매 상품 링크	자주 묻는 질문 FAQ	상품 사진(설명)	고객 상담 센터
반품/교환 정보	주의사항	사용 방법	상품 브랜드 소개
배송 안내	배송 안내	주의사항	상품 사진(설명)
주의사항	수의사 검증 마크	고객 상담 센터	배송 안내
관련 태그	관련 태그	배송 안내	반품/교환 정보
		반품/교환 정보	관련 태그
		관련 태그	

펫 상품 상세 페이지 레이아웃의 상단에는 '배송 기간'와 '상품 정보'가 중점적으로 배치되어 있습니다. 반려동물은 현재 가족의 구성원으로 생각하고 있기 때문에 빨리 배송받고자 하는 기대감은 구매 결정에 영향을 줄 수 있습니다. 펫 상품은 고객이 구매하는 카테고리(간식, 의류, 장난감 등)가 다양해서 '연관 구매 상품 링크'를 반영하여 추가 매출의 확보가 가능합니다. 또한 '상품 상세 설명'은 상품에 어떤 첨가물이 들어가 있는지 꼼꼼하고 사실적으로 설명하는 것이 중요합니다.

의류, 푸드, 가구, 뷰티, 펫 상품 상세 페이지 레이아웃에 대해서 살펴보았습니다. 업종별로 상단에 배치한 항목들이 조금씩 다르다는 것을 알 수 있습니다. 스마트 스토어 사업자는 내 상품과 동일한 상품을 파는 '파워셀러'와 '베스트셀러'의 레이아웃을 벤치마킹하여 상세 페이지 레이아웃에 적용할 필요가 있습니다. 벤치마킹은 5개 이상 선정하여 판매자들이 중점적으로 고려하고 있는 항목을 체크하고 배치하도록 합니다. 또한 틈새 항목이 있는지도 파악하여 경쟁력을 확보할 필요가 있습니다.

- ▶ 의류 상품 ➡ '배송 기간', '택/케어라벨 정보',
- ▶ 푸드 상품 ➡ '상품 리뷰', '제품 구성 및 표기사항',
- ▶ 가구 상품 ➡ '배송 기간', '상품 상세 설명', '배송 시 주의 사항',
- ▶ 뷰티 상품 ➡ '포토/동영상 리뷰', '배송 기간', '피부 테스트 결과 보고서'
- ▶ 펫 상품 ➡ '배송 기간', '상품 상세 설명'

상품 상세 페이지 레이아웃 콘셉트 잡기

상품 상세 페이지 레이아웃에 대한 파악이 이루어졌다면 다음으로 진행해야 할 과정이 콘셉트 잡기입니다. 콘셉트는 고객에게 상품이 가지고 있는 가치를 전달하고자 하는 핵심 메시지입니다. 사람의 몸으로 접근하면 심장과 비슷합니다. 아주 중요한 부분이라는 것을 알 수 있습니다. 내 상품과 동일한 상품 중에 우리 상품을 선택하는 것은 고객의 구매 의욕을 자극시키는 매력적인 콘셉트가 담겨있다는 뜻입니다. 1장에서 콘셉트에서 설명한 것처럼 고객의 시선을 유도하고 상품이 가지고 있는 이미지와 가치를 쉽게 전달이 가능합니다. 또한 상품의 경쟁력과 차별성을 제공하여 왜 구매를 해야 하는지에 대한 호소력을 줄 수도 있습니다.

상품 상세 페이지 레이아웃 작성을 위한 콘셉트는 두 분류로 나누어 볼 수 있습니다. 첫 번째는 스마트 스토어 사업자의 관점에서 접근하는 콘셉트로 '상품 브랜드에 대한 소개(비전과 미션)', '스토어 운영 전략'을 설명할 수 있습니다. '상품 브랜드에 대한 소개'는 상품 브랜드에 정체성으로 이념, 약속과 같은 것을 말합니다. '스마트 스토어 운영 전략'은 상품의 제조에서부터 판매까지 운영 관리하고 있다는 것을 말합니다. 두 번째는 상품이 가지고 있는 콘셉트로 '상품의 특징', '차별적 우위성', '고객 이익'을 설명할 수 있습니다. '상품의 특징'은 상품이 가지고 있는 고유의 정보로 원산지, 포장, 중량, 국산&수입 등을 말합니다.

'차별적 우위성'은 경쟁사가 가지고 있지 않은 경쟁력을 말하며, '고객 이익'은 고객에게 제공하는 실질적인 혜택으로 말할 수 있습니다. 콘셉트를 작성할 때는 명쾌하고 본질적으로 접근하는 것이 중요합니다.

상품 콘셉트를 어떻게 해야 효과적으로 작성할 수 있을까요? 우선적으로 고객이 왜 우리 상품을 구매해야 하는지에 니즈^(Needs)와 원츠^(Wants)를 살펴봐야 합니다. 니즈는 고객의 가장 기본적인 욕구로 신체적, 생리적인 욕구이며, 요구 사항 및 필요사항이 포함됩니다. 원츠는 고객의 대상이나 환경 등 주어진 성향에 따라 다르게 나타나는 실직적인 욕구입니다. 예를 들어 모든 사람은 치아 건강을 위해 치약을 구매합니다.(니즈) 이때 사용 상황에 따라 구치 제거, 잇몸 강화, 미백 치약을 원합니다.(원츠) 누구나 외부 활동을 하려면 가방이 하나씩은 필요합니다.(니즈) 사용 대상에 따라 직장인이라면 '서류 가방', 여행객이라면 '캐리어와 파우치', 등산객이라면 '등산 배낭', 아이라면 '책 가방'을 원합니다.(원츠)

1 | 상품 상세 페이지 레이아웃 콘셉트 작성

상품 상세 페이지 레이아웃 콘셉트 작성에 대해서 살펴보겠습니다. 순서는 다음과 같습니다.

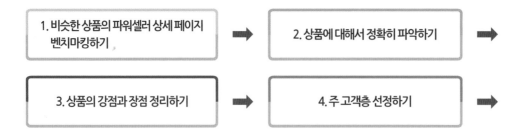

| 5. 검색 키워드 파악하기 | → | 6. 카테고리 선정하기 | → |

| 7. 상세 페이지 레이아웃 기획하기 |

비슷한 상품의 파워셀러 상세 페이지 벤치마킹하기

네이버쇼핑에서 제공하는 '베스트100'에서 내 상품과 관련된 카테고리를 선정하여 상위에 랭킹된 상품을 분석합니다. 상품의 어떤 부분을 강조하고 있는지, 어떤 차별성이 있는지, 경쟁력과 특이함이 있는지 등을 파악하여 상세 페이지에 반영해봅니다.

상품에 대해서 정확히 파악하기

오프라인 판매 매장에 가면 담당 직원이 아는 것을 막힘없이 설명합니다. TV 홈쇼핑의 쇼호스트 또한 상품에 대해서 구체적이고 사실적으로 전달합니다. 이렇게 상품에 대해서 전략적으로 설명할 수 있는 이유는 몇 날 몇 일을 꼼꼼하게 경험하고 고객의 니즈와 원츠를 정확하게 알고 있기 때문입니다. 스마트 스토어 사업자는 내가 판매하는 상품의 기본적인 기능에서부터 고객이 구매하여 어떤 편익을 얻을지 까지 고려해야 합니다.

상품의 강점과 장점 정리하기

내가 판매하는 상품의 강점과 장점은 경쟁 상품보다 우위 요소로 판매에 큰 영향을 제공합니다. 내 상품과 동일하게 판매하는 상품이라도 상품이 가지고 있는 특징을 잘 드러내고, 차별적인 부분, 고객이 구매하면 어떤 혜택이 제공되는지 부각시킬 필요가 있습니다. 예를 들면 친환경 관련 상품, 재질성분, 검사 결과 보고서, 테스트 인증서, 타 상품과의 비교 실험 등이 있습니다. 스마트 스토어 상품 상세 페이지가 규격화되고 공간 활용은 제한적입니다. 판매 상품을 어떻게 하면 돋보이게 만들 수 있을지 꾸준하게 연구하는 자세가 필요합니다.

주 고객층 선정하기

우리 상품을 구매하는 고객층을 선정하는 것은 매우 중요합니다. 고객층에 맞추어 스토리 구성이 이루어지기 때문입니다. 스토리 분위기가 젊은층일 경우에는 발랄하게 트렌디한 분위기로, 전자가전 및 농식품일 경우에는 깨끗한 분위기로 접근해 볼 수 있습니다. 고급 브랜드일 경우에는 편안하고 럭셔리한 분위기로 잡을 수 있습니다. 보다 세부적으로 접근하면 30대의 워킹맘 대상으로 전기밥솥을 판매한다면 '용량'과 '요리 종류', '조작 방식'을 우선적으로 고려해야 합니다. 40대의 등산객 대상으로 의류를 판매한다면 '소재', '착용감', '촉감'을 잡아볼 수 있습니다.

검색 키워드 파악하기

키워드는 고객 행동을 추적할 수 있는 레이더 역할을 하며 구체적인 타깃팅으로 구매전환율을 높일 수 있는 기회 창출의 기능을 가지고 있습니다. 상품 상세 페이지 레이아웃을 기획할 때 스마트 스토어에 판매하는 상품이 어떤 키워드로 검색[5]되고, 고객이 어떤 키워드로 접근하는지 파악하는 것은 중요합니다. 검색 키워드 수집은 네이버 키워

5 네이버 검색 환경은 PC와 모바일로 나누어서 서비스를 제공하고 있습니다. 한 예로 '가평가볼만한곳'의 키워드는 PC 월간검색수가 11,100회, 모바일 월간검색수 139,700회가 나왔습니다. '제주도관광'의 키워드는 PC 월간검색수가 19,000회, 모바일 월간검색수 89,300회가 나왔습니다. 두 키워드의 경우 PC보다 모바일 검색수가 월등히 높게 나왔습니다. 모바일 검색 결과에 대한 기획이 중요하다는 것을 알 수 있습니다. (2019년 8월 네이버 키워드 검색광고 데이터)

드 검색광고^(https://searchad.naver.com)의 '키워드 도구'를 활용하여 손쉽게 진행할 수 있습니다. 키워드 도구를 활용하기 위해서는 몇 가지 절차가 필요합니다.

❶ 네이버 메인 화면의 아래쪽에 위치한 Copyright 영역에서 Partners의 '비즈니스 · 광고'를 클릭합니다.

Creators	크리에이터	스몰비즈니스			
Partners	비즈니스 · 광고	스토어 개설	지역업체 등록		
Developers	네이버 개발자센터	오픈 API	오픈소스	네이버 D2	네이버 랩스

❷ 네이버 비즈니스 플랫폼^(https://business.naver.com/service.html)에서 '검색 마케팅'을 클릭합니다.

❸ 네이버 검색광고에서 키워드 조회수를 파악하기 위해서는 계정을 만들어야 합니다. 신규가입은 사업자와 개인 모두 가능합니다. 가입은 '검색광고 신규회원가입'과 '네이버 아이디로 신규회원가입'이 있습니다. 가입이 완료되면 검색광고 홈에서 로그인을 진행합니다.

❹ 로그인이 되면 광고주의 광고 현황을 살펴볼 수 있는 홈으로 이동
합니다. 오른쪽에 위치한 '광고시스템'을 클릭하여 상단 메뉴의 '도
구 〉 키워드 도구'로 이동하거나, 하단에 위치한 '키워드 도구'를 클
릭하여 직접적으로 이용할 수 있습니다.

❺ '키워드 도구' 페이지로 이동하면 검색와 연관키워드를 검색하여
월간검색수를 파악할 수 있습니다. 옵션으로 '웹사이트', '시즌월',
'업종', '시즌테마'가 있습니다. 옵션을 선택하여 조회하면 보다 세
분화된 키워드 조회가 가능합니다.

❻ '키워드 도구'에서 '자전거'라는 키워드로 검색하면 결과 화면에 다양한 연관키워드가 나옵니다. PC와 모바일의 월간검색수(전 월 검색 결과)와 키워드 검색광고에 대한 광고 효과와 경쟁강도를 살펴볼 수 있습니다. 여기서는 키워드의 '월간검색수'를 파악하여 카테고리에 적용하는 것이므로 판매자가 판매하는 상품과 관련된 연관키워드를 뽑아내는 것이 중요합니다. 조회 결과 우측의 '다운로드' 버튼을 클릭하면 엑셀로 다운받아 사용할 수 있습니다.

❼ 엑셀로 다운받아 월간검색수(모바일) 기준으로 적용한 결과입니다. '자전거'의 대표적인 키워드와 연관키워드의 '로드자전거', '바이크', '어린이자전거', '하이브리드자전거', '중고자전거', '접이식자전거', 'MTB자전거', '미니벨로', '트랙자전거', '메리다', '여성자전거' 등은 카테고리 추가에 적용해 볼 수 있습니다. (2019년 8월 달 검색 데이터)

A	B	C	D	E	F	G	H	I
연관키워드	월간검색수(PC)	월간검색수(모바일)	월평균클릭	월평균클릭	월평균클릭	월평균클릭	경쟁정도	월평균노
자전거	42,700	161,900	553.9	5,296.4	1.38%	3.51%	높음	15
로드자전거	10,000	36,100	131.1	1,396.4	1.39%	4.15%	높음	15
바이크	5,480	24,600	33.1	42.3	0.65%	0.19%	높음	15
어린이자전거	3,740	23,400	43.2	900.9	1.24%	4.19%	높음	15
하이브리드자전거	7,380	21,700	81	606.4	1.17%	3%	높음	15
중고자전거	5,160	21,300	175.4	1,879.4	3.62%	9.4%	중간	13
접이식자전거	5,810	20,700	64.9	671.9	1.19%	3.48%	높음	15
MTB자전거	6,790	18,400	120.2	851.9	1.88%	4.95%	높음	15
자전거거치대	6,210	16,600	73.5	280.7	1.26%	1.82%	높음	15
메리다	4,960	15,600	31.5	25.7	0.68%	0.18%	높음	15
클래식바이크	4,130	15,300	16	16.7	0.41%	0.12%	높음	15
미니벨로	6,090	14,400	74.2	434.1	1.29%	3.23%	높음	15
자전거추천	2,800	13,100	69.9	710.4	2.65%	5.81%	높음	15
트렉자전거	3,370	13,100	30.2	25.3	0.96%	0.21%	높음	15
여성자전거	1,710	11,300	42.8	688.8	2.65%	6.46%	높음	15
자출사	5,260	9,600	25	5	1.11%	0.06%	낮음	1

카테고리 선정하기

스마트 스토어 사업자는 '키워드 도구'에서 추출한 핵심 연관키워드들을 검색창에 입력하여 카테고리와 상품명을 확인해봐야 합니다. 상위에 검색된 판매자(파워셀러)들이 어떻게 카테고리 적용시켰는지 파악하여 활용할 수 있습니다. 여기서 체크해야 하는 부분이 있는데, 내가 판매하는 상품의 키워드가 카테고리와 상품명에 추가되어 있다고 해서 검색 결과에 노출이 보장되지는 않습니다. '랭킹순', '가격순', '등록일순', '리뷰 많은 순'의 옵션이 있어 노출이 안될 수도 있습니다. 스마트 스토어 사업자는 네이버 검색광고의 '키워드 도구'에서 추출한 연관키워드 중에 틈새 키워드를 활용해 볼 수 있습니다.

네이버쇼핑 홈에서 '자전거'를 검색하면 상품 카테고리가 '사이클', '하이브리드', '일반자전거', 'MTB', '미니벨로', '전기자전거', '유사MTB', '특수자전거'로 나와 있습니다. 연관키워드의 모바일 검색수가 높은 '로드자전거', '바이크', '어린이자전거', '접이식자전거', '트랙자전거', '여성자전거' 등을 활용하면 강력한 경쟁자를 조금은 피해갈 수 있습니다.

▲ 네이버쇼핑 옵션 메뉴

다음 검색 결과 화면을 살펴보면 MTB 자전거의 '카테고리', '프레임', '안장', '브레이크' 옵션을 선정하고 바퀴 옵션을 체크해보면 판매자가 없다는 것을 알 수 있습니다. 상품관리에서 상품 등록할 때 옵션 항목을 추가하여 고객 타깃팅이 가능합니다.

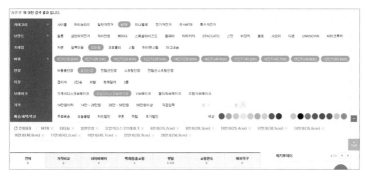

▲ 네이버쇼핑 '자전거' 키워드 옵션 선택 PC 검색 결과 화면

네이버쇼핑에서 가방을 검색하여 옵션을 선정해보겠습니다. 카테고리는 '남성백팩', 브랜드는 '코치', 주요소재는 '가죽', 가격은 '23만 원 이하', 배송/혜택/색상은 '쿠폰'과 '적립', '검은색'으로 선정하니 옵션에 일치하는 상품이 검색 결과에 노출되었습니다. 일반적으로 옵션 항목은 일치하며, 색상은 내용의 정확도에 의해서 검색되었다는 것을 알수 있습니다. 스마트 스토어 사업자는 카테고리 선정할 때 상품의 추가 옵션 항목을 꼼꼼히 체크하여 반영하는 것이 중요합니다. 상품명또한 구체적이고 세부적으로 작성할 필요가 있습니다.

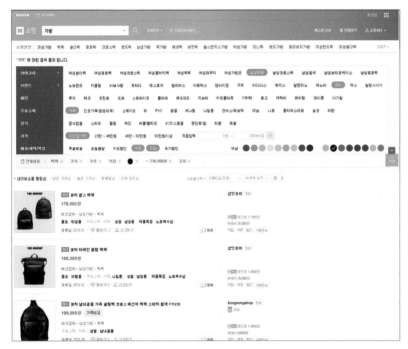

▲ 네이버쇼핑 '가방' 키워드 옵션 선택 PC 검색 결과 화면

상품명에 선택 옵션 항목이 적용되어 있습니다. 추가적으로 '패턴'과 '장식'이 적용되면 확실한 타깃팅이 될 수 있을 것입니다. 상품명에

'슬링백', '크로스', '메신저', '스티치'가 추가되어 있어서 구매자가 접근할 수 있는 폭을 넓혀 놓았습니다.

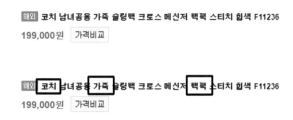

스마트 스토어의 상품 등록에서 옵션은 3개까지 추가할 수 있습니다. 상품 등록 전에 네이버 검색 결과의 옵션을 체크한 후 반영하길 바랍니다. 추가 옵션은 상품을 구매할 고객이 더 한층 가깝게 다가오도록 하는 매력 포인트이므로 필수적으로 사용하는 것이 중요합니다.

현재 PC 검색 결과 화면보다 중요한 것이 있습니다. 모바일 검색입니다. 현재 모바일쇼핑 검색의 매출 규모가 PC 검색 쇼핑을 넘어섰습니다. 2019년 상반기 온라인쇼핑 거래액 동향(통계청)을 살펴보면 전체에서 모바일쇼핑이 차지하는 비중이 64.4%로, 온라인쇼핑을 할 때 PC보다 모바일에서 더 많이 구입한다는 것을 알 수 있습니다. 언제 어디서든 이동하면서 스마트폰으로 편리하게 상품을 구매할 수 있고, 가격 비교를 통해 최적의 상품을 선택할 수 있습니다. 앞으로 PC 쇼핑보다 모바일쇼핑의 비중은 더욱 커질 것입니다.

▲ 네이버쇼핑 모바일 검색 결과 화면

상세 페이지 레이아웃 기획하기

내 상품과 비슷한 상품의 상세 페이지 벤치마킹, 상품 분석, 고객층 선정, 키워드 파악, 카테고리 선정이 완료되었다면 본격적으로 상세 페이지 레이아웃을 기획합니다. 'Section 06 안 사고 못 배기는 상품 상세 페이지 만들기'에서 상품 몇 가지를 선정하여 스마트 스토어 상세 페이지 레이아웃을 살펴보았습니다. 내 상품과 관련된 파워셀러들을 벤치마킹 한 후 어떤 레이아웃으로 배치할 것인지 기획합니다. 상단에는 '고객 리뷰', '함께 사면 좋은 상품', '고객 등급 혜택', '쿠폰', '브랜드' 중심으로 구성합니다. 중앙에는 '상품 상세 설명', '주의사항', '인증서 & 보고서' 등으로 구성하고 쇼호스트가 설명하듯 고객이 알고 싶어하는 상품 정보를 사실적이고 구체적으로 작성합니다. 상세 페이지에 담겨지는 스토리(이미지, 텍스트, 동영상)는 신뢰도와 호소력이 느껴지는 것이 중요합니다. 하단에는 상품 구매에 대한 추가적인 정보 제공으로 '상품 Q&A', '배송비', '교환/반품 안내' 등을 구성합니다.

상품 상세페이지 레이아웃 기획 전략

최신 이슈와 트렌디한
정보에 관심 갖자

우리들은 매일같이 아침부터 저녁 시간까지 예측할 수 없는 정보 세상에서 살고 있습니다. 지하철에서, 버스정류장에서, 신문에서, PC 포털 사이트에서 무의식적으로 보게 됩니다. 수많은 정보들 중 과연 기억에 남는 것은 몇 가지나 될까요? 내가 관심을 갖고 살펴보았던 광고 또는 브랜드가 불현듯 기억이 날뿐 대부분은 잊어버립니다. 가히 정보가 과잉 공급되는 시대에 살고 있습니다. 무분별한 정보들 중 스마트 스토어 사업자와 연관된 사업 영역의 최신 정보를 찾아내는 것은 중요합니다. '트렌디한 감성과 매력을 가지고 있는 상품'과 '소비자가 구매하고 지속적으로 입소문이 이루어지는 상품'은 인기리에 판매되기 때문에 "어떤 키워드가 이슈가 되고 있는가"에 대해서 관심을 갖고 살펴볼 필요가 있습니다. 스마트 스토어 사업자라면 기본적으로 방문해봐야 될 '네이버 데이터랩'과 '트렌드판'에 대해서 알아보고, 관심 키워드 중심으로 소셜 큐레이션이 가능한 '구글 알리미'에 대해서 살펴보겠습니다.

1 | 네이버 데이터랩

데이터랩은 네이버의 검색 트렌드 및 급상승 검색어 이력, 쇼핑 카테고리별 검색 트렌드 정보를 제공하는 빅데이터 서비스입니다. 소자본으로 창업을 계획하고 있거나 이미 창업한 소상공인이라면 데이터랩 서비스를 통해 어느 정도 도움을 받을 수 있습니다. '분야별 인기 검색어', '검색어트렌드', '지역별 관심도', '카드사용통계' 등의 서비스를 살펴보면 쇼핑몰 마케팅 전략 수립과 목표 고객 선정이 가능합니다. 데이터랩 이용은 네이버 메인 홈의 검색창에서 데이터랩 단어를 검색하여 접근해도 되고, 우측 상단의 급상승 검색어 옆에 위치한 DataLab을 클릭하면 됩니다.

데이터랩의 메뉴 구성은 '데이터랩 홈', '급상승 검색어', '검색어트렌드', '쇼핑인사이트', '지역통계', '댓글통계'입니다. 스마트 스토어 사업자가 이용해 볼 수 있는 메뉴는 '검색어트렌드', '쇼핑인사이트', '지역통계'입니다. '데이터랩 홈'은 데이터랩의 대표적인 서비스인 '쇼핑인사이트', '검색어트렌드', '지역통계'를 살펴볼 수 있습니다. '쇼핑인사이트'의 분야별 인기 검색어와 인기분야에서 1위부터 10위까지 일간, 주간, 월간 단위로 순위 파악이 가능합니다. 매 년 월간 인기검색어를 정리해놓는다면 사전에 상품 사입과 온라인 홍보 전략을 세울 수 있습니다. 분기 별로 인기 검색어 리스트를 통해 고객이 요구하는 상품을 고려하여 사업을 진행할 수 있으며, 온라인 홍보는 어떤 키워드를 중점적으로 관리해야 되는지 파악할 수 있습니다.

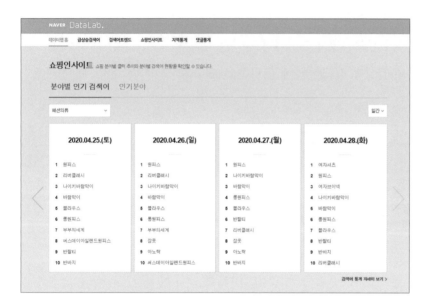

'급상승검색어'는 검색 횟수가 급상승한 검색어의 순위와 추이를 연령별, 시간대별로 차트를 제공하는 서비스입니다. 특정 기준 시간 내에 검색 사용자가 검색창에 집중적으로 입력하여 과거 시점에 비해, 또한 다른 검색어에 비해 상대적으로 순위가 급격하게 상승한 비율을 기준으로 순위가 선정됩니다. 검색어 순위 갱신 주기도 1분입니다.

'검색어트렌드'는 네이버 통합검색에서 특정 검색어가 얼마나 많이 검색되었는지 확인해 볼 수 있는 서비스입니다. 네이버 PC 검색 및 모바일 검색을 통해 검색된 검색어와 검색 횟수를 활용하여 이를 일간/주간/월간/기간별/연령별/성별로 조회하여 그래프 차트로 살펴볼 수 있습니다. 이 서비스는 상품 트렌드를 파악해 볼 수 있는 서비스로 정기적으로 사용해보길 추천드립니다.

'주제어'는 분석하고 싶은 주제군을 설명하는 것으로 최대 5가지의 주제를 설정할 수 있습니다. 그 다음으로 기간, 범위, 성별, 연령을 설정하면 검색 데이터의 조회가 가능합니다.

검색 데이터 조회를 해보면 1년 기간 중 4월에 검색이 증가한 것을 알수 있습니다. 여기서 체크해봐야 할 것이 있습니다. 상위 주제어와 하위 주제어 5개를 입력하고 결과를 살펴보면, 각각의 하위 주제어는 나오지 않고 상위 주제어에 포함되어 나오는 것을 알 수 있습니다. 하위 주제어가 많지 않을 경우에는 상위 주제어에 단어를 넣어 검색하면 시기별로 검색량을 확인할 수 있습니다.

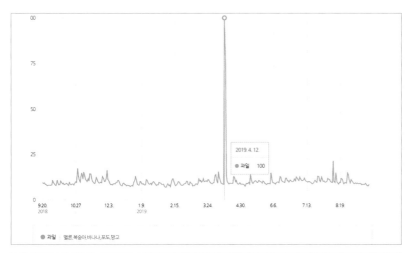

주제어1	멜론	⊗	주제어 1에 해당하는 모든 검색어를 컴마(,)로 구분하여 최대 20개까지 입력	⊗
주제어2	복숭아	⊗	주제어 2에 해당하는 모든 검색어를 컴마(,)로 구분하여 최대 20개까지 입력	⊗
주제어3	바나나	⊗	주제어 3에 해당하는 모든 검색어를 컴마(,)로 구분하여 최대 20개까지 입력	⊗
주제어4	포도	⊗	주제어 4에 해당하는 모든 검색어를 컴마(,)로 구분하여 최대 20개까지 입력	⊗
주제어5	망고	⊗	주제어 5에 해당하는 모든 검색어를 컴마(,)로 구분하여 최대 20개까지 입력	⊗

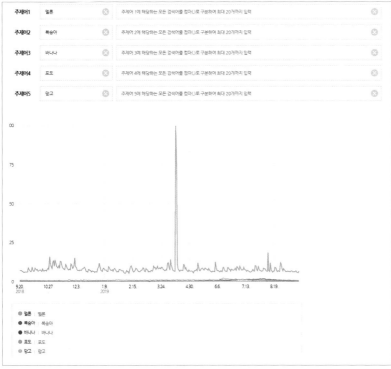

▲ 상위 주제어를 입력한 그래프 차트

'쇼핑인사이트'는 온라인 판매를 하는 소상공인을 위한 서비스로 지정한 분야별 상품들이 얼마나 많이 클릭되었는지 그 추이를 확인할 수 있습니다. 분야의 상품 통계 정보는 주요 구매층은 누구인지 파악이 가능하고 소상공인의 재고 관리 및 온라인 마케팅에 활용할 수 있습니다. '쇼핑인사이트'에는 '분야 통계'와 '검색어 통계' 서비스가 있습니다. '분야 통계'에서 분야를 3분류까지 선정한 후 '기간/기기별/성별/연령별'까지 체크하고 조회하면 스마트 스토어 사업자가 집중하는 분야의 클릭량 추이를 파악할 수 있습니다.

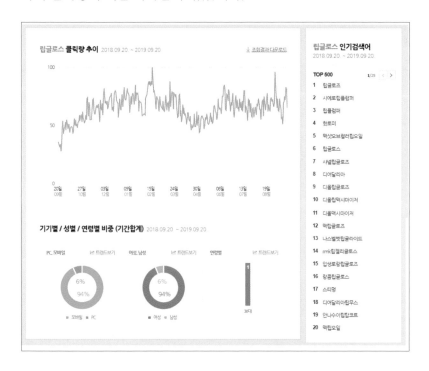

쇼핑 분야에 대해서 비교를 원할 경우에는 '쇼핑분야 트렌드 비교' 서비스를 이용하면 됩니다. 분야별 클릭 횟수 트렌드를 확인할 수 있습니다. 기간은 2017년 8월부터 조회할 수 있습니다. 원피스는 2019년

2월 기점으로 상승하고 7월에 하락합니다. 니트/스웨터와 코트는 2018년 9월에 상승하고 12월에 하락하는 것을 알 수 있습니다. 이 데이터를 보면 온라인 광고를 집행할 때 월 예산 정책을 세울 수 있으며, 세일 프로모션 일정을 잡아 행사 이벤트 진행이 가능합니다.

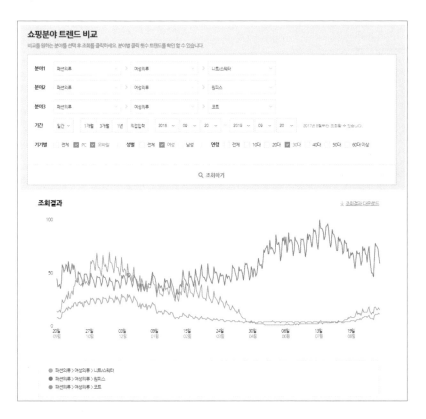

'검색어 통계'는 검색어에서 클릭이 발생한 '연령별/성별' 정보를 확인할 수 있습니다. 검색어 통계는 분야 통계 서비스와 마찬가지로 분야 선정하고 비교 검색어를 추가합니다. '기간/기기별/성별/연령'을 입력하고 조회하면 클릭량을 비교할 수 있습니다.

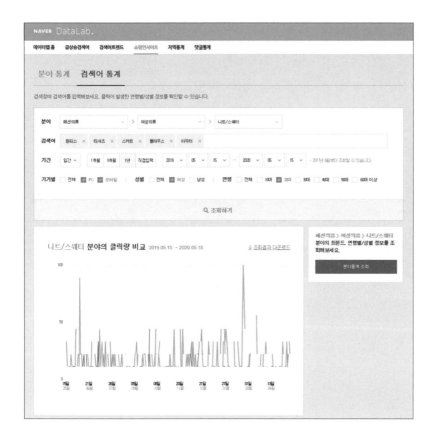

'지역통계'에는 '지역별 관심도'와 '카드사용통계' 서비스가 있습니다. 이 메뉴는 키워드 검색광고 집행할 때 그룹 전략 수립에 활용할 수 있습니다. 세부 지역 중심으로 광고를 집행할 경우 유용합니다. '지역별 관심도'는 네이버 통합검색에서 검색어를 입력한 후 노출되는 검색 결과 중 지도 영역 정보를 클릭한 데이터를 수집해서 제공하는 서비스입니다. 시/군/구 지역을 하나 선택하면, 해당 지역의 관심 업종 순위 및 업종별 클릭량 추이를 확인할 수 있습니다. 패션,뷰티 업종으로 서울특별시의 용산구 하위 지역들의 검색 관심도를 살펴보면 '한강로3가', '한남동', '이태원동'이 높게 나왔습니다.

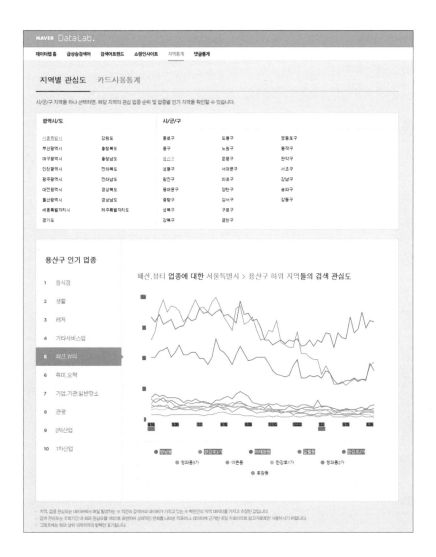

'맞춤형 트렌드 분석 도구'는 '지역별 검색 관심도'와 '업종별 검색 관심도'가 있으며 보다 구체적으로 관심도를 파악해 볼 수 있습니다. 지역별 검색 관심도의 업종선택은 '업종 대분류 〉 중분류 〉 소분류'로, 지역선택은 '광역시/도 〉 시/군/구 〉 읍/면/동'으로 선정할 수 있습니다. 업종별 검색 관심도 또한 지역선택 후 업종선택을 할 수 있습니다.

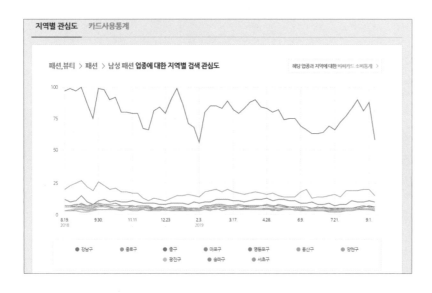

- 업종은 뷰티 산업 선택가능하며, 대분류 업종 또는 중분류 업종의 관심도 변화를 확인하고 싶은 경우는 하위 분류를 선택하지 않고 조회합니다.
- 지역은 복수선택이 가능하나, 상위 지역이 다르거나 지역 단위가 다른 지역들은 같이 선택할 수 없습니다. (ex. 축소시/교동, 충전시/선)복을 지역별 선택 불가)
- 하위 지역 선택에서 전체를 선택하는 경우 해당 지역 상위 지역의 모든 하위 지역들의 개별적인 관심도를 모두 조회하며, 하위 지역을 선택하지 않은 경우는 선택한 지역 단위까지만 조회합니다.

STEP1 업종선택			**STEP2** 지역선택		
업종 대분류	중분류	소분류	광역시/도	시/군/구	읍/면/동
기업,기관,일반장소	선택없음	선택없음	☑ 서울특별시	☑ 전체	
음식점	뷰티	제주열 웨어	☐ 부산광역시	☑ 종로구	
패션,뷰티	패션	패션 기타	☐ 대구광역시	☑ 중구	
취미,오락		패션 일반	☐ 인천광역시	☑ 용산구	
1차산업		유아 의류	☐ 광주광역시	☑ 성동구	
2차산업		한복	☐ 대전광역시	☑ 광진구	
기타서비스업		남성 패션	☐ 울산광역시	☑ 동대문구	
레저		패션 잡화	☐ 세종특별자치시	☑ 중랑구	

STEP1에서 '패션,뷰티 〉 패션 〉 남성 패션' 업종선택을 한 후 STEP2에서 '서울특별시 〉 종로구/중구/용산구/성동구/광진구' 등 총 25개 지역을 선택해보겠습니다. 지역의 검색 관심도를 살펴보면 '강남구'가 월등히 높게 나왔습니다. 그 다음으로 '종로구', '중구' 순위입니다. 남성 패션 스마트 스토어 사업자가 네이버 키워드 검색광고를 집행할 때, 서울 지역에 대한 타깃팅 전략을 세울 때 '강남구', '종로구', '중구' 중심으로 잡아볼 수 있습니다.

'광고 노출 지역 설정'에서 광고 노출을 원하는 지역을 설정하였습니다. 소상공인의 경우 광고 집행 예산이 한정적이기에 광고 노출 지역을 타깃팅하여 효율적으로 검색광고를 운영할 수 잇습니다.

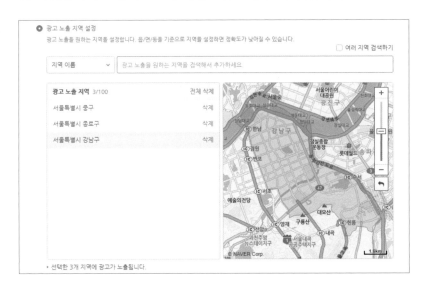

'카드사용통계'는 비씨카드에서 제공하는 데이터를 기반으로, 전국 지역별/업종별/연령별/성별 카드 사용내역 정보를 살펴볼 수 있습니다. 사용자가 클릭으로 특정 지역의 관심을 갖고 있다는 것은 그 지역으로 이동할 가능성이 높다는 것을 의미하며, 그 지역으로 이동했다면 소비가 일어나는 것으로 이해할 수 있습니다. '지역 선택 / 날짜 선택 / 상세 필터(업종/성별/연령)'를 적용하면 '결제금액 상위', '결제횟수 상위' 정보를 확인할 수 있습니다.

'맞춤형 트렌드 분석 도구'는 선택한 지역별, 업종별, 성별 및 연령별 카드사용통계를 확인할 수 있는 서비스입니다. '지역별 카드사용통계'와 '업종별 카드사용통계'가 있으며 보다 구체적으로 지역의 카드 사용통계를 조회해 볼 수 있습니다. '지역별 카드사용통계'의 업종선택은 '업종 대분류 〉 중분류 〉 소분류'로, 지역선택은 '광역시/도 〉 시/군/구'로 선정할 수 있습니다. 업종별 카드사용통계 또한 지역선택 후 업종선택을 할 수 있습니다. STEP1에서 '패션,뷰티 〉 패션 〉 여성 패션' 업종선택을 한 후 STEP2에서 경기도의 '수원시 장안구/수원시 권선구/수원시 팔달구/수원시 영통구/성남시 수정구' 등 총 41개 지역을 선택합니다. STEP3에서 성별은 전체(남자,여자)로, STEP4에서 연령별선택은 전체로 선택합니다.

'패션,뷰티 〉 패션 〉 여성 패션' 업종에 대한 지역별 카드사용통계를 살펴보면 '안산시 단원구', '수원시 팔달구', '성남시 분당구' 순위입니다. 이 또한 네이버 키워드 검색광고 전략 수립에 활용해 볼 수 있습니다.

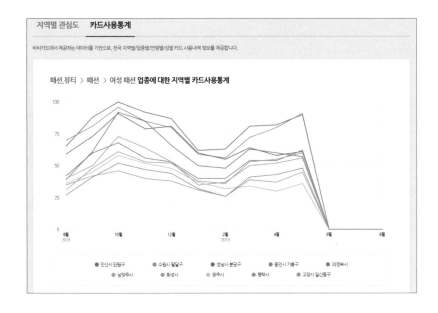

'댓글통계'는 뉴스 서비스에서 발생하는 댓글 수와 삭제된 댓글 수, 얼마나 많은 이용자들이 작성했는지, 어떤 이용자(성별, 연령별 분포)들이 주로 작성하는지, 어느 시간대인지, 어느 지역과(국가별 분포) 환경(기기별 분포)에서 작성하였는지 등을 일간 단위로 다양한 기준에 의해 제공합니다.

6 남다르고 섹시한 패션 감각으로 시선을 집중시키는 젊은 여성

2 | 트렌드판

트렌드판은 2019년 4월에 공개한 모바일 웹 버전에 추가된 메뉴입니다. 모바일 웹브라우저에서 네이버에 접속하면 화이트톤의 바탕화면에 심플하게 정리되어 있는 메뉴들을 만나볼 수 있습니다. 웹에서 자주 사용하는 바로가기 버튼을 배치하여 접근성을 높였습니다. 새롭게 선보인 모바일 웹 버전에서는 고도화된 인공 지능(AI) 추천기술을 바탕

으로, 보다 개인화된 서비스를 제공하고 있습니다. 특히 패션, 리빙, 펫 등 다양한 분야에 AiTEMS(네이버 AI 기반의 맞춤형 상품 추천 서비스)의 기술이 적용되어 관심 정보들을 빠르게 확인해 볼 수 있습니다. 트렌드판의 '트렌드' 메뉴는 '잇걸'[6], '우먼', '멘즈'로 구성되어 있으며 젊은층의 감각적인 라이프 스타일을 반영하고 있습니다. 스마트스토어 사업자는 트렌드 메뉴에서 '검색이 많이 된 상품', '오늘 많이 본 상품', '주간 구매 많은 상품', '핫이슈 상품' 등을 주기적으로 살펴보고 분석하길 바랍니다.

트렌드판에서 눈여겨볼 메뉴가 있습니다. '셀렉티브(Selective)'입니다. '셀렉티브'는 인플루언서(SNS에서 영향력을 지닌 유명인사)들이 생산하는 다양한 콘텐츠를 둘러보면서 마음에 드는 상품이 있으면 바로 구매까지도 할 수 있는 스타일북 서비스입니다. AiTEMS 기술이 적용되어 사용자가 좋아하는 스타일과 아이템을 추천받고 네이버페이로 손쉽게 구매까지 가능합니다. 셀렉티브는 패션, 리빙, 아트, 라이프 스타일 등의 주제 중심으로 구성되어 있으며, 다양한 사진과 영상 서비스로 상품 판매로 연결하고 있습니다. 특히 SNS의 특정 주제에 대한 '꼬리표' 역할을 하는 해시태그[#]로 카테고리 서비스를 하고 있어 특정 관심사를 쉽게 공유하고 검색의 편리함을 경험할 수 있습니다. 인플루언서들은 본인의 스타일만으로 스마트 스토어와 쇼핑몰에 자연스럽게 연동이 가능합니다.

'셀렉티브'는 사용자가 좋아할만한 인플루언서와 상품을 추천해주는 '디스커버(Discover)' 기능과 인플루언서의 스타일을 모아서 볼 수 있는 '팔로우(Follow)' 기능, 상품의 이미지를 저장해 두고 언제든지 다시 볼 수 있는 '셀렉션(Selection)' 기능으로 구성되어 있습니다. 스마트 스토어 사업자는 내가 판매하는 상품과 관련된 해시태그에 대해서 분석하고 '셀렉티브' 스타일 크리에이터(http://selective.nave.com)로 참여하여 수익 창출의 기회를 만들기 바랍니다.

3 | 구글 알리미

구글 알리미^(https://www.google.co.kr/alerts)는 내가 원하는 인터넷의 정보를 주기적으로 스크랩 해주는 서비스입니다. 최신 고급 정보를 필터링하여 받아볼 수 있는 아주 편리하고 유용한 기능을 가지고 있습니다. 내가 관심을 갖고 있는 키워드들을 등록하면 직접 검색하지 않고도 최근 뉴스, 블로그, 사이트, 웹문서 등의 정보를 지정 이메일로 편안하게 받아볼 수 있습니다. 이메일은 'Google 알리미-키워드'로 발송되며 내용은 '제목과 간략한 내용'으로 오기 때문에 세부내용을 확인하지 않아도 어떤 정보인지 쉽게 파악이 가능합니다. 정보의 정확도는 키워드를 어떻게 설정하느냐에 따라 다르며 검색 키워드 등록에는 제한이 없습니다.

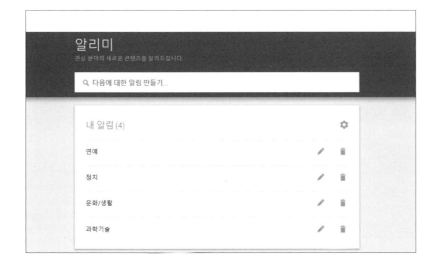

구글 알리미에 추가하고자 하는 키워드를 넣으면 검색 결과를 세부적으로 제어할 수 있는 '옵션표시'가 나옵니다. '수신 빈도'는 하루에 '수

시로', '하루에 한 번 이하', '일주일에 한 번 이하'로 받아볼 수 있습니다. 출처에는 '자동', '뉴스', '블로그', '웹', '비디오', '도서', '토론', '금융'이 있으며 모두 선택이 가능하고 관심 섹션만 선택할 수 있습니다. '지역'은 구글 검색이 가능한 여러 나라를 선택할 수 있고, '개수'는 '가장 우수한 검색 결과만' 또는 '모든 결과'를 지정할 수 있습니다. '가장 우수한 검색 결과만'은 보다 고급적인 정보를 받아볼 수 있습니다. '수신 위치'는 구글 계정에 등록된 이메일에서 선택하면 됩니다. '알림 만들기'를 클릭하면 완료됩니다. 알리미 등록 페이지에서 수정 또는 삭제가 가능하며, 하루 중 언제 알림을 받고 싶은지 '전송시간'을 등록할 수 있습니다.

▲ Google Gmail로 받은 '트렌드' 키워드

초보자도 쉽게 할 수 있는 이미지 디자인, CANVA

NAVER STORE

스마트 스토어에서 상품을 판매하기 위해서는 '상품 상세 페이지 레이아웃'에 스토리를 최적의 상태로 작성해야 합니다. 스토리 구성 요소인 텍스트, 이미지, 동영상 모두 중요하지만, 특히 이미지는 신경을 써야 합니다. 이미지는 상품의 외형, 디자인, 특징을 보여주는 역할을 하고 구매자에게 상품 가치를 효과적으로 설명할 수 있습니다.

상품이 우수하고 차별적인 기능을 가지고 있더라도 이미지가 깨지거나 뚜렷하지 않다면, 상품 가치가 떨어지게 됩니다. 이미지는 구매자가 오프라인에서 상품을 보는 것처럼 세부적이고 구체적으로 만드는 것이 중요합니다. 현재 쇼핑몰에 보여지는 이미지는 대체적으로 이미지 편집 프로그램인 포토샵으로 만들어집니다. 포토샵은 이미지 보정, 텍스트 삽입, 그림자 넣기, 이미지 병합, GIF 제작 등 다양한 기능을 갖추고 있어 알아두면 많은 도움이 됩니다.

여기서는 포토샵을 전혀 모르는 분도 쉽고 간편하게 이미지를 편집할 수 있는 캔바(CANVA)[7]에 대해서 알아보겠습니다. 캔바는 다양한 디자인 템플릿을 활용하여 이미지를 쉽게 편집할 수 있는 웹 기반 그래픽 디자인 툴입니다. PC용과 모바일용이 있으며 작업하고 싶은 템플릿을 선택하고 드래그 앤드 드롭(Drag-and-drop, 끌어서 놓기)으로 품질 높은 이미지 제작이 가능합니다. 캔바(https://www.canva.com) 사용은 간편하

[7] CANVA는 2012년에 설립된 그래픽 디자인 웹 사이트로 명함, 포스터, 초대장, 프레젠테이션, 블로그 배너, 사진첩, 인스타그램 게시물, 페이스북 게시물 등 60,000개 이상의 템플릿을 사용할 수 있습니다. 무료와 유료 템플릿이 있으며 한글 지원이 됩니다. 비용은 30일 무료로 사용이 가능하며 매월 12.95$, 연간 119.40$입니다.

게 페이스북 또는 구글 계정으로 연동하거나 이메일로 가입하면 됩니다. 사용 방법은 PC용으로 진행하겠습니다.

PC에서 캔바에 접속하면 다음과 같은 홈 화면이 뜹니다. 왼쪽 메뉴 카테고리에 대해서 설명하겠습니다. '전체 디자인'은 작업한 이미지가 저장되어 있고 '템플릿'은 카테고리별 템플릿을 살펴볼 수 있습니다. '사진'은 캔바에 등록되어 있는 다양한 사진들을 검색할 수 있으며, 무료와 유료가 있습니다. 브랜드 로고를 만들 수 있는 '브랜드 키트'와 협업이 가능한 '팀 만들기'는 유료 버전입니다. 왼쪽 상단 메뉴 '디자인 만들기'에서 사용자 지정 치수(가로×세로)를 넣거나 디자인 카테고리를 선택하여 제작하면 됩니다.

카테고리에서 포스터를 선택하면 작업 화면으로 이동합니다. 1번 좌측 레이아웃은 작업 메뉴가 위치하고 있으며, 2번은 검색 레이아웃입니다. 3번은 디자인 작업이 가능한 캔버스입니다. 1번 작업 메뉴는 다음과 같습니다. '추천 템플릿'은 템플릿 선택과 검색이 가능한 메뉴로 사용자가 작업하고자 하는 키워드를 추가하여 관련된 템플릿을 찾을 수 있습니다. '사진'은 캔바의 데이터베이스에 축적되어 있는 수백만장의 사진을 검색할 수 있습니다. '요소'는 일러스트레이션, 그리드, 차트, 스티커, 도형, 선, 아이콘 등의 효과를 적용해 볼 수 있습니다. '텍스트'는 이미지에 제목 또는 부제목을 추가 할 수 있습니다. '배경'은 이미지에 배경을 추가할 수 있는 메뉴입니다. '업로드'는 사용자가 이미지를 추가하여 작업을 진행할 수 있습니다. '폴더'는 유료 버전으로 결제하면 폴더 만들기를 사용할 수 있습니다. '더 보기'는 무료 이미지 검색, 이모티콘, GIF, SNS 업로드, 구글 맵, 클라우드를 사용할 수 있습니다.

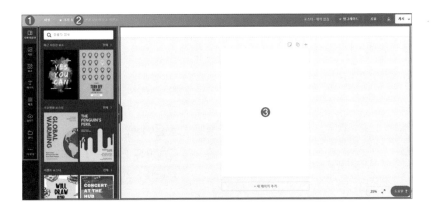

'디자인 만들기' 버튼에서 '포스터'를 선택하여 디자인 작업을 해보겠습니다. 상품은 고양이(PET) 관련된 의류입니다. 검색 레이아웃에서 'CAT'을 넣어 고양이 관련 포스터를 찾아보겠습니다.

캔버스에 적용된 포스터 이미지의 텍스트를 터치하시면 내용을 수정할 수 있고, 글자체와 글자색 크기 등을 변경할 수 있습니다. 새 페이

지를 추가하여 기존 이미지 삭제하고 다른 이미지를 적용해 볼 수 있습니다. 캔바에서 제공하는 유·무료 이미지에서 찾을 수 있고 사용자가 사진을 '업로드'하여 사용할 수 있습니다.

기존 적용된 텍스트를 삭제하고 한글 폰트를 적용하여 작업한 포스터 이미지입니다.

배경 화면과 이미지를 변경하였으며, 한글 폰트 적용과 사이즈를 바꾸어서 작업하였습니다.

캔버스에 새 페이지를 추가하여 텍스트와 무료 이미지를 적용해보았습니다. 시선을 사로잡는 문구와 이미지를 잘 적용해보면 주목성을 높이는 포스터를 제작할 수 있습니다.

상단에 위치한 캔버스 메뉴에 대해서 살펴보겠습니다. ❶번 '홈'은 메인 홈으로 이동하는 기능이며 ❷번 '파일'은 '제목 추가', '여백 및 인쇄 재단 물림 표시', '새 디자인 만들기', '저장', '복사'가 있습니다. '새 디자인 만들기'는 새롭게 작업창을 만들어서 작업이 가능하고 '복사'는 기존에 작업한 페이지를 복사하여 새 디자인에서 작업을 할 수 있습니다.

❸번 '크기 조정'은 업그레이드 계정에서 사용이 가능합니다. 무료 계정으로 사용하기 위해서는 '홈'에서 '디자인만들기' 버튼을 클릭하여

사용자 지정 치수를 적용하거나, '파일'의 '새 디자인 만들기'에서 적용하면 됩니다. ❹번은 페이지에 작업이 잘못되거나 다시 적용하고 싶을 때 사용하면 유용한 메뉴입니다. '실행취소 [Ctrl]+[Z]', '다시실행 [Ctrl]+[Shift]+[Z]' 입니다.

❺번은 페이지 제목을 넣은 메뉴입니다. ❻번은 현재 디자인 작업을 공유하거나 편집할 수 있는 메뉴로 캔바에 가입된 메일로 초청장을 보내면 됩니다. ❼번은 현재 작업한 페이지를 다운로드 받을 수 있는 메뉴입니다. 옵션에는 PNG, JPG, PDF, 동영상, 애니메이션(유료)이 있습니다. ❽번은 '게시'는 다운로드, 링크 공유, 프리젠테이션 제작, SNS 업로드 옵션이 있습니다.

페이지에 적용된 폰트를 클릭하면 작업 메뉴가 상단에 생깁니다. ❶번은 다양한 폰트 중에서 마음에 드는 것을 지정하여 반영할 수 있습니다. ❷번은 폰트 사이즈를 변경할 수 있으며, ❸번은 색상을 변경할 수 있고, ❹번은 볼드체로 변경이 가능합니다. ❺번은 기울임꼴로 적용할 수 있고, ❻번은 정렬을 할 수 있습니다. ❼번은 영문의 대소문자를 적용할 수 있고, ❽번은 목록을 넣을 수 있습니다. ❾번은 폰트의 장평, 자간을 수정할 수 있습니다. ❿번은 텍스트를 복제하여 사용할 수 있고, ⓫번 위치(앞으로, 뒤로)와 페이지 맞춤(맨위, 가운데, 맨아래 등)을 적용할 수 있습니다. ⓬번은 투명도를 적용할 수 있고, ⓭번은 URL 링크를 추가할 수 있습니다. ⓮번은 작업을 완료한 페이지를 잠금할 수 있는 메뉴로 보호할 수 있으며, ⓯번은 삭제 메뉴입니다.

▲ 수정할 폰트를 클릭하면 작업 메뉴가 뜹니다.

페이지에 적용된 이미지를 클릭하면 왼쪽 상단에 색상 변경과 위치 변경 메뉴가 뜹니다. 오른쪽 상단 메뉴는 텍스트 수정 메뉴와 동일합니다.

캔바는 누구나 간단하게 작업할 수 있는 그래픽 디자인 작업 툴입니다. 몇 시간만 작업을 해보면 매력적인 상품 스토리를 만들 수 있습니다. 처음에 디자인이 어렵다면 캔바에서 제공하는 템플릿을 활용하여 제작하고, 어느 정도 익숙해지면 디자인 기획을 하여 작업하시길 바랍니다. 스토리 작성하기 전 간단하게 콘티(종이에 거칠게 그려진 그림이나 글)를 만들면 짜임새 있는 상품 상세 페이지를 제작할 수 있습니다. 스마트 스토어의 상품 스토리는 상품의 '매력'과 '가치'를 표현할 수 있는 공간입니다. 고객이 오프라인 상점에서 오감을 체험하며 상품을 구매하는 것처럼 스마트 스토어에서 표현해내는 것은 쉽지 않습니다. 그렇지만, 판매자가 보다 사실적으로, 보다 구체적으로 상품을 분석하고 디자인 기획을 한다면 어느 정도는 고객의 구매 행동에 영향을 줄 수 있습니다. 그래픽 디자인 도구인 캔바로 상품 이미지를 돋보이게 만들고 고객의 시선을 자연스럽게 유도할 수 있는 기회를 만들기 바랍니다.

N

Part 05

소셜 미디어 마케팅으로
상품 홍보를 잘하는 방법

상품 홍보와 매출 시작은
소셜 미디어 마케팅이다

소셜 미디어는 개인의 생각 또는 관점을 다른 사람들에게 공유하고 전달할 수 있는 정보 소통의 온라인 서비스입니다. 다양한 디바이스(통신기기)와 플랫폼의 성장으로 소셜 미디어는 주류 쌍방향 소통 채널로 자리를 확고히 잡았습니다. 더 나아가 정보 확산과 정보 습득이 가능한 미디어로써의 역할도 하고 있습니다. 스마트 스토어 사업자는 소셜 미디어가 가지고 있는 파급력과 영향력을 이해하고 전략적으로 활용할 수 있어야 합니다.

웹의 고속 진보에 따라 소셜 미디어는 문화적, 사회적으로 다양한 현상을 초래하고 있습니다. 첫 번째는 심리적인 현상으로 매일같이 쏟아져 나오는 정보에 대한 신뢰성과 정확성에 대한 가치가 중요해지고 있습니다. 소셜 미디어가 태동하기 전에는 신문 매체가 주류 매스 미디어로 영향력을 가지고 있었지만, 초 단위로 정보가 창출되는 사회 관계망 서비스(SNS)의 정보 창출과 확산으로 정보의 주도권을 넘겨주었습니다. 바야흐로 빅데이터의 홍수 속에서 우리들은 살고 있습니다. 앞으로 정보에 대한 진실 공방은 더욱 보편적으로 심화되고 확대될 것입니다. 두 번째는 지정학적인 현상입니다. 실시간으로 전 세계의 경제, 정치, 문화에서부터 국제 관계까지 정보를 받아볼 수 있고 직접 여행을 가지 않아도 각종 이슈들을 받아볼 수 있습니다. 소셜 미디어를 통해서 올라오는 각종 정보들을 RSS 구독기에 정리하고, 관심을 갖고 있는 해시태그[#]를 찾아보면 짧은 시간 안에 핵심 정보들을 갈무리 할 수 있습니다. 세 번째는 환경적인 영향입니다. 누구나 하나씩은 가지고 있는 스마트폰이 스마트한 라이프의 보편화를 만들었습니다. 애플리케이션 몇 개만 활용해도 삶의 패턴이 많이 바뀌게 됩니다. 여행, 맛집, 쇼핑, 교통 등의 애플리케이션에서 제공하는 정보를 파악하면 시행착오와 오류들을 줄일 수 있고, 풍성한 경험을 즐길 수 있습니다.

▲ RSS 리더기　　　　　▲ 해시태그

소셜 미디어의 영향력과 웹의 급속한 발전은 정보 주도권을 이양시키는 동시에 개인의 소소한 일상사를 그 어떤 것보다 중요한 시대로 만들었습니다. 누구나 스토리를 만들어 낼 수 있다면 '일상 생활의 위대한 기억'을 공유할 수 있습니다. 글을 잘 못 쓴다면 해시태그 또는 사진으로, 정적인 이미지보다 공감각적인 경험을 주고 싶다면 짧은 동영상 스토리로 메시지를 전달할 수 있습니다. 정보화 시대에 최고 가치로 인정받는 효용성(주관적으로 느끼는 만족의 정도)은 '공감'과 '반응'입니다. 어떻게 하면 팔로워(친구)들의 행동을 유도할 수 있을까?를 지속적으로 고민하고 대책을 수립할 수 있도록 노력하는 것이 중요합니다.

밀접한 네트워크 환경 속에서 정보를 사용하는 방식, 소통하는 방식, 축적하는 방식이 바뀌고 있습니다.

적극적인 소통 전략과 공감하는 스토리 제작은 필수

소셜 미디어의 활용은 상품 홍보와 매출 창출에 중요해지고 있습니다. 국내의 주류 소셜 미디어의 접근과 목표 설정에 대해서 살펴보도록 하겠습니다. 스마트 스토어 사업자는 효과적으로 운영할 수 있는 소셜 미디어를 선택하여 운영하기 바랍니다.

네이버 블로그

상품 정보를 어떻게 하면 효과적으로 담을 수 있을까?
텍스트, 이미지, 동영상, 태그 등을 활용하여 상품 기대 가치를 전달할 수 있도록 기승전결이 있는 내러티브 스토리를 구성합니다.

네이버 포스트

나만의 노하우와 팁을 담은 포스트를 효과적으로 발행할 수 있을까?
관심사별 태그로 원하는 정보들을 찾을 수 있고, 사진, 음성, 동영상은 물론 사운드 효과, 글감 첨부, 퀴즈 등 다양한 요소를 첨부하여 풍성한 콘텐츠를 만들 수 있습니다. 카드형 포스트는 시각적 가독성을 높여 차별적인 스토리 제작이 가능합니다.

페이스북

팔로워 관계 지속과 페이지를 홍보할 수 있을까?
페이스북에서 팔로워의 확보보다는 지속적으로 관계를 맺고 소통하는 것이 필요합니다. 또한 미니 홈페이지로 활용하고 있는 페이지 개설과 광고 운영이 중요합니다.

인스타그램 →

꾸준한 팔로워 확보와 어떤 해시태그를 사용할 수 있을까?

인스타그램은 쉽고 간단한 소셜 미디어로 어렵지 않게 사용이 가능합니다. 상품 홍보보다는 재미와 흥미를 제공할 수 있는 사진을 업데이트하고, 필수 해시태그를 확보하는 것이 중요합니다. 또한 지속적으로 팔로워 확보를 위한 시간 투자가 필요합니다.

유튜브 →

상품과 연계된 영상을 꾸준히 업로드를 할 수 있을까?

누구나 손쉽게 동영상을 편집할 수 있는 PC용과 스마트폰용 편집 툴이 나오면서 제작이 수월해졌습니다. 직접 촬영한 사진과 동영상, 무료 음원을 활용하면 꾸준히 유튜브에 업로드할 수 있습니다.

상품 사용 방법과 사례, 고객의 후기, 상품과 관련된 다양한 스토리 등을 제작하여 SNS 홍보 및 구글 광고로 유튜브에 노출할 수 있습니다.

카카오 스토리 →

카카오톡 친구에게 일상적인 스토리를 꾸준히 전달할 수 있을까?

꾸준하게 상품 소식을 단문 스토리로 제작하여 카카오톡 친구들에게 전달하면 팬을 확보할 수 있습니다. 전문적인 스토리가 아니더라도 함께 느끼고 공감할 수 있는 일상 소재를 지속적으로 업데이트하는 것이 중요합니다.

스토리채널 →

전문적인 스토리 제작으로 카카오톡 친구를 초청할 수 있을까?

지속적으로 정보를 큐레이션하여 제작이 가능하면 카카오톡 친구를 초청하여 구독자를 만들 수 있습니다. 스토리에 전문성이 있어야 하는 만큼 제작에 시간과 노력이 필요합니다.

트위터 →

단문 메시지로 국내외로 단문 스토리를 알릴 수 있을까?

전 세계인의 소통 메신저로 사랑을 받고 있는 대표적인 소셜 미디어입니다. 국내는 사용률이 높지 않지만, 국외로 상품을 노출할 수 있습니다. 꾸준하게 팔로우를 확보하고 해시태그와 URL을 추가하여 노출할 수 있습니다.

소셜 미디어 마케팅은
핵심 키워드에서 시작한다

키워드는 소셜 미디어 마케팅 전략을 수립할 때 우선적으로 고려해야 하는 중요한 과정입니다. 고객이 어떤 상품을 구매하기 위해 어떤 키워드로 검색하고, 어떤 해시태그를 클릭하는지 파악할 수 있다면 구매 의도를 파악할 수 있습니다. 또한 스마트 스토어의 상품 상세 페이지와 소셜 미디어의 스토리 구성을 전문적으로 작성할 수 있습니다.

| 키워드는 고객의 발자취 | | 내가 판매하는 상품과 관련된 핵심 키워드군과 해시태그(#)를 발굴하는 것이 중요 |

1 │ 키워드 네비게이션

핵심 키워드를 발굴하기 위해 내비게이션을 작성해야 합니다. 키워드 내비게이션은 '키워드를 효과적으로 분류하여 소셜 미디어 마케팅으로 활용 가능한 키워드 그룹'입니다. 4가지로 분류할 수 있는데, '대표 키워드', '세부 키워드', '연관키워드', '시즌 키워드'가 있습니다. '대표 키워드'는 스마트 스토어에서 판매하는 대표적인 상품으로 보면 됩니다. 의류로 접근하면, 여성 의류, 남성의류, 원피스, 청바지 등이 있습니다. '세부 키워드'는 대표 키워드에 단어 또는 수식어가 추가된 키워드입니다. 예쁜여성 의류, 간지나는남성의류, 야외원피스추천, 여성와이드청바지 등이 있습니다. '연관키워드'는 상품과 연관되어 있는 키워드로 다양하게 확장하여 찾아볼 수 있습니다. 간지나게옷입기, 유니크한패션, 스타일리쉬한의상, 남자데일리룩 등이 있습니다. '시즌키워드'는 계절과 이벤트에 관련된 키워드입니다. 여름여성 의류, 여름원피스, 여름청바지, 시원한남성바지, 간절기아우터 등이 있습니다.

키워드 내비게이션을 만들기 위해서 키워드 발굴을 해보겠습니다. 스마트 스토어 판매자가 판매하는 상품군의 대표 키워드는 어느 정도 파악이 가능하지만, 실제 고객이 상품 구매 행동을 위해 검색하는 키워드의 폭과 넓이는 다양합니다. 고객이 상품 검색을 위해 우선적으로 고려하는 키워드를 찾아내면 소셜 미디어의 접근성을 높일 수 있습니다.

소셜 미디어 마케팅 실행 하기 전, 스마트스토어 사업자는 키워드 내비게이션 전략 수립

- 대표 키워드
- 세부 키워드
- 연관 키워드
- 시즌 키워드

상품 판매에 밀접하게 연결되는 키워드로 접근하는 것이 중요

우선적으로 찾아봐야 할 곳은 네이버에서 제공하는 검색 서비스가 있습니다. 첫 번째는 쉽고 빠르게 관련 키워드를 찾도록 도움을 주는 '자동완성 키워드'입니다. 검색 이용자가 초성만 입력하면 찾아보려는 키워드를 나열하여 도움을 주는 서비스로 정보 탐색의 지름길 역할을 하고 있습니다. 두 번째는 '연관검색어'입니다. 사용자의 검색 의도를 파악해 찾으려는 정보를 더욱 빠르게, 편리하게 탐색할 수 있도록 지원하는 서비스입니다. 이 두 검색 서비스는 네이버 검색 이용자들의 관심과 행동이 반영된 만큼 시간이 날 때마다 키워드를 발굴하는 것이 좋습니다.

▲ 자동완성 키워드

2 | 네이버 검색어 트랜드

'네이버 검색어트렌드' 서비스는 네이버에서 제공하는 빅데이터 서비스로 고급 키워드 정보를 얻을 수 있고 쇼핑 트렌드의 경향 파악이 용이합니다. 쇼핑인사이트의 분야별 인기 검색어 정보로 키워드를 발굴할 수 있습니다.

▲ 쇼핑인사이트

스마트 스토어를 운영하면서 효과적으로 인터넷 광고를 집행하기 위해서는 '네이버의 키워드 검색광고'를 활용하는 것이 좋습니다. 광고 예산을 상황에 따라 집행이 가능하고, 목표 타깃에 집중하여 키워드 전략을 세울 수 있습니다. 현재 네이버 검색광고를 집행하지 않더라도 키워드 내비게이션을 만들기 위해 계정을 만들어 '키워드 도구'를 적극적으로 활용하길 바랍니다. 네이버 검색 이용자가 우선적으로 어떤 키워드에 관심을 갖고 있는지 파악할 수 있으며, 키워드 선정에 대한 정확도와 신뢰도가 높습니다.

▲ 키워드 도구

인스타그램은 장문의 텍스트보다 이미지와 해시태그로 소통할 수 있
는 소셜 미디어입니다. 전 세계인이 사용하는 만큼 폭넓고 다양한 키
워드를 발굴할 수 있습니다. 모바일 인스타그램 검색.메뉴에서 '태그'
를 선택하고 키워드를 검색하면 관심도가 높은 '해시태그'를 찾을 수
있습니다.

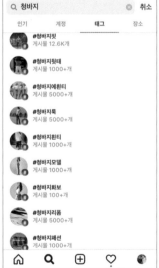
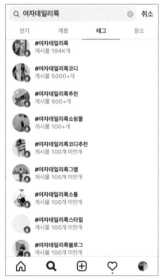

▲ 쇼핑 관련 해시태그

어느 정도 키워드 발굴이 완료되었다면 '키워드 내비게이션'을 만들어 보겠습니다. '대표 키워드'가 단연 관심도가 많고 활용 가치가 높습니다. 그만큼 경쟁 강도 또한 심합니다. 세부, 연관, 시즌 키워드를 혼합하여 사용하는 것이 좋습니다. 키워드 관리는 자유이지만, 손쉽게 추가 및 삭제가 가능한 MS-OFFICE의 엑셀을 추천드립니다. '키워드 내비게이션' 관리가 잘 되면 블로그 및 SNS 스토리를 목표 타깃에 맞도록 매력적으로 작성할 수 있습니다.

블로그 제목 : 20대 여성이라면 이런 나들이 패션 코디로 추천!
50대를 위한 창업 정보 소액 투자로 창업이 가능합니다.
시부모님 선물로 건강한 제철 과일 추천해요.
예쁜 아기에게 명품 아기 용품으로 선물을 해보세요.

SNS 단문 : 오늘 농장에서 싱싱한 유기농 과일을 수확했어요.
어린이 먹거리로도 좋고 시부모님 선물로 드려도 좋습니다.
건강한 과일을 먹으면 아삭한 식감과 시원한 맛을 경험하실 것입니다.
#유기농과일 #어린이먹거리 #시부모님선물 #건강한과일 #싱싱한과일

▲ 키워드 내비게이션

▲ 내 상품 키워드 내비게이션 만들기

대표 키워드 → 내가 판매하는 대표적인 상품 (품목)을 작성해 보세요.

세부 키워드 → 내가 판매하는 대표적인 상품에 수식어를 붙여 작성해보세요. "~유명한곳, ~추천, 예쁜~ 등"

연관키워드 → 연관성이 있거나 관련된 키워드를 작성해보세요.

시즌 키워드 → 계절 및 시즌과 관련된 키워드를 작성해보세요.

대표 키워드 ➜	프랜차이즈 창업 가맹점 맛집	세부 키워드 ➜	소자본창업 유망프랜차이즈창업 뜨는창업 부부창업 남자소자본창업 여자소자본창업 1인창업 5평창업 틈새창업
연관키워드 ➜	돈버는방법 창업지원금 소액투자	시즌 키워드 ➜	여름창업 겨울창업 겨울장사 겨울철먹거리

▲ 창업 분야 키워드 내비게이션 사례

대표 키워드 ➜	과일 딸기 채소 농산물 수입과일 유기농과일 유기농채소	세부 키워드 ➜	유기농과일추천 유기농채소판매 농산물직거래장 친환경채소 어린잎채소 딸기파는곳 싱싱한과일선물 출산과일바구니
연관키워드 ➜	건강식품 먹거리 시부모님선물 병문안선물 승진축하선물	시즌 키워드 ➜	여름딸기 열대과일 제철과일 명절선물 설날과일세트 설날선물 추석선물 한가위차례상 10만 원대추석선물

▲ 농식품 분야 키워드 내비게이션 사례

대표 키워드 ➜	예쁜옷 여성 의류 여자쇼핑몰 여성복 원피스	세부 키워드 ➜	여성 의류 쇼핑몰추천 섹시여성복추천 명품여성 의류 40대여성복 30대예쁜옷 우아한원피스 민소매린넨원피스
연관키워드 ➜	짧은다리패션 블랙스타일 단아한스타일 여자66사이즈 나들이패션 마른여자코디	시즌 키워드 ➜	휴양지원피스 여름린넨자켓 30대여름원피스 여름롱원피스 여름휴가옷

▲ 여성 의류 분야 키워드 내비게이션 사례

대표 키워드 ➜	아기옷 아동복 애기옷 키즈옷 주니어옷 유아옷	세부 키워드 ➜	북유럽풍유아옷 여자아기옷 주니어여아의류 키즈트레이닝복 예쁜이아동복 특이한애기옷
연관키워드 ➜	2세여아선물 남자아기돌선물 명품아기용품 베이비선물 아기용품선물 아기탄생선물 아들출산선물 영아용품	시즌 키워드 ➜	아기여름원피스 아동여름옷 유아여름가디건 주니어여름옷 아기바캉스룩 남아여름바지 여름유아용품

▲ 아동복 분야 키워드 내비게이션 사례

소셜 미디어에 맞는
스토리 법칙

소셜 미디어가 공동체적 참여 기반의 무대를 형성하고 지속가능한 느슨한 관계를 형성할 수 있도록 만들었습니다. 초연결 시대가 되면서 누구나 손쉽게 일상사의 공유가 가능해졌고 지구 반대편의 친구들과도 편리하게 소통을 즐길 수 있습니다. 특별한 재능과 끼를 가지고 있다면 소셜 미디어에 스토리를 업로드하여 팔로워 확보와 친밀한 관계를 맺을 수 있습니다. 집중적인 주목과 관심을 받게 되면 자연스럽게 발연되는 입소문이 일어나고 화제를 불러 일으켜 연예인 이상의 입소문을 만들어 낼 수 있습니다. 소셜 미디어가 가지고 있는 커다란 영향력이 아닐까 합니다.

디지털 미디어 조사 업체 나스미디어[1]의 조사 결과를 분석한 내용을 살펴보면 전체 소셜 미디어 이용률은 80.6%로 나왔으며, 소셜 미디어 이용자들은 주로 '타인의 게시글을 확인'하는 활동을 하고 있는 것으로 나왔습니다. 젊은 층의 경우 페이스북 이용이 줄어들고 인스타그램 이용률이 늘어났습니다. 특히 20대 여성 이용자의 성장세가 두드러졌습니다. 직장인은 출퇴근이나 식사 시간에 주로 활용하고 도시 생활권 소비자는 필수적으로 소셜 미디어를 이용하고 있다는 것을 알 수 있습니다. 연령대가 높을수록 카카오스토리와 네이버 밴드의 이용률이 높게 나왔습니다.

[1] 조사기간은 '2018.12.19.~2019.01.03.'동안 국내 인터넷 이용자 PC 및 모바일 인터넷 동시 이용자 2,000명 대상으로 자기 기입식 모바일 설문 오픈서베이 조사를 진행하였습니다.

1 | 소셜 미디어의 인기 이유

소셜 미디어가 중요한 소통 채널로 자리를 잡게 된 이유는 무엇일까요? 첫 번째는 '편리성'입니다. 언제 어디서나 손쉽게 메시지를 보내고 피드백을 받아볼 수 있습니다. 인터넷망이 연결되어 있으면 해외 어디서든 소통이 가능합니다. 두 번째는 '연결성'입니다. 쉽게 만날 수 없는 전문가들을 팔로워 하여 도움을 받을 수 있고, 인간관계의 넓이와 폭을 확장시킬 수 있습니다. 세 번째는 '간편성'입니다. 스마트폰에 소셜 미디어 애플리케이션을 다운로드 받아 몇 번의 클릭만으로 다양하게 메시지(텍스트, 이미지, 음성, 동영상)를 전달할 수 있습니다. 네 번째는 '경제성'입니다. 시공간에 관계없이 비용을 들이지 않으면서 소통할 수 있고 업무 효율성을 높일 수 있습니다. 대표적인 사례로 장소에 얽매이지 않는 스마트워크 형태의 근무 체계입니다. 언제 어디서나 직장 일을 할 수 있고 협업이 가능해 의사 결정을 보다 빠르게 진행할 수 있습니다. 공동으로 실시간 문서 작성이 가능해 비즈니스 성과가 향상할 수도 있습니다. 이 4가지는 소셜 미디어가 중요한 소통 채널이라는 것을 이해할 수 있게 해줍니다.

2 | 스토리 작성 키워드

현재 소셜 미디어는 일상생활 속에서 없어서는 안 될 메신저이자 거대한 그릇과 같습니다. 이 그릇에 무엇을 담아야 할지 살펴보겠습니다. 사람이 각양각색이듯 소셜 미디어에 담겨지는 스토리들 또한 천태만상입니다. 친구와 친구 사이는 일상적인 스토리 또는 토론이, 회사와 회사 사이는 비즈니스 진행과 협약에 대한 내용이, 직원과 직원 사이는 업무에 대한 진행과 보고 등이 오고 갈 것입니다. 스마트 스토어 사업자는 소셜 미디어에 로열 고객 및 잠재 고객들에게 새로운 상품 정보와 이벤트 홍보 내용을 중심으로 담을 것입니다. 그럼 여기서 소셜 미디어에서 반응하는 스토리 작성 키워드에 대해서 살펴보겠습니다.

첫 번째는 '즉시성'입니다. 소셜 미디어에서 공감과 반응이 제일 많이 일어나는 것으로 현재 발생한 사건 및 이슈들을 올리게 되면 즉각적으로 피드백을 얻을 수 있습니다. 판매자는 상품과 관련된 이슈 또는 최근 트렌드에 맞는 정보들을 선정하여 올리면 됩니다.

두 번째는 '흥미성'입니다. 소셜 미디어에서 많이 사용하는 해시태그$^{(#)}$를 살펴보면 '재미'와 '흥미'입니다. 스토리가 재미있고 신선한 즐거움을 줄 수 있다면 라이크$^{(Like)}$ 확보와 댓글이 줄줄이 달릴 것입니다. 판매자는 상품과 연계할 수 있는 흥미 요소를 찾아봐야 합니다. 상품에서 직접적으로 찾는 것은 어렵지만, 다양한 범위에서 연결고리를 찾아내면 충분히 매력적인 스토리를 발견할 수 있습니다. 예를 들어 '여름 여성 원피스' 상품이라면 야외에서 모델이 의류를 입고 멋진 버킷리스트 카페에서 촬영할 수 있습니다. '도자기' 상품이라면 공장에서 제조하는 과정과 방문 고객들이 참여하는 모습 등을 스토리로 만들 수 있고, '과일' 상품이라면 과일 수확의 즐거움 또는 방문 고객들이 과일을 수확하고 먹는 모습을 올릴 수 있습니다.

세 번째는 '시의성'입니다. '즉시성'과 비슷하지만 시기와 연결되는 기념일, 시즌, 명절 등이 될 수 있습니다. 국내의 대표 명절인 설날과 추석, 연인들의 축제인 화이트데이와 발렌타인데이 등 시즌에는 평소보다 매출 규모가 높아집니다. 판매자는 각종 기념일과 명절에 연결될 수 있는 상품 전략으로 매력적인 스토리를 제작하면 됩니다. 인삼이라면 '추석 부모님 건강 선물 세트', 과일이라면 '설날에 꼭 먹어봐야 할 과일 보따리', 목걸이라면 '화이트데이에 연인의 사랑을 키우는 마법의 선물'로 작성할 수 있습니다.

네 번째는 '희소성'입니다. 일상적으로 쉽게 접촉하지 않았던 신선한 정보를 제공하는 것을 의미합니다. '희소성'은 주로 상품 판매 촉진 전략으로 많이 이용되고 있습니다. '시의성'이 반영되면 더 큰 효과를 얻을 수 있습니다. 판매자는 시즌 및 명절 기간을 사전에 산정하여 상품을 구입할 수 있는 '시간', '수량', '구매 조건', '판매 장소'를 한정하게 되면 구매자에게 구매의 긴박감과 압박감을 주어 구매 유도를 높일 수 있습니다.

- ▶ 시간 – 2주일 기간 동안
- ▶ 수량 – 300개 한정
- ▶ 구매 조건 – 2+1
- ▶ 판매 장소 – 다른 매장에서 볼 수 없는 이곳에서만의 특별한 혜택. 단독 판매 개시

다섯 번째는 '공감성'입니다. 사회적이고 문화적인 소재 중 많은 사람들로부터 관심과 추천받는 것을 의미합니다. 판매자는 고객의 상품 구매 후에 느끼는 감정을 이해하고, 이해하고 있다는 사실을 소셜 미디어를 활용해 보여줄 필요가 있습니다. '고객의 구매 후기'를 적극적으로 활용하면 좋은 스토리를 만들어 낼 수 있습니다.

여섯 번째는 '지속성'입니다. 누구나 공감하는 부분이지만, 스토리를 지속적으로 만들어 내는 것은 쉬운 일이 아닙니다. 일상적인 소재로 시작하여 전문가적인 관점과 의견이 반영된 스토리를 만들어 낼 수 있도록 노력하는 것이 중요합니다. 판매자는 상품과 관련되어 일기를 쓰듯 꾸준하게 스토리를 만들어 구매자에게 상품 구매 가치를 높일 수 있습니다.

'여성 의류 스토리 103번째', '과일 재배 37일', '2019년 수제 가방 199번째 제작 스토리'

일곱 번째는 '대중성'입니다. 대중적인 스토리는 보편적으로 누구나 이해하고 있는 것으로 손쉽게 다가갈 수 있습니다. 판매자는 최근에

이슈가 되고 있는 키워드 및 트렌드 정보를 파악하여 상품과 연결할 수 있는 스토리를 만들어 볼 수 있습니다.

'친환경이 중요한 시대! 대나무로 만든 생리대', '뉴트로[2] 감성으로 접근한 이색 가죽 가방'

2 젊은층의 감각에 맞게 현대적인 감성으로 재해석한 것을 말합니다.

여덟 번째는 '전문성'입니다. 전문적인 스토리는 고급 정보로 관심과 주목을 받을 수 있습니다. 단순한 상품 리뷰가 아닌 상품에 대한 경쟁력 그리고 차별점 등을 분석하여 홈쇼핑 채널의 쇼호스트가 설명하듯 스토리를 제공하면 기대 이상의 공감을 얻을 수 있습니다. 판매자는 상품에 대해서 철저하게 분석하여 전문적인 스토리를 작성할 수 있도록 노력하는 것이 중요합니다.

> ▶ 네이버 블로그
> 상품을 효과적으로 사용할 수 있는 5가지 방법 오래된 가죽 의류 복원과 제대로 보관하는 노하우가을철에 피부를 탐스럽게 가꿀 수 있는 화장품 추천

아홉 번째는 '경험성'입니다. 경험 스토리는 구체적이고 사실적인 정보이기에 신뢰성이 높고 공감성을 많이 받게 됩니다. 구매자의 경우 상품 구매자의 사전 경험을 통해 구매 결정을 하고, 판매자는 고객의 경험을 통해 상품에 대한 피드백을 얻을 수 있습니다. 판매자는 블로그 및 유튜브를 활용하여 상품에 대한 구매 경험을 제공하여 매출로 연결시키는 것이 중요합니다.

스토리에 페가수스의 날개를 달아주는 9가지에 대해서 살펴보았습니다. 스마트 스토어 사업자는 소셜 미디어에 스토리를 작성하기 전 어디에 중점을 두고 작성할지 키워드를 선정하길 바랍니다.

소셜 미디어의
러닝메이트 전략

마라톤 경기에서 우승하기 위해서는 이끌어 줄 수 있는 파트너가 필요합니다. 이 파트너가 바로 러닝메이트입니다. 선수들끼리 함께 응원하고 이끌어 주면서 페이스를 유지할 때 좋은 결과를 얻을 수 있습니다. 소셜 미디어에서도 러닝메이트가 존재합니다. 다양한 소셜 미디어 플랫폼 중 우선순위로 하나를 결정되면 이를 보조할 수 있는 파트너를 선정해야 합니다. 국내에서 많이 활용되고 있는 소셜 미디어 채널에는 '네이버 블로그', '포스트', '페이스북', '인스타그램', '유튜브', '카카오톡', '카카오스토리', '스토리채널', '트위터', '네이버 밴드' 등이 있습니다. 네이버 밴드는 멤버를 초청하여 함께 하는 커뮤니티 공간으로 국내에서 꾸준히 사랑을 받고 있는 동호회 및 주제별 모임의 채널입니다. 스마트 스토어 사업자에게 매력적인 소셜 미디어이지만 상품 스토리를 제공하는 채널로 활용하기 전에 검토하는 것이 중요합니다. 로열 브랜드 및 인지도가 있는 상품 밴드는 어느 정도 정보 소식 제공으로 활용할 수 있지만, 전문 커뮤니티 공간이기에 상품 중심의 스토리로 접근하기에는 부담감이 뒤따릅니다.

▲ 국내에서 사용하는 대표적인 소셜 미디어 채널

우선 소셜 미디어의 러닝메이트 전략을 세우는 전에 체크해야 하는 몇 가지가 있습니다. 첫 번째는 실무자 역량입니다. 다양한 소셜 미디어를 운영하고 긍정적인 반응이 많이 나오면 스마트 스토어의 상품 판매에 좋은 결과를 얻을 수 있습니다. 그렇지만, 사진 촬영, 디자인 작업, 상품 스토리 만들기 등 모든 것을 스마트 스토어 사업자가 진행하기에는 부담감이 뒤따릅니다. 내가 잘 할 수 있는 것을 우선적으로 고려하여 투자하는 것이 올바릅니다. 글쓰기에 대한 부담감이 있다면 카카오스토리 또는 인스타그램 중심으로, 내러티브(기승전결이 있는 완성형의 구조로 된 스토리)한 글쓰기가 가능하다면 네이버 블로그를 운영하는 것이 좋습니다.

두 번째는 시간 전략입니다. 스마트 스토어를 운영하면서 지속적으로 주문이 들어오면 포장, 배송 고객 관리 등으로 소셜 미디어에 많은 시간을 투자하기가 쉽지 않습니다. 주력적으로 사용하는 소셜 미디어를 선택하여 시간을 효율적으로 활용하는 것이 중요합니다. 일주일에 블로그 포스팅은 2개, 페이스북 페이지와 인스타그램은 하루에 하나씩, 유튜브 동영상은 일주일에 한 개 등 시간 전략을 세워 업데이트를 하기 바랍니다.

세 번째는 집행 예산입니다. 소셜 미디어는 누구나 손쉽게 계정을 만들어 상품을 노출할 수 있습니다. 그렇지만, 네이버 블로그의 친구, 유튜브의 구독자수, 페이스북 페이지와 인스타그램의 팔로워 수치가 작다면 기대한 만큼의 효과를 얻을 수 없습니다. 초기에 광고 예산을 산정하여 주력적으로 운영할 소셜 미디어를 활성화하는 것이 중요합니다. 네이버 블로그는 네이버 검색광고로, 페이스북 페이지와 인스타그램은 페이스북 광고로, 유튜브는 구글 광고로 적정 노출을 기대할 수 있습니다.

소셜 미디어 러닝메이트는 대표적인 크로스 미디어 전략으로 시너지 효과를 창출하기 위해서 선택하는 전략입니다. 현재 상황을 파악하여 주력적으로 운영 가능한 소셜 미디어를 선정하고 보조적으로 지원할 수 있는 파트너를 선택하기 바랍니다.

다음은 소셜 미디어 러닝메이트 전략 사례입니다. 우선 주력적으로 운영할 소셜 미디어 하나를 선택하면 그 다음으로 보조 소셜 미디어를 선정합니다. 네이버 블로그와 유튜브는 시간과 노력이 필요해서 부담이 될 수 있습니다. 인스타그램 또는 카카오스토리 중심으로 시작할 수 있습니다. 스마트 스토어 사업자의 업종 및 운영 역량에 따라 다를 수 있으니 참고하여 러닝메이트 전략을 만들어보기 바랍니다.

❶ 네이버 블로그를 러닝메이트의 대표 채널로 선정하고 이를 보조해 줄 소셜 미디어로 페이스북 페이지, 카카오스토리, 트위터로 잡아볼 수 있습니다. 블로그에 상품에 대한 포스팅을 진행한 후 간략하게 요약하여 보조 소셜 미디어로 업데이트하여 방문을 유도할 수 있습니다. 페이스북 페이지의 경우에는 라이크[Like], 카카오스토리는 소식받기, 트위터는 팔로워가 어느 정도 확보되어 있어야 합니다.

❷ 인스타그램을 주력으로 사용하면서 페이스북 페이지를 보조로 활용하는 사례입니다. 스마트 스토어 사업자는 인스타그램의 쇼핑 태그를 활용하여 상품을 판매할 수 있습니다. 우선적으로 인스타그램에서 쇼핑 태그로 상품을 판매하기 위해서는 페이스북 페이지를 개설하여 샵을 활성화하고 비즈니스 관리자 카탈로그를 생성해야 합니다.

❸ 카카오스토리에 간략하게 스토리를 요약하여 블로그로 유입하는 것입니다. 네이버 블로그 전체 글에서 핵심적인 내용 또는 흥미가 있을 소재를 반영하여 방문을 유도하는 것이 중요합니다.

❹ 동영상을 유튜브에 업데이트 한 후 시청을 유도할 수 있도록 스토리를 작성하는 것입니다. 블로그는 내러티브하게 작성하고, 페이스북은 전체적인 줄거리 중심으로, 트위터는 주목을 끄는 간략한 주제로 접근하면 됩니다.

❺ 전문 매거진 스토리채널에 상품 정보를 업데이트한 후 카카오톡 친구 및 카카오스토리로 공유하여 방문을 유도하는 전략입니다. 스토리채널은 네이버 포스트와 비슷한 서비스로 전문적인 스토리를 작성하여 상품의 기대 가치와 차별점을 효과적으로 작성하는 것이 중요합니다.

전문 스토리 공장, 네이버 블로그 최적화

1 | 네이버 블로그

네이버 블로그는 소셜 미디어의 대표적인 서비스로 스마트 스토어 사업자라면 필수적으로 운영해보는 것이 좋습니다. 국내에서 검색 점유율이 높은 네이버의 핵심 서비스로 상품 정보를 노출할 수 있는 최적의 채널이기 때문입니다. 특히 네이버 블로그는 국내 대표적인 SNS로 정보 탐색의 허브 채널로 사용자들이 많이 이용하고 있습니다. 사업자가 운영하는 블로그는 네이버 검색광고를 활용하여 블로그 광고 상품인 파워콘텐츠[3]에 노출을 할 수 있습니다. 네이버 블로그를 운영하기 전 네이버의 검색 알고리즘을 이해해야 합니다. 현재 검색 순위를 계산하는 인공 지능 프로그램의 처리 방식인 네이버 검색 알고리즘은 3세대에 걸쳐 진화하면서 블로그 스토리의 품질에 높은 점수를 부여하고 있습니다. 네이버에서 지속적으로 검색 알고리즘을 개발하는 이유는 어뷰징(abusing)을 막기 위함입니다. 검색자에게 '올바르지 않은 글 (유사 문서)' 또는 '상업적인 악용하는 글(스팸 패턴 문서)'로 부정적인 경험을 줄이기 위한 방책으로 이해하면 됩니다.

3 파워콘텐츠는 블로그를 검색 결과 첫 페이지에 노출을 할 수 있는 광고 상품입니다. 클릭당 비용의 CPC(Cost Per Click) 상품입니다.

리브라는 1세대 초창기 검색 알고리즘으로 속칭 '노가다형 알고리즘'이라고도 부릅니다. 그 이유는 누구나 성실하게 꾸준히 포스팅하면 한두 달 안으로 상위에 노출할 수 있습니다. 검증되지 않은 기업의 상업적인 포스팅이 많이 올라와서 정작 검색자가 원하는 정보를 찾지 못하는 경우가 많습니다. 이에 대한 해결책으로 2세대인 C-RANK[4]가 선보이게 됩니다. 이 알고리즘은 블로그의 신뢰도를 평가하는 알고리즘으로 블로그 운영자의 인지도와 포스팅하는 주제의 전문성에 가중치를 두고 있습니다. 한 분야에서 오랫동안 전문적으로 운영된 블로거에게 혜택이 주어지고 신생 블로거가 포스팅을 잘해도 검증되지 않으면 상위에 노출이 되기 어렵습니다. 블로그 운영자가 관련 주제에 대해서 지속적으로 스토리를 생산하는 것이 중요합니다. 일명 '파워 블로거'라는 소셜 큐레이터가 활약하면서 소셜 미디어의 파급력과 영향력을 인식하게 해주었습니다.

4 네이버 공식 블로그에서 C-RANK 알고리즘은 "블로그 신뢰도를 평가할 때 맥락, 내용, 연결된 소비/생산과 같은 요소를 종합적으로 계산하며 그 결과는 블로그 검색 랭킹에 일부 반영됩니다."라고 설명하고 있습니다.

Blog collection 블로그 컬렉션	블로그에 포스팅한 스토리를 분석하는 것으로 품질을 판단하는 평가 항목입니다. 블로그 글 자체에 대한 내용의 점수로 제목, 내용 충실도, 글 길이, 이미지, 동영상, 링크 주소 등이 포함됩니다.
Naver DB 네이버 데이터베이스	스토리에 적용한 출처와 신뢰성이 있는지 검증하는 점수를 의미합니다.

Search Log 서치 로그	......	검색자가 네이버 키워드 검색으로 네이버 블로그에 방문한 점수를 의미합니다.
Blog Editor Subject Score 블로그 에디터 서브젝트 스코어	......	네이버 블로그 카테고리에 작성한 스토리의 전문성에 대한 점수를 의미합니다.
Blog activity 블로그 액티비티	......	블로그 운영 활동 점수로 블로그에 포스팅한 스토리에 댓글을 달거나, 스마트 스토어 사업자가 운영하는 블로그에 방문한 유저들의 댓글 활동에 대한 점수를 의미합니다.
Chain Score 체인 스코어	......	블로그에 포스팅한 스토리가 블로그 또는 카페에 스크랩 하고, 외부 링크로 방문한 점수를 의미합니다.

3세대 DIA(Deep Internet Analysis)는 C-RANK 알고리즘을 보완하기 위하여 개발한 블로그 검색 알고리즘입니다. 네이버 블로그에 포스팅한 스토리를 보다 깊이 있게 분석하겠다는 의미를 가지고 있습니다. 정보 출처에 대한 신뢰도를 반영하고 사용자가 선호하는 특정 관심사나 해당 주제를 많이 포스팅하면 블로그에 좋은 점수가 반영됩니다. 블로그 개설이 얼마 안 된 신생 블로그라도 '제대로 작성한 스토리', '경험(체험) 스토리', '전문적인 스토리'는 상위에 노출할 수 있습니다. 사용자가 선호하는 스토리에 가중치를 많이 받는 알고리즘입니다.

DIA에 검색 로직에 맞도록 전문성 있는 스토리를 작성하기 위해서 다음 7가지를 체크하고 블로그에 포스팅하기 바랍니다. '스토리의 주제 적합도'는 정확하고 올바른 카테고리 설정을 말하고 '경험 정보'는 스토리에 담겨지는 내용을 직접적으로 경험하고 체험한 내용을 의미합니다. '정보의 충실성'은 풍성하고 충분하게 주제에 대한 내용을 담고 있는가를 의미합니다. '스토리 작성 의도'는 스토리가 상업적인지, 정보성인지, 후기인지를 파악하는 것을 말합니다. '상대적인 어뷰징 척도'는 고의적인 목적으로 스크랩 개수의 오용 및 남용 여부, 품앗이인지 체크하는 것을 의미합니다. '내용의 독창성'은 스토리가 전문적으로 작성되었는가를 말하며, '적시성'은 스토리가 언제 작성되었는가를 의미합니다.

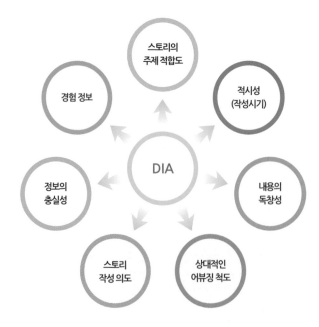

C-RANK는 블로그 운영자의 전문성이나 인지도에 반영해 점수가 매겨지며, 주제별로 출처나 스토리의 신뢰도가 중요합니다. DIA는 블로그에 포스팅한 스토리를 탐색하고 분석해서 글이 어떤 정보, 의견, 경험을 담고 있는지 문서를 이해하려는 알고리즘입니다. 블로그 주제 적합도, 포스팅한 스토리에 대한 일관성, 어뷰징 여부 등을 체크하는 것이 중요합니다. C-RANK와 DIA는 보완적인 관계로 실제 검색 결과 랭킹에서 최종 순위를 결정하는 역할을 하므로 블로그를 운영하기 전 체크하기 바랍니다.

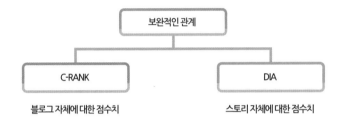

2 | 네이버 블로그 최적화 전략

네이버 블로그를 새롭게 세팅하자

네이버 검색 결과 랭킹 알고리즘을 이해하였다면 다음으로 진행해야 할 것이 블로그 세팅입니다. 현재 '블로그명'과 '소개글'을 살펴보기 바랍니다. 블로그명은 네이버 검색 결과에 반영되기 때문에 추상적으로 작성하는 것을 피하고 구체적이고 일목요연하게 작성하는 것이 중요합니다. 다음으로 카테고리 또한 내가 팔고 있는 상품명을 명확하게 작성해야 됩니다.

몇 가지 예를 들어보겠습니다. 상품이 여성 의류로 블로그명이 '홍대역 예쁜 의류, 30대 여성 맞춤 의류'라면 소개글은 "홍대에 위치하고 있는 예쁜 언니네 의류 전문입니다. 30대 전문 여성분들에게 편안하고 멋진 맞춤 의류를 제공하고 있습니다."로, 카테고리는 '홍대역의류' 또는 '30대여성 의류'로 적용해 볼 수 있습니다. 상품이 수제 가죽 구두이고 운영 중인 블로그라면 수정할 필요가 있습니다. 블로그명이 '현수네 수제 가죽 구두 공장'이라면 소개글은 "30년 동안 일관성 있게 수제가죽 구두를 명장이 만들고 있습니다. 현수네 구두 공장은 고객이 걸어다닐 때 행복감과 만족감을 줄 수 있도록 노력하고 있습니다." 카테고리는 '수제가죽 구두', '수제명품구두'로 변경해 볼 수 있습니다.

블로그 = 소개글 = 카테고리 = 스토리(제목+내용) 일관성 있게 작성

▲ 블로그 타이틀에 노출되는 '블로그명'

▲ 프로필의 '소개글'

▲ 기본 정보 관리의 블로그 정보

블로그 '관리'로 이동하여 기본 설정의 '기본 정보 관리 > 블로그 정보'에서 '블로그명'과 '소개글'을 일관성 있게 작성합니다.

▲ 네이버 블로그 카테고리   ▲ 메뉴 · 글 · 동영상 관리의 블로그

블로그 '관리'의 '메뉴 · 글 · 동영상 관리'에서 '메뉴 관리 > 블로그'에서 카테고리를 수정 또는 추가하세요. 추상적으로 작성하는 것보다 포스팅하는 스토리와 일치하고 구체적으로 넣는 것이 중요합니다.

네이버 블로그 포스팅을 전문적으로 작성하자

DIA 알고리즘에 맞는 포스팅 전략으로 전문성이 반영되는 것이 중요합니다. 여기서 전문성은 상품에 대한 리뷰가 아닌 홈쇼핑의 쇼호스트가 설명하듯 전문가적인 관점에서 접근하는 것을 의미합니다. 리뷰 중심으로 스토리를 작성하다 전문가적인 관점에서 작성하는 것은 쉬운 일이 아닙니다. 블로그 글쓰기 기능에 '임시 저장'이 있으니 전문적인 글을 작성하다가 어렵거나 힘들다면 임시적으로 저장한 후 다음에 불러와 작성하면 됩니다.

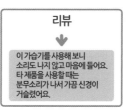

리뷰
↓
이 가습기를 사용해 보니 소리도 나지 않고 마음에 들어요. 타 제품을 사용할때는 분무소리가 나서 가끔 신경이 거슬렸어요.

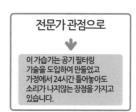

전문가 관점으로
↓
이 가습기는 공기 필터링 기술을 도입하여 만들었고 가정에서 24시간 틀어놓아도 소리가 나지않는 장점을 가지고 있습니다.

글로벌 디지털 인맥 공화국, 페이스북

페이스북은 스마트폰에 최적화된 애플리케이션으로 성장하면서 가입자 수가 폭발적으로 증대하였고 새로운 글로벌 인적 네트워크 서비스로 돈독한 상호 작용이 가능한 도구로 사랑을 받고 있습니다. 현재 페이스북 가입자 수는 23억명(2019년 9월)으로 중국, 인도보다 많은 인구를 보유하고 있습니다. 전 세계인이 사용하는 대표적인 플랫폼으로 세상이 보다 수평해졌고 다양한 정보들을 실시간으로 습득하고 공유가 가능해졌습니다.

스마트 스토어 사업자에게 페이스북은 새로운 판로 개척을 위한 기회의 장이라고 볼 수 있습니다. 현재 페이스북에서 광고 집행이 가능한 서비스로 페이지$^{(Page)}$는 새로운 고객을 만들고 고객에게 상품 정보와 브랜드를 효과적으로 노출할 수 있는 홍보 채널로 많이 사랑받고 있습니다. 또한 인스타그램의 쇼핑 태그를 이용하기 위해서는 페이지를 개설해야 해서 비즈니스 목적으로 활용도가 한층 더 높아졌습니다. 페이스북 프로필은 비공개가 아닌 이상 일상 이야기가 친구들에게 공개되지만, 페이지는 개인 정보 노출 없이 상품 스토리 중심으로 운영이 가능합니다.

1 | 페이스북 페이지 활성화하기

광고 집행을 통해 팔로우를 확보해야 합니다

페이지는 다양한 광고 옵션 설정이 가능합니다. 페이지에 업데이트한 게시물 광고에서부터 메시지 보내기와 페이지 홍보를 진행할 수 있습니다. 판매 촉진을 위한 웹사이트 방문자 늘리기(랜딩 페이지)도 활용해 볼 수 있습니다.

일차적으로 페이지에 업데이트 되는 정보를 구독하는 라이크^(Like) 확보가 중요합니다. '페이지 홍보하기'로 광고 집행을 위한 설정을 해보겠습니다. 광고 크리에이티브에서 이미지와 문구를 적용합니다. 이미지 형식은 '단일 이미지', '동영상', '슬라이드쇼'로 노출을 할 수 있습니다. 문구는 기존에 적용된 내용으로 활용할 수 있으며 새롭게 수정이 가능합니다.

▲ 페이지 홍보하기　　　　　　　　　　　　　　　　　　　　▲ 타깃 설정하기

타깃에서 '새 타깃 만들기'로 이동하여 '성별/연령/위치/상세 타깃팅'을 설정합니다. 상세 타깃팅은 보다 구체적이고 적합한 잠재 고객을 찾을 수 있는 옵션이므로 적용하기 바랍니다. 타깃 설정이 완료되면 적절하게 기간 및 예산을 설정하여 광고를 집행합니다.

꾸준하게 스토리를 업데이트합니다

스토리는 소비자에게 상품 정보와 새로운 소식을 전달하는 중요한 역할을 담당하고 있습니다. 스마트 스토어 사업자는 신상품이 입고되었을 때 소비자가 관심을 갖고 페이지에 방문하도록 기회를 만들어야 합니다. 페이스북 페이지에 업데이트되는 스토리는 간결하고 해당 상품과 관련있는 최신 정보, 이슈, 공감적인 내용을 여러 장의 이미지로 구성하여 업로드 하면 됩니다.

게시물이 판매를 고려하여 작업할 경우 링크 주소는 스마트 스토어 상품 랜딩 페이지로 연결합니다. 상품 내용은 짧게 구성하여 가독성을 높이고 이미지는 시선을 유도하는 텍스트를 짧게 넣어 주목도를 높일 수 있습니다. 추가적으로 동영상을 짧게 촬영(15~25초 정도)하여 함께 업로드 할 수 있습니다. 최근 페이스북에서 동영상 소비를 촉진하고 있어 효과적으로 상품 노출을 기대할 수 있습니다.

▲ 이미지에 시선을 끄는 문구가 적용되어 구매 행동을 유발하고 있습니다. 출처 : https://www.facebook.com/hnbclub/

▲ 짧은 동영상으로 애견용품의 기능성과 실용성을 효과적으로 전달하고 있습니다. 출처 : https://www.facebook.com/yogipetshop

시즌 행사 및 이벤트를 진행합니다

페이지에 축적된 라이크 수치는 상품을 구매할 수 있는 잠재 고객입니다. "어떻게 하면 구매 행동으로 전환할 수 있을까?"에 대한 기획과 아이디어가 필요합니다. 쉽게 접근할 수 있는 영역이 시즌 행사 및 이벤트(한정 판매)입니다. 정기적으로 상품 판매 촉진을 위한 쿠폰 제공 및 이벤트 행사를 진행하면 긍정적인 결과를 얻을 수 있습니다.

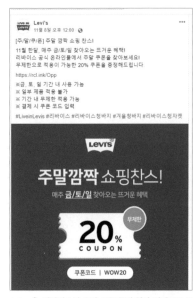

▲ Levi's 리바이스의 주말 쿠폰 증정 행사 이벤트로 구
매에 대한 한정을 두고 있습니다.

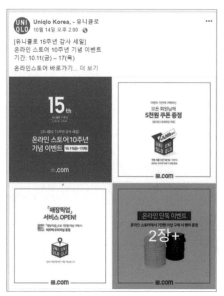

▲ 대한민국 유니클로의 여름시즌 할인 이벤트로 판매 촉진을
위한 한정 판매 전략 사례입니다.

행사 이벤트에 한정적인 요소가 반영된 한정 판매가 적용되면 구매자에게 구매에 대한 압
박감과 긴장감을 주어 주목적인 시선을 유도할 수 있습니다. 한정 판매로 많이 사용되는 것
은 '시간', '수량', '구매 조건', '판매 장소', '할인' 등 입니다.

▶ 시간 : 일주일 기간, 10/2~10/9일까지

▶ 수량 : 100개, 300개

▶ 구매 조건 : 3+1, 추가 구매 시 증정

▶ 판매 장소 : 단독 판매, 이곳에서만 이 가격에

▶ 할인 : 9% 할인, 15% 할인

이미지와 해시태그로 소통한다,
인스타그램

스마트폰이 통신의 혁신을 일으켰다면 SNS는 실시간 소통의 혁신을 만들어냈습니다. 글로벌한 세상이 보다 가까워졌고 먼 나라의 이슈와 사건들을 실시간으로 받아보게 되었습니다.

현재 인스타그램은 이미지 공유 SNS로 페이스북과 동등하게 주류 소셜 미디어 플랫폼으로 급부상하고 있습니다. 페이스북은 사회적 관계망 중심으로 상품 정보를 제공하고 소통하는 반면, 인스타그램은 짧은 시간 투자로 손쉽게 스토리를 생성할 수 있습니다. 이러다 보니 국내의 인스타그램 사용자는 꾸준히 증가하고 있는 추세이며 소상공인에서부터 대기업까지 마케팅 도구로 활용되고 있습니다.

인스타그램 하면 우선적으로 고려되어야 하는 것이 해시태그[#]입니다. 해시태그는 현재 주류 소셜 미디어에서 중요한 역할을 담당하고 있습니다. 블로그는 꼬리표 기능으로 '정보 탐색'과 '상품 브랜드 노출'에 도움을 주고 있습니다. 인스타그램에서는 이미지의 추가적인 설명 문구로 '상품 정보' 이상의 '감정 표현'까지도 표현하고 있습니다. 현재 인스타그램은 공인이나 인플루언서들의 소식에 팔로잉하고 공유가 대부분 이루어지고 있지만, 진심을 담은 소통 전략과 사람들을 모이게 하는 구심점으로 감각적인 이미지와 동영상을 제공하면 얼마든지 성공할 수 있습니다. 인스타그램은 이미지와 동영상, 해시태그[#] 중심으

로 시각적 유희 효과 창출이 가능해서 탁월한 큐레이팅 플랫폼으로 성
장해 나갈 것입니다.

1 | 인스타그램 활성화하기

프로필 컨셉을 명확히 하기

스마트 스토어 사업자가 인스타그램 계정을 만들었다면 프로필 내용
을 추가해야 합니다.

프로필은 내 상점을 소개하고 알리는 첫 관문이므로 간결하고 명확하
게 작성할 필요가 있습니다. 또한 게시글에 주력적으로 사용하는 해
시태그(#)를 추가하여 '정보 탐색 유도'와 '상품 브랜딩'을 진행할 수 있
습니다. 한 번쯤 상품을 재구매한 고객에게 대표적인 해시태그가 꾸
준하게 노출되면 샵으로 방문 유도가 가능합니다.

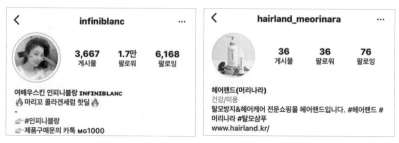

▲ 인스타그램 프로필에 추가된 해시태그

효과적으로 해시태그(#) 관리하기

해시태그는 특정 내용에 대한 일종의 '꼬리표' 기능으로 연관된 정보
를 모아서 볼 수 있도록 도입되었습니다. 인스타그램에서 해시태그는

세상과 연결하는 강력한 기호로 특정 관심사를 쉽게 공유하고 검색의 편리함을 제공하고 있습니다. 스마트 스토어 사업자라면 상품과 연관된 해시태그를 인스타그램에서 검색하여 많이 사용되고 있는 해시태그를 정리하여 관리할 필요가 있습니다. 일일이 메모장에 저장하여 필요할 때 사용할 수 있습니다. 그렇지만, 리스트를 찾아야 하는 부담감이 수반됩니다. 이럴 경우 해시태그 관리 전용 애플리케이션을 사용하면 효과적으로 관리가 가능합니다. 해시태그 뱅크라는 애플리케이션으로 해시태그 추가, 수정, 복사가 가능하며, 타이틀을 만들어서 해시태그를 일목요연하게 관리할 수 있습니다. 대표적으로 아이폰용의 '해시태그 뱅크'와 안드로이드폰용의 '태그야 놀자'가 있습니다.

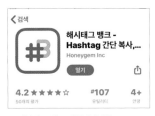
▲ 해시태그 뱅크 애플리케이션

▲ 태그야 놀자 애플리케이션

▲ 타이틀별로 해시태그가 추가된 화면

체온이 느껴지는 사진 또는 이미지 올리기

인스타그램에 맞춤화된 소재는 인증샷, 여행, 맛집 등으로 재미와 흥미를 줄 수 있어야 합니다. 의류 분야는 야외에서 촬영하여 업로드할 수 있지만, 제조업 및 서비스 경우에는 소재를 찾기가 어려울 수 있습니다. 이럴 경우에는 일상적인 업무에서 찾아야합니다. 직장 동료들과의 식사 시간, 상품과 연관되는 스토리, 사용 후기(체험) 스토리 등 등 소소한 소재 중심으로 업로드하여 운영을 하면 됩니다. 특히 삶의 원형[5]이 내표된 사진과 이미지 중심으로 업로드하면 공감을 확보할 수 있습니다.

[5] 시대나 문화를 초월해 오랫동안 무의식 속에 보편적으로 존재하는 주제들로 가족, 행복, 즐거움, 희망, 만족감, 기쁨 등이 있습니다.

타기팅을 통한 광고 집행이 가능하다

인스타그램이 페이스북으로 인수되면서 인스타그램 게시물을 효과적으로 광고를 집행할 수 있습니다. 스마트 스토어 사업자는 이미지 또는 동영상(러닝 타임 1분)을 타기팅하여 노출을 할 수 있습니다. 업로드한 게시물 광고 집행 과정을 살펴보겠습니다.

인스타그램에 업로드된 이미지를 보게 되면 '홍보하기' 버튼이 있습니다. 일반 계정은 노출이 안되며 비즈니스 계정으로 변경해야 노출이 됩니다.

광고 집행을 위한 첫 과정으로 랜딩 페이지를 선택해야 합니다. 옵션에는 '내 프로필', '내 웹사이트', '내 Direct 메시지'가 있습니다. 내 프로필은 프로필 방문 유도로 콘텐츠 노출을 높이고, 내 웹사이트는 스마트 스토어 페이지로 이동시킵니다. '더 알아보기' 또는 '지금 구매하기'와 같은 행동 유도 버튼이 추가됩니다. '내 Direct'는 메시지 보내기 행동 유도 버튼이 추가됩니다. 옵션 중 '내 웹사이트'로 선택하겠습니다.

타깃 대상 선택에서 '직접 만들기'로 광고 옵션을 입력합니다.

타깃 만들기에서 '타깃 이름', '위치', '관심사', '연령 및 성별'을 추가합니다. 옵션 설정에 따라 최대 도달 범위가 집계됩니다.

'예산 및 기간' 옵션을 설정합니다. 옵션 변경에 따라 도달수가 집계됩니다.

검토에서 최종적으로 홍보 게시물 광고 옵션을 살펴보고 '홍보 만들기' 버튼을 클릭하면 심사를 거쳐 광고가 노출됩니다.

'인사이트 보기'에서 세팅한 광고 옵션을 삭제할 수 있으며 프로필 조회 수, 팔로우, 도달율, 노출을 조회할 수 있습니다.

꾸준한 팔로우 확보가 이루어져야 한다

인스타그램의 활성화는 팔로우와 밀접하게 연결되어 있습니다. 스마트 스토어 사업자는 지속적으로 팔로워를 확보하는 것이 중요합니다. 팔로워(내가 업로드한 게시글을 보기 위해 나를 친구 등록한 사람)가 늘어나면 내 계정 방문이 늘어나고 자연스럽게 상품 노출과 팬으로 연결할 수 있습니다. 또한 친한 관계 또는 전문가, 배울 수 있는 사람을 팔로잉(다른 친구가 올린 게시글을 받아 보기 위해 친구 등록한 사람) 하여 소통하고 관계를 맺는 것이 필요합니다.

페이스북 페이지 개설하여 쇼핑 태그 적용하기

스마트 스토어 사업자라면 인스타그램 쇼핑 태그를 적극적으로 활용할 수 있습니다. 이미지 또는 동영상에 쇼핑 태그를 추가하면 곧바로 랜딩 페이지로 연결하여 상품 판매로 연결할 수 있기 때문입니다. 인스타그램 쇼핑 기능 설정에 대해서 살펴보겠습니다. (페이스북 비즈니스의 인스타그램 쇼핑 태그 가이드 참고: https ://www.facebook.com/business/instagram/shopping/guide)

▲ 메리마리 인스타그램 게시물에 쇼핑 태그가 적용된 사례
출처 : https://instagram.com/merrymari_

▲ 인피니블랑 인스타그램 게시물에 쇼핑 태그가 적용된 사례   출처 : https://instagram.com/infiniblanc

첫 번째 단계로 인스타그램에서 제품 판매 기능을 사용할 수 있는지
검토합니다. 다음 질문 항목에 '예'라고 체크해야 개설을 진행할 수 있
습니다.

> 여러분의 비즈니스 위치가 지원되는 지역에 포함되나요?

> 비즈니스가 실제 제품을 판매하나요?

> 비즈니스가 페이스북의 상거래 정책을 준수하나요?

> 인스타그램 계정이 비즈니스 계정인가요? (설정 〉 계정으로 이동하면 계정 전환이 있습
  니다.)

> 스마트 스토어 사업자의 인스타그램 계정이 페이스북 페이지와 연결되어 있나요?(기존
  에 페이스북 페이지가 있다면 연결하고 없으면 새롭게 개설하면 됩니다.)

두 번째 단계로 '인스타그램 비즈니스 프로필'과 페이스북 카탈로그[6]   6 카탈로그는 이미지, 가격, 설명과
를 연결합니다. 카탈로그 연결에는 다음의 두 가지 옵션이 있습니다.   같은 상품 정보가 담겨 있는 컨테이너

옵션 A는 카탈로그 관리자를 사용하는 것으로 이 옵션을 사용하면 카탈로그 설정을 직접 진행할 수 있습니다. 새 카탈로그를 직접 만들거나 기존 카탈로그를 연결할 수 있습니다. 옵션 B는 페이스북 파트너를 사용합니다. 카탈로그 설정 시 페이스북 파트너의 지원을 받아 연결할 수 있습니다. 기존 카탈로그가 없다면 새 카탈로그를 만들어 보는 방법에 대해서 살펴보겠습니다.

페이스북 오른쪽 상단 우측의 작은 역삼각형 아이콘을 클릭하면 '내 페이지'와 '비즈니스 관리자'가 나옵니다. 인스타그램과 연결된 비즈니스 관리자를 클릭합니다.

왼쪽 상단의 비즈니스 도구 메뉴에서 '카탈로그 관리자'를 클릭합니다.

카탈로그 관리자에서 '카탈로그 만들기' 버튼을 클릭합니다.

네개의 카테고리 중 여행, 부동산, 자동차가 아니므로 온라인 판매 제품인 '전자상거래'를 선택합니다.

카탈로그 관리자에서 '카탈로그 만들기' 버튼을 클릭합니다. 카탈로그 설정 구성에서 '제품 정보 업로드'와 '전자상거래 플랫폼 연결'이 있습니다. 전자상거래 플랫폼을 이용하고 있지 않으니 제품 정보 업로드를 선택하여 만들겠습니다. 다음으로 카탈로그 소유자 선택과 카탈로그의 고유 이름을 넣어주면 됩니다.

카탈로그 생성이 완료되었습니다.

새롭게 만든 카탈로그에서 'Instagram 제품 판매'를 선택하면 제품 추가와 'Instagram 비즈니스 프로필을 연결하세요'라는 옵션이 나옵니다. 우선 제품 추가에서 수동으로 이미지를 추가한 후 비즈니스 프로필을 연결하면 됩니다.

카탈로그 제품 추가에서 '수동으로 제품 추가'를 선택하여 이미지와 간략한 내용, 링크, 가격을 추가합니다.

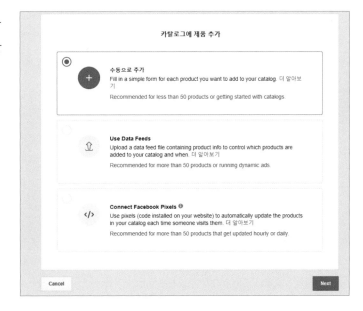

제품 정보를 입력한 화면입니다.

다음으로 Instagram 비즈니스 프로
필을 연결해야 합니다. 쇼핑몰에서
실제 판매하지 않을 경우에는 비승
인으로 나올 수 있습니다.

세 번째 단계로 계정과 카탈로그가 연결되면 인스타그램 앱으로 이동하여 제품 판매 기능을 신청합니다. 설정으로 이동한 후 '비즈니스'를 누르면 '제품 판매 기능 신청'이 생겼을 것입니다. 클릭하면 'Instagram 제품 판매 기능 신청'으로 연결되고 '카탈로그 만들기 또는 연결'에서 'Facebook 카탈로그 관리자'에서 카탈로그를 선택하면 됩니다. 일반적으로 이 프로세스는 며칠이 소요되며 더 오래 걸리는 경우도 있습니다. 승인(최소 2일에서 1주일까지 소요)이 완료되면 인스타그램에서 알림이 전송되며, '설정'의 '제품 판매'에서 설정을 마무리하면 게시물에 제품을 태그할 수 있습니다.

네 번째 단계로 제품 판매 스토리를 만듭니다. 인스타그램 게시물에 제품 태그와 스티커를 추가할 수 있습니다. 게시물을 작성하고 '제품 태그하기'를 눌러 카탈로그에서 제품을 추가합니다. 이미지 또는 동영상 게시물 1개당 제품을 최대 5개까지 태그할 수 있으며, 이미지가 여러 개인 게시물에는 20개까지 태그가 가능합니다. 비즈니스 프로필의 지난 게시물에도 제품 판매 태그를 추가할 수 있습니다. 스토리당 1개의 제품 스티커를 추가할 수 있으며, 제품 스티커의 색상과 텍스트의 변경이 가능합니다.

다섯 번째 단계로 프로필의 인사이트 탭으로 이동하여 제품 판매 게시물과 스토리의 성과가 어떠한지 확인해 볼 수 있습니다. 인사이트 정보로 고객이 무엇을 원하는지 파악할 수 있고 관련성 높은 제품을 노출할 수 있습니다.

동영상으로 상품을 알리다, 유튜브

현재 소셜 미디어 생태계는 동영상 서비스인 유튜브로 바뀌고 있는 상황입니다. 언제 어디서나 다양한 콘텐츠들을 만나볼 수 있고 나에게 맞춤화된 동영상을 추천해줍니다. 유튜브 코리아의 발표에 따르면 매일 전 세계인들이 10억 시간을 동영상을 보는데 쓰며, 1분마다 400시간이 넘는 분량의 새 동영상이 업로드 된다고 합니다. 앱 분석 업체인 와이즈앱[7] 발표에 따르면 한국인이 오래 사용하는 앱으로 유튜브가 1위로 꼽혔으며, 10대에서부터 50대이상까지 전 연령에 걸쳐 모든 세대가 사용하고 있다고 하였습니다. 특히 30대와 40대보다 50대 이상이 유튜브를 더 오래 시청하는 것으로 나타났습니다. 왜 유튜브가 중장년층 타깃에게 인기를 얻고 있는 것일까요? 소셜 미디어 사용에 미숙한 중장년층에게 유튜브 시청은 특별한 학습 과정이 필요 없으며, 별도의 구독료를 지불하지 않아도 시청이 가능하기 때문입니다. 또한 차별적인 서비스인 자동 추천 시스템으로 나에게 맞는 채널을 추천받을 수 있어 간편하게 즐길 수 있습니다. 설레임이 가득한 재미와 흥미진진한 경험을 제공하는 거대한 소셜 미디어 세계의 테마파크로 확고하게 자리 잡았다는 것을 알 수 있습니다.

스마트 스토어 사업자는 유튜브를 어떻게 활용할 수 있을까요? 다양한 쇼핑몰 업무를 보게 되면 소셜 미디어 채널 한두 개를 운영하는 것이

7 앱/리테일 분석 업체 와이즈앱은 2019년 8월 국내 안드로이드 스마트폰 이용자의 세대별 이용 현황을 발표하였습니다. 유튜브 총 사용 시간 460억분, 카카오톡 220억 분, 네이버는 170억 분, 페이스북은 45억 순으로 나타났습니다.

쉽지 않습니다. 더구나 유튜브는 내러티브한 동영상을 만들어야 하기에 시간 투자가 많습니다. 한 번쯤 관련 유튜버에게 제작 요청을 해볼 수 있습니다. 유명세에 따라 제작 금액은 천차만별입니다. 창업예정자일 경우에는 금액적인 부담감이 커서 진행하기 어렵습니다. 이럴 경우에는 짧은 동영상을 제작하여 접근하는 것을 추천드립니다. 스마트폰으로 동영상을 쉽게 만들 수 있는 앱이 많기 때문입니다. 동영상 제작 앱 하나정도 알고 있어도 화려하지는 않지만, 세련된 영상미와 완성도를 갖춘 동영상을 만들 수 있습니다. 저자는 스마트폰 동영상 제작 앱으로 비디오 쇼^(Video Show)와 블로^(VLLO), 키네마스터^(Kine Master), PC에서는 파워 디렉터^(Power Director)와 곰믹스 프로^(GOM Mix Pro)를 사용합니다. 스마트폰으로 제작하는 동영상일 경우에는 1분에서 3분 이내로 제작하며, PC의 동영상 제작 프로그램은 10분이 넘어가는 러닝 타임일 경우에 사용합니다. 스마트폰은 디스플레이스가 작아서 러닝 타임이 긴 동영상을 제작할 경우에는 눈 피로도가 높고, 다양한 특수 효과와 자막을 많이 넣었을 경우 수정할 때 번거롭습니다.

◀ 비디오 쇼(Video Show)

▲ 키네마스터(Kine Master)

▲ 블로(VLLO)

▲ 파워 디렉터(Power Director)

▲ 곰믹스 프로(GOM Mix Pro)

그럼 본격적으로 스마트폰 동영상 앱인 '비디오 쇼'로 만들어보겠습니다. 이 앱으로 선정한 이유는 다양한 테마와 특수 효과를 적용할 수 있고, 손쉽게 내러티브한 동영상 제작이 가능하기 때문입니다. 꾸준하게 테마가 업데이트되고 있어 개성있는 영상미를 만들어 낼 수 있습니다. 짧은 러닝 타임의 동영상을 제작하는데 최적화된 앱입니다. 아이폰과 안드로이드폰 메인 홈은 다르게 보일 수 있으며, 스마트폰 버전에 따라 메뉴명과 기능 위치는 다를 수 있습니다. 여기에서는 아이폰 비디오 쇼에 대해서 다루도록 하겠습니다.

1 | 스마트폰 비디오 쇼 앱으로 동영상 제작하기

첫 번째, 스마트폰에 비디오 쇼 앱을 다운로드받고 유료로 구매를 해야 합니다. 결제를 하지 않아도 사용할 수 있지만, 워터마크와 핵심 기능, 특수 효과를 사용할 수 없습니다.(3일 무료 사용이 가능하고, 연간 일정 비용을 결재하면 사용할 수 있습니다.)

두 번째, 동영상 제작을 위한 기획을 해야 합니다. 기획은 동영상을 어떻게 만들겠다는 요약사항으로 이해하면 됩니다. 동영상 제작 기획안은 간결하게 작성하는 것이 좋습니다. 내용으로 촬영장소, 시간(낮, 밤), 장비(스마트폰, 삼각대), 동영상 러닝타임, 참여인원 등이 기재되어야 합니다. 동영상 러닝타임 기획은 플랫폼을 고려하여 촬영하는 것이 중요합니다. 페이스북, 유튜브, 네이버TV는 자율 조정이 가능하며 인스타그램은 1분이며 구글맵은 30초입니다.

세 번째, 콘티(텍스트와 이미지들이 있는 스토리의 거친 화면 구성)를 작성해야 합니다. 콘티가 나오면 대략적으로 어떻게 촬영을 하겠다는 흐름이 나오는 것으로 제작의 완성도를 높일 수 있습니다. 콘티에서 이미지는 너무 잘 그릴 필요가 없으며, 상황에 대한 대사 정도 추가하면 됩니다. 콘티에 추가된 텍스트와 이미지는 변경할 수 있습니다.

네 번째, 스마트폰으로 동영상을 촬영합니다. 저자의 경우 1분의 러닝타임 동영상을 제작할 때 사진은 25장 이내, 동영상은 10초~15초 이내로 3개 정도 촬영합니다.

다섯 번째, 촬영이 완료되면 스마트폰 비디오 쇼 앱에서 편집하기로 이동하여 동영상을 제작합니다. 동영상 제작이 완료되면 유튜브와 인스타그램에 업로드를 진행합니다. 상품 상세 페이지에도 추가하여 방문자에게 긍정적인 경험을 제공할 수 있습니다.

내 상품을 동영상으로 제작하여 홍보할 수 있는 스마트폰 비디오 쇼 앱에 대해서 살펴보겠습니다. 몇 가지 기능만 알아도 쉽게 제작이 가능하며, 특수 기능을 사용하여 전문적인 동영상을 제작할 수 있습니다.

▲ 아이폰 비디오 쇼 화면

▲ 안드로이드 비디오 쇼 화면

이미지와 동영상을 결합하여 독특한 컷을
제작할 수 있는 메뉴

비디오 쇼의 템플릿을 다운받을 수 있는 메뉴

사진 또는 영상을 추가하여 영상 제작을 진행

움짤(웹 공간에서 움직이는 사진이나 그림)
이미지를 만들 수 있는 메뉴

움직이는 이미지를 제작할 수 있는 메뉴

테마 스킨을 다운받을 수 있는 메뉴

내가 제작한 영상을 볼 수 있는 DB 공간 메뉴

테마 선정한 후 음원 추가하여 영상 촬영이 가능

영상 자르기 또는 압축 메뉴

동영상 되돌리기 메뉴

동영상 배속을 조절하는 메뉴

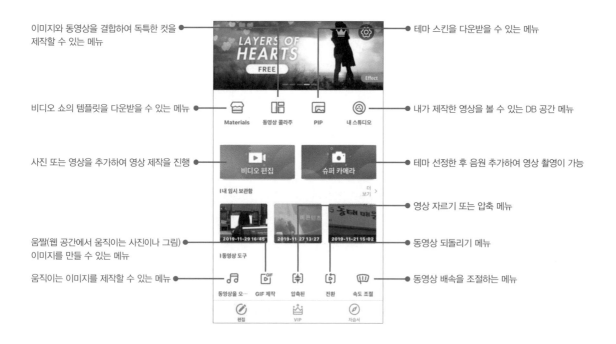

동영상에 필터를 적용하여 색다른 표현을
연출할 수 있다.

▲ 비디오 쇼의 '슈퍼 카메라' 메뉴

동영상과 이미지를 혼합하여 영상 파일을
제작할 수 있습니다. 콜라주는 종이, 천, 쇠
붙이, 나무 조각 등 다양한 재료를 화면에
직접 붙이는 표현 예술을 의미합니다.

▲ 비디오 쇼의 '동영상 콜라주' 메뉴

동영상
이미지

▲ 콜라주 옵션에서 하나를 선택하여 동영상, 이미지 두 개를 추가한 화면

차별적이고 독창적인 영상을 제작할 수 있는 PIP(Picture In Picture) 메뉴입니다. 동영상 화면에 또 다른 플레이어를 넣어 재생할 수 있는 서비스로 몰입 효과를 연출할 수 있습니다.

▲ 비디오 쇼의 'PIP' 메뉴

PIP 메뉴에 들어오면 다양한 템플릿이 제공되고 있습니다. 내러티브와 맞는 템플릿을 사용하면 차별화된 효과를 만들 수 있습니다.

▲ 비디오 쇼의 'PIP' 메뉴 옵션

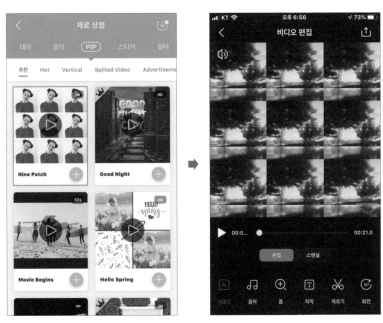

▲ 'PIP' 옵션이 적용된 화면 하나에 동영상 9개 프레임이 적용된 화면

▲ 비디오 쇼의 '비디오 편집' 메뉴

사진 또는 동영상을 준비하였다면 '비디오 편집' 메뉴를 활용하여 동영상을 제작해보겠습니다.

내가 촬영한 사진 또는 동영상을 찾아서 선택하면 하단 레이아웃 영역에 적용됩니다. 추가가 완료되고 순서 배열을 바꾸고 싶을 때 레이아웃 중앙에 위치한 '위로 향한 화살 아이콘'을 클릭하면 쉽게 할 수 있습니다. 다음으로 '추가' 버튼을 클릭하면 동영상 제작 활성화 모드로 전환됩니다.

▲ 동영상 제작을 위해 사진 또는 동영상을 추가하는 화면

동영상 활성화 모드로 이동하면 동영상 편집의 주 메뉴인 '테마', '사운드', '편집', '설정'이 나옵니다. '테마'는 손쉽게 동영상을 제작할 수 있는 메뉴입니다. 음악, 전환 효과가 삽입되어 있어 짧은 시간 안에 편집을 진행할 수 있습니다. 사운드는 '음악', '더빙', '사운드효과'를 적용하여 동영상의 몰입도를 높일 수 있습니다. '편집'은 비디오 쇼 앱의 핵심 메뉴로 다양한 효과를 적용할 수 있는 메뉴입니다. '설정'은 영상의 비율, 워터마크, 표지, 시간, 사진 효과를 적용할 수 있습니다.

'테마'는 음악과 전환 효과가 적용된 템플릿이 카테고리별로 구성되어 있습니다. 내가 원하는 템플릿을 선택하면 자동적으로 동영상이 만들어집니다.

'사운드' 메뉴는 '테마'에 적용된 음악을 새롭게 바꾸거나 음성 추가 및 사운드 효과를 적용할 수 있습니다.

'음악'은 동영상 제작을 위한 음악 선택 및 추가하여 적용할 수 있습니다.

'음악 추가'에서 다양한 음악을 추가할 수 있으며, 다운로드된 리스트
에서 음악을 클릭하면 적용이 됩니다.

'여러 음악'은 음악을 두 개 이상 적용할 수 있습니다.

타임라인에서 음악 삽입 영역을 드래그로 조정한 후 '+'를 클릭하여 다른 음악을 추가하면 됩니다.

'더빙'은 음성을 추가할 수 있는 기능입니다. 컷에 대한 내용 설명을 넣을 수 있습니다.

'사운드 효과'는 동영상 시작 전과 끝, 관심을 유도하고 싶은 부분에
효과를 적용하여 분위기 전환 느낌을 만들어 낼 수 있습니다.

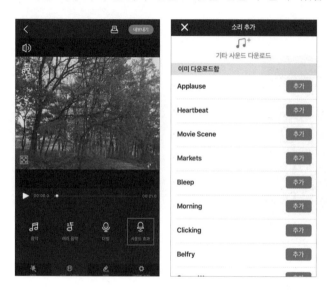

'편집'은 비디오 쇼 앱의 핵심 메뉴로 사진과 동영상에 다양한 효과를
적용할 수 있습니다.

'클립 편집' 메뉴에는 '영상 잘라내기, 나누기, 속도 조절, 해상도 조절, 전환, 줌, 90도 회전, 좌우 회전'의 세부 편집 기능이 있습니다.

▲ 동영상 편집을 선택했을 경우의 메뉴 옵션

▲ 이미지 편집을 선택했을 경우의 메뉴 옵션

▲ '클립 편집'의 메뉴

잘라내기

동영상의 불필요한 부분을 제거하는 메뉴입니다. 정확하게 트리밍(Trimming) 하려면 오른쪽/왼쪽 바를 밀면서 영역을 지정한 후 확인(✓)합니다.

나누기

동영상을 나누는 메뉴입니다. 나누고 싶은 부분에 가위선을 이동하여 확인(✓)합니다.

속도(배속)

동영상의 속도를 느리게/빠르게 조절할 수 있습니다.

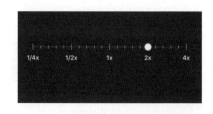

조절

동영상에 '명도', '대조', '채도', '선명도', '온도', '색조', '하이라이트', '삽화'의 조절로 농도와 색감을 조정할 수 있습니다.

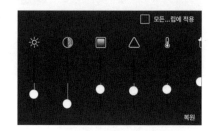

전환

'전환'은 선택한 동영상을 후진으로 플레이할 수 있는 메뉴입니다.

포커스 시프트

'포커스 시프트'는 이미지 줌아웃 효과를 연출할 수 있는 메뉴입니다.

줌

'줌'은 동영상 미리 보기 효과를 연출할 수 있는 메뉴입니다.
자유롭게 영상 크기 조절이 가능합니다.

복사

'복사'는 같은 이미지 또는 동영상을 추가할 때 사용하는 메뉴
입니다.

회전

90도로 회전할 수 있는 메뉴입니다.

좌우로 회전할 수 있는 메뉴입니다.

'본문'은 컷에 다양한 자막 효과를 추가할 수 있는 메뉴입니다.

타임트랙에서 자막을 넣을 위치를 선정하고 '+'를 클릭하여 자막을
추가합니다.

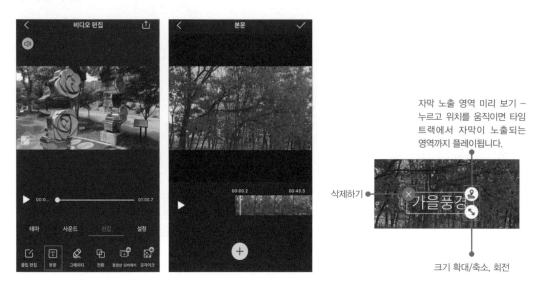

자막 노출 영역 미리 보기 –
누르고 위치를 움직이면 타임
트랙에서 자막이 노출되는
영역까지 플레이됩니다.

삭제하기

크기 확대/축소, 회전

서체 효과는 다양한 그래픽 이미지, 서체와 테두리 색상, 서체 속성,
테두리 두께, 불투명도를 변경할 수 있습니다.

◀ 그래픽 이미지를 적용한 화면

'그래피티'는 컷에 그래피티(자유글) 또는 브러쉬(아이콘)를 그릴 수 있습니다. 감각적이고 이색적인 연출이 가능합니다.

'그래피티' 아이콘을 선택하여 컷에 클릭하면 자유로운 형태의 글자를 추가할 수 있습니다.

컷에 글자를 추가한 후 다양한 모션 효과를 적용할 수 있습니다.

확대/축소, 좌우, 상하, 돌리기 등 모션 효과를 적용할 수 있습니다.

'브러쉬' 아이콘을 선택하여 컷에 클릭하면 아기자기한 브러쉬(아이콘)를 그릴 수 있습니다.

브러쉬(아이콘)을 추가한 후 모션 효과를 적용할 수 있습니다.

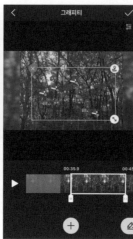

'전환' 효과는 컷과 컷 사이에 전환을 주어 점차적이고 역동적인 영상미를 연출할 수 있습니다.

컷과 컷 사이의 연결고리를 클릭하고 효과를 적용합니다.

'동영상 오버레이' 효과는 컷에 2차 동영상을 동시에 노출할 수 있습니다. 동영상을 시청할 때 재미와 흥미 요소를 제공할 수 있습니다.

'동영상 오버레이' 효과가 적용된 화면에 자르기 및 채도를 적용할 수 있습니다.

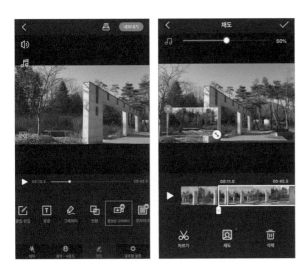

'모자이크'는 컷의 일부분을 감출 수 있는 기능으로 사람 얼굴 또는 특정 브랜드 등을 감출 수 있습니다.

◀ '모자이크' 효과가 적용된 화면

'텍스트 스크롤' 효과는 자막을 상하좌우 방향으로 설정하여 동적인
움직임을 적용할 수 있습니다.

자막의 속도와 방향을 설정할 수 있으며 자막과 테두리의 색상, 폰트,
불투명도를 변경할 수 있습니다.

'필터' 효과는 컷의 색감이나 톤을 보정할 수 있습니다.

다양한 분위기를 연출할 수 있는 필터 옵션입니다.

'캔버스'는 컷의 배경 효과로 흐림과 색상을 적용할 수 있으며 화면 비율 설정이 가능합니다.

캔버스의 배경에서 선택된 컷의 배경 흐림과 색상을 적용할 수 있으며 이미지를 추가할 수 있습니다.

비율에서 9:16와 3:4는 스마트폰으로 동영상을 시청할 때 별이상은 없지만, PC에서 볼 때는 불편할 수 있습니다. 16:9는 고화질 비디오^{(HD:} _{High Definition)}에 적합하며, 인스타그램은 1:1 비율을 설정하여 적용합니다.

4:3은 구형 TV 화면 비율로, 16:9는 와이드 화면 LCD TV 화면 비율로 이해하면 됩니다. 4:3으로 제작한 동영상은 16:9에서 볼 경우 좌우 부분에 여백이 생기고, 16:9로 제작한 동영상은 4:3 에서 볼 경우 상하 부분에 여백이 생깁니다. 국내외 대부분의 동영상이 16:9로 배포가 되고 있으므로 이 비율을 선택하면 됩니다.

'스티커'는 컷에 스티커 적용으로 시선을 집중시키는 효과를 연출할 수 있습니다.

▲ 컷에 추가된 스티커 화면　　　　　▲ 다양한 스티커 옵션

스티커에 다양한 모션 효과를 적용할 수 있습니다.

'Fx 효과'는 컷에 몰입적이고 분위기 전환의 느낌을 연출할 수 있습니다.
여러 효과 중 '하늘에 오로라가 나타나는 효과'를 적용한 사례입니다.

◀ 다양한 Fx 효과 옵션

'클립 추가'는 동영상 제작 중에 추가적으로 이미지와 동영상을 추가
할 수 있습니다.

'갤러리'는 추가 화면으로 이동하며, '빈 클립 추가'는 새로운 컷이 생
성됩니다.

'갤러리'를 클릭하여 추가 화면으로 이동한 화면입니다.

비디오 쇼의 편집 메뉴에서 자주 사용하는 메뉴를 상하위로 이동할 수

있습니다.

메뉴의 오른쪽 탭을 누르고 위치를 이동합니다.

글로벌 설정은 워터마크, 표지, 시간, 사진-줌 효과를 적용할 수 있습

니다.

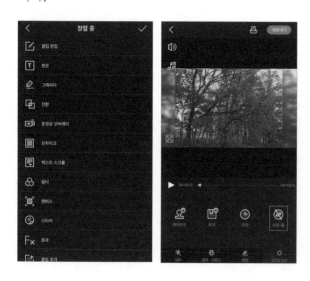

'워터마크'는 저작권 보호 기능을 하며, 동영상 제작자가 누구인지 공지할 수 있습니다.

워터마크 위치를 선택한 후, 옵션에서 모양을 선정하고 하단 텍스트 박스에 상호명 또는 제작자 명칭을 추가합니다.

◀ 컷에 워터마크가 추가된 화면

'표지'는 책의 커버와 같은 역할을 하며 유튜브에 업로드 하였을 때 노출됩니다.

'기간'은 동영상의 총 러닝 타임을 수정할 수 있습니다. 인스타그램에 업로드 할 수 있는 동영상 러닝 타임은 1분입니다. 동영상 제작 시 1분 10초일 경우 기간에서 수정할 수 있습니다.

시간 설정 바를 좌우로 조정하면 동영상의 총 러닝 타임이 변경됩니다.

컷의 줌(확대)의 변화에 대한 ON 또는 OFF 기능입니다.

동영상 제작 시 알아두면 좋을 용어

▶ **컷(Cut)** : 하나의 사건 단위로 여러 컷이 모여 씬을 구성하는 촬영의 단위를 의미합니다.

▶ **씬(Scene)** : 여러 개의 컷들로 이뤄진 하나의 상황이나 사건 단위로 '기승전결의 구조화'가 되지 않은 짧은 이야기를 의미합니다.

▶ **내러티브(Narrative)** : 시간과 공간에서 발생하는 인과 관계로 여러 씬들이 모여 전체 스토리를 구성하는 것을 의미합니다. 동영상의 모든 기교를 포함한 스토리로 '기승전결이 있는 완성형의 구조'를 보여줍니다.

▶ **콘티** : 촬영에 필요한 모든 사항을 기록해놓은 것으로 텍스트와 이미지들이 있는 스토리의 거친 화면 구성을 의미합니다. 스마트폰으로 촬영하기 전 콘티를 작성하면 완성도를 높일 수 있습니다.

고객에게 소식을 알리다, 카카오스토리 & 스토리채널

대한민국 사람이라면 카카오톡을 대부분 사용하고 있을 것입니다. '국민 메신저'로 친구, 가족, 회사 업무까지 드넓게 활용되고 있습니다. 다양한 소셜 미디어 플랫폼 중 사용하기 쉽고 간편해서 연령층 구별 없이 사용 가능합니다. 개인용 메신저로 카카오톡의 강점이자 장점은 실시간 채팅과 통화하기에 있지만, 무엇보다도 카카오스토리와 스토리채널 연동에 있습니다. 이 두 서비스는 고객과 밀접하게 관계를 형성하고 쌍방으로 소통하며 자연스럽게 홍보를 진행할 수 있습니다. 카카오톡 친구에게 스토리가 전달되어 인지도와 신뢰도 확보가 용이합니다. 경제적인 부분이나 마케팅적인 부분에 있어서 노출과 확산, 배포가 용이하고 소식 도달률이 높습니다. '카카오톡 채널'은 비즈니스 정보와 소식들의 콘텐츠를 큐레이션 할 수 있고, 메시지 발송, 1:1 채팅이 가능합니다. 실시간 알람, 이벤트, 할인 쿠폰을 카카오톡 기본 텍스트형 메시지로 발송도 할 수 있습니다.

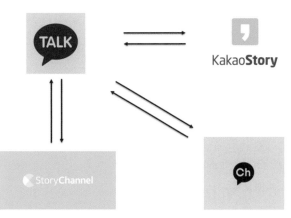

◀ 카카오톡 연동으로 비즈니스 서비스 기회 확대

카카오스토리는 개인용 소셜 네트워크 서비스로 누구나 손쉽게 운영이 가능하고 간결한 스토리의 업데이트로 운영이 가능해 진입 장벽이 낮습니다. 스토리채널은 비즈니스용 카카오스토리로 전문적으로 매거진을 발행하여 게시글에 재미와 다양한 변화를 제공할 수 있습니다. 카카오 스토리에 비해 전문적인 경험과 노하우, 차별적인 콘텐츠 전략으로 접근해야 하기 때문에 어느 정도 노력이 필요합니다. 스마트스토어 사업자는 SNS 마케팅에 적극적으로 활용하는 전략을 세울 필요가 있습니다. 어떻게 하면 소통을 적극적으로 진행하고, 일상 위주의 대화 형식으로 공감대를 형성해 나갈지 '고객 관계 형성 최적화'에 투자하는 것이 중요합니다.

1 | 카카오스토리와 스토리채널 활성화 전략

콘텐츠의 질적 수준을 유지하라

카카오스토리는 고객의 사용 후기, 상품과 관련된 일상적인 스토리 중심으로 업데이트를 진행할 수 있습니다. 스토리채널은 전문적으로 운영하는 만큼 상품의 가치, 강점, 차별점 등을 체계적으로 작성하는 것이 중요합니다.

꾸준한 친구 확보가 이루어져야 한다

카카오톡 연동으로 친구를 초청하여 마케팅을 진행할 수 있는 것은 최적의 SNS 채널입니다. 카카오스토리와 스토리채널를 운영하면서 우선적으로 고려해야 할 점이 상업적인 정보 중심이 아닌 공감할 수 있는 콘텐츠로 작성하는 것입니다. 친구 초청 시 반감을 줄이고 독자로 만들 수 있습니다.

정기적으로 온라인 이벤트를 진행하자

저자의 카카오스토리입니다. 스토리 소재는 여행, 일상생활, 만남, 취미 등입니다. 매일 매일 일기 쓰듯이 작성하면 공감과 반응이 일어납니다.

구독자의 관심을 끌기 위해서는 꾸준하게 이벤트와 홍보 마케팅 구상하는 것이 중요합니다. 시즌, 명절, 데이, 행사, 일정 등을 체크하여 매출 창출의 기회로 만들 수 있습니다. 대표적인 심리 효과로 수요가 늘어나는 비합리적인 소비 현상인 베블런 효과 ^(Veblen Effect)가 있습니다.

▲ 스마트 스토어 사업자라면 "일상생활 속에서 생각, 경험, 정보들이 모여 브랜드 스토리가 된다."라는 전략으로 운영하세요. '내가 일하고 있는 일상적인 업무', '상품과 서비스에 대한 전문적인 의견', '상품에 대한 사용 후기'를 작성하여 긍정적인 호감 확보와 공감하는 설득력을 높일 수 있습니다.

▲ 스마트 스토어 사업자라면 내가 판매하는 상품 및 서비스 중심으로 채널을 개설할 수 있습니다. 상품과 관련된 상식 또는 노하우, 고객이 알아두면 좋을 정보, 명확하게 메시지 전달이 가능한 카드 뉴스 등 제공하여 관심과 주목을 유도할 수 있습니다.

N

Part 06

스마트 스토어
오픈에서부터 운영까지

스마트 스토어 상호명 만들기와 도메인 연동하기

1 | 스마트 스토어 상호명 만들기

길거리를 지나가다 우연찮게 상점 간판을 보았는데 오랫동안 시선을 사로잡은 경우가 있습니다. "어떻게 저런 상호명을 만들었을까?"하고 호기심과 궁금증을 유발하게 만듭니다. 한번쯤 매장에 방문하고 싶게 만드는 강력한 영향력을 가지고 있습니다. 스마트 스토어 또한 잘 만든 상호명은 방문자에게 호기심을 유발하고 방문을 유도할 수 있습니다. 상호명은 곧 시선을 잡아끌 수 있는 간판입니다.

창업예정자나 스마트 스토어 입점을 고려한 사업자라면 '어떤 상호명을 만들까?' 하고 고민을 하게 됩니다. 차별적이고 특색있는 상호명을 만들어 고객에게 기억에 남는 이름을 가지고 싶어합니다. 다음은 스마트 스토어 상호명을 만들기 전에 참고하면 도움이 될 것입니다.

스마트스토어의 간판

상호명 =

잘 만든 상호명은 대중적인 인지도를 확보합니다

상호명는 스마트 스토어 이미지를 대표하는 것으로 특색있고 직관적인 연상이 되도록 만드는 것이 중요합니다. 상호을 보자마자 내가 사고 싶은 상품이 있는 스토어로 인식이 되면 상품 탐색으로 연결할 수 있습니다. 간혹 사업자등록증의 상호와 스마트 스토어 상호를 동일하게 만들어야 하는 질문을 받게 되는 경우가 있는데 서로 무관하므로 동일하게 만들 필요는 없습니다. 사업자등록증의 상호에 명확한 컨셉이 반영되고 스토리가 담겨 있으면 동일하게 사용해도 무방합니다.

다음은 고객들에게 한차례 익숙해진 단어로 만들어진 상호로 기발함과 재치가 담겨진 상호명들입니다. '언니'의 '삐뽕언니', '언니구두, 언니네양말', '오빠'의 '오빠꼬시러가는날', '엄마'의 '엄마옷데드라', '할매'의 '장터할매', '키즈'의 'MLB키즈, 휠라키즈, 닥스키즈, 메이커키즈', '아이'의 '아이워너, 아이퍼니쳐, 아이캐슬, 아이세움, 아이우먼', '맘'의 '오가닉맘, 로하스맘, 자연맘, 와우맘, 리틀맘', '동네'의 '옆동네몰', '도그'의 '도그나라, 도그랑, 도그포즈, 도그트라', '친구'의 '펠트친구, 토마와친구들, 푸른친구들' 등이 있습니다. 어떤가요! 낯설지 않고 편안하게 다가와서 보다 쉽게 접근할 수 있게 해줍니다. 잘 만든 상호명은 기억하기에 용이하고 대중적인 인지도를 높이는 동시에 탄탄한 팬덤(특정한 상품이나 브랜드를 열정적으로 좋아하는 사람들, 광팬)을 구축해 나갈 수 있습니다. 자칫 유사한 상호가 남발되면 식상한 분위기가 들 수 있으므로 신중하게 고려해야 합니다. 상호명 선정 시 네이버 검색에서 조금이라도 유리하게 만드는 것을 추천합니다. 네이버 검색이 잘되면 접속자도 늘어나고 매출도 늘어날 것이기 때문입니다.

시선을 잡아 끄는 상호명 = 연상 효과를 높이고 긍정적인 이미지를 제공한다.

다음 주에 그 샵에서 추가 상품을 구매해야겠다.

상호명은 되도록 간단하고 짧게 만듭니다

상호명이 짧고 발음하기 쉽다면 잘 만들었다고 볼 수 있습니다. 더 나아가 발음하기 쉽고 들었을 때 기억하기 용이하다면 금상첨화입니다. 스마트 스토어만의 이미지나 색깔이 반영된 상호명이라면 차별성을 갖추었다고 볼 수 있습니다. 사람은 한 번에 몇 단어와 숫자를 기억할까요? 단어의 경우는 시간대에 따라 외우는 방법에 따라 사람마다 천차만별이지만 숫자의 경우는 7자리라고 합니다. 되도록 짧게 만들어서 친숙하게 만드는 것이 중요합니다.

특히 상호명에 '가치'와 '비전'을 함축하도록 만들면 방문자에게 좋은 이미지를 줄 수 있습니다. 여기서 '가치'는 고객에게 제공하는 혜택이며, '비전'은 고객과의 약속으로 질 높은 품질과 서비스를 지속적으로 제공하겠다는 신념이 담겨져 있습니다. 잘 만들어진 상호명은 SNS 계정을 운영할 때 해시태그[#] 사용과 상품 브랜드 노출에 효과적으로 홍보할 수 있습니다.

간단하고 짧은 상호명 = 기억하기 용이하고 효과적으로 홍보를 진행할 수 있다.

#바보사랑

#키큰여자

#여기있쇼

#비온날엔

한글과 영문을 같이 표기하는 것보다는 통일하는게 좋습니다

네이버 검색에서 특정 단어를 검색할 때 상호명이 한글과 영문이 합쳐져 있는 경우가 있습니다. 이럴 경우 한글 키를 치고 난 후 영문 키를 눌러서 사용해야 합니다. 한 번 더 키보드를 사용해야 하는 번거로움이 발생하게 됩니다. 아무것도 아닌 것처럼 보이지만 한글이면 한글, 영문이면 영문으로 한 번에 이해하고 쉽게 떠오르도록 하는 게 필요합니다.

상호명/상표권 등록이 가능해야 합니다

스마트 스토어에서 개인으로 판매할 경우에는 상호명 또는 상표권이 굳이 중요하지 않지만, 인기 상품으로 판매가 되면 상황이 달라집니다. 사업자등록과 동시에 통신판매업을 신고해야 합니다. 여기서 중요한 것이 상호명과 상표권입니다. 스마트 스토어 상호명은 간단하고 쉬우며 검색이 잘되는 단어를 사용하는 것이 중요합니다. 잘 만들어진 상호명은 매출에 도움을 줄 수 있습니다. 우선, 상호명과 상표권을 결정하기 전에 다른 사업자가 사용하고 있는지 검색을 해봐야 합니다. 네이버 또는 다음, 구글 포털 사이트에서 검색하여 비슷하거나 동일한 상호가 있는지 찾아보고 상호명을 결정합니다.

상호명 결정과 상표권을 등록할 때 동종업계의 상표권은 잘 살펴봐야 합니다. 상표가 비슷하거나 동일할 경우 차후 분쟁이 발생할 우려가 있습니다. 오랫동안 잘 사용하다가 사용 금지 요청을 받게 되면 변경해야 하는 사태가 발생합니다. 오랜 시간 쌓아온 브랜드 이미지와 명성을 포기해야 하는 손해를 보게 됩니다. 처음부터 신중하게 잘 만들어야 합니다. 상표 등록 관련 정보는 특허 정보검색서비스^(www.kipris.or.kr)에서 검색이 가능하며, 대법원 인터넷등기소^(www.iros.go.kr) 홈페이지에서 상호검색이 가능합니다.

상표명과 상표권

소비자의 마음 속에 자리매김하고 경쟁에서 차별화하는 도구가 됩니다.

띄어쓰기는 신중하게 정합니다

상호명은 띄어쓰기보다는 붙여쓰기로 만드는 것이 중요합니다. 만약 띄어쓰기로 상호명을 만들었다면 검색 시 다른 결과가 나올 수 있습니다. 특히 특수문자 또는 기호를 추가하지 않으며, 한글과 영문을 띄어쓰기 하는 것은 신중하게 정해야 합니다. 현실적이고 간단한 한글 상호명이 좋으며 검색에도 좋습니다. 스마트 스토어 상호명이 기억하기 어렵고 상품 판매에 도움을 주지 못한다면 과감하게 변경할 필요가 있습니다. 스마트 스토어 상호명 변경을 원할 경우 [스토어 전시관리 > 스토어 관리 > 스토어명] 메뉴에서 가능하며, 1회에 한해 변경 가능합니다.

2 | 도메인 선정과 연결하기

도메인은 인터넷상의 주소지로 '경기도 수원시 장인구' 등의 집주소와 같은 개념입니다. 우체국에서 우편물을 배송할 때 집주소가 있어야 전달이 가능합니다. 도메인이 있어야 인터넷상에서 특정 쇼핑몰을 찾아갈 수 있습니다. 온라인쇼핑몰의 간판으로 소비자가 스마트 스토어를 방문할 때 필요한 주소입니다. 스토어 계정을 만들면 'https://smartstore.naver.com/상호명'으로 노출이 됩니다. 서브 계정으로 운영해도 상관없지만, 도메인으로 연결하면 상품의 브랜드 또는 회사를 설명할 수 있습니다. 아직 도메인을 구매하지 않았다면 스토어명과 연관성이 있는 것으로 구매하는 것이 좋습니다. 전혀 관련 없는 도메인을 구매하게 되면 방문 고객들이 기억하기 어렵습니다. 도메인 등록과 연결은 어렵지 않습니다. 네이버 스마트 스토어 제휴 업체인 '가비아'와 '후이즈'를 통해 손쉽게 구입 및 등록 가능합니다.

도메인 연결은 스마트 스토어센터의 [스토어 전시관리 > 스토어 관리 > 스토어 URL] 메뉴에서 진행할 수 있습니다.

네이버 비즈니스 가이드 이해

네이버 비즈니스 가이드는 업종 특성에 맞춰 네이버가 제공하는 다양한 비즈니스 서비스입니다. 창업예정자에서부터 오프라인 사업자의 상황에 맞게 패키지로 제안을 해주고 있습니다. 대표적인 서비스로 '쇼핑몰 운영자 가이드', '오프라인 매장 홍보 가이드', '상담 서비스 사업자 가이드'가 있습니다. 각각의 가이드에 대해서 살펴보겠습니다.

1 │ 쇼핑몰 운영자 가이드

'쇼핑몰 운영자 가이드'는 손쉽고 편리하게 사업을 시작할 수 있는 네이버 스마트 스토어와 네이버의 다양한 서비스를 통해 고객 확보에 대한 서비스를 제공합니다. 업종은 패션 쇼핑몰, 화장품 쇼핑몰, 식음료 판매몰, 가구/소품 판매몰 등이 해당합니다. 네이버 검색광고를 통해 맞춤화된 잠재 고객을 찾을 수 있는 홍보 채널로 사이트 검색광고와 쇼핑 검색광고가 있습니다.

스마트 스토어는 쇼핑몰과 블로그의 장점을 결합한 블로그형 원스톱 쇼핑몰 구축 솔루션으로 네이버가 제공하는 다양한 기능들을 활용해 구매자를 빠르게 만날 수 있습니다. 네이버페이 결제 수수료를 제외한 추가 운영비가 없어 안정적이고 합리적입니다. 네이버의 다양한 판매 영역과 검색 결과에 상품 노출이 가능하고 회원가입 절차상의 이탈을 줄일 수 있습니다. 스마트 스토어의 상품 구매는 네이버페이를 통해 이루어지며, 네이버페이 포인트를 적립해 마케팅 툴로도 활용이 가능합니다. 현재 판매할 상품이 있다면, 스마트 스토어에 계정을 만들어 판매를 진행할 수 있습니다. 쇼핑몰 개설에 따른 비용은 무료이며, 입점/등록/판매 수수료가 없습니다.

네이버의 다양한 서비스 중 빠른 전환 서비스로 '네이버 아이디 로그인', '네이버톡톡', '네이버페이'가 있습니다. 이 세 가지는 방문 고객을 한 번 더 붙잡을 수 있는 기회를 만들 수 있습니다.

'네이버 아이디 로그인'은 별도의 ID나 비밀번호 없이 네이버 아이디와 비밀번호로 복잡한 인증 절차 없이 간편하게 로그인 할 수 있는 서비스입니다. 네이버 아이디로 간편하게 외부 서비스에 로그인 할 수 있어 서비스 확장성이 크고 고객 이탈을 줄일 수 있습니다.

'네이버톡톡'은 친구 추가와 앱 다운로드 없이 곧바로 대화할 수 있는 웹 채팅 서비스입니다. PC/모바일에 상관없이 이용자가 톡톡하기 버튼을 누르면 바로 대화할 수 있습니다. '네이버톡톡'은 스마트 스토어 사업자에게 최적화된 메신저입니다. 고객이 어떤 콘텐츠를 보고 문의하였는지 요약 정보를 보여주어 빠르게 상담이 진행이 가능합니다. 실시간 채팅에 부담일 경우에는 업무 시간 표기 및 부재중 설정, 알림을 받지 않을 에티켓 시간 설정, 자주 쓰는 문구 등의 기능으로 채팅 상담의 부담을 줄일 수 있습니다. 네이버에서 제공하는 다양한 서비스를 이용할 경우 하나의 톡톡 계정에 각 서비스를 연결하여 상담을 진행할 수 있습니다. 연동 가능한 네이버 내 서비스에는 스마트 스토어, modoo!, 네이버페이 가맹점, 네이버 예약, 부동산, 그라폴리오, 지도, 네이버 스마트플레이스, 사이트검색광고, 블로그가 있습니다. 또한, 나와 친구를 맺은 고객들에게 단체 메시지 보낼 수 있는데 목적에 맞게 대상을 타게팅 할 수 있고 할인쿠폰 등의 혜택 첨부가 가능합니다.

'네이버페이'는 네이버 ID로 다양한 가맹점에서 회원가입 없이 편리하게 쇼핑, 결제, 배송 관리를 할 수 있는 서비스입니다. 이용자는 본인 인증을 통해 설정한 네이버페이 비밀번호로 안전하게 결제할 수 있고, 실시간 모니터링 시스템으로 결제 환경을 안전하게 보호받을 수 있습니다. 네이버페이로 결제할 때마다 네이버페이 포인트가 추가로 적립되며, 적립 포인트는 다양한 사용처에서 현금과 동일하게 사용이 가능합니다. 자세한 정보는 네이버페이센터(https://admin.pay.naver.com/home)에서 확인할 수 있습니다.

네이버 검색 서비스를 이용하는 이용자는 다양한 키워드를 검색창에 추가하여 상품 정보를 찾습니다. 검색 결과에 키워드와 매칭되는 쇼핑몰이 검색되면 잠재 고객의 유입이 가능합니다. 대표적인 광고 채널로 네이버의 '사이트검색광고'와 '쇼핑 검색광고'가 있습니다.

'사이트검색광고'는 네이버 검색창에 특정 키워드를 검색했을 때, 검색 결과에 제목과 설명, 사이트 URL이 나열되어 노출되는 광고입니다. 가습기 판매자가 '원룸가습기'를 판매하고 싶다면, 네이버 검색광고를 집행할 수 있습니다. 광고 계정을 만들고 키워드를 구매하여 입찰하면 이용자가 네이버 검색창에 '원룸가습기'를 검색하면 검색 결과에 노출이 됩니다.

'쇼핑 검색광고'는 네이버 통합검색 및 쇼핑검색(PC/모바일) 결과의 '네이버쇼핑' 영역 상단에 노출되는 '상품 단위의 이미지 중심 광고 상품' 입니다. 다양한 상품을 네이버쇼핑 영역으로 확장할 수 있어 광고주에게 더 많은 기회가 제공됩니다. 구매자에게는 네이버페이 포인트 적립 혜택을 제공하여 광고 성과를 극대화할 수 있습니다. 키워드 등록으로 노출되는 광고가 아닌 네이버쇼핑에 노출 되는 광고 상품입니다. 네이버쇼핑 입점이 먼저 되어있어야 쇼핑 검색광고를 진행할 수 있습니다.

2 | 오프라인 매장 홍보 가이드

'오프라인 매장 홍보 가이드'는 오프라인 사업장을 운영하고 있는 사업자에게 적합한 서비스입니다. 업종은 식당, 미용실, 숙박 업체, 스튜디오 등이 해당합니다. 네이버 지도, 플레이스 정보를 관리할 수 있는 네이버 스마트플레이스와 스마트 홈페이지 모두^(Modoo)가 있습니다. 회원관리 및 상담을 진행할 수 있는 네이버 예약과 스마트콜 서비스를 제공하며, 홍보채널에는 사이트검색광고와 콘텐츠 검색광고가 있습니다.

'네이버 스마트플레이스'는 사업자가 네이버에 사업장을 효과적으로 노출하고 홍보할 수 있도록 도움을 주는 서비스입니다. 오프라인 사업장을 운영하고 있는 사업자라면 네이버 지도에 필수적으로 등록하는 것이 중요합니다. 네이버 스마트플레이스에 업체 정보를 등록하면 네이버 내 여러 서비스(통합검색, 지도, 플레이스 정보 등)에 업체 정보가 노출됩니다. 업체 정보가 등록되어 있지 않다면 '네이버 스마트플레이스' 사이트^(https://smartplace.naver.com)에 접속하여 등록하면 됩니다.

'네이버 modoo(https://www.modoo.at)'는 중소상공인, 기관, 전문가, 개인이 누구나, 쉽게, 무료로 모바일 홈페이지를 만들 수 있는 서비스입니다. 모바일 환경에 최적화되어 있어 고객과의 접점을 극대화할 수 있고 사업의 경쟁력을 높일 수 있습니다. PC 홈페이지로도 사용이 가능합니다. 내 업종에 맞는 디자인 선택이 가능하고 언제, 어디서든 PC와 모바일 기기로 쉽게 홈페이지를 생성하고 편집할 수 있습니다. 웹 페이지 제작이 완료되고 네이버 검색 노출을 진행하면 검색등록과 지도 등록을 통해 제작된 홈페이지를 노출하여 누구에게나 홍보할 수 있습니다.

'네이버 예약(https://booking.naver.com)'은 PC/모바일 언제 어디서나 쉽고 편리하게 예약 관리가 가능한 무료 온라인 예약 관리 플랫폼입니다. 예약, 결제, 취소 등 예약 상황을 실시간으로 사업자의 소통 채널(문자, 이메일, 자동 전화)로 받아볼 수 있습니다. 모바일 환경에서도 PC와 동일한 기능이 제공되어 빠르고 편리하게 어디서나 모든 예약 관리가 가능합니다. 네이버 검색광고, 지도, 플레이스 등 네이버의 다양한 서비스에 예약을 노출할 수 있으며, 홈페이지나 SNS에도 연동이 가능합니다. 간편 결제 서비스인 네이버페이와 연동이 되어 이용자들의 편의성과 접근성을 높일 수 있습니다. 결제와 정산이 쉽고 환불 절차가 간단하며 네이버페이 포인트를 적립받을 수 있습니다. 예약 유형별 맞춤 템플릿으로 업종에 맞는 최적화된 예약 사이트를 만들 수 있습니다.

스마트콜은 네이버에서 사업자에게 제공하는 무료 전화번호 050로 시작하는 고유의 전화번호 서비스입니다. 고객을 내 업체의 전화번호로 연결해주고 고객에게 걸려오는 전화가 어떤 경로를 통해 업체로 연결되는지 실시간으로 확인할 수 있습니다. 고객이 어떤 매체를 통해 어떤 목적을 가지고 전화를 하는지 사업자에게 실시간으로 알려주고

통계 정보도 제공하고 있습니다. 매출과 직결되는 고객의 전화를 효과적으로 관리할 수 있습니다.

홍보 채널로 사이트 검색광고와 콘텐츠 검색광고가 있습니다. 콘텐츠 검색광고는 사업자가 생산하는 풍부한 정보를 블로그, 포스트, 카페 이용자들에게 노출하여 브랜딩 기회를 확보하고 충성 고객을 얻는 콘텐츠 마케팅 상품입니다. 대표적이 광고 상품으로 파워컨텐츠가 있습니다.

3 │ 상담 서비스 사업자 가이드

'상담 서비스 사업자 가이드'는 잠재 고객과의 상담으로 빠른 시간 내에 고객 창출을 유도하고 싶을 때 적합한 서비스입니다. 콘텐츠가 준비되어 있다면 네이버의 다양한 서비스를 통해서 고객을 만나볼 수 있습니다. 업종은 교육/취업, 여행, 법률/회계, 병/의원, 보험 등이 해당합니다. 고객과의 상담이 필요한 업종일 경우, 서비스에 대한 설명과 상담 가능 시간을 안내하는 모바일 모두 홈페이지가 있습니다. 홈페이지에 모두 담기 어려운 이야기와 상품 정보는 네이버 블로그, 카페, 포스트를 이용하여 고객과 소통이 가능합니다.

상담 서비스를 제공하면서 고객의 이탈을 방지하고 고객 관리를 돕는 '네이버 아이디로 로그인', '네이버 예약', '스마트콜', '네이버톡톡' 서비스를 활용하면 적은 투자 비용으로 더 많은 상담이 가능합니다.

효과적은 홍보 채널에는 '사이트 검색광고', '콘텐츠 검색광고', '브랜드 검색광고'가 있습니다.

'브랜드 검색광고'는 통합검색 결과 페이지 최상단에 단독으로 노출되어 높은 주목도를 이끌어내는 상품입니다. Big Brand 광고주에게 적합하며 동영상 또는 섬네일로 다양한 표현이 가능하며 적극적으로 어필할 수 있습니다. 브랜드 검색광고는 해당 브랜드 키워드에 상표권을 가진 광고주(본사)만이 광고 집행이 가능하며 다른 광고 상품에 비해 집중도가 높습니다. 소비자에게 브랜드 각인과 신뢰도를 높이는데 효과적으로 활용할 수 있습니다.

브랜드 검색은 광고하고자 하는 브랜드와 충분한 관련성이 확인되는 키워드에만 광고할 수 있습니다. 키워드는 최대 30개까지 등록할 수 있습니다. 브랜드 검색은 계약 기간 동안 정해진 광고비를 지불하는 정액제 상품입니다. 광고 단가는 1회 최소 50만 원부터이며, 광고 노출기간 및 광고 가능한 키워드의 기간 조회수(최근 30일)를 합산하여 책정됩니다. 광고 기간은 최소 7일에서 최대 90일까지 자유롭게 선택이 가능하며, 광고 기간과 광고를 게재할 키워드 개수, 키워드 기간 조회수에 따라 광고 단가가 달라질 수 있습니다.

◀ 현대카드 브랜드 검색광고

네이버쇼핑과 쇼핑윈도 이해

네이버쇼핑은 누구나 쉽게 인터넷 판매할 수 있는 쇼핑 플랫폼으로 온/오프라인을 아우르며 다양한 쇼핑 정보를 한 번에 제공하는 쇼핑 포털 서비스입니다. 네이버쇼핑 서비스는 2014년 스토어팜을 오픈하고 2018년 2월에 더 똑똑한 판매 플랫폼인 스마트 스토어로 바꾸면서 쇼핑 플랫폼으로써의 위력을 강화했습니다. 네이버 이용자와 네이버 쇼핑에 입점한 쇼핑몰 및 스마트 스토어 간의 편리한 연결을 위해 상품 검색, 가격 비교, 네이버페이, 카테고리 분류, 쇼핑 컨텐츠 등을 제공하고 있습니다. 고객이 보다 간편하고 쉽게 쇼핑 경험을 할 수 있도록 진화했습니다. 스마트 스토어 사업자에게 매일 네이버를 찾는 4천만명 이상의 이용자를 쇼핑몰의 구매 고객으로 만들 수 있어 매력적입니다.

네이버쇼핑에 입점하게 되면 네이버쇼핑 플랫폼에서 제공하는 다양한 서비스 및 전문관, 광고 상품을 이용할 수 있습니다. 네이버쇼핑에서 발생된 스마트 스토어 사업자의 매출 정보에서부터 광고 비용까지 효율적으로 관리할 수 있는 리포트가 제공됩니다. 유용한 피드백 자료를 활용하면 전문적으로 쇼핑몰을 운영하고 관리할 수 있습니다.

1 | 네이버쇼핑의 강점

❶ 국내 대표적인 쇼핑 포털로 다양한 상품 정보와 최신의 쇼핑 트렌드 정보를 제공합니다. 오프라인 대형 매장의 최신 상품에서부터 핸드메이드, 산지직송, 지역 명물 상품까지 오프라인과 온라인을 아우르는 네이버쇼핑의 모든 상품을 한 공간에서 탐색할 수 있습니다.

❷ 합리적인 가격으로 상품을 구매하고 싶은 이용자들에게 믿을만한 가격 비교 정보를 제공하고 있습니다. 상품 가격 비교 사이트에 방문하여 최저가를 찾는 번거로움이 없습니다. 검색 한 번으로 옥션, G마켓, 위메프, 인터파크, GSSHOP, CJmall 외 여러 전문몰의 가격 비교뿐만 아니라 설명서까지 비교할 수 있습니다.

❸ 이용자가 구매하고자 하는 상품이 있을 때 구매 결정에 큰 영향력을 제공하는 것이 상품평입니다. 네이버쇼핑은 한 가지 상품에 대한 다양한 쇼핑몰의 상품 후기에서부터 전문가 리뷰까지 한꺼번에 모아서 제공하고 있습니다.

2 | 네이버쇼핑의 입점

네이버쇼핑 입점 방식은 크게 세 가지입니다. 첫 번째는 'CPC Package'로 현재 쇼핑몰을 운영 중인 광고주가 네이버쇼핑에 입점하는 방식입니다. 상품 클릭 시 단가에 따라 과금이 됩니다. 두 번째는 'CPS Package'로 현재 쇼핑몰을 운영 중인 광고주가 네이버쇼핑에 입점하는 방식입니다. 매월 고정비와 판매에 대한 매출 수수료를 냅니다. 네이버쇼핑 카테고리 페이지 외 메인, 기획전 영역에서 별도의 광고 영역에 노출할 수 있습니다. 세 번째는 무료 개인 쇼핑몰 '스마트 스토어'로 네이버쇼핑에 입점하는 방식입니다. 스마트 스토어 가입 시 '네이버쇼핑' 연결에 동의하면, 스마트 스토어에서 판매하고자 하는 상품을 네이버쇼핑에 노출할 수 있습니다. 'CPC Package'는 입점 요건과 불가, 입점 절차, 수수료 안내 정보를 우선적으로 파악해야 하고, 'CPS Package' 또한 입점 조건, 입점 절차, 수수료 안내 정보를 체크하고 입점하는 것이 중요합니다. 자사몰이나 오프라인 매장을 운영중인 판매자는 네이버쇼핑에 입점하기 위해서는 고정료, 클릭당 수수료, 판매 수수료 등을 내야 합니다. 그러나 네이버 스마트 스토어 가입한 판매자에 한하여 입점, 등록, 판매 수수료의 무료 혜택을 제공하고 있습니다.

'CPC Package'의 경우 필수적으로 사업자등록증, 통신판매업 신고증, 구매안전 서비스(에스크로 또는 소비자피해보상보험계약 등) 가입 증명 서류가 갖추어져야 합니다. 'CPS Package' 입점 조건으로 6개월 이상 운영한 쇼핑몰, 에스크로 등 구매안전 장치가 적용된 쇼핑몰, 신용등급이 B등급 이상인 쇼핑몰 (네이버에서 사업자번호 기준으로 확인), 최근 3개월 평균 월 거래액이 20억원 이상인 쇼핑몰이어야 합니다.

◀ CPC Package 노출

◀ CPS Package 노출

3 | 네이버쇼핑 윈도

네이버쇼핑 윈도는 오프라인 매장에서 검증된 상품 또는 온라인에서 접하기 힘들었던 다양한 상품을 온라인에서 간편하게 구매할 수 있도록 오프라인 매장들을 담은 서비스입니다. 지역적 제약 조건으로 판로 개척이 어려운 오프라인 사업자들에게 온라인 판로 개척을 지원하는 것이 목적입니다. 현재 오프라인과 온라인(O2O)을 아우르는 다양한 상품들을 주제별로 분류하여 네이버 이용자들에게 전문적인 쇼핑 정보를 제공하고 있습니다. 네이버쇼핑 플랫폼에서 오프라인 쇼핑 경험을 그대로 온라인에 구현하여 전문성을 느낄 수 있도록 백화점윈도, 아울렛윈도, 스타일윈도, 디자이너윈도, 뷰티윈도, 리빙윈도, 푸드윈도, 키즈윈도, 펫윈도, 플레이윈도, 아트윈도 등의 전문관으로 구성하여 서비스하고 있습니다.

스마트 스토어는 사업자등록을 하지 않아도 상품 판매가 가능하지만, 네이버쇼핑 윈도에 입점하기 위해서는 기본적으로 사업자등록증, 통신판매업 신고증, 스마트 스토어 운영, 톡톡친구 기능을 갖추어야 합니다. 입점 시 어떤 윈도는 신청 조건으로 오프라인 매장의 존재 유무에 대해서 살펴봅니다. 네이버쇼핑 윈도에 입점하기 전 '취급상품군, 신청 조건, 신청불가, 신청 문의 시 기재 항목'을 확인하길 바랍니다.

▶ **백화점윈도**
롯데백화점, 현대백화점, 신세계백화점 등 여러 백화점에서 판매하는 디스플레이 상품을 그대로 구매할 수 있는 곳입니다.

▶ **아울렛윈도**
아울렛 매장은 백화점에서 판매하는 상품보다 좀 더 저렴하게 구입할 수 있습니다. 합리적이고 착한 가격의 브랜드 상품을 구매할 수 있는 곳입니다.

▶ **스타일윈도**
전국의 의류 가게와 인기 있는 전문 브랜드를 한 눈에 둘러볼 수 있는 곳입니다.

▶ **디자이너윈도**
트렌드를 앞서가는 디자이너들의 컬렉션 쇼, 시즌 웨어, 이벤트 정보들을 살펴볼 수 있는 곳입니다.

▶ **뷰티윈도**
아름다워질 수 있는 다양한 뷰티템을 둘러볼 수 있습니다. 화장품 매장에 가지 않아도 실감 나는 아이 쇼핑(eye shopping)을 할 수 있는 곳입니다.

▶ **리빙윈도**
가구, 주방, 인테리어 소품 등의 리빙 아이템을 살펴볼 수 있고 아티스트의 라이프 스타일과 감수성이 담긴 핸드메이드 상품을 구매할 수 있는 곳입니다.

▶ **푸드윈도**
지금 꼭 먹어야 하는 제철 음식 카테고리가 잘 구성되어 있습니다. 생산자 산지 직송, 팔도 지역 명물, 전통주, 쿠킹 박스, 편의점 상품까지 살펴볼 수 있는 곳입니다.

▶ **키즈윈도**
세에서부터 7세까지, 연령별 필요한 다양한 아기용품들을 한 번에 해결할 수 있습니다. 아이들에게 안전하고 편안한 아기용품을 구매할 수 있는 곳입니다.

▶ **펫윈도**
집멍이, 집냥이들과 생활하기 위한 기본적인 용품들을 구매할 수 있습니다. 편의성, 기능성은 물론이고 반려동물의 개성을 살릴 수 있는 펫 아이템들을 살펴볼 수 있는 곳입니다.

▶ **플레이윈도**
누구나 취미 생활은 있고, 간지나는 상품이 보이면 소유 욕구가 생깁니다. 내가 좋아하는 취미 상품을 보면 볼수록 재미있는 쇼핑이 됩니다. 테크, 키덜트, 레포츠 등의 카테고리로 구성되어 있으며 덕후[1]들의 놀이터라고 볼 수 있습니다.

▶ **아트윈도**
작가들의 회화, 공예 등 예술 작품을 감상하고 힐링할 수 있습니다. 작가들이 직접 디자인한 작품을 주문하고 공연, 전시 예매까지 할 수 있는 곳입니다.

▶ **해외직구**
글로벌 공급망과 유통망으로 멀고 먼 나라에서 판매되는 핫 아이템을 한 눈에 둘러볼 수 있습니다. 나만을 위한 독창적이고 이색적인 상품을 구매할 수 있는 곳입니다.

[1] 일본어 오타쿠(おたく)를 한국어로 발음한 '오덕후'의 줄임말입니다. 특정 관심사에 몰두하거나 전문가 이상의 열정을 가지고 있는 사람으로 인식하고 있습니다.

스마트 스토어 센터 이해

스마트 스토어 센터 계정을 만들고 판매할 상품이 있다면 네이버라는 거대한 쇼핑 플랫폼에 노출할 수 있습니다. 스마트 스토어 센터에 로 그인하고 접속 화면 첫 화면이 스마트하게 레이아웃이 구성되어 있다 는 것을 알 수 있습니다. 기존에 스마트 스토어를 운영하고 있는 사업 자는 익숙해서 블로그 포스팅하는 것 같은 느낌이 들 것입니다. 초보 운영자도 왼쪽 레이아웃 메뉴를 조금만 클릭하면 어떠한 기능인지 쉽 게 파악할 수 있습니다.

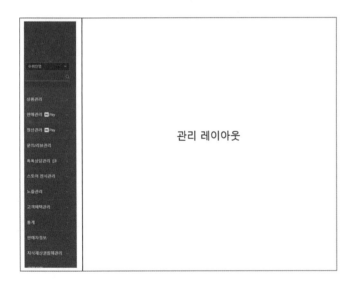

관리 레이아웃

1 | 상품을 등록하여 판매하자 – 상품관리

'상품관리'는 상품이 가지고 있는 매력적인 요소를 효과적으로 부각해 노출하는 메뉴입니다. 잠재 고객을 구매 고객으로 만들기 위해 공감과 설득이 녹아드는 상품 스토리를 적용하는 전략이 고려되어야 합니다.

스마트 스토어는 블로그형 쇼핑몰로 스토리 전개가 무엇보다 중요합니다. '상품관리'에서 중요한 '상품 등록' 메뉴에 대해서 살펴보겠습니다. 상품 기획 및 판매 전략이 효과적으로 반영되어 잠재 고객의 구매 욕구를 자극하는 것이 핵심 목표입니다.

일차적으로 '카테고리명'과 '상품명'은 구체적으로 명확하게 추가해야 합니다. 상품과 맞지 않는 카테고리에 등록할 경우, 판매 상품과 직접 관련이 없는 다른 상품명일 경우에는 판매 금지가 될 수 있기 때문입니다.

경쟁 상품과 동일할 경우 '판매가의 할인 정보'는 합리적인 소비를 추구하는 잠재 고객에게 구매 호소력을 줄 수 있습니다. PC와 모바일 환경의 할인 설정이 가능하고 특정 기간을 설정하여 할인이 가능합니다. 매출 신장을 위해 적절히 활용할 필요가 있습니다.

'상품이미지'는 네이버쇼핑의 검색 결과에서 내 상품이 처음으로 보여지는 메뉴입니다. 눈길을 사로잡는 '대표이미지', '추가이미지', '동영상'을 추가하여 비주얼 효과를 반영하는 것이 중요합니다.

'상세 설명'은 상품이 가지고 있는 컨셉, 장점, 강점 등을 효과적으로 노출하는 메뉴입니다. 사전에 여러 경쟁 상품들이 어떻게 구성하여 작성하였는지 분석하여 접근해야 합니다. '안 사고 못 배기는 상품 상세 페이지 만들기'의 '상세 페이지 레이아웃 구성'을 참고하길 바랍니

상품관리

상품 조회/수정

상품 등록

상품 일괄등록

카탈로그 가격관리

연관상품 관리

사진 보관함

배송정보 관리

템플릿 관리

공지사항 관리

다. 상품 스토리 작성 시 상품명과 직접적 관련 없는 상세 설명, 외부 링크 입력 시 관리자에 의해 판매 금지 될 수 있습니다. 일부 스크립트 및 태그는 자동 삭제될 수 있습니다. 상세 설명 이미지 권장 크기는 가로 860px입니다. 상세 설명 작성 시 이미지에 '상품 태깅'을 활용해 볼 수 있습니다. 상품 태깅은 상품 상세 작성시 이미지 내 원하는 위치에 좌표 및 상품 정보를 등록할 수 있는 기능입니다. 주목성과 명시성을 높일 수 있습니다. 스마트 스토어 공지사항, 쇼핑스토리 및 쇼핑원도 소식에 활용이 가능합니다.

'우와! 스마트하다'라는 문장이 절로 입가에서 나올 것입니다. 이와 반면에 독립적인 쇼핑몰 솔루션의 관리자 환경에 접속하면 각종 다양한 메뉴들과 기능이 있어 학습 과정이 필요합니다. 어느 정도 시간과 노력이 수반됩니다. 스마트 스토어 목표가 "누구나 쉽게 운영할 수 있는 쇼핑몰"이기에 보다 간편하고 보다 단순하게 만든 것이 아닐까 합니다. 여기서는 효과적으로 스마트 스토어 관리를 위해 핵심 메뉴에 대해서 살펴보겠습니다.

'상품 주요 정보'는 쇼핑 검색 결과의 상품 노출 순위를 결정하는 검색 알고리즘 중 적합도와 관련되어 있는 부분입니다. 주요 옵션으로 모델명, 브랜드, 제조사, 카테고리별 상품 속성이 있습니다.

모델명 찾기에서 모델명을 등록하면 카테고리, 브랜드, 제조사, 상품 주요 정보가 자동으로 입력됩니다. 모델명이 없는 경우 직접 입력을 해야 합니다. 브랜드명은 가급적 직접 입력이 아닌, 자동완성레이어로 선택하고, 원하는 브랜드가 없는 경우 직접 입력으로 브랜드명을 입력하면 됩니다. 상품 상세 페이지에 정보가 노출되므로 간결하고 명확하게 입력하는 것이 중요합니다.

'추가상품'은 이 구매 상품과 구매하면 좋은 상품으로 접근하는 것이 중요합니다. 여성 원피스 상품이라면 양말 또는 샌들로, 남성 정장이라면 넥타이 또는 와이셔츠로 구성하여 판매 증진의 기회를 만들 수 있습니다.

'구매혜택 조건'은 고객이 상품 구매 시 어떤 효익을 얻을 수 있는가를 제시하는 메뉴입니다. 복수구매할인, 포인트 지급(상품 구매 시, 리뷰 작성 시), 사은품, 이벤트 정보를 꼼꼼하게 체크하여 고객의 구매 결정을 높이기 바랍니다.

'검색설정'의 태그는 네이버쇼핑 곳곳에 노출하는 역할을 합니다. 태그 추가 시 '검색에 적용되는 태그 확인'을 통해 적절하게 태그를 적용하였는지 확인할 수 있습니다. 입력한 태그 중 일부는 내부 기준에 의해 검색에 노출되지 않을 수 있으며 '카테고리/ 브랜드/ 판매처명'이 포함된 태그의 경우는 등록되지 않습니다. 판매 상품과 직접 관련 없는 태그를 입력 시 판매 금지 될 수 있습니다.

'카테고리 관리'는 스마트 스토어 사업자가 지속적으로 살펴봐야 하는 메뉴입니다. 동일 상품의 경우 판매 가격 차이로 구매가 이루어지지 않는 상황이 발생할 수 있기 때문입니다. 이 카테고리로 쉽게 가격 동향을 확인하여 가격 정책을 바꿀 수 있습니다. 매일 7시부터 22시까지 1시간마다 업데이트됩니다.

2 | 상품의 라이프사이클을 관리하자 – 판매관리

'판매관리'는 상품 판매가 이루어져 고객에게 발송되는 중요한 과정을 관리하는 메뉴입니다. 스마트 스토어 사업자는 상품을 구매하는 고객이 상품을 정상적으로 받아볼 수 있도록 마지막까지 심혈을 기울여야 합니다. '판매관리'는 '주문완료 → 입금 → 발주확인 → 발송확인 → 배송 드래킹 → 구매확정' 과정으로 진행됩니다. 판매관리에서 체크해야 할 항목으로 판매불가 상품, 발송지연, 구매확정 지연, 오류 송장 등이 있습니다.

❶ '주문 조회'는 내 스마트 스토어의 모든 주문 내역을 조회할 수 있는 메뉴입니다. 조회 옵션은 결제일, 발주 확인일, 발송 처리일이 있으며, 3개월까지 가능합니다. 상세 조건으로 수취인명, 구매자명, 구매자연락처, 상품주문번호, 송장번호 등을 조회할 수 있습니다.

❷ '미결제 확인'은 상품 구매자가 나중에 결제/무통장입금으로 주문한 이후, 아직 결제 완료되지 않은 주문건 확인이 가능한 메뉴입니다. 구매자명의 연락처나 배송지 등 정보는 표시되지 않으며, 결제가 완료되면 [발주/발송 관리] 메뉴에 신규 주문건으로 표시되어 모든 정보를 확인할 수 있습니다. 주문일로부터 2영업일 내에 결제 완료되지 않을 경우 주문은 자동으로 취소됩니다.

❸ '발주/발송 관리'는 상품 구매 결제가 완료된 주문 내역을 확인할 수 있는 메뉴입니다. 신규주문, 신규주문 지연, 배송준비, 배송준비 지연, 발송전 취소요청, 발송전 배송지 변경 건을 확인할 수 있습니다. 상세 검색 기능으로 주문상태, 배송방법, 기간 등 상세 검

색 조건을 이용하여 결제가 완료된 주문 내역 조회가 가능합니다. 신규 주문된 상품을 3영업일 이내에 발송하지 못할 경우에는 발송 지연 안내 처리를 진행해야 합니다. 발송지연 안내 처리는 1회만 가능하며, 구매자에게 지연 사유에 대해서 상세하게 입력하는 것이 중요합니다. 발송기한 경과 시까지 발송처리가 되지 않으면 구매자 취소요청 시 즉시 환불처리가 진행됩니다.

❹ '배송현황 관리'는 상품발송 처리 이후 배송중, 배송완료, 배송중 문제건, 또는 구매확정보류 접수된 주문을 확인할 수 있는 메뉴입니다. 배송은 고객에게 상품이 전달되는 유통 과정으로 안전하게 전달되는 것이 중요합니다. '배송현황 관리'에서 체크해야 할 항목으로 '구매확정 보류 접수건 처리', '송장수정 처리', '반품접수 처리'가 있습니다. '구매확정 보류 접수건 처리'는 발송일로부터 오랜 기간이 경과되었으나, 구매자가 아직 상품을 받지 못하여 구매확정 거부의사를 밝힌 주문입니다. '송장수정 처리'는 배송 중 문제건으로 판별된 건에 대해서는 바로 송장 정보를 재확인하여 수정이 가능합니다. '반품접수 처리'는 배송중이거나 배송완료 상태의 정상 주문 또는 구매확정보류 진행 중인 주문일 경우 반품접수 처리가 가능합니다.

❺ '구매확정 내역'은 최종적으로 구매자의 구매확정 및 교환완료 상태의 주문 내역을 확인할 수 있는 메뉴입니다. 구매확정 후 구매자가 반품을 요청하는 경우가 발생하면 구매확정 후 취소처리가 가능합니다.

❻ '취소 관리'는 결제 완료된 주문건 중 발송처리 이전에 취소요청 되었거나, 이미 취소 처리된 건을 확인할 수 있는 메뉴입니다. 구매자로부터 취소요청건에 대해서는 상품 기발송 여부에 따라 취소 환불처리 또는 취소 철회 처리를 진행할 수 있습니다.

❼ '반품 관리'는 전체 반품 현황을 확인하고 각 단계별 반품 처리를 할 수 있는 메뉴입니다. 스마트 스토어 사업자는 반품 불가사유(7일 이후 단순변심)가 있는 경우, 반품을 거부할 수 있습니다. 7일 이내에 반품이 있을 경우, 구매자와 협의를 진행해야 합니다. 특정 사유로 환불이 불가한 경우, 환불보류를 설정하여 구매자와 협의를 진행해야 하며 환불보류사유가 해결되면 반드시 환불보류해 재처리를 진행해주셔야 합니다. 상품 수거 완료 후 +3영업일 이내 반품처리를 진행하지 않으시면 페널티가 부과됩니다.

❽ '교환 관리'는 구매자가 요청한 교환 주문건에 대해 완료 또는 거부처리를 진행하실 수 있는 메뉴입니다. 수거 완료 후 +3영업일 이내 교환처리를 진행하지 않으시면 페널티가 부과됩니다.

❾ '판매방해 고객 관리'는 판매방해 고객은 판매자의 상품을 구매 의사없이 반복 구매 후 취소하는 등 판매 활동을 방해하는 고객(블랙 컨슈머)을 관리하는 메뉴입니다. 판매방해 고객으로 등록되면 판매자의 모든 채널에서 상품 구매가 제한됩니다. 특별한 사유없이 특정 고객의 구매를 제한하게 되면 분쟁으로 이어질 수 있으며, 잦은 분쟁 유발 시 페널티 기준에 따라 서비스 이용의 제한 사유가 될 수 있습니다. 분쟁이 발생하면 되도록 협의하여 원만하게 해결하는 것이 중요하며 꼭 필요한 경우에 한해 사용하세요.

3 │ 수익과 세금을 관리하자 – 정산관리

'정산관리'는 스마트 스토어 사업자가 판매 활동을 통해 획득한 수익을 확인하고 부가세신고 내역, 세금계산서 조회가 가능한 메뉴입니다. 대한민국에서 사업자를 내고 재화나 서비스의 구매를 통해 발생되는 납세 의무는 중요한 경제 활동입니다. 간혹 상품 사업 시 부가세를 세금으로 고려하지 않고 지출하는 경우가 있습니다. 매출 통장과 세금 통장을 만들어 효율적으로 관리하는 것이 중요합니다.

- '충전금 관리'는 판매 대금을 정산받을 수 있는 예치금 수단인 판매자 충전금을 관리할 수 있는 메뉴입니다. 1일 1회에 한하여 출금이 가능하며 출금 요청 시 1영업일 후 입금됩니다. 최대 500만 원까지 가능합니다.

4 │ 고객과 소통을 강화하자 – 문의/리뷰 관리

'문의/리뷰 관리'는 고객과 소통할 수 있는 메뉴입니다. 상품 판매 전략에서 중요한 역할을 담당하고 있습니다. 고객이 상품을 구매하기 전부터 구매 후까지 소통은 중요한 신뢰 관계를 쌓는 과정입니다. 스마트 스토어 사업자는 고객 문의 관리와 리뷰 관리가 고객 만족도를 높이고 재구매 유도에 영향을 줄 수 있다는 것을 알아야 합니다. 고객 문의는 상품 상세 페이지에서 옵션에 대한 질문이 될 수 있으며, 배송 처리, 상품결함 등 소소한 사항들이 될 수 있습니다. 고객의 질문과 요구 내용을 진솔하고 성실하게 접근하면 상품에 대한 기대 가치는 높아질 것입니다.

❶ '문의 관리'는 일목요연하게 고객들의 문의 내역을 살펴볼 수 있는 메뉴입니다.

❷ '고객 문의 관리'는 보다 세부적으로 고객 문의에 대한 처리 상태, 만족도, 상세 검색이 가능한 메뉴입니다.

❸ '리뷰 관리'는 리뷰는 최종적으로 잠재 고객이 상품 구매 시 의사 결정을 하는데 중요한 연결고리가 됩니다. 사전 구매자의 구매평이 어떠한가에 따라 잠재 고객의 구매 의사 결정에 영향을 줍니다. 리뷰 관리는 고객 관리의 핵심 업무라고 볼 수 있습니다.

❹ '리뷰이벤트 관리'는 리뷰이벤트를 집행 및 관리할 수 있는 메뉴입니다. 리뷰이벤트는 고객의 구매 후기를 적극적으로 확보하기 위해 정기적으로 진행하는 것이 필요합니다. 리뷰이벤트는 상품 구매, 구매 경험, 사후만족도 등을 확보할 수 있으며 매출 신장에도 도움을 줍니다.

5 | 실시간으로 관리 상담하자 – 톡톡상담관리

'톡톡상담관리'는 고객과 쉽고 빠르게 대화를 진행할 수 있는 메뉴입니다. 스마트 스토어 사업자는 적극적인 고객 응대를 위해 '톡톡'을 효과적으로 관리하는 것이 중요합니다. '톡톡'은 네이버 ID 기반 무료 채팅 서비스로 친구 추가 없이, 앱 다운로드 없이 바로 대화할 수 있으며 PC, 모바일 어디서나 간편하게 상담 진행이 가능합니다. 상담 여력에 맞게 톡톡 계정 관리가 가능합니다. 네이버 서비스인 스마트 스토어, 네이버 지도, 블로그, 모두(modoo) 모바일 홈페이지에 노출할 수 있으며 업종에 맞는 풍부한 커뮤니케이션을 진행할 수 있습니다.

❶ '톡톡 상담하기'는 상담 요청 및 진행 사항을 살펴볼 수 있는 메뉴입니다.

❷ '톡톡 쇼핑챗봇 설정'은 배송 안내, 인기상품 추천, 주문취소, 교환 요청, 반품요청 응대를 진행할 수 있는 메뉴입니다. 상담응대 시간 설정, 알림 설정, 프로필 및 멤버관리, 업무 시간 표기 및 부재중 설정, 알림을 받지 않을 에티켓 시간 설정, 자주 쓰는 문구 등 다양한 기능으로 톡톡 관리가 가능합니다. 톡톡과 친구를 맺은 고객들에게 단체 메시지를 보낼 수 있으며, 전송 대상을 직접 성별/연령별/구매이력별로 설정하여 타깃 마케팅을 진행할 수 있습니다.

6 │ 상품 노출을 최적화하자 – 스토어 전시관리

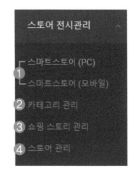

'스토어 전시관리' 스토어에 업데이트된 다양한 상품을 한눈에 볼 수 있도록 전시할 수 있는 메뉴입니다. 오프라인 매장에서 상품을 구매할 때 전시는 매우 중요합니다. 신선 식품은 싱싱하게, 의류는 트렌디하게 연출을 해야 고객의 관심을 끌 수 있습니다. 스마트 스토어 또한 상품을 효과적으로 전시해야 '클릭'이라는 행동을 유도할 수 있습니다. 상품 업데이트가 이루어졌다면 스토어의 전시관리 메뉴로 센스있게 홈을 바꾸어보세요.

❶ '스마트 스토어(PC), 스마트 스토어(모바일)'은 홈 화면을 설정할 수 있는 메뉴입니다. 테마, 배경, 레이아웃, 메뉴, 소개페이지 등을 설정할 수 있습니다.

❷ '카테고리 관리'는 상품 카테고리 위치를 설정할 수 있습니다. 정렬은 인기도순, 누적판매순, 낮은 가격순 등으로 전시타입은 이미지형, 리스트형, 갤러리형으로 변경이 가능합니다.

❸ '쇼핑 스토리 관리'는 스마트 스토어에 업데이트된 상품 스토리 조회 및 등록을 할 수 있는 메뉴입니다. 쇼핑 스토리는 '트렌디형' 또는 '스토리형' 테마가 적용되어 있어야 전시됩니다.

❹ '스토어 관리'는 스마트 스토어 정보를 추가 및 변경할 수 있는 메뉴입니다. 스토어명(1회만 수정), 스토어 대표 이미지, 소개, 전화번호 등을 수정할 수 있습니다.

7 | 판매 촉진으로 매출을 늘리자 – 노출관리

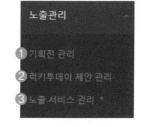

❶ '기획전 관리'는 스마트 스토어에서 판매되는 상품을 다양한 이슈로 홍보 및 판매할 수 있는 메뉴입니다. 전 상품 할인 행사, 단골 고객 프로모션 등 행사 컨셉에 따라 다양한 형태로 운영이 가능하다. 진행 기준으로 할인 혜택, 할인 쿠폰, 네이버페이 포인트 적립 등 구매 고객에게 혜택을 제공하는 기획전이어야 합니다. 기획전은 계절 혹은 절기, 사회적 이슈를 연결시킨 기획 상품을 개발해 적용하면 기대 이상의 매출 창출 효과를 얻을 수 있습니다.

❷ '럭키투데이 제안 관리'는 스마트 스토어 사업자가 상품을 직접 선정하고 등록하여 프로모션을 할 수 있는 메뉴입니다. 매력적인 상품을 고객에게 특가로 제공할 수 있으며, 상품 선정부터 등록까지 판매 활동 전반을 판매자가 직접 참여할 수 있습니다. 상품 정보 전달이 잘 될 수 있도록 상세 페이지를 작성해야 하며, 모바일 상세 페이지의 미리보기가 지원되지 않을 경우 진행이 불가합니다. 대표 이미지 등록 가이드를 숙지한 후 제안하길 바랍니다.

❸ '노출 서비스 관리'는 스마트 스토어/쇼핑윈도의 판매 및 운영에 도움이 되는 메뉴입니다. 네이버 통합검색의 네이버쇼핑 영역에 상품을 노출하고, 내 스마트 스토어 화면에 톡톡 상담 버튼을 추가해 고객 상담을 진행할 수 있습니다. 네이버 웹사이트 검색 결과에 스마트 스토어 노출 설정이 가능합니다. 스마트 스토어 상품을 가격 비교 쇼핑몰인 에누리, 다나와에 노출할 수 있습니다. 판매수수료 2%(VAT 별도)가 별도로 부과됩니다. 네이버 블로그, 페이스북, 인스타그램에 공유하여 상품 정보를 노출할 수 있습니다.

8 | 월급 주는 고객을 관리하자 – 고객혜택관리

'고객혜택관리'는 상품 구매 시 고객에게 제공되는 서비스 메뉴입니다. 상품이 다양하고 가격 경쟁이 치열할 경우 구매 고객에게 돌아가는 혜택은 구매 의사 결정에 중요한 영향을 제공합니다. 스마트 스토어 사업자는 경쟁 상품의 혜택 정보를 파악하고 적절하게 반영할 필요가 있습니다.

'혜택 등록'은 마케팅 목적에 맞게 세분화된 타깃(첫구매, 재구매 등)을 설정할 수 있는 메뉴입니다. 혜택은 쿠폰, 포인트 적립으로 제공하며 고객그룹 관리를 통해 혜택 등록이 가능합니다.

'고객등급 관리'는 우수 고객을 관리하고 혜택을 제공하는 메뉴입니다. 지속적으로 구매하는 고객 기준과 혜택을 설정하면 스토어 재방문을 유도하여 단골을 만들 수 있습니다. 등급별로 제공되는 혜택 종류에는 상품중복할인 쿠폰, 스토어주문할인 쿠폰, 배송비 할인 쿠폰, 포인트 적립이 있습니다.

고객혜택관리

혜택 등록
혜택 조회/수정
혜택 리포트
고객등급 관리
(구)쿠폰 발급내역 조회
포인트 지급내역 조회

9 | 스마트 스토어 피드백을 하자 – 통계

'통계'는 현재 운영하고 있는 스마트 스토어 기준으로 매출, 마케팅, 고객, 시장 등을 분석할 수 있는 메뉴입니다. 종합적으로 분석해 볼 수 있어 현황에 대해서 점검해 볼 수 있습니다. 중점적으로 살펴볼 내용은 '시장정보', '사용자', '경쟁사' 분석입니다. 시장정보 분석은 현재 상황을 파악하고 목표 실현을 위한 미션을 세울 수 있으며, 사용자 분석은 전략적 키워드 분석을 통해 성향과 패턴 분석으로 타깃 대상자의 정보를 확보할 수 있습니다. 경쟁사 분석은 상대적인 접근으로 현재 무엇을 잘 하고 있는지, 못 하고 있는지 파악하는 것이 중요합니다.

❶ '요약'은 스마트 스토어 상점의 전체적인 요약 정보로 결제금액, 건수, 수량, 유입채널, 환불 수량 등을 파악할 수 있습니다. 통계 정보를 일목요연하게 살펴볼 수 있습니다.

❷ '판매분석'은 매출 정보를 구체적으로 파악할 수 있는 메뉴입니다. 상품별 결제 현황을 살펴볼 수 있고, 상품 판매에 기여한 마케팅채널들을 상품카테고리, 상품별로 알 수 있습니다. 상품 판매에 어떤 키워드가 얼마나 기여를 하였는지, 상품카테고리 및 상품 결제금액의 성별/나이별, 고객프로파일로 구분, 결제 지역별로 확인할 수 있습니다.

❸ '마케팅분석'은 스마트 스토어 마케팅을 효과적으로 집행하고 있는지 파악할 수 있는 메뉴입니다. 대표적인 항목으로 '전체채널', '검색채널', '웹사이트채널', '인구통계', '시간대별', '상품노출성과'가 있습니다.

'전체채널'은 광고 등 각종 유입수단별 성과(유입수, 결제금액)를 유입일 기준으로 보여줍니다. 고객들은 어디를 통해 얼마나 방문하고 있는지, 마케팅채널이 결제금액에 얼마나 기여하고 있는지를 일별로 알 수 있습니다. 마케팅채널별 유입당 결제수로 측정하는 '행동효율'과 마케팅채널별 비용당 결제금액으로 측정하는 '비용효율'을 살펴볼 수 있습니다.

'검색채널'은 마케팅채널 중 검색채널(검색광고, 검색, 쇼핑검색)별 성과(유입수, 결제금액)를 키워드별로 살펴볼 수 있습니다. 검색채널에서 유입되었을 때 유입당 결제율이 얼마나 되는지, 검색채널이 결제금액에 얼마나 기여하고 있는지를 알 수 있습니다.

'웹사이트채널'은 고객들이 일반 웹사이트를 통해 얼마나 들어오고 있는지 유입성과를 알 수 있습니다.

'인구통계'는 성별/나이에 따른 마케팅채널별 성과(유입수, 결제금액)를 살펴볼 수 있습니다. 성별/나이별로 얼마나 유입되었는지와 유입당 결제율 정보, 마케팅채널 이용 행태와 이용된 마케팅채널이 결제금액에 얼마나 기여하고 있는지를 알 수 있습니다.

'시간대별'은 시간대에 따른 마케팅채널별 성과(유입수, 결제금액)를 살펴볼 수 있습니다. 시간대/요일별로 얼마나 유입되었는지와 유입당 결제율, 고객들의 마케팅채널 이용 행태와 이용된 마케팅채널이 결제금액에 얼마나 기여하고 있는지를 알 수 있습니다.

'상품노출성과'는 각 마케팅채널별로 상품들이 몇 등에 노출되며 유입은 얼마나 발생하고 있는지 살펴볼 수 있습니다.

❹ '쇼핑행동분석'은 상품을 결제할 때 고객들의 주요 행동이 얼마나 일어나는지, 이용자들이 각 페이지를 얼마나 보고 얼마나 머무르고 있는지 알 수 있는 메뉴입니다. 상품별 쇼핑 행동과 각 페이지별 성과 정보를 살펴볼 수 있습니다.

❺ '시장벤치마크'는 내 사이트와 타 사이트그룹을 비교해 볼 수 있는 메뉴입니다. 타 사이트그룹간 누적결제금액 벤치마크로 시장에서의 위치를 파악할 수 있습니다. 대표 카테고리 선택 후 사이트그룹에서 매출을 선택하면 상세하게 정보를 확인할 수 있습니다.

❻ '판매성과예측'은 과거 데이터를 바탕으로 미래의 결제 금액을 예측해볼 수 있는 메뉴입니다. 결제 금액 기준으로 판매 성과를 예측하므로 마케팅 집행 의사 결정에 적용해 볼 수 있습니다. 과거 데이터를 바탕으로 분석하는 것이므로 틀릴 수 있으니 단순 참고용으로만 사용하면 됩니다.

❼ '고객현황'은 스마트 스토어에서 구매 고객에 대한 현황을 파악할 수 있는 메뉴입니다. 주문고객(해당 기간 동안 스토어의 모든 채널에서 1회 이상 결제까지 완료한 고객), 관심고객(관심고객수는 스토어에 소식알림 또는 스토어찜을 한 고객수), 성별/연령별(주문고객의 성, 연령), 등급고객(등급별 고객수)으로 살펴볼 수 있습니다.

❽ '재구매통계'는 재구매 현황을 살펴볼 수 있는 메뉴입니다. 재구매가 지속적으로 이루어지는 것은 충성도가 높은 고객을 확보하고 있는 것입니다. 재구매율을 높이기 위해 충성 고객에게 혜택을 다양하게 줄 수 있는 기회를 만드는 것이 중요합니다. 재구매 고객 비율, 재구매 고객 주문금액 현황 등을 살펴볼 수 있습니다.

❶ '판매자 정보'는 스마트 스토어에 노출되는 사업자 정보 메뉴입니다. 판매자정보, 담당자 정보, 정산정보, 상품 대표 카테고리, 배송정보, 판매자 개인정보처리방침 관리 등을 추가 및 수정할 수 있습니다. '실시간 알림 설정'에서 SMS 알림 수신 및 에티켓 모드 설정이 가능합니다.

❷ '상품 판매권한 신청'은 해외 상품 판매일 경우 서류 제출하여 심사를 받는 메뉴입니다. 그룹별 카테고리 정보 안내를 살펴보고 제출 서류를 확인하길 바랍니다.

❸ '판매자 등급'은 구매자의 구매 결정에 도움을 줄 수 있는 정보로 서비스 만족등급을 제공하는 메뉴입니다. '판매자 등급'은 판매건수, 판매금액에 따라 등급으로 구분되며 현재 등급을 확인할 수 있습니다. '굿서비스'는 구매만족도, 빠른배송여부, CS응답율, 판매건수에 따라 충족/불충족 여부를 확인할 수 있습니다. '전체 구매자 만족도'는 구매자가 구매확정 시 판매만족도를 체크할 수 있으며, 전체 평가 건수에 따른 구매 만족도를 조회할 수 있습니다. '판매관리 프로그램'은 부여된 판매페널티, 제재 단계, 기간별 페널티 점수를 조회할 수 있습니다.

❹ '매니저 관리'는 매니저를 초대하여 스마트 스토어 채널을 관리할 수 있도록 권한을 줄 수 있는 메뉴입니다. 스마트 스토어 센터에 로그인하여 판매 관리 활동을 할 수 있습니다.

❺ '사업자 전환'은 사업자등록없이 상품을 판매하는 개인판매자가 사업자로 전환할 수 있는 메뉴입니다. 상품 판매 수량이 많아지면 사업자등록, 통신판매업 신고를 필수적으로 하는 것이 중요합니다.

개인판매자로 유지되면 가산세 부담 등의 불이익을 받을 수 있기 때문입니다. '사업자 정보'는 세무서에서 발급받은 사업자등록증 정보를, '배송 · 정산정보'는 상품 출고지 주소, 반품/교환지 주소, 기본 반품 택배사 설정, 정산대금 입금계좌/수령방법을 기재합니다. '서류 첨부'는 사업자등록증 사본, 대표자 또는 사업자 명의통장 사본을 첨부하여 신청하면 됩니다.

- '지식재산권 침해관리'는 지재권신고센터를 통해 지식재산권리자가 신고하였으나 판매자님께서 소명을 하지 않아 판매 금지된 상품 내역을 살펴볼 수 있는 메뉴입니다.

지식재산권은 인간의 지적 활동의 결과로 발생되는 모든 권리를 총칭하는 것으로 실용신안권, 상표권, 특허권, 디자인권을 포함하고 있습니다. 스마트 스토어에서는 지식재산권의 권리자를 보호하기 위하여 보호센터를 운영하고 있으므로, 상품 판매하기 전 지식재산권 침해 사항이 있는지 확인하는 것이 중요합니다. 보다 상세한 내용은 지식재산권 신고센터(https://ips.smartstore.naver.com/owner/intro)를 참고하세요.

- '공지사항'은 스마트 스토어 운영 및 정책 관련해서 정보를 확인할 수 있는 메뉴입니다. 시스템, 안전거래, 판매방안, 맞춤컨설팅 정보, 위해정보, 스마트 스토어 매뉴얼 등을 살펴볼 수 있습니다.

외부 환경 변화 및 예측할 수 없는 상황이 도래하면 스마트 스토어 운영에도 영향이 미치기 때문에 스마트 스토어 센터의 공지사항을 살펴보는 것이 중요합니다.

네이버쇼핑 상품 정보/ 개별 쇼핑몰 최적화 가이드

네이버쇼핑 상품 정보 가이드는 스마트 스토어 센터에서 제공하는 매뉴얼입니다. 기본적으로 가이드 라인을 숙지하고 잘 준수하여 상품을 등록하면 상위 노출 확률이 커집니다. 특히 스마트 스토어는 블로거형 쇼핑몰로 적시성에 점수가 높게 책정됩니다. 최근에 상품을 업데이트하면 상위에 노출될 가능성이 높아집니다. 매뉴얼을 제공하는 이유는 이용자가 보다 쉽고 정확한 상품 검색으로 좋은 상품을 찾을 수 있도록 하기 위한 것입니다.

네이버쇼핑 상품 정보 가이드를 간단히 요약하면 '권장하는대로' 정보를 넣어주는 것입니다. 상품명, 할인, 상품 이미지 사이즈, 추가이미지, 상세 설명 페이지는 분할해서(이미지＋텍스트), 상품 주요 정보, 검색 설정 등 이용자가 보기 편하게 작성하는 것이 고려되어야 합니다.

특히 상품 판매 시 주의해야 할 것입니다. '네이버쇼핑 페널티'입니다. 어뷰징 및 부정 행위, 상품 관리 약관에 위배되는 판매 행위는 자제하길 당부드립니다. 네이버에서 제공하는 '네이버 쇼핑 검색 SEO & 상품 정보 제공 가이드'를 참고하였습니다.

1 | 정보 기본 가이드

좋은 상품 DB 정보 제공

우선적으로 상품명에는 중복 단어, 상품과 관련 없는 단어, 할인 정보 등은 제외하고 간결하게 작성해야 합니다. 이벤트 정보, 판매 조건, 할인, 쿠폰, 적립 등의 정보는 상품명이 아닌 이벤트 필드에 작성해야 합니다. 상품 이미지는 깨끗하고 상품 가치가 살아나는 상품으로 보이게 선명한 상품 이미지를 제공해 주세요. 패션 의류 상품은 고해상도의 이미지를 올려 상품을 잘 표현하는 것이 좋습니다. 브랜드/제조사 정보는 정확하게 작성하고, 상품과 관련된 카테고리에 등록해 줍니다. 이용자가 다양한 정보를 검색할 수 있도록 상품의 주요 정보 즉, 모델명, 브랜드, 제조사, 태그, 바코드 정보, 모델 코드 등을 제공하는 것이 중요합니다.

인기 상품 정보 제공

인기 상품 정보는 이용자가 상품을 구매하는데 중요한 역할을 합니다. 상품 구매 후기, 사용자 평점 정보, 배송 만족도, 상품 만족도 등 쇼핑몰 이용과 관련된 사용자 평가 정보를 제공해 주세요. CPA, 판매 지수, 네이버페이 결제 지원을 통해 실제 판매 되는 인기 상품 정보를 제공하면 신뢰도와 사전 만족도를 높일 수 있습니다.

좋은 쇼핑몰 상품 페이지 운영

상품 상세 페이지에 적용한 상품 설명은 하나의 이미지로 만들어진 것보다 이미지와 텍스트로 구성하여 상품을 설명하는 것이 좋습니다.

하나의 이미지로 만들게 되면 로딩 속도가 길어질 수 있습니다. 또한, 여러 개의 상품 정보를 올려 판매하는 것보다 하나의 상품으로 간결하게 구매 옵션을 제공해 주세요. PC 환경보다 모바일 환경 구매가 높기 때문에 모바일에 최적화된 상품 상세 페이지로 제작하는 것이 중요합니다.

표준 상품 DB 제공 가이드 준수

네이버쇼핑 검색이 잘되기 위한 좋은 상품 정보로 랭킹 요소를 잘 숙지하여 검색 결과 상위에 노출 기회를 높이길 바랍니다. 중요도가 마이너스로 표시된 요소(신용정보, SPAM/ABUSE)를 위반하면 랭킹에 불이익을 받게 됩니다. 각 필드 영역에 해당 하는 값을 정확하고 빠짐 없이 작성해야 합니다.

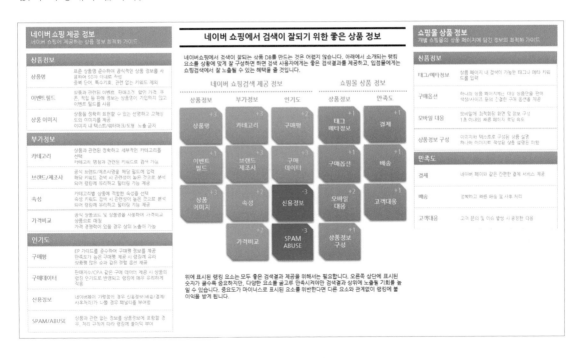

검색 기본 요소

네이버쇼핑에 상품 검색 시 키워드의 유형을 분석하고, 상품이 해당 키워드 유형에 적합한 정보를 가지고 있는지를 살펴봐야 합니다. 분석된 키워드 유형에 적합한 정보를 가지고 있다면 관련성이 높은 것으로 인식되어 다른 상품에 비해 노출에 유리할 수 있으며, 필터링 기능에 맞는 검색 결과로 제공되어 노출 기회가 많아지게 됩니다. 한 예로 검색어가 '아디다스'인 경우 '아디다스'는 브랜드 유형으로 인식되며, 상품명에 '아디다스'가 기재되는 것보다 브랜드에 '아디다스'로 매칭되어 있는 것이 우선적으로 노출됩니다. 인기 있는 키워드의 검색 결과로 노출하기 위해 상품과 관련이 없는 정보를 기입하는 것은 좋지 않습니다. 만약 '네이버쇼핑 상품 가이드 라인'에 의거 악의적인 것으로 판단되면 해당 상품의 판매가 중지될 수 있습니다.

상품 정보_ 상품명

이용자가 스마트 스토어 사업자의 상품을 잘 찾고 구매를 결정할 수 있도록 명확하고 충분한 정보를 제공하여야 합니다. 제조사, 유통 채널에서 이용되는 공식적인 상품 정보만을 사용하고, 상품 정보에 이벤트, 구매 조건 등의 판매 정보를 포함하지 않는 것이 중요합니다. 특히 브랜드, 제조사, 시리즈, 모델명은 공식 명칭만을 사용하고, 색상 명칭, 상품에 포함된 수량, 상품의 속성 등은 정확하게 기재합니다. 상품명에 중복 단어가 포함되어 있다고 해서 검색이 잘되는 것이 아닙니다. 상품명과 관련 없는 키워드, 수식어, 판매 조건 등을 기입하면 어뷰징으로 인식되어 검색에서 불이익을 받을 수 있습니다. 이는 정확한 상품명을 제공하는 판매자에게 공정한 기회를 제공하고 사용자의 검색 편의를 위한 장치입니다.

다음은 상품명 항목입니다. 구체적이고 명확하게 기재하도록 합니다.

- ▶ 브랜드/제조사
- ▶ 시리즈
- ▶ 모델명 (모델 코드)
- ▶ 상품 유형 (형태)
- ▶ 색상 : 다중 색상 허용
- ▶ 소재
- ▶ 패키지 내용물 수량
- ▶ 사이즈
- ▶ 성별 나이 표현 (남성/여성/유아)
- ▶ 속성 (Spec, 용량, 무게, 연식, 호수)

50자 내외의 텍스트 사용을 권장하고 조사, 수식어를 사용하지 않으며 50자 이상은 어뷰즈로 판단될 확률이 높습니다. 최대 100자까지 허용하며 상품명으로 노출됩니다.

상품과 관련 없는 브랜드, 제조사, 동일한 상품명을 반복해서 사용하지 않으며 셀러, 쇼핑몰명, 상호명을 사용하지 않습니다.

한글을 이용하고 필요한 경우에 영문을 사용하며 숫자는 아라비아로 표현합니다. 한글/영문 외에 다른 언어는 사용하지 않습니다.

( ), -, =, [ ], /, & 등 외의 특수문자 및 기호는 사용하지 않으며, 패키지 상품의 경우 내용물의 숫자를 정확히 표현합니다.

이벤트, 판매 조건, 할인 가격, 쿠폰, 적립 등은 기입하지 않으며 별도로 준비된 이벤트, 가격, 쿠폰, 적립 필드를 이용합니다.

하나의 상품만을 판매하고 카테고리 및 유형이 다른 상품을 하나의 상품으로 묶어서 판매하지 않습니다.

잘못된 상품명은 이용자에게 불필요한 정보 제공으로 인해 상품을 찾고 구매를 결정할 때 방해 요소가 됩니다. 불필요한 정보로 한정된 공간을 낭비하지 말고 꼭 필요한 정보를 제공하는 것이 좋습니다. 다음은 대표적인 잘못된 상품명 기재 항목들입니다.

> ▶ 브랜드 중복 기재 및 오타
> ▶ 배송/할인/주문/판매 조건 관련 문구 삽입
> ▶ 수식어 사용
> ▶ 쇼핑몰/셀러명/판매점 중복 기입
> ▶ 키워드 반복 사용
> ▶ 홍보 문구, 상품과 관련 없는 정보 포함, 지나치게 긴 상품명
> ▶ 영어/한글 외 다른 언어 및 특수문자 사용

상품 정보_ 이벤트 필드

상품명과 상세 정보에는 상품과 관련된 이벤트, 판매 조건, 할인 가격, 쿠폰, 적립 등 판매 정보가 포함되어서는 안 됩니다. 판매 정보는 이벤트 필드에 입력하시면 됩니다. 이벤트 필드에 입력된 내용은 검색은 되지 않으나 서비스에 노출되어 확인이 가능합니다.

이벤트 필드 또한 150자의 글자수 제한이 있습니다. 사용자가 상품을 구매 시 도움이 되는 필요한 내용만 서술하시기 바랍니다.

- ▶ 상품명 : 티피오스 더맨 102 전기 면도기
- ▶ 상세 정보: 회전식, 습식/건식면도, 트리머, 저소음, 충전중사용, 스킨케어, 고속충전, 2중날
- ▶ 이벤트 필드 : 최대 적립포인트 2,208원, 30,000원이상 구매 시 상품중복 할인 쿠폰 2,000원, 35,000원 이상 구매 시 할인 쿠폰

상품 정보_ 상품 이미지

상품을 정확하게 표현할 수 있는 선명하고 고해상도의 상품 이미지를 사용하는 것을 권장하고 있습니다.

- ▶ 이미지 크기 : 300px×300px 이상, 500px×500px 권장, 최대 4000px ×4000px 이하
  패션의류/패션잡화 카테고리의 경우 화보에 준하는 1000px 이상 권고
- ▶ 이미지 용량 : 4MB 미만
- ▶ 이미지 형식 : JPG
- ▶ 이미지 수량 : 기본 이미지 1개 + 추가 이미지 (2개 이상 권장)
- ▶ 하나 이상의 이미지는 상품의 전체 모양을 파악할 수 있는 정면 촬영 및 흰색/단색 배경을 권장
- ▶ 피팅 모델이 착용한 사진은 허용하나 해당 상품이 주제가 되고 사용자가 색상/형태를 판단할 수 있는 이미지
- ▶ 색상/사이즈 등이 다르거나 전/후/좌/우 상세 이미지는 추가 이미지로 제공 (하나의 이미지는 하나의 상품 정보만 제공)
- ▶ 이미지 내에 과도한 텍스트/워터마크/도형 노출 금지
- ▶ 초점이 정확하고 선명한 이미지를 사용하고 실제 상품과 다르게 과도하게 보정된 이미지 사용 금지

상품 이미지 저품질 사례

- 이미지 내에 과도한 텍스트/워터마크/도형이 포함된 경우 (브랜드, 스펙 설명 등 제품 사진을 가리지 않는다면 어느 정도 허용)
- 초점이 흐리거나 확대하지 않아도 픽셀이 깨지는 이미지
- 상품 이미지는 비교적 정상이나 배경이 어지러워 상품을 구분하기 힘든 형태
- 매장에 디스플레이된 상태 그대로 촬영하거나 여러 소품을 이용하여 상황이 연출된 형태
- 실제 상품과 다르게 과도하게 보정된 이미지 또는 상품과 관계없는 다른 이미지를 노출하는 형태
- 상품 2개 이상, 모델 2명 이상의 이미지 노출
- 단일 상품의 앞/뒤/옆 부분을 모두 하나의 이미지로 표현하거나 해당 상품을 구성하고 있는 상품을 나열하고 찍은 형태
- 색상만 다른 제품이 하나의 이미지로 되어 있는 형태

부가 정보_ 카테고리

네이버쇼핑으로 노출되는 모든 상품은 하나의 카테고리에 매칭이 되어 서비스됩니다. 카테고리명이 상품명에 없더라도 카테고리와 관련 키워드로 검색이 가능합니다. 카테고리의 구조 상·하위 카테고리로 갈수록 상세한 키워드를 가지기 때문에 상품의 성격에 맞는 정확하고 세부적인 카테고리로 매칭하는 것이 중요합니다. 네이버쇼핑 검색은 키워드 관련성이 높은 카테고리의 상품을 우선적으로 보여주기 때문에 적절한 카테고리 선택은 노출될 기회가 많아집니다.

부가 정보_ 브랜드/제조사

상품 등록 시 시장에서 공식적으로 사용하는 정확한 브랜드/제조사를 기입하였다면 원하는 검색에 노출될 수 있습니다. 브랜드/제조사 필드를 별도로 제공하는 것은 이용자들이 좀 더 상품을 잘 검색할 수 있도록 하기 위한 것입니다. 네이버쇼핑은 상품과 관련된 브랜드/제조사 정보와 동의어/유의어를 구축/관리하고 있으며, 상품 정보를 분석하여 해당 브랜드/제조사로 판단될 경우에는 상품에 코드를 부여합니다. 코드가 부여된 상품은 브랜드 키워드 검색 시 타 상품에 비해 관련성이 높은 것으로 분석되어 랭킹에 유리하고, 필터링 기능 사용 시 검색 결과에 노출 기회가 많아지게 됩니다. 카테고리와 마찬가지로 상품과 관련이 없는 브랜드/제조사의 정보를 상품명에 기재하는 것은 도움이 되지 않습니다. 상품 정보와 관계없는 정보를 입력할 경우 어뷰징으로 판단되어 검색에서 불이익을 받게 됩니다.

부가 정보_ 속성

네이버쇼핑에서는 카테고리별로 사용자가 많이 찾고 정형화된 상품 조건에 대해서는 속성 정보를 구축 및 관리하고 있습니다. 상품 등록 시 카테고리 상품에 적합한 속성을 잘 선택하면, 해당 키워드 검색 시 관련성이 높은 것으로 인식되어 랭킹에 유리합니다. 필터링 기능 사용 시 검색 결과로 제공되어 노출 기회가 많아지게 됩니다.

부가 정보_ 가격 비교

표준 상품명에 따라 공식 상품명, 모델명, 모델 코드를 입력하면 자동적으로 가격 비교 상품으로 매칭이 됩니다. 추가로 브랜드, 제조사,

시리즈를 추가적으로 자세히 작성하면 좋습니다.

가격 비교 상품에 매칭이 된 후 해당 가격 비교 상품에 추가 노출이 되며 가격 경쟁력이 있으면 상위 노출이 가능합니다. 구매 옵션이 많은 상품의 경우에는 가격 비교 매칭에서 제외될 수 있습니다.

인기도_ 구매평

구매평은 이용자가 상품 구매 시 최종적으로 구매 의사 결정을 진행하는데 중요한 정보입니다. 판매 경쟁이 치열한 상황에서 다른 판매자와 차별화되는 요소이기도 합니다. 상품 검색 결과에서는 '상품평 많은순'과 같은 정렬 옵션이 제공되고 있어 구매에 영향을 줄 수 있습니다.

인기도_ 구매 데이터

판매 지수 또는 CPA 데이터는 상품의 랭킹 인기도에 반영되고 검색 랭킹에 매우 중요한 역할을 합니다. 동일한 상품이 존재할 때 판매지수를 제공하면 상품 검색 결과 랭킹에 매우 유리하게 작용하여 상위에 노출될 기회를 얻을 수 있습니다. 판매 지수는 쇼핑 검색 결과, 베스트100 등 다양한 영역에서 상품의 랭킹을 만듭니다. 베스트100에서는 상품 검색 결과 랭킹보다 판매 지수의 사용되는 비중이 더 크기 때문에 판매지수의 제공은 중요합니다. 네이버쇼핑에서 제공하는 CPA 솔루션을 사용하면 자동으로 처리되어 랭킹 데이터로 사용됩니다.

인기도_ 신용 정보

네이버페이 가맹점의 경우 쇼핑몰의 배송, 결제, 고객 대응에서 고객의 만족도로 평가되는 신용 정보가 나쁠 경우 랭킹에 불이익을 받게 됩니다.

인기도_ SPAM/ABUSE

상품과 관련 없는 상품명, 카테고리, 브랜드/제조사, 속성 등의 정보를 포함할 경우 처리 규칙에 따라 랭킹에 불이익이 주어집니다. 구매평, 구매 데이터 정보에서 고의적인 변경 및 어뷰즈 행위가 발견되면 페널티가 부여되고 랭킹에 불이익을 받게 됩니다.

쇼핑몰 상품 정보

쇼핑몰 내의 상품 페이지에 좋은 상품 정보를 제공하는 것은 이용자에게 구매에 대한 편의성을 제공하는 것입니다. 스마트 스토어 사업자는 좋은 쇼핑 환경을 제공하기 위해 네이버에 제공하는 쇼핑 정보를 준수하는 것이 중요합니다.

상품 정보_ 태그 메타 정보

상품 페이지 내 검색이 가능한 태그나 메타 키워드를 입력하여 검색 결과에서 정확하게 노출될 수 있습니다. 네이버쇼핑 검색에서는 구축되어 있는 태그 사전에 등록된 태그에 대해서만 노출되며, 태그 사전에 미 등록된 태그나, 등록 기준에 맞지 않는 태그의 경우는 노출되지 않습니다. 핫딜, 기획전, 럭키투데이 등 상품의 경우는 주요 단어에 대해 관리자가 직접 입력된 태그가 판매자 태그와 같이 노출됩니다. 사회적 이슈가 크고, 사용이 적절하지 않은 키워드 사용은 어뷰징으로 판단하여 정제되며, 상품과 관련없는 태그를 입력하거나 타사 지적 재산권을 침해하는 태그 사용은 하지 않습니다.

상품 정보_ 구매 옵션

하나의 상품 상세 페이지에는 대상 상품만을 판매하고 색상/사이즈 등의 간결한 구매 옵션을 제공하는 것이 좋습니다. 하나의 상품 상세 페이지에서 여러 상품을 판매하는 것은 사용자의 구매 행동에 영향을 미칠 수 있습니다.

상품 정보_ 모바일 대응

이용자가 모바일 환경에서 간편하게 구매할 수 있도록 최적화된 상품 상세 페이지 구성하고 1초 이내의 빠른 페이지 로딩 속도를 보장해주는 것은 중요합니다.

상품 정보_ 상품 정보 구성

상품 상세 페이지에서 상품 소개는 이미지와 텍스트가 적절히 혼합하여 작성해야 합니다. 잘 작성된 상품 소개는 이용자에게 신뢰성주고 구매 의도를 높입니다. 하나의 이미지로 작성된 상품 소개는 이용자의 인내와 끊기를 요구하기 때문에 피하는 것이 좋습니다.

만족도_ 결제

네이버 ID로 간편하게 구매, 송금, 선물할 수 있는 네이버페이와 같은 간편한 결제 서비스를 이용해보세요. 모바일 구매 이용자들은 간편한 결제를 선호하기 때문에 결제율을 높일 수 있습니다. 또한 이용자들에게 편리한 쇼핑 경험을 만들어줍니다.

만족도_ 배송

배송은 상품 구매자가 안전하게 받아볼 수 있도록 전달하는 이동 과정입니다. 약속한 배송 일정에 배달이 될 수 있도록 노력하고 안전한 포장 처리로 파손이 되지 않도록 하는 것이 중요합니다. 정확하고 빠른 배송 및 사후 처리는 고객의 신뢰를 얻을 수 있고 좋은 구매평을 얻을 수 있습니다.

만족도_ 고객 대응

고객 대응은 스마트 스토어 운영 관리에서 중요한 영역입니다. 고객의 소소한 문의사항에 대해서 친절하고 정확하게 대응하며, 구매 고객의 불만사항을 발생하면 최대한 신속하고 원만하게 해결하는 것이 중요합니다. 고객과의 관계에서 형성되는 감정적 유대감은 쇼핑몰 사업으로 확보할 수 있는 값진 자산입니다. 단골 고객이 많아지면 재구매는 꾸준히 발생하고 스마트 스토어 사업자는 번창할 수 있습니다. 고객과 마찰이 생기는 경우 슬기롭게 해결하면 고객에게 긍정적인 첫인상을 남기고 감정적 유대를 기대할 수 있습니다.

네이버 쇼핑 검색 상위 노출

NAVER
STORE

스마트 스토어에 업데이트된 상품이 네이버쇼핑에 노출되어 기대 이
상의 매출을 확보하는 것은 중요합니다. 즉 '매출을 만들어낸 방식'을
이해할 필요가 있습니다. 네이버 쇼핑 검색에 내가 판매하는 상품을
상위에 노출하기 위해서는 검색 알고리즘을 이해해야 합니다. 네이
버 쇼핑 검색 결과의 노출 순위를 결정하는 알고리즘은 '적합도', '인기
도', '신뢰도'로 구성되어 있습니다. 네이버 쇼핑 검색에 노출되는 상
품은 제휴사가 제공하는 상품 정보, 각종 쇼핑 데이터, 검색 이용자
로그 정보, 검색어 및 이용자 요구에 맞춰서 결과를 보여주고 있습니
다. 이 과정에서 검색 결과의 품질을 높이고, 사용자에게 다양한 검색
결과를 제공하기 위한 별도의 검색 알고리즘이 반영될 수 있으며, 이
를 보완하는 로직 및 대책이 수시로 반영될 수 있습니다. 네이버 쇼핑
검색 랭킹 구성 요소에 대해서 살펴보겠습니다.

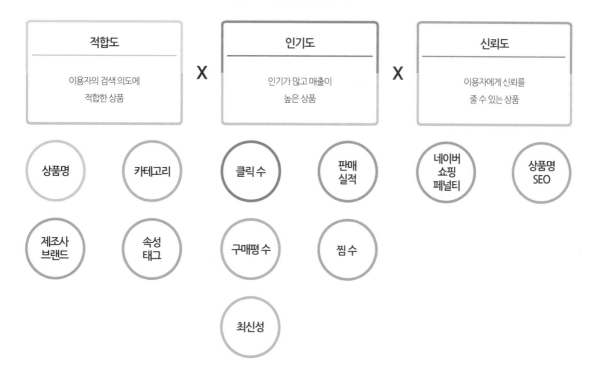

네이버쇼핑 검색 랭킹 구성 요소

적합도		인기도		신뢰도
이용자의 검색 의도에 적합한 상품	X	인기가 많고 매출이 높은 상품	X	이용자에게 신뢰를 줄 수 있는 상품

상품명 　카테고리 　　클릭 수 　판매 실적 　　네이버 쇼핑 페널티 　상품명 SEO

제조사 브랜드 　속성 태그 　구매평 수 　찜 수

최신성

1 | 적합도

적합도는 이용자가 네이버쇼핑에서 특정 검색어로 검색했을 때 어떤 상품이 적합한 상품인지 판단하겠다는 뜻입니다. 이용자가 입력한 검색어가 상품명, 카테고리, 제조사/브랜드, 속성/태그 등 상품 정보의 어떤 필드와 연관도가 높은지, 검색어와 관련하여 어떤 카테고리의 선호도가 높은지 산출하여 적합도에 반영하고 있습니다. 상품 등록 시 정확한 카테고리 설정과 명확한 상품명을 기재하는 것이 중요합니다. 적합도가 맞지 않으면 인기도나 신뢰도가 충족되어도 상위 노출이 안될 수 있기 때문입니다. 한 걸을 한 걸음 서두르지 않고 착실하게 적용하면 높은 적합도를 얻을 것입니다. 카테고리는 판매 상품과 직접 관련성이 있게 설정하고 상품명은 명료하고 신뢰성이 있게 작성하고 50자를 넘기지 말아야 합니다. 상품명에 기재하지 말아야 하는 것을 꼭 체크하기 바랍니다.

> ◗ 조사나 수식어는 쓰지 않습니다.
> ◗ 브랜드, 제조사, 동일 상품명, 단어 반복은 쓰지 않습니다.
> ◗ 이벤트 내용은 쓰지 않습니다.
> ◗ 스토어명, 셀러 상호명, 할인, 세일 시즌 오프 등의 문구는 쓰지 않습니다.
> ◗ 배송 관련 문구, 사은품 문구 쓰지 않습니다.

필드 연관도

검색어가 '아디다스'인 경우 '아디다스'는 브랜드 유형으로 인식되며, 상품명에 '아디다스'가 기재되어 있는 것보다 브랜드에 '아디다스'로 매칭되어 있는 것이 우선적으로 노출됩니다.

카테고리 선호도

'이어폰' 검색어의 경우 여러 카테고리에 상품이 검색되지만, [디지털/가전 > 음향가전 > 이어폰] 카테고리의 선호도가 매우 높습니다. 검색 알고리즘은 해당 카테고리의 상품을 먼저 보여줄 수 있도록 추가 점수를 주게 됩니다.

2 | 인기도

인기도는 적합도가 충족된 상품 중에서 인기가 많은(매출이 높은) 상품을 상위 노출해 주겠다는 뜻입니다. 해당 상품이 가지는 클릭 수, 판매 실적, 구매평 수, 찜 수, 최신성 등의 고유한 요소를 고려하여 인기도가 반영합니다. 인기도는 카테고리별로 다르게 구성되어 사용됩니다. 인기도가 높으면 베스트100 등에 노출이 되어 상품 판매에 큰 영향을 줍니다.

클릭 수

최근 7일 동안 쇼핑 검색에서 발생된 상품 클릭 수를 지수화하여 반영합니다.

판매 실적

최근 2일/7일/30일 동안 쇼핑 검색에서 발생한 판매 수량/판매 금액을 지수화하여 반영합니다.

스마트 스토어의 판매 실적, 리뷰 수는 네이버페이를 통해 자동 연동이 되며 부정 거래가 발생할 경우 페널티가 부여됩니다.

구매평 수

개별 상품의 리뷰 수를 카테고리별 상대적으로 환산하고 지수화하여 반영합니다.

찜 수

개별 상품의 찜 수를 카테고리별 상대적으로 환산하여 지수화하여 반영합니다.

최신성

상품의 쇼핑 DB 등록일을 기준으로 상대적 지수화하며 신상품일 경우에는 일시적으로 노출을 유도합니다.

신뢰도

신뢰도는 네이버쇼핑에서 제시하고 있는 원칙을 지키지 않으면 불이익을 받게 된다는 뜻입니다. 네이버쇼핑 페널티, 상품명 SEO 등의 요소를 통해 해당 상품이 이용자에게 신뢰를 줄 수 있는지는 산출합니다. 정해진 기간에 배송이 되고 상품 만족도가 높으면 신뢰도는 올라갑니다. 상품명에 ♠그린샵, ★한정 판매★와 같은 특수문자를 추가하지 않고, 고의적으로 구매평 및 구매 데이터를 변경하거나 어뷰즈 행위를 하지 않아야 합니다.

네이버쇼핑 페널티

구매평/판매 실적 어뷰징, 상품 정보 어뷰징 등에 대한 상품/몰단위 페널티를 부여합니다.

상품명 SEO

상품명 가이드라인을 벗어난 상품에 대해서 페널티를 부여합니다.

Index _색인

파

하